어휘화와 언어 변화

전 북 대 학 교
교과교육연구총서 **9**

어휘화와 언어 변화

Laurel J. Brinton · Elizabeth Closs Traugott 저
최전승 · 서형국 역

역락

어휘화와 언어 변화

　언어 변화의 한 가지 과정으로서 어휘화는 지금까지 다양한 방식으로 파악되어 왔다. 어휘화는 단어들이 어휘부로 채택되는 것으로 넓게 규정되기도 하였으며, 일부의 학자들은 문법화와 반대로 이루어지는 과정으로, 다른 학자들은 단어형성론의 통상적인 과정 가운데 하나로, 또 다른 학자들은 구상적 의미의 발달이라고도 간주하기도 하였다.

　최신의 연구 방법을 조감하는 <언어학 연구 탐방 총서>에서 Laurel Brinton과 Elizabeth Traugott는 지금까지 연구 논저에서 제시되어 온 다양한 어휘화의 해석을 종합하여 검토한다. 그 다음에 저자들은 문법화에서 최근에 이루어진 연구 업적들에 비추어, 어휘화와 문법화 연구를 통합하는 하나의 새로운 모형을 제시한다. 이러한 연구 방법은 영어의 역사에서 추출한 현재분사, 다-단어 동사, 부사, 담화표지 및 인구어에서의 몇 가지 예들을 포함한 다양한 사례 연구를 통하여 예증한다. 본서는 어휘화의 다양한 연구 방법을 종합적으로 개관하는 최초의 연구서로서, 역사언어학과 언어변화를 고찰하는 학생과 연구자에게 소중한 지침서가 될 것이다.

〈언어학 연구 탐방 총서〉(Research Surveys in Linguistics)

　이론 언어학과 경험 언어학의 넓은 분야에서 상호간 학문적 소통이 필요하다는 사실은 분석 과학과 자연 과학에서 소통의 필요성이 절실하다는 사실과 똑같다. 과학 분야와 비교할 때, 빠르게 전개되어 가는 언어 연구의 영역들을 개관해 줄 수 있는 간결하고, 단일한 연구자의 관점으로 기술된 전공 서적들의 간행이 눈에 띄게 부족한 형편이다. 본 〈언어학 연구 탐방 총서〉는 이러한 공백을 채우고자 기획되었다. 이 총서는 지난 20여 년 간 생산적인 연구가 이루어져 왔던 중요한 이론적 관심의 대상이 된 주제들을 개관하는 상세한 연구서로 구성된다.

　그 목적은 여기서 취급한 분야를 공부해 보려고 하거나, 새로운 지식을 얻고자 하는 대학원 과정의 학생들과 전문 연구자들에게 효과적인 조감을 제공하고, 언어학자들에게 중요한 전공 서적을 소개하는 것이다. 이 총서에 참여한 저자들은 해당 주제에 뛰어난 권위를 가지고 있으며, 또한, 선명하고 높은 수준의 체계적인 저술로 잘 알려진 분들이다. 총서의 각각의 단행본은 독자들에게 각 장과 절을 비교적 탄탄한 구조로 적절하게 짜서 제공할 것이며, 참조하기 편하도록 상세한 찾아보기도 제공할 것이다.

저자 서문

1990년대 들어 문법화에 대한 역사적 연구 성과들이 급격하게 증가하게 되었다. 이에 따라서 어휘화와 문법화가 어떤 관계를 맺고 있는지에 대한 의문점들이 일어나게 되었다. 이러한 시점에, 우리는 이 두 영역 간의 구분을 과연 극대화하여야 될 것인가, 아니면 어느 정도 조정을 하는 노력을 기울여야 타당한 것인가 등의 문제를 서로 개별적으로 추구하고 있었다. 2000년 9월에 Santiago de Compostela에서 개최된 영어 역사언어학 국제학술대회에서 우리는 지금까지 서로 어느 정도 비슷한 관심과, 또한 비슷한 생각을 각자 갖고 있었다는 사실을 알게 되었다. 특히, 지금까지 서로 대립되는 정반대의 방향에 있다고 설정되어 왔던 문법화와 어휘화의 특성(Hopper & Traugott 1993, 2003; Traugott 1944; Brinton 2002을 참조. Traugott 2005에서는 약간 완화되어 있었다)들이 실제에 있어서 몇몇 일정한 측면에서는 매우 유사하다는 것을 우리는 같이 터득하고 있다는 사실을 알게 되었다.

또한, Traugott는 Cowie(1995)에서 내린 비평을 충실히 수용하면서, 어휘화와 문법화에서 차지하는 파생법의 신분에 관심을 갖고 있었다. 그 동안에, 많은 다른 학자들 역시 이 두 과정이 보이는 상이점과 유사점을 찾아 설명하기 위해서 우리와 같은 동일한 노력을 기울이고 있었음도 알게 되었다(예를 들면, Lehmann 1989, 2002; Ramat 1992, 2001; Wischer 2000; Heine 2003b). 이러한 두 가지 주제에 대해서 지금까지 제시된 다양한 관점들이 보여주는 혼란스러움이 일부의 학도들에겐 좌절감을 맛보게 했을 것이다. 그러나 우리는 이러한 상황이 언어학에서 비교적 새로운 하위 분야의 개발에 있어서 언제나 피할 수 없이 겪게 되는 하나의 단계라고 생각한다. 형태론이나 통사론의 초기 연구 단계에서도 그와 같은 상황이 예외 없이 일어났던 것이다.

<캠브리지판 언어학 연구 탐방 총서>가 추구하는 목적에 맞추어, 이 책에서 우리는 언어변화에 관여하는 어휘화와 문법화 간의 관계에 대해서 지금까지 학자들이 제기한 다양한 논의와 논점들을 종합하고 정리하려고 한다. 특히 우리는 어휘화 영역에 초점을 둘 것이다. 이와 같은 목적을 갖고, 이 책의 전반부에 해당되는 3장까지에서 문법화와 어휘화를 취급한 전공 논저들을 조감하게 될 것이다. 여기서 특히 어휘화의 경우에는 이 과정을 어떻게 이해하여야 될 것인가에 대해서 다양하고 때로는 상호 충돌을 일으키는 관점들이 제시된다. 이 책의 후반부 나머지 장들에서 우리는 이와 같은 다양한 관점들이 상호 조정될 수 있는 몇 가지 방안을 제시하고, 어휘화와 문법화에 접근하는 하나의 통합된 단일 연구방법을 제안하려고 한다.

이 책은 통시 언어학과 관련된 문제들에 대한 일반적인 이해, 특히 문법화의 영역을 숙지하고 하고 있는 대학원생과, 이 분야의 전공 학자들을 일차적 대상으로 삼았다. 그렇지만, 기초 언어학 분야에 확고한 기반을 갖고 있는 학부 고학년 학생들도 또한 이 책을 이용할 수 있을 것으로 우리는 판단한다.

이 책에서 지향하는 이와 같은 성격으로 인하여, 어휘화와 문법화에 대한 비교 작업을 진행하는 과정에서 다른 측면에서 보면 흥미가 있을 두 현상에서의 많은 다른 영역들을 부득이 생략해야만 되었다. 예를 들면, 어휘화의 음운론적 차원에 대해서는 여기서 별로 논의할 공간을 갖지 못하였다. 더구나 어휘화와 문법화에 대한 지금까지의 최근 연구 성과들을 이 책에 포함시키려고 노력하였음에도 불구하고, 우리의 관심을 받지 못한 아주 많은 여타의 다른 연구들이 수행되어 왔음을 알고 있다. 현재에도 더 깊고 폭 넓은 연구가 진행되고 있다는 사실도 분명한 것이다. 특히, 시간과 여러 가지의 자원의 한계로 말미암아 우리들의 취급 대상과 영역을 일차적으로 영어에 대한, 그리고 영문으로 작성된 연구 논저를 중심으로 한정시킬 수밖에 없었다. 따라서 영어 이외의 다른 유럽 언어들에 대해서는 부분적인 언급만을 하게 되었다. 그렇기 때문에, 이 책을 읽기 위해서는 영어의 역사적 발달에 관한 일반적인 이해를 전제로 한다. 문법화와 어휘화에 대해서 영어를 대상으로 하지 않았으며, 동시에 영문으로 작성되지 않았으나, 논의할 충분한 적절성과 가치가 높은 다른 연구 논저들이 출간되어 있다. 우리가 이 책에서 다룬 영역과 대상이 이와 같은 한계를 갖고 있음에도 불구하고, 여기서 논의된 주제들을, 특히 인구어 이외의 언어들을 이용하여, 더 깊이 지속적으로 추구해 보려는 다른 학자들에게 좋은 지침과 영감을 제공해 줄 수 있기를 기대한다.

이 책을 작성하는 동안에 우리가 예전에 갖고 있었던 선입관들을 버려야만 하였으며, 어휘화와 문법화에 관한 기존의 사고를 다시 수정하지 않으면 안 되었다. 다른 학자들도 이 책을 통해서 역시 그와 같은 용기를 얻었으면 하는 바람을 갖고 있다. 이 책의 초고를 읽고 논평을 하여준 Paul J. Hopper, Anette Rosenbach, Scott Schwenter, 그리고 Jacqueline Visconti에게 감사드린다. 총서 간행을 위해서 우리가 제시한 초기의 저서 출간 계획서를 읽고 심사하여 준 세 분의 익명의 심사위원들에게도 감사를 드린다. Isla Reynolds는 이 책의 원고를 세심하게 편집하여 주었다. 또한 처음에 이 책의 기획을 우리와 같이 하여준 케임브리지대학 출판부 Christia Bartels와 Kate Brett, 이 책을 준비하고 출간하는 작업을 지원한 Helen Barton과 Alison Powell, 그리고 이 책의 편집과 도안을 맡은 Jacqueline French에게도 감사를 드린다.

2004년 8월
Laurel J. Brinton, 밴쿠버
Elizabeth Closs Traugott, 버클리

역자 서문

이 번역서는 Laurel J. Brinton과 Elizabeth C. Traugott 교수가 <언어학 연구 탐방 총서>의 1권으로 공동으로 간행한 저서 *Lexicalization and language change*(2005, 케임브리지 대학출판부, xii, 207쪽)를 대상으로 한 것이다.

주로 한국어 방언사를 공부하고 있는 최전승이 한국어 문법사를 전공하고 있는 전북대학교의 서형국과 틈틈이 같이 만나서, 자신의 관심 분야를 이야기하고, 작성하고 있던 예비/실험 논문에 대한 논의를 하는 과정에서 이 책을 이미 각자가 예전에 구입해서 갖고 있으며, 혼자 조금씩 읽고 있었다는 사실을 알게 되었다.

당시 최전승은 국어의 통시적 변화에 대한 관심을 좁은 음운론의 영역으로부터 벗어나서 문법론과 (역사)화용론의 대상으로까지 확대하여야 될 필요성을 절감하고 있었다. 그리하여 자신의 연구와 사무로도 바쁜 서형국을 집요하게 설득해서 이 책을 같이 윤독하면서 문법화와 어휘화에 관한 언어변화 이론 공부를 시작하자고 강제적으로 협박을 하게 되었던 것이다.

마음이 좋은 서형국은 이러한 제안에 할 수 없이 승낙을 하고, 우리가 이 책을 꼼꼼하게 같이 읽어가기를 시작한 때가 원저가 출간된 지 한참이나 지난 2011년 여름이었다. 먼저 읽기 작업을 시작하기 전에, 이미 세계적으로 유명해진 이 책에 대한 여러 권위 있는 서평들을 찾아서 공부하기로 했다. 지금까지 우리가 찾아내서 읽었던 이 책에 관한 길고 짧은 서평들은 아래와 같은 모두 4편이었다.

1) Wischer, Ilse.(2006), Review of Laurel J. Brinton & Elizabeth Closs Traugott. 2005. *Lexicalization and language change, Folia Linguistica* 40, 372-380.

2) Hansen, Maj-Britt Mosegaard.(2006), Book review of Laurel J. Brinton & Elizabeth Closs Traugott. 2005. *Lexicalization and language change, Journal of Pragmatics* 38, 1509-1514.

3) Ritt, Nikolaus.(2008). Review of Laurel J. Brinton & Elizabeth Closs Traugott. 2005. *Lexicalization and language change, Studies in Language* 32:1, 228-236.

4) Norde, Muriel.(2009), Review of *Lexicalization and language change*, by Laurel J. Brinton & Elizabeth Closs Traugott. 2005. *Language,* Vol.85, No.1, 184-186.

위의 서평들은 20세기 초반의 문법화와 어휘화, 그리고 역사 형태 통사론 연구의 관점에서 이 책의 시기적절한 출간의 배경과 그 필요성을 역설하고 있다. 또한 대부분의 서평들은 이 책의 내용을 제1장에서부터 제6장까지 간결하게 요약 정리해 보이면서, 유형론과 기능주의 언어학의 입장에 근거한 Laurel J. Brinton과 Elizabeth C. Traugott의 이론 전개 방식과 문제 해결의 제시를 자신들의 학문적 관점에서 비평하거나 적절한 대안을 제시하고 있다. 그러나 대부분의 서평 학자들은 지금까지 혼란스럽고, 때로는 상호 충돌되어 왔던 문법화와 어휘화의 여러 복잡한 개념들이 이 책에서 정밀하게 분석되고, 체계적으로 정리된 다음에, Laurel J. Brinton과 Elizabeth C. Traugott이 설정한 일관성이 있는 단일 연구방법으로 범주화시킨 사실을 큰 업적으로 평가하였다. 그리고 앞으로의 이 방면의 연구에 이 책이 큰 디딤돌이 될 것을 누구도 의심하지 않았다.

이 서평에 참여한 대부분의 논자들은 이 책에서 주로 공시와 통시적으로 논의된 문법화와 어휘화의 대상을 지적하면서, 원제목『어휘화와 언어 변화』보다, 차라리『문법화와 어휘화』가 더 적절할 것이라고 지적하였다. 이 책의 서평으로 참여하지는 않았으나, Olga Fisher는 2007년도에 간행된 그의 저서 *Morphosyntactic Change*(Functional and Formal Perspectives, Oxford University Press)에서 이 책에서 전개된 "어휘화"의 정의와 개념을 집중적으로 검증하였다. 그는 어휘화와 문법화는 공통점들을 상당히 공유하고 있지만, 이 영역을 가르는 문제는 해당 학자들이 술어를 어떻게 선택하는가의 문제로 귀착된다고 지적하였다. 그러한 문제는 어휘적 단어와 기능적 단어에 대한 각자의 이론적 관점에 달려 있기 때문이라는 것이다.

또한, 이 책에 대한 서평자 가운데 한 학자인 Muriel Norde는 2009년도에 어휘화와 밀접한 연관이 있는 '탈-문법화'에 대한 저서 *Degrammaticalzation*(Oxford University Press)을 간행하고, 그 책에서 Laurel J. Brinton과 Elizabeth C. Traugott(2005)이 집중적으로 다루었던 넓은 의미에서의 어휘화의 3가지 규정을 자세하게 소개하고, 다시 자신의 논리 체계에서 기술한 바 있다.

최근 들어 출간된 방대한 The Oxford Handbook of Grammaticalization (『문법화 옥스퍼드 편람』, 2011)은 언어변화에서 문법화의 연구와 그 대상이 더욱 다양하고. 폭 넓은 영역으로 확산되어 전개되는 모습을 보인다. 여기에 실린 논문 가운데, 이성하(외국어대학교)의 "§63. 한국어의 문법화"(764-774) 한 편이 주목된다(그분은 1998년에 간행한 『문법화의 이해』의 저자이기도 하다.). 그리고 이 편람에는 Lightfoot, Douglas가 작성한 논문 "문법화와 어휘화"(438-449)에서 Laurel Brinton과 Elizabeth Traugott (2005)에서 체계화된 어휘화의 정의가 다시 정리되어 소개되고 있다.

이 책의 서문에서 Laurel J. Brinton과 Elizabeth C. Traugott는 그들이 이 책에서 다룬 영역과 대상이 영어를 주 대상으로 설정한 한계를 갖고 있음에도 불구하고, 여기서 논의된 주제들을, 특히 인구어 이외의 언어들을 이용하여, 더 깊이 지속적으로 추구해 보려는 다른 학자들에게 좋은 지침과 영감을 제공해 줄 수 있기를 기대한다고 하였다. 공동 번역자로서 우리 역시 이 책에서의 체계적인 어휘화와 문법화의 정의와 원리에 비추어, 한국어의 어휘화와 문법화 현상이 다시 검증되고, 그 연구가 더 깊어질 것을 바란다.

우리가 이 책을 한 번씩 읽은 다음에 내친 김에 공동으로 번역을 해 보자는 생각이 비로소 들었던 때는 2012년이었고, 서로 다른 일을 하는 와중에서 이 번역 작업이 진행되어 왔으나, 이미 번역 계약 기간이 거의 지나버리게 되었다. 시간을 오래 끌었다고 해서, 착실한 그리고 좋은 번역이 이루어질 리 만무하다는 사실을 우리는 알지만, 죄송하고 미안스러운 마음에 원저자들에게 한국어판 머리말을 요청해 보지는 못했다.

이 책의 공동 번역은 각자가 공평하게 분담하였고, 서로 돌려가며 검토한 다음 다시 "말을 부드럽게, 한국어처럼 하는 작업"도 거쳤다. 제1, 3, 6장은 최전승이, 제2, 4, 5장은 서형국이 책임지고 맡았다. 그러나 우리 두 사람은 생김새도 다르고, 성격도, 나이도 차이가 있는 것처럼, 번역의 스타일도 서로 다르다. 공통점은 서로 고집이 세다는 사실뿐이다. 그렇기 때문에 번역 말투에서부터, 때로는 술어의 사용에까지 일치하지 않는 부분이 있다. 그러나 우리는 일반적으로 단어의 의미는 맥락과 문장 가운데 언제나 새로 형성된다는 생각을 갖고 있기 때

문에 번역서 자체만을 이용하여 이 책을 읽어가는 데 큰 불편이 없을
것으로 기대한다.

2015년 4월
최전승
서형국

차 례

제1장

어휘화와 문법화 연구를 위한 이론적 배경

1.0 본 연구의 목적

(1) We are celebrating a fascinating holiday today.
   (우리는 오늘 매혹적인 휴일을 즐기고 있소.)

위의 문장은 외국에 나온 여행자들이 흔히 사용함직한 표현이다. 그런데 이러한 문장을 구성하고 있는 단어 *holiday*와 *today*가 다른 기능을 갖고 있는지, 또는 *celebrating*과 *fascinating*에 첨가된 *-ing*이 동일한 기능을 나타내고 있는 것인지 등에 대해서 우리가 갖고 있는 언어 지식에 비추어 별로 생각해 보지 않는다. 그러나 언어를 생각하고 연구하는 언어학자, 문법학자와 같은 사람들은 이 문장의 구조는 어떻게 이루어졌으며, 이 문장을 화자들이 어떻게 습득하게 되었고, 이 문장 구조는 어떻게 변화되어 왔는가와 같은 바로 그런 문제에 관심을 갖고 있다. Matthews는 *Concise Oxford Dictionary of Linguistics* 서문에서 "언어학은 여러 개별 언어들의 어휘 범주와 문법 범주를 고찰하는 학문이라는 데에는 모든 학자들이 동의할 것이다(1997: vi)"라고 말한 바 있다. 이러한 언급은 우리가 위에서 제시한 예문 (1)에 그대로 적용된다.

예문 (1)에서 *holiday, celebrate, fascinating*은 비교적 구상적인 의미를 나타내며, 상대적으로 그 사용 빈도가 낮은 형태들의 집합인 개방 부류에 속하는 "어휘적" 성분의 성원으로 간주된다. 그 반면에, *we, are, a*는 매우 빈번하게 출현하는 동시에 비교적 추상적인 뜻을 표현하며, 폐쇄적인 부류에 속하는 문법적 성분으로 통상적으로 간주된다. 더욱이 *today*의 신분은 어휘적인 형태인지, 아니면 문법적인 형태인지 분명하지가 않다. 이 단어는 구상적 의미와 추상적 의미를 반반씩 갖고 있으며, 매우 많은 성원들로 구성된 부사의 범주에 속하기 때문이다. 끝으로, *celebrating*의 *-ing*과 *fascinating*에서의 *-ing*은 동일한 문법 형태에서 발달하여 나온 것으로 간주될 수 있지만, 시간의 흐름에 따라 다른 방식으로 발달해 왔다고 일반적으로 파악된다. 그렇기 때문에 *celebrating*은 여전히 문법 형태로 남아 있는 반면에, *fascinating*은 어휘적 성분으로 되었다. 전자는 여전히 문법 형태로, 후자는 어휘 형태로 남아있게 하는 차이가 어떠한 사실을 나타내는 것인지, 이러한 종류의 차이가 언어 변화에서 어떻게 형성된 것인지, 이러한 문제는 어떠한 연구 과제를 우리에게 제시하는 것인지 하는 것들이 이 책의 주제 가운데 일부를 이루고 있다.

최근에 "어휘화"와 "문법화" 간에 맺고 있는 서로의 관계에 대한 질문들이 빈번하게 일어나게 되었다. 이 두 개의 용어는, 다른 언어학 용어에서와 마찬가지로, 중의적으로 사용되어 왔다. 즉 어휘화와 문법화라는 용어는 상대적으로 정적인 상태("공시태")의 관점이나, 시간의 흐름에 따른 변화의 관점("통시태")에서 고찰되기도 하였고, 또는 그 진행되어가는 과정이나, 아니면 그 과정에서 빚어진 여러 결과를 지시하거나,

이와 같은 여러 현상을 모형화한 이론적 구성체를 언급하는 데 사용되기도 하였다. Lehmann(1995[1982]: 6)에 의하면, 어휘화와 문법화를 대립적 개념으로 설정한 최초의 학자는 Jakobson(1971[1959])이라고 한다. Jakobson은 어휘화는 수의적인 현상으로, 문법화는 필수적인 현상으로 규정하였다. 그 이후에 어휘화와 문법화는 어떤 때는 전혀 별개의 독자적인 대상으로, 또 어떤 때는 같은 대상으로 취급되어서 여러 가지 다른 방식으로 설명되어 왔다. 여기에 개입된 어휘화와 문법화의 혼란스러운 개념 사용에서도 일관된 하나의 원칙은 의미와 형태를 짝을 이루고 있는 한 단위로 보는 것이며, 그 한 단위의 짝을 이루는 구성이 체계적으로 이루어졌는가, 아니면 이질적으로 이루어졌는가 하는 것은 정도의 차이를 나타낸다고 보는 것이다. 본 작업의 출발점은 언어 변화에서 어휘화와 문법화가 맺고 있는 이러한 관계에 대한 다양한 학문적 논의들을 종합하는 것이다. 특히 문법화보다 체계적으로 연구가 훨씬 덜 이루어진 어휘화에 초점을 맞추려고 한다.

이 책의 전반부를 이루는 §§1-3장에서 이 방면의 연구논저들을 조감한다. 후반부 §§4-6장에서는 앞 장에서 취급된 다양한 논점들에 대한 몇 가지 해결안을 제시하려고 한다. 제1장에서 우리는 어휘화와 문법화 연구가 이루어지게 되었던 학문적 배경을 간단하게 소개하고, 특히 문법, 어휘부, 언어변화, 어휘화 및 문법화에 대한 연구방법에 중점을 두려고 한다. 여기서 우리는 학문적 의견들의 차이를 해결하려고 시도하지 않을 것이다. 제2장에서 더욱 상세하게 어휘화에 초점을 맞춘다. 특히 지난 50년 동안 언어학 연구물들에서 등장하였던 여러 정의와 논점들을 고찰할 것이다. 제3장에서 어휘화와 문법화 간의 유사점과 차이점에 관한 여러 논의들을 제시한다. 제4장에서 어휘화와 문법화 간의 관계에 대한 주요 논점들을 중재할 수 있는 한 가지의 가능한 통합된 연구방법을 제시한다. 제5장에서는 제4장에서 제시된 이론적 관점을 이용하여 영어사에서의 몇 가지 특정한 문제들을 접근하여 본다. 그리고 제6장에서 이 책에서의 내용을 요약하며, 어휘화와 문법화의 지속적인 연구에 새로운 방향을 제시함으로써 끝을 맺는다.

1.1 문법과 언어 변화에 관한 여러 논점

어휘화와 문법화의 개념이 어떻게 형성되어 왔는가를 이해하려면, 언어 변화의 역동성에 어떤 기본적인 가설이 전제를 이루고 있는지, 문법과 그 어휘부와의 관계 설정을 이루고 있는 기본적 가설이란 어떤 것인지에 대한 자세한 이해가 필요하다. 이러한 주제에 대한 완벽한 탐구는 언어학사, 특히 20세기의 언어학사에 대한 상세한 이해를 요구한다. 이 책에서는 지면상의 제약으로 일반적인 설명만이 허용되는데, 그나마 대립되는 논점 중심으로, 개략적으로 약술하는 데 그치게 될 것이다. 그러나 서로 상이한 기본적인 가설들에 대한 충분한 이해가 없이는 이 분야에 관한 전공 논저들의 논점을 이해할 수 없을 뿐만 아니라, 지금까지 제기되어 온 많은 문제들에 대한 가능한 해결책을 제안하기도 어렵다.

§1.1.1에서 우리는 문법에 대한 연구 방식에서 양극으로 대립되는 2개의 이론을 요약해서 제시한다. 대부분의 언어학 연구는 사실 서로 대립되는 양극의 두 이론 사이에서 수행되어 왔지만, 이러한 이론상의 차이가 어휘화와 문법화에 관한 다양한 논의를 형성하는 데 많이 기여한 셈이다.

1.1.1 문법과 어휘부에 관한 접근 방식: 개요

20세기가 끝나가면서, 본질적으로 상이한 두 가지 유형의 언어학자 부류, 즉 "생성론자"와 "기능론자"들이 대립되어 왔다. 이 두 부류의 진영에 속하는 언어학자들은 기본적으로 상이한 문제들을 추구하기 때문에, 서로 논점이 자주 비켜가기도 하고, 서로 다른 이야기를 하기도 하였다(Croft 1995, 2001; Newmeyer 1998; Darnell, Moravcsik, Newmeyer, Noonan, and Wheatley 1999; Kemenade 1999; Haspelmath 2000a를 참조). 그 가운데 어떤 연구의 진영도 언어이론에 대한 단일한 관점을 갖고 연구하지는 않았으나, 기능주의 학자들이 생성학자들보다 더 다양한 언어이론을 보유하고 있다.[1]

1960년대 이후부터 최대의 형식주의인 생성 언어학에서는 "언어지식에 대한 체계의 본질은 무엇인가?", "언어지식의 체계는 어떻게 마음/큰골에서 형성되는가?"와 같은 문제에 해답을 찾으려고 추구해 왔다(예를 들면, Chomsky 1988: 3을 참조). 이러한 연구의 대상은 개인이 태생적으로 갖고 있는 능력으로서 언어이다. 언어능력은 연산적(computational)이며, 동시에 통사적인 것이며, 최적의 구조를 갖추고 있으며, 본질상 궁극적으로 이분법으로 구성되어 있다는 것이 기본적인 가설을 이룬다. 그것은 독립적으로 되어 있는 모듈(modular)식의 기제이며, 문화 및 사회체계와 같은 외부적 요소들을 반영하지 않는다. 또한, 언어능력은 視覺과 같은 경험적 요소나, 출현 빈도와 같은 생산적 요소들을 마찬가지로 반영하지 않는다(이러한 이론은 "자율 통사론"autonomous syntax의 가설이다). 이 이론에서 설정된 언어 보편소는 하나의 반증 예가 전체를 부정

---

[1] Croft(1995)는 기능주의 언어학을 구성하고 있는 상이한 하위 유형에 대해서 유용하고 상세한 논의를 제공하고 있다.

해 버린다는 점에서 절대적이다(예를 들면, Newmeyer 1998: 263을 참조). 이러한 이론에서 영어나 아프리카의 스와힐리어 같은 특정한 개별 언어의 문법은 고유한 언어능력에서 파생된 "부수적인 현상"이며, 일반적인 언어능력에 대한 가설을 설정하기 위한 경험적 증거만을 제공해 줄 뿐, 그 이상 별로 관심이 없다. 그리고 이 이론에 의하면, "영어에서 조동사와 같은 범주는 어떻게 발달하여 나왔는가?"와 같은 역사 언어학에서의 전통적인 질문은 전연 관심이 없거나, 심지어 적절한 질문이라고 생각하지 않는다(예를 들면, Lightfoot 1979, 1999; Hale 1998을 참조).

1970년대 이후부터 생성 언어학자들의 관점과 정반대의 입장에 서는 "기능-유형론" 언어학자들이 대립하여 왔다. 이들은 화자들이 정보를 전달하고 의사소통을 원활하게 수행하기 위해서 언어 구조를 어떻게 조합해서 브리콜라주(bricolage)^{역자 주 ①}와 같은 기법으로 자유롭게 구사하는가, 또는 언어 재료를 이용해서 어떻게 쉽고, 간편하게(jerry-built structure, Bolinger 1976: 1) 창조적으로 만드는가 등과 같은 문제에 답을 구하려고 시도하였다(예로, Hopper 1988을 참조). 이 연구 방식에서는 언어를 인지능력으로 간주할 뿐만 아니라, 언어는 화자와 청자 간의 의사소통을 위한 한 가지의 장치로서 특별한 취급을 받는다. 근본적으로 이러한 가정은 의미와 언어 구조 사이에는 인과 관계가 존재하며, 더 나아가서 외부적 요인들이 언어구조를 형성하는 데 기여한다고 한다. 즉 언어는 하나의 정적인 능력에서 나온 부수적인 현상이 아니고, 인간의 행위인 것이다(Lehmann 1993: 320). 따라서 언어 연구의 제1의 대상은 언어 사용에 있으며, 언어 사용이 특정 언어들의 문법에 어떻게 관계를 맺고 있으며, 문법이 어떻게 여러 언어에 걸쳐서 상이한 모습을 보이는 것인가 등이 중요한 문제로 대두된다. 또한, 언어 보편소라는 것은 절대적인 개념이 아니라, 일정한 경향을 보여주는 것이며, 언어에만 존재하는 자율적이며 동시에 특수한 자질이 아니라, 일반적인 인지 특성을 보유하고 있다고 간주된다.

21세기로 들어서면서, 양대 진영 학자들이 서로의 입장을 이해하려는 몇 가지 가능성들이 출현하게 되었다. 즉, 일부의 생성 언어학자들은 인지 중심의 언어구조에 대해서 고찰하고(예: Jackendoff 1983, 2002), 언어 사용의 생산성에 대해서 주목하기 시작하였다(예: Jackendoff 2002). 또한, 몇몇의 생성 언어학자들은 언어체계에 대한 화자 지식이 역동적으로 출현하는 속성들을 설명하려고 하였으며(예: Culicover & Nowak 2003), 언어에 명백히 출현하고 있는 변이 현상에도 관심을 기울이게 되었다(변이를 최적성 이론으로 파악하려는 Boersma and Hayes 2001; Lee 2001; Bresnan, Dingare, and Manning 2002를 참조). 더욱이 몇몇 "기능 언어학자들"도 자신들의 연구 성과를 적어도 부분적이나마 생성 언어학의 관점에서 형식화하려는 시도를 하였다(예를 들면, 빈도에 관한 연구에서는 Bybee & Hopper 2001을, 통사론에서는 Croft 2001을 참조).

전부는 아닐지라도 대다수 학자들에게 언어 이론은 "어휘부"에 대한 개념과는 구별되는 "문법"(보편문법의 추상적 층위이거나, 또는 어느 특정 언어 문법의 훨씬 더 구상적인 층위이거나 상관없이)에 관한 개념이다. 이와 같은 구분에서, "문법"은 범주와 규칙들, 그리고 언어에서 실현되는 구조 형성의 제 원리들의 집합이다. 여기서 가장 본질적인 것은 의미론, 통사론, 형태론 및 음운론이 보유하고 있는 추상적 규칙들이며, 이 규칙들은 적어도 이론상으로 무한대의 적용을 가능케 한다. 이와는 대조적으로, "어휘부"는 서로 결합될 수 있는 고정된(정도의 차이는 있다.) 구조적 성분들로 구성된 개개 단어들의 유한한 목록이다. 이와 같은 어휘부는 전형적으로 이론상의 개념이며, 실용적 기술의 대상인 "사전"과는 구분된다. 그렇기 때문에, 논의 과정에서 추상적이고 이상적으로 이루어진 "마음의/머리속 어휘부"는 가능하지만, "마음의/머리속 사전"은 있을 수 없다(Matthews 1997: "어휘부" 항목을 참고).[2]

지난 50년간 이루어진 생성 이론에서 어휘부와 문법이 맺고 있는 관계에 대해서 기본적으로 두 개의 관점이 제기되어 왔다. 첫 번째 관점은 Jackendoff(2002)가 "통사 중심의 연구방법"이라고 부른 것인데, 어휘부는 통사 구조에 선택되어 삽입되는 이질적인 항목들의 목록이라고 파악한다(이러한 관점에 대해서는 "표준이론"[Chomsky 1965]에서부터 최소주의 [Chomsky 1995]까지 이르는 생성 통사론의 여러 모형을 참조). 이러한 이론에서는 음운 해석과 의미 해석은 통사론과 어휘부에서 도출된다. 즉, 어휘부에 등재된 성분은 통사론을 거치고, 여기서 음운 해석과 의미 해석을 받아서 표면으로 도출된다. 두 번째 관점은 Jackendoff(1997, 2002)가 첫 번째 이론의 대안으로 제시한 것인데, 음운 구조, 통사 구조 및 관념 구조는 언어 기능과 동등한 요소들이다. 이러한 이론에서 어휘 항목들은 "일정한 통사적 구성성분들과 음운 구조 및 관념 구조와의 일치를 이루고 있다"(Jackendoff 2002: 131).[3] Jackendoff가 제시하는 연구의 핵심은 어휘부는 복합 구조를 이루고 있으며, 매우 이질적인 성분 뿐만 아니라, 또한 비교적 규칙성이 있는 성분까지 포함하고 있다는 것이다. 이러한 입장은 어휘부에서 어휘 조직과 문법 조직 간에는 일치를 보인다고 주장하는 많은 기능주의 언어학자들의 입장에 한층 가깝게 접근

---

2) 어휘부에 관한 일부 이론에서 어휘부는 대략 "어휘 목록"(vocabulary)과 대등한 취급을 받고 있으나, 많은 다른 이론에서는 그렇게 보고 있지 않는다는 사실은 우리가 나중에 알게 될 것이다. 어휘부에 관한 많은 이론에서는 과거시제 -d와 같은 문법형태도 포함시키고 있다.

3) 어휘부를 평행을 이루는 구조들과의 복합 조직으로 취급하는 다른 이론에는 어휘 기능 문법(Lexical Functional Grammar, Bresnan 2001), 다양한 유형의 핵어 중심의 구-구조문법 (Head Driven Phrase Structure Grammar, Polland & Sag 1994) 및 구성 문법(Construction Grammar, Goldberg 1995; Fillmore, Kay, Michaelis & Sag 2003)이 포함된다.

하고 있다. 그러나 기능주의 언어학자들은 그러한 일치를 이루는 여러 규칙성은 어휘부보다는 형태론의 영역에 귀속된다고 간주하기도 한다 (예: Bybee 1985, 1988; Langacker 1987; Haspelmath 2002를 참조). 이와 같은 Jackendoff의 더 상세한 논의는 어휘 범주들을 식별하는 문제에 초점을 맞추어 §1.2에서 계속될 것이다.

1.1.2 언어 변화에 대한 연구 방법

여기서 어휘화와 문법화는 주로 언어변화의 일반적인 제약을 받는 역사적 과정으로 파악될 것이다.[4] 어휘부의 개념에 관한 훨씬 더 상세한 검토를 시작하기 전에, 우리는 언어변화에 관한 몇몇 전제들을 간략하게 기술하려고 한다. 언어변화에 대한 여러 이론들에 관한 포괄적인 논의는 여기서 취급하는 영역을 훨씬 벗어나는 작업이기 때문에,[5] 어휘화와 문법화에 대해서 지금까지 제시된 여러 논의 가운데 쟁점들을 규명해 줄 수 있는 몇 가지 요인들만 언급하려고 한다.

역사 언어학은 19세기 언어학에서 관심의 초점이었다. 이 시기에 언어학의 많은 기본적 사고, 특히 구조와 체계의 개념이 개발되어 나왔다. 그림(Grimm)의 법칙과 대모음추이(Great Vowel Shift)와 같은 음성법칙

---

4) 최근 "과정"(process)이라는 용어는 이것을 좁은 의미로 사용하는가, 아니면 어떠한 제약을 두지 않고 넓은 의미로 쓰는가 하는 관점에 따라서 사용상의 혼란이 있어 왔다. Newmeyer가 옳게 지적한 바와 같이, 문법화는 "그 자체의 고유한 법칙들의 지배를 받고 있는 하나의 종합적 현상"이라는 매우 좁은 의미로 간주한다면, 이것은 "하나의 독립된 과정"이 아니다(1988: 234). 그는 "과정"이라는 용어가 아주 통상적으로, "설명되어야 할 대상을 갖고 있는 현상"(232)이라는 넓은 의미로 사용되고 있음을 인정하였다. 우리는 이 용어를 종래와는 약간 다른 방식으로, 그렇지만 훨씬 더 통상적인 넓은 의미로 사용하여 (ㄱ) 변화에 대한 역동적 이해를 위한 필요와, (ㄴ) 언어변화를 전형적인 ">"와 같은 기호로 나타낼 때 무시되는 미시적 단계들에 초점을 맞추려고 한다.
5) 20세기 말엽 역사 언어학의 위상에 대해서는 Joseph & Janda(2003)를 참조.

의 발견은 언어 현상들이 구조를 갖추고 있는 방식을 선명하게 드러내었다. 그림의 법칙은 게르만 제어가 자음을 조음해 내는 방식이 다른 인도 유럽어들과 어떻게 체계적으로 분화되었는가를 보여주었다. 또한, 영어의 대모음추이는 장모음(나중에는 긴장모음)이 갖고 있는 조음 장소가 앞선 시기와 뒤에 오는 시기에 어떻게 체계적으로 변모되었는가를 보여주었다.[6] 언어변화는 불가피한 것이나, 무작위로 일어나는 현상이 아니라는 결정적인 통찰력을 얻게 됨으로써 비교 방법을 이용한 원시-언어(proto-languages)들을 재구하는 작업이 가능하게 되었다.

20세기에 들어와서 "구조주의"의 출현은 시간의 흐름에 나타나는 변화에 내재된 규칙성으로부터, 상대적인 동질성과 정태성, 즉 공시태(특히 Saussure 1986[1916]를 참조) 가운데 실현되는 체계와 규칙성으로 관심의 초점을 옮겨가게 하였다. 20세기 초반에 언어의 역사에 대한 연구가 수행되기도 하였으나, 그러한 연구의 초점은 한 언어가 보유하고 있는 상이한 공시적 단계들을 비교하는 통시태에 주로 놓여 있었다. 이와 같은 비교로부터 추출된 대응, 또는 "규칙"은 통상적으로 아래와 같은 형식을 취했다.

  (2) A > B

위의 공식은 다음과 같은 사실을 나타내었다. 즉, 구조 그 자체가 변화한다. 그러나 각각의 상이한 세대에 속한 화자들이 자신들의 언어를 새롭게 습득하는 동시에, 또한 그 언어를 매번 새로운 방식으로 구사해야 하기 때문에 시간이 지남에 따라서 언어 구조의 표상이 달라지게 된다

---

6) "대모음추이"(Great Vowel Shift)라는 용어는 Otto Jespersen이 창안해 낸 것으로 보인다. Jespersen(1961 [1909-1941]: 제1권 제8장)을 참조.

는 사실은 위의 공식이 제시하지 못한다. 더욱 중요한 사실은 변화에 대한 구조주의 진영의 학자들이 제시한 설명은 특정 언어와 일반 언어가 보유하고 있는 특질과 속성, 바꿔 말하자면, "내적" 또는 "내생적" 변화를 대상으로만 추구되었다. 또한 (2)와 같은 공식은 시간의 흐름에 따라서 하나의 항목이 다른 항목으로 완벽하게 대치되는 급격한 변화를 나타낸다. 그러나 변화에는 언제나 변이를 수반하게 된다. 개신형들과 보수형들은 동일한 화자의 말 가운데에서 사용될 뿐 아니라, 동일한 지역사회 내부에서도 나란히 공존하여 쓰인다. 그렇기 때문에, 언어변화를 나타내는 더 적절한 공식은 A>A∽B>B(Hopper & Traugott 2003: 49)인 것이다. 그러나 이렇게 수정된 공식도 역시 잘못된 것이다. 그 이유는 특히 의미변화를 수반하는 영역에 있어서 이전의 보수적 의미가 완전히 탈락하지 않고, 매우 축소되어 여전히 사용되거나, 화석화된 상태로 잔존해 있는 사례가 흔하기 때문이다. 따라서 언어변화에 일어나는 전형적인 상황은 실재로는 아래의 (3)과 같이 나타낼 수 있다. 여기서 유일한 선택으로서 개신형 B의 등장은 출현할 수도 있고, 출현하지 않을 수도 있다.

$$(3)\ A > \left\{ \begin{array}{c} A \\ B \end{array} \right\} > (B)$$

20세기 후반 경에 "화살표, 즉 쐐기가 가리키는 내용은 무엇을 말하는 것인가?", 그리고 "변화는 어떻게 일어나는가?"와 같은 의문에 지대한 관심이 집중되기 시작하였다. 공시적 변이는 변화가 일어나기 위한 필수 조건인 동시에, 변화의 결과물이기 때문에 통시적 연구에 공시적 변이 현상에 대한 연구를 통합시켜야 함을 주장하는 획기적인 논문에서,

Weinreich, Labov, & Herzog(1968)는 연구의 초점은 언어변이와 변화에 맞추어져야 한다고 주장하였다. 이러한 견해에 따르면, 아래에 언급되는 몇 가지 훨씬 더 중요한 문제들을 해결하기 위해서 종래의 통시적 대응에 대한 연구는 뒷전으로 물러나야 된다는 것이다.

(ㄱ) **제약의 문제:** 언어에서 있을 수 있는 변화에는 어떤 것들이 있으며, 변화에서 있을 수 있는 조건들에는 어떤 것들이 있는가. 이러한 문제에 해당되는 보기로 다음과 같은 변화들이 포함된다. 새로운 문법 범주의 출현과, 같은 문법 범주 신분에 일어난 변화(예: 관사, 보조동사) ; 기존의 문법 범주의 소실(예: 굴절 격어미), 또는 연쇄 변화(예: 게르만어의 Grimm 법칙, 영어사의 대모음 추이).

(ㄴ) **전이의 문제:** 보수형 A가 개신형 B로 옮겨가는(적어도 일정한 기간 동안 A와 B가 전형적으로 공존하는) 통로에 개입되는 과도기적 중간 단계는 어떠한 성격을 갖고 있는가? 변화는 커다란 도약이 아니라, 미세한 단계를 거쳐 진행되어 간다(그러나 여러 변화들이 모여 축적되어 훨씬 더 본격적인 큰 변화로 이끌게 되는 폭포와 같은 효과를 갖고 있을 수도 있다.). 미세한 정도로 이루어진 변화는 §1.4.2에서 "점진성"이라는 표제로 더 자세하게 논의될 것이다.

(ㄷ) **촉발(actuation)의 문제:** 일정한 시기에, 일정한 환경에서 변화가 출발할 때 그 변화는 어떻게 처음에 시작되는가("촉발")? 그리고 그 변화는 체계 전체로 어떻게 전파되는가("실현actualization")?

어휘화와 문법화를 논의하기 위해서 특히 중요한 의미를 갖고 있는 변화의 한 가지 유형은 "재분석"이다. 통사적 재분석이라는 주제를 다룬 매우 중요한 논문에서 Langacker는 재분석은 다음과 같이 밖으로 드러나지 않는 변화로 정의 내렸다. "표현 구조 또는 표현을 나타내는 부류들에서 그 표면적 실현에 어떤 직접적 또는 본질적 수정을 수반하지 않고 일어난 변화"(1977: 58). 이러한 관점에서 보면, 재분석은 다음과 같은 과정을 포함하게 된다.

(ㄱ) 구성성분의 구조에 일어난 변화, 말하자면 어떤 성분이 다른 성분의 일부가 되는 변화(예: [a] napron > [an] apron에서와 같이, 형태소의 경계에서 일어난 변화).[7]
(ㄴ) 범주 변화(예: 본동사 > 조동사).
(ㄷ) 경계 소실(예: be going to > gonna).

재분석은 형태-통사론에만 국한되지 않는다. 어떤 어휘소가 새로운 다의를 발전시키게 되면(예: *silly* '축복받은, 천진한' > '어리석은, 실없는'), 이 형태는 의미에 일어난 재분석을 수행한 것이다.

또 다른 중요한 유형의 변화는 유추이다. 이것은 어떤 특정한 구조를 일반화시키는 현상이다(Kiparsky 1992를 참조). 재분석과는 대조적으로, 유추는 밖으로 드러나는 변화이며, 유추를 통해서만이 재분석을 탐지해 볼 수 있는 경우가 흔하다(Timberlake 1977을 참조). 따라서 동작 동사 구성인 *be going to*가 미래표시 조동사로 재분석이 이루어질 때, 이러한 재분석이 수행된 증거는 *be going to* 다음에 동작과 일반적으로 배열되지 못하는 동사, 예를 들면 *like*나 *know*와 같은 심리 경험동사가 후속되어 있는 용법을 통해서 찾아질 수 있다.[8]

---

7) *Naperon*(작은 책상보)는 고대 프랑스어에서 차용되어 온 단어이다.
8) Harris & Campbell(1955)에서 재분석과 유추 현상에 대한 상세한 논의가 이루어진 바 있다.

Weinreich, Labov & Herzog(1968)는 개신(개인의 언어활동에서 우연하게 일어나는 변화)과 변화(다른 화자들로 전파되어가는 변화)를 명확하게 구분하였다(또한, Milroy 1992를 참조; Janda & Joseph 2003에서 제시된 논의도 아울러 참조). 이러한 구분을 함으로써, 그들은 경쟁 관계에 있는 생성 이론(예: Lightfoot 1979)보다도 변화에 대해서 훨씬 더 의미 있는 사회적 관점을 제시하였다. 생성 이론에 의하면, 변화는 개신과 동일한 것이며, 개인과 개인 사이의 인지적 상태에 개재된 상이점들을 통해서 발견될 수 있다. 생성문법에서의 초점은 내면적인 체계에 모아져 있기 때문에, 변화에 대한 관심은 어떻게 문법(즉, 규칙들의 내면화된 집합과 규칙들 간의 상호 관계)이 변화하는가이다(Kiparsky 1968; Kroch 2001을 참조). 통사론은 생성문법에서 중심이 되는 특권을 누리고 있으며, 자율적으로 기능하기 때문에, 이것은 의미론이나 음운론의 영향을 전혀 받지 않거나, 혹시 영향을 받더라도 단지 미미한 것이다. 그리고 어린이가 변화의 초점이 되는 특권을 부여받고 있다. 생성문법에서 어린이는 모국어를 백지 상태에서 시작하여 처음부터 습득하여 가는 것으로 전제하기 때문이다.

20세기 종반에서부터 언어 연구의 양대 진영 간의 대화가 시작되었다. 기능주의 이론의 연구자들이 언어의 역동적인 측면들과, 의미가 구체적으로 실현되는 문맥적 의미 영역에 더 많은 관심을 갖게 됨에 따라 형식 언어학에서 이루어 놓은 뛰어난 성과들을 통합하려는 노력이 적극적으로 또는 소극적으로 시도되는 과정에서 대화가 이루어지게 된 것이다(예: Bybee, Perkins & Pagliuca 1994; Croft 2000). 이러한 노력은 주로 Greenberg(예를 들면, Greenberg, Ferguson, & Moravcsik 1978을 참조)가 선두에서 주도적 역할을 해온 언어 유형론에 관한 교차 언어적 연구들과 결부되어 있다. 더욱이 언어 연구의 경향은 철저한 "내적인" 변화에 대한 초점으로부터, 언어사회에 있는 화자와 청자라는 두 사람 사이의 "기본적인" 양자 관계에서 취하는 화자의 역할에 대한 관심으로 옮겨 가게 되었다. 이러한 관점에 의하면, 청자로서 어린이만 아니라, 발신자로서 어른(특히 청년)이 변화를 일으키는 주역이 될 수 있으며, 변화의 촉매 역할을 하는 주체가 된다(예를 들면, 특히, Haspelmath 1999a를 참조).

우리는 "언어변화"라는 말을 한다. 그러나 엄밀하게 규정하자면 이 용어는 잘못된 것이다. 변화하는 것은 특정한 언어이거나, 일반적인 언어 그 자체가 아니다. 그보다, 변화는 언어사회의 화자들이 일정한 언어 체계를 상이한 표상(representations)으로 발전시키는 것이다. 문법화에 대해서 이루어진 대부분의 연구들은 이와 같은 이론적 배경을 바탕으로 전개되어 왔다. 이 책에서는 어휘화와 문법화를 언어변화의 유형으로 전제하고 고찰하기 때문에, 이 대상에 대한 연구 방법이 취하는 방향은 주로 기능-유형론의 이론에 근거한다.9)

기능 언어학 이론을 따르는 역사 언어학자들에게 있어서 연구의 목적은 언어 체계가 시간의 흐름에 따라서 어떻게 변화하는가에 있다. 변화가 일어난 증거는 문자로 작성된 문헌 자료에 반영되어 있다(또한, 녹음 장치도 우리가 이용할 수 있기 때문에, 구어 자료도 여기에 포함된다.). 20세기 말 경, 역사 언어학의 발달에 획기적 기여를 한 요인은 컴퓨터를 이용한 전산 자료(자료 뭉치(corpus))의 출현에 있다. 이러한 전산 자료들은 변화가 일어나는 언어 환경과 출현 빈도, 그리고 일찍이 Weinreich, Labov & Herzog에서 제기된 문제들에 해결을 찾는 데 중요한 역할을 하는 요인들에 대한 정보에 쉽게 접근할 수 있는 통로를 열어 주었다.

헬싱키 영어사 전산 자료뭉치(Helsinki Corpus)가 영어의 역사적 연구를 수행하는 데 중요한 원천이 되어 왔다(Rissanen, Kytö & Palander-Collin

---

9) 역사적 연구에서 형식 언어학의 연구 방법과 기능 언어학을 긴밀하게 통합시킬 수 있는 몇 가지 가능성에 대해서는 예를 들어, Clark(2004)를 참조하시오.

1993을 참조).10) 이 전산 자료뭉치는 대부분 어린 아이들의 말을 반영하는 것이 아니라, 수사적 문체와 화자와 청자 간의 대화 전략에 의한 상호 의사소통 과정을 반영하고 있다. 그렇기 때문에, 이러한 전산 자료는 언어변화에 대한 이론은 언어 사용 또는 발화에 근거하여야 하는 동시에, 의미와 담화 기능에 관심을 기울여야 할 필요가 있음을 많은 학자들에게 잘 보여 주었다(Hopper & Traugott 1993, 2003; Croft 2000; Traugott & Dasher 2002). 더욱이 언어변화는 화자들의 조직망과 연계되어 있는 사회언어학적인 것이며, 동시에 언어 습득과 연결되어 있는 세대 간의 차이에서 출현한다는 사실을 이 전산 자료뭉치는 확인시켜주고 있다(Nevalainen 2004: 16; Bergs 2005).

1.1.3 요약

지금까지의 논의를 요약하면, 문법에 관한 두 개의 다른 이론이 대립되어 있음을 우리는 관찰하였다. 하나는 개별 언어에 특유한 규칙과 절대 보편소의 지배를 받으며, 언어 외적인 문맥적 요소는 전연 간섭을 받지 않고 기능을 발휘하는 자율적이고, 독립된 단위로서의 문법의 개념이다. 다른 하나는 주로 언어 외적 영향에 의해서 형성되는 일반 인지적 경향들의 집합으로 구성된 문법의 개념이다. 이러한 두 개의 상이한 연구 방법에서 인정하고 있는 최소의 부분은 "문법"과 "어휘부"를 구분한다는 사실이다. 이와 같은 두 개의 상이한 문법 이론은 언어변화 대한 서로 대립되는 연구 방법으로 나타난다. 하나의 이론에서 언어변

---

10) Kytö(1966)는 헬싱키 영어사 전산자료에 접근하는 중요한 정보를 알려주고 있다. 영어의 구어와 문어를 수집해 놓은 헬싱키 전산자료와 다른 몇 가지의 자료뭉치들은 International Computer Archives of Modern English(ICAME 1999)에서 이용할 수 있다.

화는 급진적으로 일어나며, 변화에 예외가 없이 전면적으로 수행되는 동시에, 그 원인이 언어 내적 조건에 있고, 개신(한 세대의 화자에서 다른 세대로 이전하는 과정에서 일어나는)과 동일한 것으로 취급한다.

그 반면에 다른 하나의 이론에서는 언어변화는 변이를 거쳐 수행되며, 점진적으로 일어남과 동시에, 언어 요인과 사회 요인이 크게 작용한다고 본다. 문법화와 어휘화 연구들은 일반적으로 언어변화에 관한 후자의 문법 이론의 모형을 따라서 수행되어 왔다.

1.2 어휘부에 대한 여러 개념

언어능력을 이루는 공시적 성분으로서 **어휘부**는 저장되어 있는 언어 형태들의 한정된 목록과, 이 형태들을 결합시키는 일정한 가능성들로 구성된 것으로 개략적으로 파악된다. 그러나 언어의 구성요소인 어휘부라는 대상을 완벽하게 이해하려면 "어휘 범주"와 "문법 범주"를 절대적 이분법 방식으로든, 아니면 상대적 연속선(gradient) 방식으로든지 서로 식별해 내는 일부터 해야 된다. 우리는 여기서 어휘부에 저장되어 있는 단위들의 몇 가지 성격을 먼저 규명하는 작업부터 시작하려고 한다 (§1.2.1). 이어서, 어휘부에 있는 범주들을 식별하는 문제로 옮겨 가고 (§1.2.2), 연속성(gradience)^{역자 주 ②}과 통합(coalescence)에 관한 몇 가지 문제 (§1.2.3)를 기술한 다음에, 끝으로 생산성(§1.2.4)의 문제를 언급하려고 한다.

1.2.1 어휘부의 단위: 분석할 수 없는 전체로 보는 방법과 분석할 수 있는 성분으로 보는 방법

개개의 어휘 항목은 어휘부에 속한 단위들의 유형을 가리킨다. 그러나 이러한 단위들의 성격은 어휘부에 대해서 갖고 있는 이론에 따라서 달리 해석된다. 그 이론들은 어휘부에 있는 단위들이 의미의 성분으로 분석된다고 보는가, 아니면, 분석할 수 없는 전체로 구성된 것으로 보는가에 따라서 나누어져 있다.

몇몇 이론에서는 어휘 항목들을 분석할 수 없는 전체로 취급해 왔다(예를 들면, Bloomfield 1933; Chomsky 1965를 참조). Lehmann은 어휘 항목들은 "전체적으로"(holistically) 접근해야 되는 대상이라고 다음과 같이 언급한 바 있다. "전체적으로 취급하는 연구 방식은 어휘 항목의 구성 성분들에 대한 고려를 하지 않고, 해당 어휘 항목 자체를 하나의 전체적 단위로 직접 파악하는 것이다(2002: 2). 어떤 어휘 항목을 전체적으로 취급한다 함은 그것을 어휘 항목이라는 하나의 단위로 목록 속에 통째로 등록시키는 것을 의미한다(2002: 3)."

그러나 어휘부에 대한 여타의 다른 이론에서는 의미를 최소성분으로 분석해 내는 성분분석 방식을 사용해 왔다. 개별적인 어휘 항목들은 해당 언어에 고유한 최소 의미 성분들의 묶음으로 나타내었다(예: *boy*는 [+사람, −성인, +남성]이라는 최소 의미자질로 표시된다.). 의미의 성분들은 자연스러운 세계(지시물)의 특성을 나타내지 않는다. 그러기보다는 오히려 세계를 인지하고 있는 태생적인 마음의 속성을 표출한다. 예를 들면, Fillmore는 이렇게 말한다. "내가 취하는 의미 기술의 궁극적인 용어들은 정체성, 시간, 공간, 신체의 움직임, 경계 영역, 공포 등과 같은 생물학적으로 갖추어져 있는 개념이다."(1970: 111).[11] 이와 같은 의미 성분들은 해당 언어의 어휘 항목들이 맺고 있는 체계적 관계를 반영하며, 의미와 형태 사이의 상관관계("어휘화 방식"이라고 알려져 있다.)를 여러 언어에 걸쳐 상호 비교하는 데 사용될 수 있으며, 이러한 상관관계에서 일어나는 제약에 대한 보편적인 원리를 제공한다. 예를 들면, Viberg (1983)는 지각동사와 같은 "낱말밭"(lexical field)에서 일어나는 어휘화의 두 가지 차원을 제시하였다.

한 가지는 어떤 지각동사에 대해서 몇 개의 단어를 그 언어에서 이용하는가와 관련되어 있다. 그 예로, 영어는 *look at, see*라든지 *listen, hear*에서처럼 동작주 중심 동사와 경험주 중심 동사를 구분한다. 그러나 인도의 힌디어와 같은 다른 언어는 그러한 구분이 없이 두 개의 지각동사 *look at/see*와 *listen/hear*를 각각 한 개의 동사로만 나타낸다. *look at/see*를 표출하는 동사가 하나뿐인데, *listen/hear*에는 동사 둘을 갖고 있는 언어란 존재하지 않는다. 다른 한 가지의 차원은 동사의 복합성과 관련되어 있다. "만일 *look at*(때로는 *see*의 몇몇 경우도 그러한데)가 형태론적으로 복합 형식으로 표현된다면, *listen to*(또는 *hear*)도 그렇다. 그러나 지각동사 *look at*가 단일어로 형성되었는데, 이와 짝을 이루는 *listen to*가 복합 형식으로 이루어질 수는 없다"(Viberg 1983: 136).

이와 같은 어휘 성분 이론들, 무엇보다도 특히 어휘 성분들이 결합하여 복합 의미를 나타내는 어휘적 표상들을 형성하는 방식에 관한 활

---

11) 의미 구성성분들의 속성에 대한 다양한 논의는 Katz and Fodor(1963), McCawley (1968), Bierwisch(1970), Voyles(1973), Leech(1981[1974]), Gruber(1976), Lyons(1977) 를 참조 하시오.

　의미 성분의 분석은 초기의 이론들에서는 의미와 통사론이 어떠한 상호 관계를 맺고 있는가 하는 의문을 해결하는 방안으로 전개되어 나왔다. 이러한 문제를 취급한 논저들은 다음과 같다. McCawley(1968), Jackendoff(1983, 2002), Talmy(1985, 2000), Wierzbicka(1985), Dowty(1991), Levin(1993), Levin and Rappaport Havav(1995), Pustejovsky(1995) 등등.

썬 더 최근의 이론들이 "공시적 어휘화"에 대한 논의에 핵심적인 역할을 하였다(§1.3.1을 참조). 이러한 최근 이론들에서 보편적 의미성분(보편소는 습득되지 않는다)과, 이러한 보편소들을 개별 언어 특유한 방식으로 결합할 수 있는 다양한 방식이 존재한다는 가설이 설정되었다.

어휘 항목 대신에 **어휘소**lexeme라는 다른 용어도 때때로 사용되고 있다는 사실을 유의할 필요가 있다. 어휘 항목은 그것이 어휘적인 것이든 문법적인 것이든지 간에 어휘부에 속한 구성원으로 이해된다. 그 반면에, 어휘소는 문법형태소 또는 PL(=plural, 복수)와 같은 문법소(Gram, Bybee, Perkins and Pagliuca 1994)와 전형적으로 대립된다. 어휘소는 추상화된 단어를 가리킨다. 즉, 어휘소 RUN(달리다)은 *run, runs, ran, running*과 같은 구체적 단어 형태나, 문법적 변화형을 지시하지 않는다. 또 다른 어휘소 FOOT(발)도 역시 *foot, foot's, feet*과 같은 형태를 가리키지 않는다(Matthews 1997, Haspelmath 2002). 이러한 관점에서 보면, 어휘소 FOOT은 하나의 "어간"이며, 복수형(이 경우에는 모음교체로 실현된다)은 문법 접사이다.

어휘부에 있는 단위들과, 이 단위들이 결합하는 허용된 여러 가능성 간의 관계를 다르게 해석하는 방법도 있다. 그 가운데 한 가지의 방법은 인간의 마음속에는 기본적으로 두 가지 원리, 다시 말하면 두 가지 인지 방식이 존재한다고 보는 것이다. 하나는 개개의 단어를 저장했다가 인출해 내는 "기억 체계"(memory system)이고, 다른 하나는 단어들의 문법적 결합을 생성해 내는 "기호 연산체계"(symbolic computation)를 말한다. 좀 더 자세하게 말하자면, *eat-ate, foot-feet*과 같은 불규칙 형태를 저장하는 어휘부는 *walk-walked, dog-dogs*에서와 같은 규칙적인 통사 규칙과 음운 규칙에 의한 결합의 묶음을 제공하는 문법과는 구별된다(Pinker 1999). 여기서 어휘 단위와 문법 단위는 기능보다는 규칙성에 의

거해서 명확히 식별된다. 그러나 결합할 수 있는 가능성 모두가 규칙적인 것은 아니라고 지적하는 다른 학자들도 있다. 특히 어휘부의 구성과 관련되어 있는 몇몇 결합은 개개의 항목과 구성체에 아주 특수하기 때문에 어휘부 안에서 "어휘부 규칙"(lexical rule)으로[역자 주 ③] 제시해 주어야만 한다. 예를 들면, *take (someone) to task*(다른 사람을 비난하다)라는 표현은 *take someone to New York*에 비해서 상대적으로 고정되어 있으며, 수동태 구성은 가능하지만 *to task*는 다른 명사구로 대치되지 않는다. 또한, *bring*의 과거형 *brought*는 규칙적인 과거시제 *-d*와 부분적으로만 음운론적 연관을 맺고 있다. 어휘적인 *take to task*라든지, 문법적인 *-d*를 포함한 장기적인 기억에 저장된 것은 어떤 것이라도 "어휘 항목"으로 간주되어야 한다(예: Sag and Pollard 1991를 참조. 어휘부에 대한 이와 아주 다른 견해는 Jackendoff 2002를 참조).

1.2.2 어휘부의 범주: 어휘 범주와 문법 범주 간의 구분

지금까지 살펴본 바와 같이, 어휘부의 공식적인 단위는 어휘 항목이다. 의미로 말한다면, 어휘부는 "어휘적 의미"를 나타낸다. **어휘적**이라는 형용사는 "어휘 항목", "어휘소", "어휘부"와 같은 명사 용어보다 넓은 뜻을 보유한다. Lehmann은 "어휘적"이란 말은 다음과 같은 두 가지를 뜻할 수 있다고 보았다. "(1) 어휘 목록에 속한다. (2) 특별한 구상적 의미를 갖고 있다."(2002: 14). **문법적**이라는 형용사도 마찬가지로 폭 넓은 뜻으로 쓰여서, (1) 문법 규칙에 순응한다. (2) 추상적, 구조적/기능적, 또는 指標的 의미(indexical meaning)[12]를 갖고 있다고 말할 수 있

---

12) "지표적 의미"란 맥락이 갖고 있는 여러 가지 상황을 지시하는 의미를 말한다. 여기서 말하는 맥락은 말하는 사건의 외부에 존재할 수도 있고(예를 들면, *Jill wants that*의

다. 언어학에는 이와 같은 매우 상이한 의미에 초점을 맞춘 전문 용어들이 상당수 쓰이고 있다. 예를 들면, "어휘 확산"(lexical diffusion)은 어떤 언어가 갖고 있는 총 어휘에 음운변화가 점진적으로 확대되어 가는 현상을 지칭한다. 여기서 "어휘적"이라는 말은 어휘소의 목록들을 나타낸다. "문법성"(grammaticality)은 어떤 발화의 적형성이나, 수용 가능성을 지칭하며 "문법적"이란 용어의 첫 번째 의미에 해당된다. 그 반면에, "어휘 범주"는 명사, 동사, 형용사가 나타내는 (비교적) 구상적인 의미를 지칭하며, 한정사, 보조사, 보문자 등이 갖고 있는 (비교적) 추상적이고 기능적인 의미를 나타내는 "문법 범주"와 대립하는 것으로 가정한다.

어휘 범주와 문법 범주와의 구분은 단어를 품사로 분류하는 일반 이론의 일부를 이루는데, 품사 분류는 그리스와 로마의 문법학자들의 연구에 그 기원을 두고 있다. 전통적으로 품사의 정의는 일차적으로 의미에 근거하거나(예: "명사는 사람, 장소, 사물을 뜻한다."), 아니면 의미와 기능을 합쳐서 행하여졌다(예: "형용사는 속성이나 수량을 뜻하며, 명사를 수식한다."). 그러나 의미 부류들은 수많은 다른 방식으로 표현될 수가 있기 때문에, 의미에 근거한 개념적 정의는 오래 전서부터 문제가 있다는 사

---

that), 발화의 내부에 있을 수도 있다(*Jill dropped the pen and picked it up*의 it). 이러한 맥락은 다음과 같은 화자의 태도를 수반하여 나타날 수 있다. 일부 내용어가 가치 척도 상의 어디에 위치해야 하는지에 대한 평가(초점사, 예를 들면 *Even the NGOs left*에서 *even*) ; 어떤 명제가 발화 시간보다 앞서거나 동시이거나 나중에 일어날 사건을 지시하는지에 대한 평가(시제), 또는 어떤 용어가 담화 안에서 새롭거나 찾아지지 않는 것인지, 또는 찾아질 수 있는 것으로 이해되도록 의도된 것인지를 가리킴(관사, *a boy, the boy* 참고) ; 여기에 유용한 용어는 "절차"(procedura)란 용어이다(Blakemore 1987을 보시오.). 그렇지만 이 용어는 관련성 이론(Relevance Theory)에 국한되는 것이고, 의미론과 화용론의 아주 특정한 이론을 전제하기 때문에 여기서는 사용하지 않기로 한다. 일부 지시사는 지시를 하기도 하지만(예: 대명사), 내용 의미는 보유하지 않는다(*the boy*와 *he*를 대조해 보시오).

실이 알려져 왔다. 언어의 의미와 구조, 특히 형태론적 속성과를 상호 연관지으려는 초기의 노력 가운데, Sapir(1920)는 아래와 같은 개략적인 구분을 시도하였다.

(ㄱ) **구상적 개념**: 대상, 행위, 특성을 뜻한다. 통상적으로 자립적인 단어와 "어근" 성분으로 나타낸다. 또는 구상성의 정도를 약간 낮추면 파생 요소로 나타내기도 한다.

(ㄴ) **관계적 개념**: 추상적인 개념이 더욱 강하다. 통상적으로 접사(예: 시제 표지 *-s*, *-d*), 어근내적 변화(예: *run-ran*), 추상성이 가장 높은 층위에서는 語順(예: *Kim should leave now, Should Kim leave now?*)으로 나타낸다.

어휘 범주는 대부분 Sapir의 (ㄱ)에 해당되고, 문법 범주는 (ㄴ)에 해당된다. 그러나 Sapir도 충분히 인정하고 있던 바와 같이, 위에서와 같은 의미와 형태 간의 상관관계는 여러 언어에 반복해서 적용할 수 있는 것은 전혀 아니다. "과거"(PAST), "미래"(FUT), "원인"(CAUSE), "부정" (NEGATION)과 같은 개념 범주는 보편적으로 존재한다. 언어 내적으로, 심지어 여러 언어들 간에 이루어진 기본적인 관찰 중의 하나는 특정한 의미가 어휘적으로 기호화되는지, 문법적으로 기호화되는지, 또는 두 방법 모두로 기호화되는지에 따라 서로 차이가 난다는 사실이다. 그리하여 영어에서 "미래"(FUT)는 *I am giving a reading from my novel three days from now*에서 부사구 *three days from now*(지금부터 사흘 후에)와 같은 어휘적인 句로도 표현될 수 있다. 이 문장에서 동사의 현재시제와 부사구가 가리키는 지시적 명료성을 주목할 필요가 있다. 또한, 영어의 "미래"(FUT)는 보조동사 *will*과 같은 문법 표지로도 나타낼 수 있다. *I will* *be giving a reading from my novel*에서 "미래"(FUT)의 성격은 *will*로 명시적으로 표현되지만, 지시적 명료성은 떨어진다.

품사의 문제를 해결하기 위해서 최근의 많은 생성문법 연구에서는 통사적 정의에 초점을 두었다. 그리하여 여기서 명사(N), 동사(V), 형용사(Adj), 전치사(Prep)의 4개를 주요 보편 범주로 상정하였다.[13] 이러한 품사 범주는 의미적으로 분석되지 않는 전체에 해당되는 어휘 항목들을 점유하고 있기 때문에 "어휘적"이라고 부르지만, 개념적으로는 통사적 특질들을 갖고 있다. 명사, 동사, 형용사, 전치사 범주는 複合句에 참여하여 각각 명사구, 동사구, 형용사구, 전치사구를 구성한다. 위의 4 범주에 나타나는 句 구조 간의 유사성을 예증하기 위해서, 이와 같은 품사 분류를 제시하게 된 것이 중요한 동기이다 예를 들면, 생성 연구의 초기 이론에 따르면 4개의 품사 범주는 한정사, 보조동사, 강화사와 같은 기능 범주에 의하여 "지정"(specified) 받을 수 있다고 한다(많은 명사 앞에 정관사 *the*, 많은 형용사 앞에 *very*, 많은 전치사 앞에 *right*가 지정될 수 있다. 예를 들면, *right in back of the bus*.). 4개의 "어휘 범주"는 한정사와 같은 "기능 범주"와 대립을 이룬다. 기능 범주는 의미적으로 그 내용이 풍부하지 못하고, 놓이는 위치에 강세가 첨가되지 않으며, 그 수효가 적고, 폐쇄 부류를 이룬다(Napoli 1993).

그러나 어느 특정한 언어에서 어떤 특정한 항목을 어떤 품사 범주로 분류할 것인지를 어떤 방식으로 결정하는가에 대한 기준은 제시된 바 없다(Croft 2001). 그리고 자주 지적되어 오는 바이지만, 이들 어휘 범주들의 행위는 어족에 따라서 상이하다. 예를 들면, 형용사는 많은 유럽 제어, 북-아프리카 어, 호주 언어들에서는 명사처럼 다루어지지만, 북

---

13) 전치사는 "전·후치사"(adposition)로 이해하는 것이 더 적절하다. 그 이유는 전치사나 후치사냐 하는 문제는 해당 언어의 어순에 따르기 때문이다.

미, 동아시아, 남아시아의 여러 언어에서는 동사처럼 취급을 받는다(예: Dixon 1982를 참조; Lehmann 1990은 어떤 언어에 형용사 범주가 없는 결과로 일어나는 문법상의 구조적 파급 효과를 검토한 바 있다.). 또한, 어느 특정한 언어에는 4개의 주요 범주를 밝히 드러낼 수 없는 경우도 자주 있다. 그렇기 때문에, 많은 기능-유형론 학자들은 이와 같은 범주 설정에 반기를 들었으며, 그 중 일부는 명사, 동사, 형용사, 전치사와 같은 품사 표시가 특정 언어들에서 발견되는 범주일 뿐이고, 보편적인 것은 아니라고 주장한다. 예를 들면, Bhat(2000)는 언어는 독자적인 형태론적 특질들을 보유하고 있거나, 아니면 "어휘화가 완료된" 개방 부류 범주들의 수효에 따라서 3부류(명사, 동사, 형용사), 또는 2부류(명사, 동사)와 같은 방식으로 식별될 수 있다고 주장한다. 언어를 2부류로 분류하는 경우에, 형용사가 명사와 같은 방식을 취하는지, 아니면 동사와 같은 방식을 취하는지에 따라서 다시 하위 구분될 수 있다. 심지어 명사와 동사의 구분도 과연 보편성이 있는가 하는 의문이 제기되어 왔다. 예를 들어 Sasse(1988)는 이러코이 제어(Iroqoian)^{역자 주 ④}가 명사 범주를 소유하고 있는지에 대해서 의문을 제기하였다. 이러한 의문은 이들 언어에서 명사로 추정되는 예들이 동사에서 쓰이는 것과 유사한 접두사를 취하며, 동시에 "순간성"(punctual)과 같은 시간적 특성들을 갖고 있다는 사실에 근거하였다. 이와 같은 의문에 대해서 Mithun(2000)은 이러코이 제어에서 명사와 동사 간에는 명확한 형태 차이점들이 드러나 있다고 자세하게 답을 제시하였다. 그렇지만, 형태론적으로 동사 특징을 갖고 있는 동사들도 사물의 명칭으로 쓰일 수 있기 때문에, 명사와 같은 기능을 한다. 예를 들면, *akya:t:ɛtǫhk*(우리는 친척이다/나의 조카). 형태론적 동사 특질을 갖고 있는 많은 동사들은 어휘화되어 명사로 굳어져 버렸으나, 명사와 동사와의 구분은 확실하게 유지되어 있다(Mithun 2000: 419).

품사 문제를 기능-유형론적으로 해결하려는 시도는 통사적인 특성에 초점을 두기보다는 인지 구조, 개념 구조에 초점을 두고 있다.14) 이와 같은 전통에서는 단지 명사, 동사와 형용사(전치사는 제외)만 기본적인 언어 구조를 형성한다고 간주된다. Langacker(1987)는 몇 가지 기본 인지 구조는 보편적이지만, 의미 구조와 문법은 개별 언어마다 특이하다는 견해를 취한다. 언어는 다양하게 서로 관계를 맺고 있는 하위 요소들로 구성된 하나의 상징 구조라는 것이다. 즉, "문법과 어휘부 사이에는 아무런 유의미한 구분이 존재하지 않는다. 어휘부, 형태론 그리고 통사론은 상징 구조의 연속체를 이루고 있다"(Langacker 1987: 3). 명사는 개념적으로 하나의 사물을 지시하며, 정태적이며, 성분분석이 이루어지지 않고 전체가 하나의 대상이 되는 상징 구조이다. 그리고 동사는 심적으로 시간 속에서 관계를 형성한다고 해석되는 개념을 표시하는 상징 구조이다. 형용사(또는 다른 수식어)는 관계를 형성하는 것으로 해석되지만, 하위 분석되지 않고 전체적으로 검색되는 개념을 표시하는 상징 구조이다.

일정한 해석과 그것들의 상징적 표상과의 관계는 특정한 언어들에서 관습에 의해서 확립되는 것이다. 이와 마찬가지로 문법 형태소도 역시 상징 구조이다(Langacker 1991: 3). 그러나 문법 형태소는 훨씬 더 추상적이며, 의미가 정밀하지 못하며(skeletal), 지시성이 없는 경우가 흔한 상징 구조이다. Croft(1991, 2001)는 Langacker의 연구 방법과 일치하지만, 보편적 의미 매개변인을 허용한다는 점에서 차이가 있는 연구이다. 여기서 Croft는 품사는 특정한 언어에 존재하는 범주들이 아니라, 그것보다는 화자들이 문법을 구성하는 데 이용하는 유형론적 원형으로 간주

---

14) 이에 대한 다양한 논의는 Hopper and Thompson(1985), Langacker(1987), Croft(1991), Pustet(2003)을 참조.

해야 된다고 주장한다.

일부 언어학자들은 어휘(대) 범주와 문법(소, 기능) 범주로 말하기보다는 개방 부류와 폐쇄 부류로 분류하기를 선호한다. Talmy(2000, I: 22)에 따르면, 개방 부류는 "다른 부류에 비하여 비교적 그 수효가 아주 많으며, 구성원들이 쉽게 증가될 수 있는" 범주이고, 폐쇄 부류는 "구성원이 비교적 소수이고, 고정되어 있는" 범주이다. 그리하여 Talmy는 명사, 동사는 개방 부류에 귀속시키며, 형용사가 있는 언어라면 형용사까지 여기에 포함시킨다. 그 이외의 모든 언어 형태는 폐쇄 부류에 속하게 된다. 즉, 여기에는 한정사, 전치사, 부사, 첨사 등, 그리고 의문 억양과 같은 몇 가지 억양 양식도 포함된다. 이러한 구분은 다음과 같은 질문을 자연스럽게 야기시킨다. 즉, 개방 부류의 크기는 어느 정도인가. 가산 명사와 물질 명사(예: *knife/two knives*에 대하여 *warmth/*two warmths*), 타동사와 자동사(예: *hit: come*) 등과 같은 정밀한 구분은 어떻게 할 것인가.

이러한 질문들에 대하여 Talmy의 해답은 그와 같은 범주라든가, 또한 "주어", "간접 목적어" 등의 범주는 내면의 폐쇄 부류 하위 유형으로 취급하는 것이다. 즉, 이것들은 언어를 구성하고 있는 "설계 특질"(design features)[역자 주 ⑤]이며, 쉽게 그 수효를 첨가시킬 수 없다. Dixon(1982)에 의하면, 형용사를 개방 부류의 성원으로 취급할 때 생기는 한 가지 난점은 여러 형태-통사적 기준에 비추어 본다면 일부의 언어에서 형용사는 폐쇄 부류에 실제로 귀속된다는 사실이다. 또한, 개방 부류와 폐쇄 부류 사이에서도 연속선이 존재한다. 그리고 어느 한 범주에 속하는 구성원들의 신분도 원형적인 것들도 있으며, 그 원형성이 떨어지는 것들도 있을 수 있다. 예를 들면, 영어와 같이 많은 부사 유형들이 있으며, 부사류 형태들이 큰 목록을 이루고 있는 언어에서는 비교적 개방 부류 쪽에 놓이는 *fortunately*와 같은 파생 부사에서부터 폐쇄 부류에 부류 쪽에 가까이 위치한 *now, just*(예: *just three people came*에서) 등과 같이 단일 형태소로 구성된 부사들에 이르는 분포 영역을 나타내게 된다(Ramat & Ricca 1994, 1998).

어휘 범주와 문법 범주 간에 어떤 종류의 구분을 해야 될 필요성에는 학자들 사이에 일반적으로 의견이 일치하지만, 그 양자 사이 어디에 경계선을 그을 것인가, 또는 경계가 존재하기라도 하는 것인가 하는 문제가 뜨거운 논란거리가 되어 있다. 지배결속 이론과 같은 생성 이론에서 전치사는 "어휘적"이라고 하지만, 문법화의 여러 이론들에서 이것을 "문법적"이라고 주장한다. 이러한 사실이 특히 기본 가설들이 잘 정비되지 않았을 때, 어휘화와 문법화에 관한 여러 연구들이 봉착하게 되는 이론상의 다양한 불일치를 보여주는 핵심적인 보기가 된다. 더욱이, 일정한 格(case)들이 맺고 있는 관계가 다른 격들의 경우에서보다 훨씬 더 통사적(예: 주격과 목적격이 여격이나 도구격보다 훨씬 더 통사적이다.)이다. 이와 마찬가지로 전치사도 실제로는 그 통사론과 의미론의 관점에서 동질적이지 않을 뿐 아니라, 어휘적인 하위 집합과 문법적인 하위 집합 모두를 포함하는 것으로 분석하는 방식이 더 좋다는 사실이 오랫동안 관찰되어 왔다(예: Lehmann 2002을 참조). 예를 들면, 우리는 *of*와 같은 문법적인 전치사와 *with*같이 훨씬 더 어휘적인 전치사를 구분할 필요가 있다. 영어에서 *of*는 "전치사 범주에 가장 기본적인"(default) 전치사라는 사실을 주목하기로 하자. 즉, *the painting of the artist*에서 *of*는 주어, 목적어, 소유 관계를 나타낸다(화가가 그림을 그렸다/어떤 사람이 화가를 그렸다/그 그림은 화가의 것이다.). 그 반면에, *the city of Rome*에서 전치사 *of*는 이러한 의미를 어떤 것도 나타내지 않는다. 이와 대조적으로, *with*는 동반 또는 사용과 같은 의미로 훨씬 더 한정되어 있으나, 주어와 목적어와 같은 본질적으로 통사적인 관계가 표출되지 않는다.[15]

1.2.3 불연속 범주와 연속적(gradient) 범주

생성 언어학자들은 보편 문법이론과 개별 문법이론을 최적의 체계로 발전시키는 과정에서 문법의 범주들을 이분법적인, 불연속된 실체로 파악하고, 이 범주들에 포함되어 있는 어휘적 표현들을 해당 범주에만 국한되어 있는 고유한 특질로 취급하는 경향을 강하게 보였다. 명사라는 통사적 특질을 갖고 있는 어휘 항목들은 언제나 정확히 명사이어야만 한다. 조동사라는 자질을 갖고 있는 항목들 역시 조동사 이외의 것이 되어서는 안 된다. 대상이 명사라면 그 명사의 속성을 덜도 아니고, 더도 갖지 말아야 한다. 조동사의 경우도 반드시 그 조동사의 속성만 보유하여야 하고, 그 범주의 원형적 특성을 덜 갖고 있거나 더 갖고 있어도 안 된다. 그리하여 생성 언어학자들은 명사 또는 조동사의 범주에 속하는 각각의 구성원들은 해당 범주에 속하는 모든 형태-통사적 행위 속성만을 보유하고 있어야 하는 이상적인 이론을 추구하였다. 예외가 존재한다면, 이것은 특별한 의미론적, 아니면 음운론적 共起 제약으로 설명되었다.

이와 같은 이상적 이론의 추구는 일찍이 Ross(1972)에서 도전을 받게 되었다. 그는 명사, 형용사, 동사 등이 불연속적인 범주들로 구성된 대상으로 간주되지 말아야 하며, 그 대신, 이것들은 모음 사각도에서 기본 위치를 가리키고 있는 기본 모음들처럼, 공통되는 행위 특질들을 공

---

15) 전치사 *with*가 오늘날의 영어에서 사용되고 있는 용법에 대한 상세한 연구에 대해서는 McKercher(2001)을 참조.

유하고 있는, 소위 "원형"(prototypes)으로 파악되어야 한다고 주장하였다 (예를 들면, Rosch 1978; Taylor 1997[1989]를 참조). 그리하여 범주들은 일정한 특질을 갖고 있는가, 아니면 갖고 있지 않는가에 따른 질적 기준에 의해서가 아니라, 그 갖고 있는 정도에 의해서 구분되어야 한다는 것이다(Ross 1972: 326). 각각의 항목은 기준이 되는 행위 특성들을 더 많이, 또는 더 적게 보여주기도 할 것이다. 대부분의 기능 언어학자들은, Ross의 주장에 호응하여, 하나의 범주 내부에서 뿐만 아니라, 범주와 범주 사이에 존재하는 연속성을 주목하여 왔다.16)

몇몇 명사들은 다른 명사 부류들보다 더 명사적 특성이 강하게 나타난다. 즉, *house*는 *home*보다 더 많은 명사적 특성을 보여준다(예: *go to the house*이지, *go house*로 사용하지 않는다. *go home*은 '귀가하다, 급소를 깊이 찌르다, 가슴 깊이 호소하다'의 뜻으로 사용되지만, 그 반면에 *go to the home*은 *to the nursing home* '요양원으로 가다'와 같은 특별한 의미를 갖고 있다.). 조동사에 속하는 일부의 구성원들은 다른 부류들보다 조동사에 접합한 속성들을 더 많이 보유하고 있다. 예를 들면, *must*는 *ought to*보다 더 많은 조동사적 특성을 갖고 있다17)(*You mustn't smoke*는 일반적이나, *You oughtn't to smoke*는 아니다).

전형성의 정도가 지역방언(變種)에 따라서 공시적으로 달리 실현되는 경우도 있다. 영국영어를 사용하는 화자들은 *have to*를 미국영어 화자들보다 조동사에 더 가깝게 사용하고 있다(영국영어: *Have you to leave?* 미

---

16) 범주 내부에서의 연속성이 범주 사이에 존재하는 연속성보다 더 중요한 의미를 갖고 있음을 논증하는 주장에 대해서는 Aarts(2004)를 참조. 그리고 이러한 주장을 역사적 연구에 적용하였을 때 파생되는 문제점들에 대해서는 이 책의 §6.2.2를 참조하시오.

17) 이와 같은 조동사의 속성들은 보통 NICE(부정 negation, 어순 도치 inversion, "규약/관례" code, 강조 확인 emphatic affirmation)이라는 두자어로 알려져 있다(예를 들면, Palmer 1988: 14ff.를 참조).

국영어: *Do you have to leave?*). Denison(2001)은 *fun*, *key*, 및 *designer*와 같은 단어들이 참여하는 문장을 이용하여 이 단어들의 범주에 연속성이 개재되어 있음을 지적한 바 있다. 예를 들면, *That was great fun*에서 *fun*은 명사와 같은 기능을 발휘한다. 명사가 다른 명사를 수식할 수 있기 때문에(*The stone wall*에서와 같이), *Those were fun times*에서 *fun*은 명사로 간주될 수 있다. 그러나 한정사 다음에 명사가 오는 통사적 환경에 역시 형용사도 올 수 있기에, *fun*은 이 위치에서 형용사 기능과 명사 기능 사이의 잠재적인 중의성을 보여준다. Denison에 따르면, 바로 여기서 *fun*은 명사와 형용사 사이의 연속성을 보여주게 된다. 그렇지만, *Now let's think of someone fun, That was very fun, The funnest evening*에서 *fun*은 형용사로 기능하고 있음이 분명하다. 연속성은 변화를 일으킬 수 있는 하나의 요인으로, 또한, 언어사용에서 일어난 변화의 결과로도 간주될 수 있다(위에서 언급된 §1.1.2를 참조).

1.2.4 생산성에 대한 연속적인 속성

연속적인 속성에 대한 개념은 또한 어휘 범주와 문법 범주를 구분해 주는 것과는 다른 현상, 즉 생산성의 특질과도 연관되어 있다. 넓게 해석하자면, **생산성**은 화자들이 새로운 단어들의 결합을 만들어 내도록 하는 언어의 설계 특질을 구성하며, 화자들이 새로운 결합을 얼마나 신속하게 생산해 내는가 하는 통계적 산출이다(예를 들면, Aronoff 1976; Kastovsky 1982; Plag 1999; Jackendoff 2002를 참조). 생산성은 "새로운 단어를 생산해 낼 수 있는 화자의 능력과 관련된 것"(Bauer 1994: 3357)이며, 어떤 언어 형식이 나타내는 출현 빈도, 또는 상대 빈도와 같은 것이다.

영어에서 가장 생산적인(또는 "가장 기본적인", default) 항목들은 문법 항목이다(명사에 연결되는 복수 굴절접미사, 동사 어간에 연결되는 3인칭 단수 현재시제, 과거시제 굴절 어미). 그 반면에, 가장 생산성이 떨어지는("이질적인") 것들은 일정한 어휘 형성소(*befriend*에서 파생 접두사 *be-*와 같은)와, 대부분의 어휘 항목(어근 또는 어간)이다. 절단, 품사 전환 또는 혼성 등과 같은 단어 형성 절차가 기존의 어휘 항목들에서 새로운 어휘 항목의 형성(제2장을 참조)을 허용하고 있다. 그러나 이러한 과정들은 "규칙의 지배를 받는" 문법 절차에 비하면 비생산적이다(Bauer 1994: 3356). 생산성이라는 개념은 하나의 "연속적인 개념"임을 인정하는 사실이 중요하다(Bussmann 1996: "생산성" 항목을 참조). 즉, 생산성은 비교적 특이한 방식(*north-northern*의 짝에서 무성 마찰음이 유성 마찰음으로 교체)에서부터 비교적 규칙적인 생산 방식(예를 들면, *earth-earthy*에서, 명사에 *-y*를 연결하여 형용사를 만드는 파생법)을 거쳐, 훨씬 더 규칙적인 방식(*sing-singer*에서 동사에 *-er*을 연결해서 동작주 명사를 파생)에까지 걸쳐 있는 개념이다. 더욱이 생산성은 화자의 연령과, 담화가 일어나는 맥락과 밀접하게 연관되어 있다(비생산적인 파생 형식의 대표적인 예는 *warmth*, *depth*에서와 같이 명사를 파생시키는 *-th*이다. 그러나 *-th*는 컴퓨터의 온라인에서 이루어지는 담화에서 새로운 방식으로 사용되고 있다. 예: *coolth*, *greenth*, *gloomth* [Baayen 2003]).[18]

어떤 하나의 연속체는 "비생산적 또는 생산성이 없음"에서부터 "준-생산적"을 거쳐 "생산적"에까지 걸쳐 있는 전형적인 모습을 보인다. 이러한 연속체는 어휘 항목에서부터 문법 항목에 이르기까지 걸쳐 있는 연속체와 대략 일치한다. Bauer는 "생산성의 반대는 '어휘화'"라고 지적한다(1994: 3355). 그러나 다음 장들에서도 논의될 것이지만, 일부의

---

18) 이러한 정보를 알려준 Anette Rosenbach에게 감사한다.

파생 형태론은 굴절 형태론에 거의 맞먹을 정도로 생산적이다. *fortunately* 와 같은 태도 부사파생 접사 *-ly*가 그러한 예에 속한다(또한, *pre-season*에서와 같은 명사파생 접두사 *pre-*도 마찬가지이다).(Jackendorff 2002: 155).

언어사용에 대한 연구에서 생산성과 출현 빈도와의 상호 관계가 특별한 관심의 대상이 된다(Baayen & Renouf 1996을 참조). 출현 빈도에 대한 고찰에서 유형(type) 빈도와 개체(token) 빈도를 구분한 것이 매우 중요하다(예를 들면, Bybee 1985, 2003을 참조). **유형 빈도**는 어떤 항목이 공기하는 범주 또는 구성체들의 수효에 초점을 둔다. *The butcher cuts the meat easily* ∽ *The meat cuts easily*에서와 같이 "중간태 동사의 교체"(middle alternation) 구문에^{역자 주 ⑥} 출현하는 동사의 수효, *be going to*와 같이 출현할 수 있는 동사 유형(과정, 상태 등등)의 수효 등이 여기에 속한다. 이와 대조적으로, **개체 빈도**는 출현하는 개개의 형태들의 수효와 관련된 것이다. 예를 들면, 정관사 *the*나, 동사 형식으로 *google*이 출현하는 빈도 등이다.[19) 단어 형성의 유형 빈도는 생산성과 상관관계를 맺을 수 있다. 그러나 역사적으로 앞선 단계에 있었던 유형 빈도상의 증가나 감소 상태가 그대로 유지되어 오는 사례가 있기 때문에, 그와 같은 상관관계가 긴밀하지 않는 경우가 많다. 예를 들면, *-ment*는 현대영어에서 높은 유형 빈도를 나타내고 있으나(이 파생접사는 *government*, *derailment* 등과 같이 매우 많은 어기에 연결되어 출현하였다), 지금은 새로운 단어의 형성 과정에 적극적으로 참여하지 않는다는 의미에서 접사 '*-ment*'는 높은 생산성을 갖고 있지 않다. 출현 빈도(특히 대부분의 유형 빈도)와, 새로운 단어 형성

---

19) Kastovsky(1986)는 이와는 약간 상이한 구분을 하였다. 그는 "생산성"은 한 편으로는 단어 형성 규칙의 적용 수효와 제약의 유형(그는 이것을 "규칙적용 범위"라고 언급하였다), 또 다른 한 편으로는 언어수행에서 규칙이 적용되는 빈도를 아울러 포괄한다고 말하였다.

을 거쳐 개신으로 사용될 가능성 간에 보이는 이러한 불일치 때문에, Haspelmath(2002)는 "생산성"이라는 말 대신에 "규칙성"이라는 용어를 더 선호한다. 그 반면, Baayen(2002)는 생산성은 출현 빈도가 아니라, 출현 개연성으로 보아야 이해가 가장 잘된다고 주장한다.

1.2.5 요약

어휘 범주와 문법 범주, 단어들의 대-부류와 소-부류(기능적으로), 또는 개방 부류와 폐쇄 부류 사이를 명료하게 두 가지로 구분하는 이분법적 방식에서 파생되는 여러 가지 문제점들 때문에 학자들은 어휘 범주와 문법 범주에 속하는 구성원들의 신분을 단계적 정도성으로 파악하게 되었다는 사실을 우리는 관찰하였다. 이와 마찬가지로, 학자들은 어휘부도 또한 상호 불연속적이며, 완벽하게 고정된 항목들로 구성된 것이 아니라, 다음과 같은 연속성 선상에 걸쳐 있는 것이라는 관점을 채택하였다. 즉, **고정성의 정도에서:** 그 고정의 정도가 강한 것에서부터 약한 것에 이르기까지, **관습화의 정도에서:** 그 정도가 훨씬 더 진전된 것에서부터 진전되지 못한 것에 이르기까지, **생산성의 정도에서:** 생산성이 높은 항목에서부터 그 정도가 낮은 항목에 이르기까지. 이와 같은 사실에 바탕을 둔 어휘 범주와 문법 범주의 구분과 어휘부 구성에 대한 연속성의 모형은 변화의 역사적 사실들과 잘 부합된다. 변화가 매우 미시적인 단계로 출현한다는 의미에서 보면, 그러한 변화에 참여하는 역사적 사실들은 대개(언제나 그렇지는 않지만) 점진적으로 일어난다. 다른 형식들과 매우 생산적으로 결합되는 항목들은 "문법" 범주의 속성을 갖고 있으며, 그 결합이 훨씬 더 임의적이면 "어휘" 범주에 속한다. 그리고 그 가운데 몇몇 항목들은 역사적으로 문증되거나, 예측할 수 있는, 어휘 범주와 분법 범주 간의 중간단계에 귀속되기도 한다.

이와 같이 연속성과 어휘부에 대한 몇 가지 이론적 배경을 요약하여 제시하였으므로, 이제는 간략하게 어휘화와 문법화에 대해서 소개하려고 한다.

1.3 어휘화

어휘화(lexicalization)라는 용어는 서로 매우 다른 두 가지 현상을 가리키는 데 사용되어 왔다. 공시적으로 이 용어는 개념 범주를 언어로 나타내는 방식에 사용되어 왔다. 통시적으로는 이 용어는 "어휘부로의 편입", 또는 "문법의 생산적인 규칙으로부터 이탈" 과정 등을 가리키는 등 다양하게 쓰여 왔다. 최근에 이루어진 대부분의 연구는 이러한 어휘화의 규정 가운데 첫 번째의 의미가 중심이었다. 유형론에서 이루어진 지금까지의 연구도 어휘화의 첫 번째 의미에 근거한 것이었다. §1.3.1에서 우리는 공시적 연구에서 두드러진 어휘화의 몇 가지 주요 경향들을 언급하려고 하지만, 이 책에서 상세하게 이러한 주제를 지속적으로 제시하지는 않을 것이다. §1.3.2에서 우리는 두 번째 의미, 즉 통시적 과정으로서의 어휘화에 대해서 살펴보려고 한다. 이와 같은 접근 방식은 §1.4의 주제가 되는 문법화에 대한 논의 과정에서 조금 더 상세하게 전개될 것이다.

1.3.1 어휘화에 대한 공시적 여러 관점

공시적 의미에서 "어휘화"라는 용어는 개념적 표상과 통사론 사이에 맺고 있는 연계의 정도, 그리고 그와 같은 연계의 본질을 언어적으로 형식화하는 방식을 말한다. 이러한 주제에 대한 관심은 어휘소 *kill*(죽이다)이 CAUSE BECOME NOT ALIVE(살아 있지 않게 되도록 하다)와 같은 훨씬 더 추상 구조의 표상이라는 주장(McCawley 1968)과 같은, 문법에 어휘를 삽입하는 다양한 이론적 틀에 대한 논의에서 대부분 파생되었다. 오늘날 이루어지고 있는 대부분의 연구는 서술어에 집중되어 있으며, 복합개념 구조를 단일한 어휘 항목으로 합칠 수 있는가 하는 증거(예: Talmy 1985, 2000; Jackendoff 1990, 2002)를 여러 언어들에서 추구하고 있다. 그리고 행위, 이동, 상태의 변화와 같은 소수의 사건 유형이 이질적인 의미를 갖고 있는 많은 수효의 "어근"(또는 특정한 어휘소들) 부류들과 결합되는 여러 가지의 방식에 관해서 어휘화의 관점에서 연구가 수행되고 있다(예: Rappapotr Hovav & Levin 1998a, 1998b).

특별한 영향력을 구사해 온 한 가지 연구 노선은 일정한 동작 사건 유형들을 어떤 방식으로 어휘화하는가에 따라서 언어를 아래와 같은 두 개의 일반 유형론적 집단으로 분류하는 Talmy의 가설이다(Talmy 1985, 2000).

(ㄱ) 영어(로망스 제어를 제외한 대부분의 인구어 포함), 중국어, 피노우그리아 어족, 그리고 오지브웨이 어(북미 인디언의 언어):

이들 언어는 동작과 그것이 수행되는 방식(manner)을 단일 동사 어근(또는 "어휘소")으로 언어 기호화(또는 "어휘화")하는 특징을 갖고 있다. 또한, 이들 언어는 동작의 경로(path)를 동사에 딸려서 첨가되는 첨사 또는 접사와 같은 "위성어"(satellite)로 표현한다.

영어에서 *The bottle floated into the cave*(그 병은 동굴 안으로 흘러 들어갔다)가 기본적인 표현 방식이다. 즉, 방식(*floated*, 떠 있었다)은 이동(MOVE)을 가리키는 추상동사에 융합되었다. 그 반면에, 경로(*into the cave*, 동굴 안으로)는 개별적으로 배경을 나타내었다. 그리하여 *The bottle entered the cave floating* 같은 표현은 가능하지만, 구어에서는 별로 사용되지 않는다. 그리고 이 문장은 병이 동작주와 같이 작용하여 상황을 나타내는 관점이 매우 다르다. *The rope hung across the canyon*(밧줄이 늘어트려져 골짜기에 걸려 있었다.), *Paint streaked the rug*('그림물감이 깔개에 길게 뿌려져 있다'.)와 같은 문장이 정태적 장소(즉, 이동이 일어나지 않는) 영역에서 이와 유사한 예들을 제공한다.

(ㄴ) 로망스 제어, 셈 계통의 언어, 일본어 및 폴리네시아 어:

이 언어들은 동작과 경로를 함께 하나의 단일한 어휘소로 어휘화하는 특징을 보여준다. 그리고 이들 언어는 **방식**을 연관된 별개의 형식으로 표현한다.

스페인어에서 *La bottella entro flotando en la cueva*(그 병은 물 위에 떠서 동굴 안으로 흘러 들어갔다.)와 같은 문장이 기본적 표현이다. 여기서 동작과 경로가 하나로(*entro*) 합쳐진 대신에, 방식(*flotando*, 떠서)이 따로 배경을 이루고 있다.

위에서 (ㄱ)에 속하는 언어 집단은 "위성어 중심"(satellite-framed)으로 구성된 언어, (ㄴ)의 언어는 "동사 중심"(verb-framed)으로 구성된 언어라 부른다. 이와 같은 차이는 이야기를 전개하는 말의 스타일과, 다른 종류의 담화에서 수많은 중대한 영향을 초래하게 된다. 예를 들어, 위성어 중심으로 구성된 언어의 화자들은 이야기에서 하나의 경로에서 일어나는 역동적 행위에 더 주목하는 반면에, 동사 중심으로 구성된 언어를 구사하는 화자들은 정태적 기술에 더 관심을 나타낸다는 가설이 제기된 바 있다(Berman & Slobin 1994). 또 다른 가설은 적어도 차용이 별로 일어나지 않는 말의 비격식체(라틴어에서 유래한 로망스 제어에서 영어로 차용된 *enter, exit, descend*는 동작과 경로를 융합시켰다.)에서는 위성어 중심의 언어에서 동사 중심의 언어들보다 동작 동사를 방식으로 나타내는 동사 목록(예: *creep, glide, clamber, spring*)을 더 많이 보유하고 있을 것이라고 설정한다.

그러나 위에서와 같은 두 개 언어 유형의 집단들은 언제나 명확하게 서로 구분되지 않는다. 그 이유는 수많은 차용어들이 존재한다는 사실과, 단어들이 모든 언어에서 만들어질 수 있는 방법이 아주 풍부하기 때문이다. 더욱이 언어 유형 자체에서도 변화가 일어날 수 있다. 예를 들면, 라틴어는 위성어 중심의 많은 구조적 특징들을 보여주지만, 그 후계어인 로망스 제어들은 대부분 동사 중심의 구조를 따르고 있다. 그렇지만 현대 이탈리아어는 다시 위성어 중심 구조의 방향으로 향하여 가고 있다(Slobin 2004). 그럼에도 불구하고, 위성어 중심의 언어와 동사 중심으로 구성된 언어 사이를 유형론으로 구분하려는 위와 같은 아주 요약된 주장은 상당히 폭넓은 지지를 받아 왔다. 그리고 지금까지 규명된 의미론 연구에서 나온 결과들은 언어 이론의 주변에 있던 어휘 의미론을 중심적인 역할을 하는 무대로 이끌어내는 데 도움을 주었다.

수량 형용사 *all*, 그리고 양태 조동사 *must*와 같은 더 좁은 영역에서도 어휘화에 대해서 공시적 및 여러 교차 언어 연구에서 이루어진 중요한 주장들이 제기된 바 있다. 일정한 부정(否定)의 의미는 여러 언어들에서 오로지 句로 나타낼 뿐이고, 단어 크기의 하나의 단위로 나타낼 수 없다는 사실이 Jespersen(1917)에서부터 계속 관찰되어 왔다. 특히,

Horn(2001[1989])과 Levinson(2000)은 여러 언어들을 고찰하였을 때, *all, some, no(ne)*(='*all not*', 모두가 …가 아니다)와 연관된 의미는 이처럼 변별되는 단일어 형식을 보유하고 있는 사실로 보아서, 어휘화된 반면에, **nall*(='*not all*', 모두는 아니다. 따라서 일부는 그렇다는 사실을 함축한다.)같은 단어는 없기 때문에 어휘화되지 못했다는 주장을 한다. 이와 유사하게, *necessary, possible, impossible*(='*not possible that*', −라는 사실이 가능하지 않다.) 같은 단어의 어휘화는 출현하였으나, **nossible*(='*possible that not*, 즉 …아닌 사실이 가능하다. 그리하여 '가능하다'를 함축하게 된다.)같은 어휘화는 존재하지 않는다. 이러한 사실에서 강한 정도를 나타내는 척도부사들(*all, necessary*)은 강한 부정을 형태론적으로 구현시키는 반면에, 약한 정도를 표시하는 척도부사들(*some, possible*)은 그렇지 못하다는 일반 원리를 이끌어 낼 수 있다. Horn과 Levinson은 *some*과 *possible*이 각각 '모두가 아니다'와 '필수적인 것이 아니다'라는 뜻을 함축하기 때문에 *nall*과 *nossible*을 의미하는 개별 부정어들을 만들 필요가 없다고 주장한다.

van der Auwera(2001)은 Horn(2001[1989])의 주장을 바탕으로, 양태동사들에는 이와 유사하지만, 훨씬 유연성이 있는 더 많은 제약들이 존재한다는 사실을 제시하였다. 어순을 특수하게 배열하기와, 심지어 NOT NECESSARY를 하나의 단어로 어휘화하는 현상이 실제로 출현하고 있다. 예를 들면, 우리는 *must, may, mustn't*를 '…가 아닌 사실이 필연적이다'라는 뜻으로 사용하며, 또한 needn't(…이라는 사실이 필수적이 아니다. 따라서 일어날 수도 있다.)도 사용한다. 그러나 *not necessary that*(…는 사실이 필요하지 않다), 또는 *not possible that*(…는 사실이 가능하지 않다)에서 *nessary that not*(…가 아닌 사실이 필연적이다)과 *possible that not*(…가 아닌 사실이 가능하다)로의 역사적 추이, 즉 더 강력한 부정 양태사로 점진적으로 옮겨가는 예는 드물지 않다. 그렇기 때문에, 양태 체계는 어휘화 가능성이 균형적으로 이루어지지 않는다는 측면에서 부정법 체계와 근접해 있을 수 있다. 이와 같은 논의에서 "어휘화되었다"(lexicalized)라는 표현은 다-단어로 구성된 고정된 표현에 사용되지 않고, 엄격히 하나의 단일어와 같은 실체만을 포괄하고 있음을 주목하기 바란다.

1.3.2 어휘화에 대한 역사적 여러 관점

제2장에서 어휘화에 대한 역사적 관점은 더 상세하게 논의될 예정이다. 이 영역에 대해서는 Brinton(2002), Lindstrom(2004), Himmelmann (2004), Traugott(2005)에 전체적인 개요가 소개되어 있다. 먼저 "어휘화"라는 용어를 소개하자면, 이 용어가 갖고 있는 직관적이면서 동시에 포괄적인 뜻은 어휘부로 채택되는 현상을 말한다.

- "어떤 언어의 어휘부로 한 단어가 통상적인 단어 형성과 같이 도입되는 것이며, 이것은 어휘부에 저장되었다가 사용할 적에 어휘부로부터 호출된다."(Bussmann 1966: "lexicalization 어휘화" 항목).
- "단일어이든, 또는 복합어이든, 또는 단지 새로운 의미이든 간에 새로운 언어 실체가 어휘부의 층위에서 관습화되어지는 과정이다." (Blank 2001: 1603).

어휘화를 Lehmann(1989, 2002)은 목록으로 도입되며, 분석할 수 없는 전체적인 덩어리로 된다는 관점에서 "말이 어휘적으로 전환되는 과정"으로 국한시켰다.

어휘화에 대한 다른 일반적인 의미에 따르면, "어휘화"는 어떤 형태가 규칙적인 문법 규칙으로 더 이상 설명될 수 없을 때 출현한다.

- "어떤 언어 형식이 문법의 생산적인 규칙에서 벗어나게 되었을 때
  는 언제나 어휘화되는 것이다."(Anttila 1989[1972]: 151).
- "어떤 어휘소가 생산적인 규칙들의 적용에 의해서 출현하였더라면
  취할 수 없는 형태를 갖거나 또는 채용할 때 일어나는" 단계.(Bauer
  1983: 48).

위에서와 같은 어휘화에 대한 일반적인 개념들은 문법화(아래와 제3장을
참조)와 단어형성론(제2장을 참조)에 관한 전문 논저에서 훨씬 더 정밀한,
그리고 때로는 서로 모순되는 정의로 나타난다.

  어휘화에 대한 제3의 해석은 함축적인 의미에서 언어화된(또는 관습화
된) 의미, 즉 화용론적 다의에서 의미론적 다의로의 추이와 관련되어
있다. 예를 들면, '시각 경험'으로서의 *see*가 어떤 상황에서는 '이해한
다'라는 의미를 함축하게 된다. 예: *I see that* '나는 그것을 알겠다'. 이
러한 화용론적 의미는 다의를 형성하게 되며, 결국에는 해당 단어의 유
일한 의미가 될 수도 있다. 참조: 원시인구어 *weid-* '보다'는 시각적인
행위를 가리키는 용어(라틴어에서 온, *vision*, *video*, 등등)로만이 아니라, 또한
idea(생각)(그리스어를 거쳐서 온)와 같은 최종적인 발달을 보여준다(Sweetser
1990). Evans & Wilkins(2000: 550)가 아래에서 언급한 바와 같이, 동일
한 형식에 대해서 상이한 화용론적 해석, 아니면 의미론적 해석을 허용
하게 하는 상황은 일정한 "연계 맥락"(bridging context)에 해당된다. "연
계 맥락을 탐구하는 데 마주치게 되는 중요한 문제는 다음과 같다: 어
떤 반복적인 맥락들, 그리고 어떤 문화적 배경들이 충분한 출현 빈도가
부여되어 이것들이 변별적이지만 상호 연관을 맺고 있는 특정한 화용
론적 확대가 출현할 수 있도록 허용하는 것일까?"

  이와 같은 뜻으로 사용되는 어휘화에 대한 더 좋은 명칭은 "의미화"
가 더 타당할 것으로 보인다(Hopper & Traugott 2003: 235, 제4장에 첨부된

각주 2).

구상 의미로의 발달과 관련된 어휘화에 대한 4번째 일반적인 의미는 특히 대-부류와 연결되어 있다. 이러한 의미는 어휘화와 문법화가 맺고 있는 관계에 대한 논의의 중심을 이룬다.

끝으로, 어휘화는 일반 의미 변화와 동일시되는 경우가 많다(Blank 2001: 1603-1604).

그리하여 통시적 어휘화에 대한 이와 같은 상이한 정의들을 통합하려고 시도하였을 때 파생되는 문제 몇 가지는 다음과 같다.

(1) 어휘화는 합성법, 파생법 그리고 품사 전환 등과 같은 단어형성론과 어느 정도 상이한 것인가?
(2) 어휘화는 관용화, 탈동기화, 일상화, 제도화 등과 같은 다른 과정들과 어떻게 상호 관련되어 있는가?
(3) 어휘화를 복합적인 구조의 감소에 이르게 하는 융합의 과정이거나, 또는 자율성을 증가시키게 하는 분리의 과정으로 이해할 때에, 여기에 필연적인 결과로서 어떠한 사실이 수반되어 있는가?
(4) 어휘화는 급진적인가, 아니면 점진적인가?

1.4 문법화

어휘화와 마찬가지로 문법화(grammaticalization)도 공시적으로는 물론, 통시적으로도 파악될 수 있다. 그러나 문법화의 경우에 대부분의 연구는 역사적으로, 아니면 유형론적 관점에서 이루어져 왔다(그 초점은 변화에 대한 원리를 추구하는 데 있었다.). 지금까지 이루어진 문법화 연구에서의 공통점은 통사적 방식과 형태론적 방식은 어떻게 구성되는 것인가, 문법 범주는 어떻게, 그리고 왜 일어나는 것이며, 또한 자유 결합 양식과 고정된 양식은 어떻게 상호 작용하는가 등의 문제를 이해하려는 노력이었다(포괄적인 개관에 대해서는 Heine 2003a를 참조.). 문법화에 대한 연구는 수많은 학자들에 의해서 적극적인 참여를 이끌어 내었는데, 그 가운데 일부 비판론자들은 문법화 연구자들이 "그 자체적으로 독자적인 지위를 갖고 있는" 독특한 변화의 유형을 규명하려고 추구해 왔다는 주장을 제기하기도 하였다(Campbell 2001a: 117; 또한 Newmeyer 1998: 237ff 도 참조). 그러나 이것은 올바른 지적이라고 할 수 없다. 그러기보다는 문법화는 "대부분 단일방향으로만 진행되며, 음운론, 통사론 및 의미-화용론에서 일어나는 변화들과 강력한 상관관계를 우리가 관찰할 수 있기 때문에 흥미 있는 분야"라는 사실을 제시하기 위해서 학자들이 노력해 왔다. "따라서 문법화는 거시적 층위에서 일어나는 현상이고, 이에 대응되는 미시적 층위에 속하는 여러 현상들의 특성으로 환원시킬 수 없는 것이다."(Haspelmath 2004: 26).

1.4.1 문법화의 공시적 관점

공시적 관점에서 보면, 문법화는 일차적으로 형태-통사적, 담화 화용론적 현상이며, 시간상으로 일정한 순간에 일어나는 유동적이고, 동시에 역동적인 언어 사용의 방식을 관찰의 주 대상으로 하는 연구이다. 그리하여, 미세하지만 국부적으로 차이를 나타내는 언어의 구성을 조합해 내는 방식을 취급한다(예: Romaine and Lange 1991, Thompson and Mulac 1991, Mair 1994, Ziegeller 1996, Beths 1999, Aijmer 2004를 참조.). 예를 들면, Thompson & Mulac(1991)은 (4ㄱ) *I think that* [節]의 문장과, "인식양태 삽입구"(epistemic parentheticals)에 의한 *I think Ø*(추정의 뜻)가 있는 문장 (4)ㄴ과 (4)ㄷ과의 공시적 관계를 논의하는 가운데, 인식양태 삽입구는 주절이 문법화를 수행한(축소되었으며, 출현 빈도가 더 증가하였기 때문에) 양상을 보이는 것이라고 주장하였다.

> (4) ㄱ. I think that exercise is really beneficial(연습이 정말로 유익하다고 나는 생각한다.)
> ㄴ. I think exercise is really beneficial(연습은 정말로 유익한 것 같다.)
> ㄷ. Exercise is really beneficial, I think.
>
> (Thompson and Mulac 1991: 313에 의함)

그들은 출현 빈도/1인칭 주어/*that*이 없는 보문의 출현은 형태들이 문법화를 수행하였다는 직접적인 증거가 된다고 보았다. (4ㄴ, ㄷ)에서 *I think*는 보문을 취하는 명사+동사의 연쇄에서부터 상이한 분포 특성을 갖고 있는 일종의 단일 첨사로 전환되어 탈범주화를 수행하였다. 이 경우에, 주절-보문절 구조가 보문절-주절로 뒤바뀌게 된 것이다. 즉, 원래의 보문절은 이제는 주절로 재분석되었으며, 원래의 주절은 분리 삽입구로 사용되었다.

Romaine & Lange(1991)는 간접화법과 생각의 표현에 등장하는 *like*가 진행 중에 있는 문법화 과정을 통하여 담화표지로 쓰이는 현상을 고찰한 바 있다. 그들은 *like*가 명사 보어를 취하는 전치사에서 보문을 취하는 접속사로 "재범주화"를 일으킨 다음에, 이어서 통사적으로 분리와 이동이 가능한 담화표지로 재분석을 거쳤다고 파악한다. 또한, Mair(1994)는 *Why should people be surprised to see this happen*과 같은 문장에서 *to see*가 구상적인 시각적인 의미를 상실하게 되면서, 절과 절을 연결하는 문법 장치로 사용하게 되었다고 논증하였다. 이러한 보기는 문법화의 초기 단계에 속한다.

Aijmer(2004)는 여러 언어에서 "능력"를 나타내는 어휘(영어 *manage, be able to*; 스웨덴어 *lyckas* [-할 수 있다], *få* [-를 획득하다])들에서 "성공적인 완료"를 뜻하는 동작류(aktionsart)의 표지로 문법화하는 과정을 추출하였다.[20] 이 연구에서 Aijmer는 대화 함축이 일반화가 이루어져 잠재성('참여자에 내재된 가능성')과 실현성('참여자 내적 실현성') 간에 환유를 거쳐 맺어진 연결에 초점을 맞추었다. 여기서 Aijmer는 다음과 같이 관찰하였다. 즉, "*manage to*는 어휘 요소가 문법 표지로 직접적으로 문법화해 온 것이다. 능력에서 일의 성공적 완료로의 발달은 과정동사(process verb)가 시제, 동작상, 양태 표지로 향하여 가는 훨씬 더 일반적인 통로임을 보여주는 사례가 될 것이다."(2004: 73).

문법화를 공시적으로 연구하게 하는 요인들의 몇 가지는 언어변화에서 얻은 실증적 증거에 바탕을 두고 있기 때문에, 다음 §1.4.2의 후반부에서 언급될 것이다.

1.4.2 문법화의 역사적 관점

역사적 관점에서, 문법화는 적어도 "여러 언어들에서 시간의 흐름에 따라 지속적으로 출현하는 의미-화용론적, 형태 통사론적, 및 (때때로) 음운론적 변화들이 맺고 있는 상관관계의 묶음이다"(Hopper and Traugott 2003: 1-2). 통상적으로 문법화는 어휘 항목들과 구성체들이 일정한 언어 맥락에서 어떻게 문법 기능을 갖게 되는가, 또는 문법 항목들이 어떻게 새로운 문법 기능으로 발달하게 되는가와 같은 질문들과 관련된 언어변화 연구 가운데 그 일부에 해당된다고 생각되어 왔다(Hopper and

---

20) 동작류("어휘적 동작상", "상황 유형") 유형들 간의 식별은 Brinton(1988: 23 이하)을 참조하시오. 그는 상태(*live*), 행위(*run*), 성취(*break*), 완료(*grow up*) 등과 같이 구분하였다.

Traugott 2003: 1).[21] 이와 같은 문법화에 대한 정의의 기원은 Meillet와 Kuryłowicz의 연구로 소급된다. Meillet는 문법화라는 용어를 처음으로 만든 학자인데, "역사적으로 선행 단계의 자립적인 단어가 문법적 성격으로 귀착되는 현상"으로 문법화의 정의를 내린 것으로 유명하다. (1958[1912]: 131)[22] Kuryłowicz는 "어휘적 신분에서 문법적 신분으로, 덜 문법적인 신분에서 더 문법적인 신분으로(파생 형태소에서 굴절 형태소로 이동하는 것과 같이) 발달하여 형태소의 영역이 증가하는 현상"으로 문법화를 정의하였다(1975[1965]: 52).

문법화는 그 연구 초창기부터 지금까지 어떤 방식이로든 간에 어휘부와 관계를 이루고 있다고 전제되어 왔다. 그렇지만 또한 문법화는 그 초기부터 담화에서 일어나는 제 현상과 관련을 맺고 있다고 파악되어 왔던 것도 사실이다. 그리하여 Meillet(1958[1912])는 어순 변화도 문법화 연구에 포함하였다(또한, Claudi 1994; Helftoft 1996을 참조). 그리고 Givón(1979: 209)은 주제, 초점 및 다른 담화 성분들에 주의를 환기시키면서 아래의 (5)에서 문법화의 도식(스키머)을 제시하였다.

(5) 담화 > 통사론 > 형태론 > 형태음소론 > ∅(영)

담화가 통사론을 선행할 수 있는가에 대해서는 의문이 제기되어 왔으나(Traugott 1982), 그럼에도 불구하고 담화와, 특히 구성체(constructions)가 갖고 있는 중요성은 문법화로 알려진 발달에 관한 대부분의 연구에서

---

21) 기능의 재분석은 예전에 수식을 받는 어휘(어휘 핵)에서 수식을 받는 기능어(기능 핵)의 신분으로 옮겨가는 것으로 통상적으로 생각되어 왔다. 예를 들면, Roberts(1993a)는 로망스 제어에서 어휘 핵(본동사)이 기능 핵(보조동사)으로 변화되어 간다고 지적하였다.

22) Meillet의 이전 단계에서는 George von der Gabelenz, Karl Brugmann, Henry Sweet 등의 문법화 연구의 선구자가 있었다. 그러나 이러한 학자들은 문법화를 융합(fusion)에 나타나는 여러 양상들로 규정하였다(Lehmann 1995[1982]와 Lindström 2004을 참조).

중심이 되어 왔다. 즉, "문법화는 단순히 한 개의 단어나 형태소에 적용되는 것이 아니라, 그 대신, 해당 성분들과 통합적 관계를 형성하고 있는 전체 구성에 미치는 것이다."(Lehmann 1992: 406; 또한, Lehmann 1993과 Traugott 2003도 참조).

문법화의 대표적인 예들은 다음과 같다.

라틴어의 *cantare habeo*('노래하다'의 부정형+'소유하다'형의 제1인칭 단수 현재)에서 프랑스어 *chanterai*('노래하다'의 제1인칭 단수 미래')로의 발달 ;

영어의 *be going to* (V) '동작 동사+목적절'에서 *be gonna*(조동사)로의 변화.23)

위의 예에서 먼저 *cantare habeo*에 대한 설명을 간략히 제시한다. 고대 라틴어 미래시제 굴절형 *cantabo*(나는 노래를 할 것이다.)는 기원 전 3세기에서 6세기에 걸쳐 부정형 동사와 '소유하다'의 현재시제 직설법 형식으로 구성된 구문 구조로 바뀌지게 되었다. 이러한 과정에서 2개의 節로 구성된 구조(*hab*-에 걸려 있는 부정 보어)가 단일한 구성성분으로 재분석을 수행하였다. 그러면서 여기에 형태소 경계가 제거되고, 음운론적 부식이 일어나며, 미래 시제로 의미 재분석이 아래에서와 같이 일어나게 된 것이다.

(6) Iustinianus dicebat: 'Daras'
  Justinian이 말했다: '(이리) 다오(2인칭 단수 미래)'(<dare habes)
  (17세기 Fredegario [Roberts 1993a: 234]).

---

23) 로망스 제어의 미래시제 발달 과정을 전반적으로 기술한 논의로는 Fleischman(1982), Hopper and Traugott(2003: 3장), Roberts(1993a, 1993b)를 참고할 수 있다. 영어 go가 미래 시제로 발달하는 과정에 대한 검토는 Bybee and Pagliuca(1987), Pérez(1990), Hopper and Traugott(2003: 4장)를 참조하시오.

이러한 새로운 구성은 대화 속의 담화 구문에서 출현하고 있음을 문헌이 증거하고 있다. 즉, 무엇인가를 말하려고 할 적에, 그 화자는 그 말을 해야 될 의무가 있다고 간주될 수 있다. 이와 같이 앞으로 수행될 의무감이 바로 미래 지향성을 띠게 된다. 그러다가 시간이 경과하면서 함축되어 있는 미래성이 전면으로 드러나게 되고, 결국에는 합쳐진 부정형 표지와 '소유하다' 동사가 규칙적인 시제 활용표(패러다임)의 일부로 들어오게 된 것이다. 이러한 부정형 표지와 '소유하다' 동사의 합쳐짐이 반드시 일어나지 않아도 되었을 것이라는 사실은 사르디니아 어 (Sardinian)^{역자 주 ⑦}가 구문으로 표시된 미래형을 갖고 있는 것으로 보아도 알 수 있다(사르디니아 어에서 동사 '소유하다'는 *aere*, 그 제1인칭 단수 현재형은 *appo*이다).

(7) L'appo   a fakere
    It-have: 1인칭 단수 현재   to do: 부정형
    'I will do it'
    (현대 사르디니아 어 [Jones 1993을 인용한 Roberts 1993a: 235])

문법화의 과정에서 어휘부 또는 구성체가 문법으로 변화가 이루어지지만, 그 반대의 방향으로는 절대 향하지 않는다는 방향의 일관성은 강력하기도 하고, 실증적으로 검토해 볼 수 있는, 따라서 흥미 있는 가설이다. 이에 대한 논의는 Haspelmath(1999b), Hopper & Traugott(2003: 제5장)를 참조하기 바란다. 문법화는 전형적으로 단일한 방향으로만 일어난다는 사실은 널리 알려져 있으나, 이러한 단일방향성 가설은 많은 도전을 받고 있으며, 그러한 도전의 일부에는 어휘화가 개입되어 있다. 이러한 사실은 제3장에서 훨씬 더 상세하게 검토될 것이다. 단일방향성 가설에 대한 도전은 Campbell(2001b ; 특별히 Janda 2001와, 그 논문의 참고

논저들, 그리고 Fischer, Rosenbach, Stein 2000에 개재되어 있는 일부 논문들을 참조.)에 실린 논문들의 중심 주제였다.

문법화 연구에서 단일방향성과 관련하여 광범위하게 논의된 요소들은 다음과 같다(Lehmann 1995[1982]에서는 약간 다른 "매개변인"(變項)들을 제시하였다).[24)]

(ㄱ) 탈범주화:

이것은 어느 한 범주에서 다른 범주 신분으로의 추이를 말한다. 일정한 범주의 원형적 성원으로부터 원형의 성격이 떨어지는 성원으로, 그리고 결국에는 새로운 다른 범주의 원형적 성원으로 옮겨가는 추이와 연관되어 있다. 그 추이의 방향은 전형적으로 "대"-범주에서 "소"-범주로 일어난다.

Ramat는 "탈범주화"라는 용어는 적절하지 않다고 주장한다. 그것은 이 용어가 형태들이 갖고 있는 어떤 범주적 신분을 상실하게 된다는 생각을 환기시키기 때문에, 그 대신에 범주 전환(또는 재범주화)라는 용어를 사용하기를 제안하였다(Ramat 2001: 398).[25)] 탈범주화란 용어가 "어떤 범주적 신분"의 상실을 뜻할 수 있다는 생각은 아마도 생성 언어학에서의 가정에서 기원된 것으로 보인다. 생성 언어학에서는 범주들은 불연속적으로 분리되어 있으며, 연속성이 존재하지 않는다고 전

---

24) Lehmann이 제시한 매개변인(변항)은 무게(weight), 결속성(cohesion), 가변성(variability) 이다. 이를 계열관계의 관점에서 재정리하면 "완전한 상태"(integrity), "계열성" (paradigmaticity), "계열적 가변성"이라고 할 수 있다. 통합관계의 차원에서는 "구조 범위"(structural scope), "결합성"(bondedness), "통합적 가변성"이 된다(Lehmann 1995 [1982]: 123).

25) Ramat는 품사 전환(conversion)(예: *showcase* [명](전시장, 공개 행사) > *showcase*[동](진열 하다, 공개하다)에 해당하는 사례들을 범주 전이에 포함하려고 하였다. 그러나 이러한 사례는 문법화에 해당되지 않는다. 따라서 이 책에서는 채택하지 않았다.

제한다. 탈범주화라는 용어를 지지하는 학자들은 범주의 불연속성과
유일성을 인정하지 않으며, 원형성과 연속성을 특별히 강조하고 있다.
따라서 탈범주화라는 용어에 관한 비판은 다른 이론적 관점에서 나온
것이다.

(ㄴ) 점진성:

점진성(gradualness)이란 개념은 대부분의 변화는 매우 미시적인 구조
적 단계를 밟아서 일어난다는 사실을 가리킨다. 이러한 점진적인 변화
는 예전의 용법과 새로운 개신적 용법이 공존하고 있는 전형적인 상황
을 나타낸다(§1.1.2에서 언급한 A > A∽B > (B) 현상[예: Plank 1989; Lichtenberk
1991을 참조]. 그 전 단계의 어휘적 원천의 모든 속성들이 동일한 속도
로 변화하지 않는다는 사실을 주목하기 바란다. Givón은 문법화 연구
의 초기에 점진성을 규정하면서, 아프리카의 요루바 어[역자 주 ⑧]에서 "fi
(얻다) >(-를 가지고) 수단격"의 예에서와 같이, 동사에서부터 전치사로
옮겨가는 추이에 대해서 다음과 같이 설명하였다. "모든 의미, 형태 및
통사적 기준에서 어떤 동사가 갑작스럽게 모두 전치사로 변화하여 갈
가능성은 아주 낮다…… 특히, 의미 재분석의 진행 과정이 훨씬 더 빨
라서 형태론적 및 통사적 행위들은 뒤늦게 일어날 가능성이 있기 때문
에, 이들은 형태와 구조는 그대로이지만 예전의 의미 상태를 반영하지
못하는 경우가 아주 흔하다."(1975: 86).

더욱이, 많은 변화들에서 예전 용법이 유지되고 있는 것인지, 아니면
새로운 개신적 용법으로 전환된 것인지 확인하기 어려운 비교적 미결
정의 시기가 존재한다는 사실을 문헌 자료가 잘 보여주고 있다. 바꿔
말하자면, 처음에 변화의 단계는 잠정적으로 일어날 수가 있다. 사실,
그 첫 단계는 변화로 이어지지 못할 수 있다. 변화를 언어사회의 다른

화자들이 수용한다는 의미에서 그렇다.

점진성에 대한 사례 한 가지를 들기로 하면, 16세기와 17세기 동안의 Helsinki 영어사 전산자료에 등장하는 용례에서 조동사의 용법으로 해석될 수 있는 대부분의 *be going to* [V] 구문은 동작과 미래 사이에 명확한 구분을 보이지 않는다. 예를 들면,

(8) Quak.　But … where is thy Dame?
　　Ma.　Even now departed to hold forth amongst the Congregation of the Righteous, in the full Assembly of the Righteous.
　　Quak.　What to the Hill of Sion, that the wicked do prophanely call the Bull-and-Mouth?
　　Ma.　Yea, verily; for having on the sudden a strong Impluse by the operation of the Spirit, she said unto me, Mary, and I answered I am here; whereupon she answered and said, she **was going to** instruct our Friends.
　　　　　(1685 Samuel Pepys, *Penny Merriments*, 147쪽. [HCET])

위의 대화가 일어나고 있는 전체 맥락은 무시하면, *was going to* 구문은 미래의 용법으로 쓰인 보기라고 추정할 수가 있다. 그러나 주어인 귀부인(*Dame*)이 어디로 갔는가 하는 질문과, 그녀가 어디로 출발하였다고 응답하는 상황에서는 이 구문은 동작 구성을 나타내는 예도 가능하고, 오히려 동작의 해석에 더욱 가까울 것 같다. 이와 같은 맥락에서 2가지 해석이 가능하며, 화자와 청자가 동일한 구조 분석을 공유하고 있는가, 아닌가는 본질적으로 문제가 되지 않는다. 바꿔 말하자면, 이러한 상황은 바로 "연계 맥락"(bridging context)에 해당한다(Evans and Wilkins 2000: 550; Heine 2002; Enfield 2003: 30; 그리고 위의 §1.3.2를 참조). 구문 *be going* *to*가 중의성을 나타내지 않는 새로운 맥락에서 출현할 때에만 분명하게 변화가 출현한 것이다(Heine 2002: 85는 이것을 "전환 맥락"switch context이라고 불렀다).

시간의 흐름에 따라서 변화의 단계로 규명할 수 있을 때에는 미세하고 국부적인 변화들이 문법에서는 갑자기 출현하게 된다. 즉, *be going to*는 문법에서 동작 동사이면서, 동시에 조동사일 수가 없다(이 구문은 기능상 변별적이어야 한다.). 그러나 해당 변화가 일어나기 이전에는 일정한 기간 동안 통상적으로 분명하게 결정되지 않는 용법들로 존재한다. 또는 어느 용법의 특수한 사례가 변화가 일어난 이후에서도 분명하게 확정되지 않는다. 이와 같은 의미로 점진성은 공시적 연속성(gradience)과 상관을 이루는 역사적 개념이다. 그러므로 "점진성"은 시간이 흐름에 따라서 한 단계에서 다른 단계로 일어나는 변화를 특징짓는 일차적으로 통시적 용어인 것이다. 이 용어는 공시적 "연속성"과 대립을 이루어야 한다. 연속성은 어떤 언어 범주와 다른 언어 범주 사이를 연결하고 있는 연속적인 속성을 규정하는 공시적 용어이다(§1.2.3을 참조).26)

점진성이 갖고 있는 두 번째 의미는 출현 빈도와 관련되어 있다. 여러 변화는 해당 언어의 체계로 완만하게 전파되어 간다. 그러다가 시간이 경과함에 따라서 그 전파에 상당한 동력을 획득하게 되는 경우가 많다(아래의 [ㅇ] "출현 빈도"를 참조.).

전공 문헌에서 간혹 쓰이고 있는 또 다른 점진성의 세 번째 의미는 문법화 변화는 전개하는 과정에 상당한 시간대를 필요로 한다는 것이

---

26) 점진성과 연속성과 또 달리 구분되어야 할 용어로는 "정도성"(gradability)이 있다. 이 용어는 '정도의 많고 적음'을 가리키는 의미론적 용어로서, 어휘 구조의 본질과 관계가 있다. 특히 형용사 대부분은 정도성을 부여할 수 있다. 예를 들면 *sad*(*very sad*, *sadder*)가 그렇다. 그러나 일부의 형용사는 정도를 매길 수 없는 경우도 있다(*utter*, *very utter)(예: Paradis 1997; Aarts 2004를 참조).

다. 그 반면에, Bruyn(1996)은 문법화는 크레올어가 형성되는 상황에서는 그 문법화의 진행에 소요되는 시간이 짧은 특이성이 있으며, 그렇기 때문에, 점진성의 사례가 증명되지 않는 변화가 흔하다는 주장을 하였다. 또한, 크레올어와 관련이 없는 상황에서도 상당히 빠른 시간 내에 일어나는 문법화 현상들도 발견된다. 예를 들면, 영어에서 양태 조동사의 발달은 하나씩 하나씩 이어서 빠른 연속으로 수행되었다.

(ㄷ) 융합과 통합:

문법화의 전형적인 보기들은 음절 경계의 탈락과 이어서 형태론적 및 음운론적 융합, 또는 긴밀한 "유착(bonding)"을 수반한다(Bybee 1985; Bybee, Perkins, & Pagliuca 1994). 문법화는 또한 음운론적 분절음들의 탈락이나, 통합을 수반할 수도 있다.[27] 융합과 통합 모두는 라틴어 *cantare habeo*에서 프랑스어 *chanterai*으로 전개되는 발달 과정에서 분명하게 실현되어 있다. 기원적으로 어순이 자유로운 동사(*habeo cantare*와 *cantare habeo*의 어순이 모두 문헌에 나타난다.)가 *cantare habeo*의 어순으로 고정화되고(융합), 결국에는 음절 경계가 탈락된다(통합). 조동사 *be going to*가 *be gonna*로 발달하는 과정에서도 통합이 실현되어 있다. 이와 같은 발달은 1900년대 초반에서부터 문헌상으로 등장한다.

---

27) 융합(fusion)과 통합(coalescence)은 유의어로 쓰이는 경우가 간혹 있다(예를 들면, Matthews 1997을 참조). 그러나 이 용어들은 서로 별개의 과정을 가리킨다. 융합과 통합이라는 2가지 구분을 사용한다 하더라도, 기술하는 언어에 따라서 더 미세한 구분을 하여야 될 필요가 있다. 예를 들면, Anderson(1987)은 폴란드어의 계사가 모든 동사와 *be*의 현재 시제형이 직설법 과거와 가정법 과거형의 굴절어미로 발달해 가는 과정을 논의하면서, "단일어화"(univerbation, 하나의 단어로 결합하는 과정으로 §2.3.1을 참고)에 일어나는 3가지 유형을 구분하였다. 1. 형태론적 단일어화(통사적 및 형태론적 경계의 축약, 여기에 자립성이 축소된다.), 2. 운율적 단일어화(그 결과로 강세가 새로 형성된 음절로 이동하여 간다.), 3. 분절체상의 단일어화(형태-음운론적 축소).

그러나 모든 문법화가 표면으로 드러나는 융합과 통합을 거치는 것은 아니다. 예를 들면, 영어의 핵심 조동사 *may*, *can*, *must* 등은 통사적 쓰임에 심한 제약을 보여주지만, *Yes, you may*에서와 같이 뒤따르는 동사가 없이도 사용될 수 있다. 그렇지만, *do*와 같은 조동사의 예는 인접 구성성분에 극심한 의존성을 보여준다. 이러한 의존성은 조동사들이 파생되어 나온 본동사들이 보여주는 정도보다 더 심하다. 이와 같은 상황을 주목하여 Haspelmath는 문법화를 "구성체를 이루고 있는 덩어리들의 부분들이 더욱 강한 내적 의존성을 갖게 되는 통시적 변화"라고 정의 내리게 된다. 여기서 "내적 의존성"이란 구성성분의 내부 구조에 가해지는 의존성을 뜻하는 것이다.

(ㄹ) 유형론적 일반성:

변화가 반드시 일어나야 되는 것은 아니지만, 문법 범주들은 유사한 기원에서 출발하여 발달하여 왔다는 증거가 여러 언어들에서 발견된다. 예를 들면, 시제, 동작상 및 양태가 형성되어 나오는 여러 언어에서의 기원들에 대하여는 Bybee, Perkins, & Pagliuca(1994)를 참조하기 바란다. Heine & Kuteva(2002)는 세계의 모든 언어에서 문법화가 수행되는 공통된 방식에 대한 중요한 정보를 제공하고 있다. 문법화의 과정에서 시간적으로 앞선 형태와 나중의 형태들이 공시적으로 공존하고 있기 때문에, 이러한 사실은 유사한 종류의 다의어들이 많은 언어들에서 반복되어 등장하고 있음을 나타낸다.28)

---

28) 문법화가 일어나지 않는 어휘적 근원 유형들에 관한, 검증해 볼 수 있는 몇 가지 흥미 있는 가설들이 설정된 바 있다. 예를 들면, Talmy는 문법 범주들은 색채, 또는 "고정된 거리, 크기, 윤곽 및 각도" 등과 같은 특정한 수량가를 어휘화한 기하학적 개념들은 나타내지 않지만, 인접성이나, 지역, 구획과 같은 매우 상대적이며, 位相的이거나, 그와 유사한 개념들은 표출할 수 있다고 주장하였다. 그렇기 때문에, 영어에서 *corner in*

(ㅁ) 은유화와 환유화:

문법화에 대한 초기의 연구에서 의미변화는 은유의 관점에서 파악되어 왔다. 그리하여 *have*가 수행한 '소유' > '의무' > '미래', *go*가 수행한 '동작' > '미래'와 같은 의미 변화는 은유로 파악되어 왔다. 문법화의 결과가 공시적으로 은유를 거쳤다고 해석될 경우가 종종 있지만, 어휘 및 구성체의 근원에서 발달해 온 많은 문법 형태소들의 전개에 관한 문헌상의 증거는 환유를 거친 것이다. 즉, 의미변화가 화자-청자 간의 의사소통에서 나온 함축에서 형성되어 나왔으며, 동시에 문맥에 의존도가 매우 높다는 점에서 그렇다는 것이다. 환유는 "어떤 개념 실체가 다른 개념 실체로 접근되어 가는" 인지적 절차이며(Kövekses & Radden 1998: 39), 두 개념 실체들 간의 관계를 지시하거나 가리킨다. 이러한 사실은 예문 (8)에서 예증된다. 여기서 의도(군중들에게 연설하려는)를 갖고 있는 동작(출발)이 미래를 지시하고 있다.

Heine, Claudi & Hünnemeyer(1991)는 은유가 주요 역할을 담당하는 문법화 이론의 모형을 작성하면서, 특히 '**사람 > 대상 > 공간 > 시간 > 성질**'과 같은 개념상의 추이를 제시하였다. Traugott & König(1991)는 위와 같은 방식으로 나타나는 개념상의 추이를 대신하고 보충할 수 있는 환유 개념의 접근 방식을 요약하여 제시한 바 있다. 이 설명에 의하면, 특정한 맥락에 출현하는 어휘 항목들이 지속적으로 반복되어 사용됨으로써 형성된 함축이 의미화(semanticized)된다는 것이다. Brinton(1988)은 환유가 동작상 형태들의 발달 과정에 기여한 역할을 보여주는 최초의 연구물 가운데 하나이다.

---

time(시간의 한 구석/부분)은 은유로서 사용되고 있으나, 이러한 구문이 문법화에 적용되어 격조사로 발달될 근원 성분이 될 가능성은 없다(Traugott 1986).

(ㅂ) 주관화:

문법 형태들의 발달은 화자들이 의도하는 문법적 관계를 표출하기 위해서 문법화의 대상이 되는 어휘나 구성체들을 끌어들이는 절차가 수반된다. *be going to*에서 이 구문이 본동사 용법으로 사용하는 경우에, 동작 의미는 해당 문장 주어의 서술어로 나타내며, 방향은 그 문장의 주어와 화자의 시점(*be going to*는 *be coming to*로 교체될 수 있다.)에 걸쳐 있다. 그러나 이것이 조동사로 쓰일 경우에는 미래 의미는 주어가 아닌 화자의 시점에 전적으로 놓이게 된다. Langacker(1990: 2)는 아래와 같은 예를 제시한다.

(9) An earthquake is going to destroy that town.
   (지진이 저 마을을 파괴시킬 것 같다).

여기서 지진은 어디로 향하여 가지도 않을 뿐더러, 어떤 의도도 갖고 있지 않다. 그리고 이 사태를 바라보는 시점은 전적으로 화자의 몫이다. 인상 구문(raising constructions)의 발달은 이와 같은 종류의 주관화를 수반한다(Langacker 1999). 주관화에 대한 이와 같은 관점은 Benveniste (1971b[1958])가 지적한 문장의 주어("sujet enonce")와 발화의 주어("sujet d'enoncement") 간에 나타나는 공시적 상이를 역사적으로 해석한 것이다. 주관화에 대한 더욱 포괄적인 견해가 Traugott(1982, 1995a)에서 제안된 바 있다. 여기서 주관화는 바로 위에서 언급한 종류의 변화를 포함할 뿐만 아니라, *besides*와 같은 접속사의 발달에까지 확대되었다. 여기서 *besides*는 절과 절을 연결하는 기능만 아니라, 이렇게 연결된 접속문을 평가하는 기능으로 사용되었다. 또한, *but*(고대영어 *on butan* '--의 외부에', 나중 시기에는 '이외에'), 혹은 *only*(이른 시기에는 '오로지, 단독적으로', 나중 시기에는 '그러나, 제외하고')를 참조하기 바란다.

(ㅅ) 의미 탈색:

문법 형태들의 발달 과정에서 어휘가 갖고 있는 내용 의미의 상실은 매우 중요한 요인으로 오랫동안 간주되어 왔으며, 이것을 나타내는 명칭은 "(의미) 탈색"이라고 알려져 왔다. 그러나 문법화의 경우에 내용 의미가 대치되면서 그 자리에 새롭고, 한층 더 추상적인 문법적 의미가 전개되어 나오는 사실을 주목할 필요가 있다. 다시 여기서 *be going to* 가 전형적인 예가 된다. 화자로부터 떨어져 있는 한 장소에서 다른 장소로의 이동이라는 의미는 탈락되었지만, 미래성이 함축 의미에서부터 중심 의미로 옮겨오게 되었다. 즉, 문법화의 과정에서 화용론적 기능보다는 의미론적 기능이 배당된 것이다(Sweetser 1988).

(ㅇ) 출현 빈도:

시간이 흐름에 따라서 어휘적 구성체(구문)에서부터 파생되어 나온 문법 형태들은 그 출현 빈도가 훨씬 더 빈번하게 증가된다(예를 들면, Bybee 2003을 참조). 문법화에서 상당한 주목을 받은 특징인 유형 빈도의 증가는 문법화를 수행하는 단위들이 상당히 많은 수효의 다른 단위 유형들과 공기하게 되는 현상을 수반하게 된다. 예를 들면, *be going to* 구성과 같이 출현하게 되는 동사 유형들의 수효가 이것이 조동사로서 확립됨에 따라서 부쩍 증가하게 된다. 그리하여 *be going to* 구문이 기원적 의미에 합당하지 않은 주어나 동사와 같이 출현하게 되었을 때에 진정한 의미의 문법화가 수행되었다고 판단할 수 있다. 의도 의미를 갖고 있는 동작은 주절에서 무정물 주어를 취할 수 없으며, 그 목적절에서 정태성 자질을 취할 수 없다. 그리하여 *be going to*가 *earthquake* 같은 무정물 주어를, 그리고 *She's going to know the answer soon* 문장에서 *know*와 같은 정태 동사와 같이 사용될 때에 이 구문의 유형 빈도가 증가하게 된다. 이러한 유형 빈도의 증가는 개체 빈도의 증가로 파급되며, "(의미) 탈색"에 기여하게 된다(위에서 "의미 탈색" 항을 참조).

공시적 문법화에 대한 여러 연구논저들은 특정한 문법 형태들이 갖고 있는 시간심층과, 이것들의 어휘적 기원에 대한 가정을 개발하기 위해서 (ㄱ)에서부터 (ㅇ)에 이르는 요소들 사이에 맺고 있는 상관관계를 이용하여 왔다. 예를 들면, Bybee, Perkins & Pagliuca(1994: 300)은 문법 형태소들은 유사한 방식으로 끊임없이 새로워지기 때문에, 여러 언어는 다소 동일한 개념을 표현하기 위해서 몇 가지 대안적 표현을 갖추게 된다고 지적하였다(영어의 미래는 *will*, *be going to*로 표현된다는 사실을 참조). 이와 같은 대안적 표현은 Hopper(1991)가 "적층화"(layering)라고 부르는 일종의 변이로 나타난다. 각각의 문법화의 사례들은 독자적으로 발달하기 때문에, 신형과 구형 간에 의미가 중복될 뿐만 아니라, 또는 서로 연속되지 않는 경우가 종종 일어나게 된다. 이와 같이 신형과 구형 간에 보이는 의미의 불연속성은 해당 형태가 보유하고 있는 역사적 기원을 반영한다. 그리하여 *will*과 *be going to*가 둘 다 미래를 나타내지만, 후자가 미리 계획된 미래와 연관되어 있다. 이러한 사실은 *be going to*가 목적 표현을 갖고 있는 구문에 그 기원이 있음을 상기하면 놀라운 것이 아니다.

개체 출현 빈도는 특정한 문법 형태소가 갖고 있는 역사적 시간심층을 추정하는 데 도움이 될 수 있다. 그것은 개체 출현 빈도는 그 도식이 갖고 있는 일반성과 일치되며, 도식의 일반성은 이번에는 문법화 진행의 높은 정도와 일치하기 때문이다. 즉, 한 항목의 빈도가 높으면 높을수록 그것의 문법화의 정도는 더 진행되었을 것이다. 이러한 원리가 동일한 형태가 보유하고 있는 강한 어휘적 용법과 약한 어휘적 용법이 비교될 때에 자기발견 학습적인 관점에서 유용한 것이지만, 경쟁하는 형태들이 비교되는 경우에는 조심스럽게 고려하여야 할 필요가 있다. 공시적으로 적층을 이루고 있는 문법 형태소들의 고형과 신형 간의 경쟁은 고형의 사용 빈도의 쇠퇴 또는 탈락에까지 이르게 되는 경우가 흔하다.

여기서 *shall*이 적절한 보기가 된다. *shall*과 *will*의 조동사 용법은 *be going to*보다 500년 넘게 일찍 시작되어 왔으나, 고형 *shall*형의 쓰임은 심한 제약을 받고 있으며(*Shall we go?*와 같은 구문은 말의 스타일상으로 법률 분야에서 쓰는 말이다.), 미국영어에서는 거의 쓰이지 않는다. 문법화의 진행 정도를 측정하는 또 다른 기준은 문법 형태소가 오래되면 오래되었을수록 그 꼴이 짧고, 축약의 정도가 심하다는 것이다(Bybee, Perkins, & Pagliuca(1994: 47)). *will*(> *'ll*)이 *be going to*와 비교하여 더 오랜 형태라는 사실은 이러한 기준에 들어맞는다. 그러나 *be going to*의 또 다른 쓰임에서 [ɡɔnə]와 같은 축소된 구어 형태를 보여줄 때, 이와 같은 기준은 예외가 된다.

통시적 어휘화 연구와 관련하여, 통시적 문법화 연구에서 제기된 문제들 가운데 몇 가지는 아래와 같다.

(1) 문법화를 어휘화와 분명하게 구분할 수 있는 특정한 요소들이 고유하게 존재하는가?
(2) 문법화와 어휘화 두 가지를 규정하는 특성으로 간주될 수 있는 요소들이 존재하는가?
(3) 어휘화 가운데 어느 일부는 "탈문법화"(degrammaticalization)와 동일한 것인가? 만약에 그렇다면, 어휘화의 경우에 위에서 제시

한 (ㄱ)에서 (ㅇ)까지의 요소들의 순서를 역으로 진행하는 예들이
발견될 수 있는가?

이러한 문제들은 제4장에서 집중적으로 논의될 것이다.

1.5 결론

이 장에서 역사 언어학과 기능 언어학의 관점에서 어휘화와 문법화
를 연구하기 위한 몇 가지 필요한 예비적 지식을 소개하여 왔다. 어휘
부에 대한 여러 개념들을 검토함으로써, 우리는 어휘 부류와 문법 부
류, 개방 부류와 폐쇄 부류, 또는 대-부류와 소-부류, 그리고 생산성과
비생산성과 같은 구분은 연속성 또는 정도성(gradient)의 차원에서 이해
되어야 한다고 보았다. 어휘화가 많은 연구 논저들에서 해석되어 온 다
양한 방식을 검토하고(제2장), 어휘화와 문법화가 관계를 맺고 있는 종
종 서로 상충되는 방식들에 대한 검토를 거친 후에(제3장), 제4장에서
우리가 제시할 통합적인 모형에 핵심을 이루게 되는 연속성과 점진성
의 개념을 논의하려고 한다.

다음으로, 영어의 역사로부터 추출된 몇 가지 사례 연구들을 검토할
것인데, 여기서 어휘화와 문법화 간의 상호연관 속에서 문제가 야기되
는 부분에 초점을 두게 된다(제5장). 이 책의 말미에는 간결한 결론적인
종합과, 앞으로의 연구를 위한 몇 가지 문제점들이 제시될 것이다(제6장).

제2장

어휘화: 정의와 관점을 중심으로 한 연구사

2.0 도입

어휘화는 (이론별로 그 나름의 방식에 따라) "어휘적"이라고 판정하는 새로운 항목이 만들어지는 과정을 말한다. 어휘화 관련 연구에서 볼 수 있는 개괄적인 정의를 아래에 몇 가지 들어 보기로 한다(Brinton 2002).

(ㄱ) 통상적인 단어 형성 과정(2.1에서 논의)
(ㄴ) 합성성이 감소하게 되는 융합fusion 과정(2.3에서 논의)
(ㄷ) 자립성이 증가하게 되는 분리 과정(2.4에서 논의)

(ㄱ)은 화자가 공시적으로 임시어를 형성하게 될 때 접하게 되는 역동적인 과정을 논의하는 데서 주로 나타나는 정의이다. 이때 만들어진 임시어는 이후에 관습화를 겪어서 다른 화자들이 수용하게 되기도 한다(이런 과정을 "제도화institutionalization"라고 하는데, 이에 대해서는 2.2에서 다루게 될 것이다). (ㄴ)과 (ㄷ)의 정의는 언어 변화 논의에서 주로 출현하는

것이다.

이 장에서 생각해 보게 될 거의 모든 연구에서는, 규칙이나 원리(곧 문법)를 통해서 조직된 비교적 자유로운 형식과, 어휘 목록(곧 어휘부) 안에 등재되어 있어 고정성이 높은 형식 간의 개념적 대립을 전제한다. 이런 전제는, 특히 상대적으로 자유롭고 통사적인 표현 유형으로부터 매우 밀착도가 높은 표현 유형까지를 포괄하는 일종의 연속체, 혹은 척도가 존재한다는 인식을 배경으로 하고 있다. 이는 곧 **합성성**COMPOSITIONALITY의 문제이다. 환언하면, "(특정 문장을 이루는) 개별 요소들의 의미와 이들이 상호간에 맺고 있는 통사 관계에서 (그 특정 문장의) 표현들이 지닌 의미가 다시 구성될 수 있"는 정도에 관한 문제이다(Bussmann 1996의 'principle of compositionality 합성성 원리' 항목 참조)[역자 주 ①].

역사적 관점을 취하는 연구자들은 이와 같은 연속체를 도입함으로써 이들 연속체의 시작 부분뿐만 아니라 그 끝 부분에도 주목하여 연구하게 된다. 즉 이들 연속체의 시작 부분에 주목하게 되면, 통사론이라든지 생산적인 규칙으로부터 멀어지게 되는 현상에 초점을 두게 되고, 연속체의 끝 부분에 주목하게 되면 "어휘소가 아닌 것이 어휘소가 되어 가는 과정, 즉 '어휘부에 속하는' 것으로 되어 가는 과정"에 주목하게 되는 것이다(Lessau 1994의 "lexicalization 어휘화" 항목). 1장에서 논의한 것처럼, 연속체의 시작 부분에 주목하는 전자의 관점은 "문법의 생산적인 규칙으로부터 벗어나는 것"으로 생각될 수 있으며, 연속체의 끝 부분에 주목하는 후자의 관점은 "어휘부로 도입되는 것"으로 생각될 수 있다. Moreno Cabrera의 용어법을 빌리면, 어휘화는 이처럼 어휘화에 영향을 받는 단어, 구, 문장이 통사론적으로 결정돼 있다는 점에서 "통사론 기원적"이며, 통사론에서 출발한 어휘화가 결국 어휘부로 간다는 점에서 "어휘부 종착적"이다(1998: 218)[역자 주 ②].

위의 (ㄱ)~(ㄷ) 항목들이 일견 선명성이 있어 보이지만, 이들 항목에 해당하는 구체적인 사례를 각 범주 안에서 어떻게 분석할 것인가 하는 데 대해서는 실제로 상당한 정도의 견해차가 존재한다. 이 장에서 우리는 어휘화에 관한 다양한 정의와 관점을 보고하려고 하는바, 그 가운데 어떤 것들은 서로 모순되기도 할 것이다. 이와 같은 견해차는 4장에서 문법과 어휘부에 관한 단일하고 일관된 이론을 견지하는 관점에서 그 차이의 해소를 시도하게 될 것이다.

2.1 통상적인 단어 형성 과정

어휘화를 아주 포괄적으로 규정하는 맥락에서 어휘화는 단어 형성과 그 차이가 미미하다고 보거나 혹은 동일시된다. 어휘화는 합성, 파생, 품사 전환과 같은 단어 형성의 통상적인 과정을 가리켜 왔다.[1] 합성, 파생, 품사 전환 등의 과정은 화자가 새 단어를 만들어 냄으로써 역동적이며 창조적인 언어 사용을 가능하게 해 주는 생산적인 원리로 이해된다. 이때 새 단어란 단어마다 다소간의 의미차는 있겠지만 지시 의

---

1) "단어 형성"은 "단어"라는 개념을 전제한다. Anderson이 말한 것처럼 "단어"라는 용어를 정의하는 문제에는 "만족할 만한 해결책이 존재하지 않는다." "왜냐하면 그 문제에는 서로 비관여적인 (그리고 때로는 서로 상충되는) 기준들이 개입되어 있기 때문이다.(1985a: 4)" 단어에 대해서는 적어도 두 가지 개념이 사용된다. 단어를 문법 단위로 보는 방식이 그 하나요, 억양 단위를 단어로 보는 방식이 나머지 하나이다(Anderson 1985b: 151). 문법 단위로서의 단어는 간단히 말하면 "품사"이다. 이런 식의 단어 개념을 따르면 복합적인 구도 "단어"에 포함되는바, *mother-in-law*라든지 그 복수형 *mothers-in-law*가 복합 구로서 단어가 되는 예에 해당한다. 억양 단위로서의 단어는 간단히 말해 휴지와 휴지 사이에 오는 단위이다. 예를 들면 영어의 *isn't*나 에스키모어의 *iqalussuarniariartuqqusaagaluaqaagunnuuq* '우리가 상어 사냥을 나가라는 준엄한 명령을 받았다고 한다'와 같은 사례가 이런 식의 정의에 입각하면 단어가 된다. 우리는 단어를 문법 단위로 보는 데 주안점을 둔다.

미, 내용 의미를 가지는 형식—의미의 짝을 말한다. 이 단어 형성 과정에 따라 어휘 목록의 수가 증가하며, 이는 동시에 화자가 활용할 수 있는 어느 한 특정 어휘장 내의 어휘 자원도 늘어나게 됨을 뜻한다. 이를테면 van der Auwera(2002: 20)에서는 *songwriter*를 만들어 내는, 합성·파생과 같은 생산적인 단어 형성 과정을 어휘화의 사례로 인용하였다. 역자 주 ③ 통상적인 단어 형성 과정을 어휘화로 보는 이와 같은 정의는 가장 포괄적인 정의인 동시에, 역사적 관점에서는 충족성이 가장 떨어지는 정의이다. 그것은 서로 다른 종류의 단어 형성 과정에 의해 만들어진 결과물이 시간이 흐름에 따라 어떤 종류의 변화를 겪을 수 있는지에 대해서는 거의 또는 전혀 설명해 주지 않기 때문이다.

많은 연구자들이 이 문제를 직시하고 어휘화를 좀 더 한정하여 정의한다. 그리하여 단어 형성이라는 좀 더 넓은 개념틀 안에서도 의미적으로 특이성이나 불규칙성(이질성)이 식별되는 경우로 어휘화를 정의함으로써 해결을 도모하였다. 예컨대 Quirk, Greenbaum, Leech, & Svartvik (1985)와 Huddleston & Pullum(2002) 모두 단어 형성을 다루는 장(章) 안에 어휘화를 포함하면서도 규칙적인 단어 형성과는 구분하여 다루었다.2) 그리하여 Quirk 외(1985: 1520)에서는 *to carpet*에서 볼 수 있는 것처럼 명사를 동사로 전용할 수 있게 하는 "품사 전환"이 단어 형성의 한 과정으로 존재한다는 점을 서술하고 있다.역자 주 ④ 그러나 명사라면 어떤 것이든 동사로 사용되는 것이 원리적으로 가능하다 하더라도, 그와 같은 용법에는 특정한 의미가 결부되어 발생한다는 사실을 어휘화 안에서 논하고 있다(Quirk 외: 1527~1530). 더 나아가 Huddleston & Pullum(2002: 1629)에서는 "형태론적으로 분석이 가능하거나 혹은 분석

---

2) Huddleston and Pullum(2002)의 19장 "어휘적 단어 형성"은 Laurie Bauer와 Rodney Huddleston이 주축이 되어 집필하였다.

이 가능했던 단어가, 현재의 단어 형성 규칙을 적용하면 지금 가진 의미로 형성될 수 없는 단어"라는 표현을 써서 어휘화를 정의하고 있다.

우리는 4장에서 단어 형성과 어휘화는 서로 별개 현상으로 다루어야 함을 논하게 될 것이다. 그렇지만 어휘화를 논하는 아주 많은 연구에서 어휘화를 단어 형성에 관한 정보에 의지하여 다루고 있기 때문에, 이 절에서 주로 공시적으로 어휘화와 관련이 있다고 서술되어 온 유형, 역사적으로 어휘화와 문법화 논의에서 거론된 유형들을 개괄하려 한다.[3]

2.1.1 합성

일반적으로 합성은 *blackboard*나 *wallpaper*에서 볼 수 있는 것처럼 자립적인 단어들을 통합하여 제3의 자립적인 단어로 단일화하는 현상을 말한다(Bauer 1983: 11). 단일화가 이루어지고 나면 합성어의 각 부분은 온전히 자립적이지는 못하게 된다. *black + board* (형용사 + 명사) > *blackboard* (명사)의 변화를 예로 들어 보면, 강세는 첫 음절로 이동하고 의미의 유연성(有緣性)은 소실된다(흑판은 검정색일 수도, 청색, 녹색, 갈색일 수도 있다. 흰색은 안 되지만). 굴절을 하는 언어에서 합성은 단어끼리 만나서 이루어지는 것이 아니라 어근이나 어간끼리 만나서 이루어지는 것으로 보려는 편이 선호된다(여기서 "어근"은 주로 어휘 의미를 전달하는 더 이상 분석될 수 없는 단위를 말하고, "어간"은 어휘 형태에서 굴절 형태론을 뺀 나머지 부분을 말한다). 대부분의 언어에는 합성을 담당하는 생산적인 공시 규칙이 있다. 이 규칙들은 다양한 음운 변화를 수반하기도 한다. 그것은 미미한 것

---

3) 여기서 제시하는 목록이 어휘화와 관련된 영역을 온전히 포괄하는 것은 결코 아니다. 이를 테면 ideophone은 논하지 않는다(ideophone의 통사, 의미, 화용적 양상과 음운적 양상에 대한 개괄, 그리고 이에 대한 연구 과제는 Childs 1994를 보시오.).

(이를 테면 sómebòdy < sóme bódy의 변화에서 볼 수 있는 것처럼 강세 위치가 조정된다거나 무강세 모음이 약화되는 현상)에서부터 "구성체가 지닌 복합어적 특성이 곧바로 소거되게끔 하는" 상당히 폭넓은 것(*cupboard*[kʌbərd], *forecastle*[fovksəl]^{역자 주 ⑤})까지 다양하다(Blank 2001: 1602). 시간이 흐름에 따라, 음운 변화를 비롯한 다른 변화로 인해 합성 규칙이 가졌던 본디의 생산성은 흐릿해지기도 한다.

2.1.2 파생

합성과 마찬가지로 파생도 역시 새로운 어휘소를 형성해 낸다. 합성되어 만들어진 어휘소에서는 합성에 참여하는 두 요소가 모두 어근이거나 어간이지만, 파생을 통해 만들어진 어휘소에서는 두 요소 가운데 한 편만이 어근이거나 어간이고 나머지는 접사이다. 하지만 합성과 파생을 판별하는 것은 수시로 난관에 봉착한다. 그 까닭은 적지 않은 수의 파생접사가 합성어의 어근에서 발달해 나온 것이기 때문이기도 하고(2.3.2를 보라), 어떤 파생접사는 *ism*이나 *ology*에서처럼 자립적 신분을 획득해 내기도 하기 때문이다(Bauer 1983: 35)(이 문제는 2.4에서 다룬다).

파생 형태소에는 두 가지 유형이 있다고들 한다. "순수히" 의미적/어휘적인 유형('不'의 의미를 갖는 *unhappy*의 *un*-, '반대로[反], 거꾸로[逆]'의 의미를 갖는 *undo*의 *un*-)이 그 하나요, 문법 의미와 관련되어 있는 유형(동작주를 표현하는 *swimmer* '수영하는 사람'의 *-er*, 이탈리아어에서 집합명사 표지인 *-i, -a*)이 나머지 하나이다. 명사에 통합하여 추상명사를 형성하는 접미사 *-ship*(예컨대 *championship* '선수권, 우승', *membership* '회원 자격')이라든지, '그릇된, 그릇되게'의 의미를 나타내는 접두사 *mis*-(예컨대 *mistrust* '불신', *misdeed* '악행') 등 순수하게 의미적인 유형의 파생은 명백히 단어 형성에 속한다. 여기에서 우리는 문법적으로 유의미한 변화가 일어나게 되는 파생 형태소를 주로 주목하려 한다. 이런 형태소들은 대다수가 양면적 기능을 한다. Kastovsky가 의미적으로는 "분류 표시labels"가 된다고 한 것과, "통사적 재범주화" 표지로 기능한다고 한 것이 그것이다. 예를 들면 *anchorage* '정박료', *poundage* '수수료'에서 -*age*는 분류 표시로서 '요금'을 나타내고, *breakage* '파손', *wastage* '낭비'에서 -*age*는 '앞선 동사의 결과', 즉 통사적 재범주화를 표지한다(1986: 596).[4]

의존 형태소가 개입하여 이루어지는 주요 유형 가운데, 파생은 어휘화에 결정적인 것으로 치부되는 반면에 굴절은 그렇게 보지 않는다. 파생이 주로 어휘화에 연관되고 또 가끔은 문법화에도 연관되는 데 반해서, 굴절은 문법화와 연관된다. 이런 점을 감안하면,[5] 파생 형태론과 굴절 형태론을 구분해 주는 요인이 무엇인지를 살펴보는 것이 유익할 것이다. 다른 영역에서와 마찬가지로 굴절과 파생을 정확히 어떻게 구분하여야 하는지에 관해서는 매우 다양한 의견들이 있어 왔다.[6] 그렇지만 적어도 여러 언어를 교차 검토하는 마당에서는 굴절과 파생에 대하여 절대적인 구분이라는 것이 성립할 수 없다는 데에 대체적으로 동의가 이루어져 있다(Corbett 1987을 보라). 우리의 논의를 진행하는 데에는 다음의 특성이 들어 둘 만할 것이다(특히 Bauer 1983, Luraghi 1998을 보라).

문법적 파생 형태소는 전형적으로 다음과 같은 특성을 보인다.

---

4) 파생 형태소 -*age*(<그레코로망어 -*aticu*)가 프랑스어 단어의 구성 요소로서 스페인어, 포르투갈어, 이탈리아어, 영어 등에 어떻게 차용되었고, 차용된 이후에 각 언어의 고유어 어간을 어기로 하는 파생이 어떻게 가능하게 되었는지에 대해서는 Fleischman(1976)에서 자세히 분석되었다.

5) 그렇지만 Himmelmann(2004: 28)에서는 파생 형태론의 출현이 어휘화나 문법화 어느 쪽과도 관련이 없는 별도의 과정일 것이라는 논의를 편 바 있다.

6) 예컨대 Aronoff(1976), Bauer(1983), Anderson(1985a, 1985b), Bybee(1985), Dressler (1989), Plank(1994), Dalton-Puffer(1996), Haspelmath(2004)를 보라.

(ㄱ) 필수적이지 않다. 영어에서 동작의 주체는 *-er*을 써서 표시할 수
도 있지만[*swimmer, jogger* '조깅하는 사람'], *-er*을 쓰지 않고 표시할
수도 있다[*advocate* '주창자', *chairperson* '의장']. 이들은 새로운 어휘소
를 만드는 데 비교적 자유롭게 쓰일 수 있지만(*-ness, -er*), 체계 안
에 공백이 많이 있다는 점에서 "준-생산적"이다.

(ㄴ) 같은 기능을 가지는 다른 파생 형태소들과 경쟁관계에 있다. 예
컨대 명사화소로 *-ness*(*pettiness* '사소함')와 *-ity*(*rigidity* '경직성')가 경
쟁한다. 이 경우에 **pettity*는 쓰이지 않는 반면, *rigidness*는 사용
되는 차이가 존재한다.

(ㄷ) 상대적으로 개방적인 체계 안에서 여러 접사들이 변항으로 존재
할 수도 있다. 이를 테면 Bauer(1983: 23에서 Guilbert 1975: 182~3
을 인용하여)에서는 프랑스어 접미사의 통합 사례를 예로 들면서,
단일한 동사 어기에 대하여, 때로는 동작 명사를 만드는 데에
(*-tion, -isation, -age, -issage, -ement, -ture*), 동작주 명사를 만드는 데에
(*-eur, -ateur, -euse, -atrice, -oir*), 형용사를 만드는 데에(*-ée, -ant, -atif,
-able*) 새로운 동사를 만드는 데(*-ailler, -asser, -onner*) 여러 다양한
접미사들이 부가될 수 있다는 점을 지적하였다.[역자 주 ⑥]

(ㄹ) 해당하는 품사 부류를 바꾼다. 예를 들어 형용사인 *petty* '사소한',
divine '신성한'에 문법적 접사가 통합하여 명사인 *pettiness* '사소
함', *divinity* '신성성'가 되는 것을 볼 수 있고, 새로운 어휘소나
"어간"을 만들어 내는 것(통사적 재범주화)을 확인할 수 있다.

이와 대조적으로 굴절은 전형적으로 다음 특성을 보인다.

(ㄱ) 필수적이다. 예컨대 영어에서 동사에 표지되는 주어 일치(*she walks, they walk*)[7]

(ㄴ) 같은 기능을 하는 굴절 여럿이 서로 경쟁을 하는 일은 거의 없다. 이런 일이 일어나는 사례로, 강변화 동사에서 과거를 표지하는 *-en*이 약변화 동사의 과거 표지 *-t/-d/-əd*와 경쟁하는, 퇴행적이라고 할 만한 행태 정도가 거론될 수 있을 뿐이다. 강변화 동사의 과거 분사형 *see/saw/have seen, ride/rode/have ridden*에서 볼 수 있는 *-en*과, 약변화 동사의 과거형 *sleep/slept/has slept, dream/dreamt/has dreamed*에서 볼 수 있는 *-t/-d/-əd*가 경쟁하는 사례가 그 예로 들 만한 것이다. 이런 현상은 본디 약변화 동사였던 동사가 일부 방언의 과거시제에서는 모음교체를 보이는 강변화 동사의 과거시제 형태로 유추되었으면서도, 과거 분사형에는 약변화 동사 본래의 *t/d*를 유지하고 있는 데서 분명히 알 수 있다. 이에 해당하는 사례로 *dive/dove/have dived/*have doven*을 들 수 있다.

(ㄷ) 그 변항이 (단수/복수에서처럼) 상대적으로 긴밀하고 폐쇄된 체계로 이루어져 있다.

(ㄹ) 해당하는 품사 부류를 바꾸거나 새 어휘소를 만들지 않는다.

(ㄹ)은 굴절 형태론에서 대개 지켜지는 것이 전형적이지만 문제가 되는 유형이 다소간 존재한다. 따라서, 이런 유형은 파생과 굴절이 그 본

---

7) 필수적으로 일어나는 굴절에 자음군 삭제와 다른 음운 규칙들이 영향을 끼쳐서, 때로는 영 굴절이 되게까지 한다는 점은 널리 알려져 있다. 미국 흑인 영어에서 과거 표지 *-t/-d/-əd*는 약변화 동사의 자음 뒤에서 탈락하는 경우가 많지만(예컨대 *she walk-Ø yesterday*), 보충법 형태 등에서는 그렇지 않음(예컨대 *did, wen(t)*)을 참조할 수 있다.

성상 정도성을 띤다는 것을 명확히 예증해 준다(Haspelmath 2002: 230~235를 보라). 이에 해당하는 유형으로 분사가 있다. 분사는 *we are running* 과 같은 예에서 볼 수 있는 것처럼 동사의 굴절이지만, 동사를 형용사 로 만들어 주는 굴절로 사용되는 언어도 많다. 예컨대 Haspelmath (2002: 230)에서 제시한 바 있는 아래 (1)을 보면, 분사 *pfeifende* 'whistling 휘파람을 부는'은 어순에서나 명사를 통사적으로 수식한다는 점에서나 형용사처럼 행동한다. 그러나 또 한편으로는 처소 수식어 *im Wald* 'in the wood 숲에서', 방법 부사 *laut* 'loudly 요란하게'와 함께 쓰 인다는 점에서 동사와 같다.

(1) der im   Wald   laut   **pfief–end–e**   Wanderer
    the in.the wood   loudly   whistle–분사–남성단수 hiker
    'the hiker who is whistling loudly in the forest'
    '숲에서 큰 소리로 휘파람을 불고 있는 여행자'

굴절에서 이처럼 양면적인 기능이 이루어지는 것은 다음과 같은 세 가지 방식으로 생각해 볼 수 있다. 첫째, 굴절에서 비정상적으로 단어 부류를 변화시키는 경우가 있다고 보는 방안. 둘째, 기능적으로 양면적 행태를 보이는 굴절로 보는 방안. 즉, 논항과 같은 의존어(dependents)를 취한다는 점에서는 내부적으로 동사의 통사론을 보이지만, 절 안에서 다른 요소들과 맺는 관계를 보면 외적으로는 형용사의 통사론을 보이 는, 양면적 행태가 그것이다(Haspelmath 2002: 232). 셋째, 굴절형이 동사 에서 형용사로 "품사 전환"된 것으로 보는 방안(이에 대해서는 바로 아래 의 2.1.3을 보라)(Huddleston & Pullum 2002: 1644). 그러나 Luraghi(1998)에서 는 이탈리아어의 역사적 발달에 대하여 연구하면서 이 관계는 굴절과 파생의 관계라고 보았다(3.3.1을 보라). 분사적 형용사의 문제에 대해서는

5.1에서 좀 더 상세하게 다시 살펴보려고 한다.

2.1.3 품사 전환

본서에서 사용하는 "(품사) 전환"이라는 용어는 "한 범주에서 다른 범주로 기능이 옮겨 감"을 말한다(Bauer 1983: 226-230).[8] 영어학에서 품사 전환은 통상적으로 영 파생과 같은 것으로 취급되어 왔다. 다음의 사례에서 볼 수 있는 것처럼, 품사 전환은 주요 부류 간의 파생을 전형적으로 요한다.

(2) (a) run (명사: 경주, 도주) < (to) run (동사: 달리다),

   (a) runaway (명사: 도망자) < (to) run away (동사+첨사: 달아나다),

   (a) private (명사: 사병) < private (형용사: 사적인, 비공개의),[9]

   paper (shredder) (형용사: 문서(분쇄기) < paper (명사: 종이, 신문),

   tow-away (zone) (형용사: 차량 견인 지역) < (to) tow away (동사+첨사: 끌어가다),

---

8) Matthews(1997, "품사 전환" 항목에서)는 전환이 갖고 있는 두 번째의 의미를 다음과 같이 들고 있다. 즉, 어떤 어휘 단위가 주로는 하나의 통사적 하위 부류에 귀속되어 있으면서, 다른 하위 부류로 쓰이는 것. 그리고 그는 타동사 *cook*(~을 요리하다)이 *Dinner is cooking*(저녁 요리가 준비되고 있다)에서 자동사적으로 쓰이는 예를 제시하였다. Bauer (1983: 227)는 *some tea*(홍차 약간), *two teas*(홍차 둘)에서와 같이 가산명사가 불가산명사로, 또는 그 반대로 불가산명사가 가산명사로 사용되는 용법을 들고, 이러한 예들은 단어 형성의 해당하는 것이 아니라, 통사적 용법에 해당된다고 제시하였다(Huddleston & Pullum 2002도 참조하라). 본서의 논의는 여기서 말한 전환의 두 번째 의미하고는 관련이 없다.

9) 그러나 Denison(2001)은 '형용사>명사'와 '명사>형용사'와 같은 품사 전환이 일반적이지 않은 현상으로 간주되어 왔음을 지적하였다. Marchand(1969[1960])과 Quirk 외 (1985)에서는 *a bitter (ale)*(맛이 쓴 에일 맥주), *a daily (paper)*(일간지)에서와 같은 '형용사>명사'는 단어 형성이 아니라, 생략으로 취급하였다.

(to) calender(동사: 일람표를 만들다) < (a) calender(명사: 달력,
연중 행사표),

(to) lower(동사: 낮추다, 내려가다) < lower(형용사: 보다 더 낮
은).10)

이와 같은 품사 전환의 예들이, 그 쓰이는 맥락에서 일어난 단순한
의미 변화가 아니라, 어휘화의 사례에 해당하는가의 문제와 관하여,
Blank(2001: 1604)는 이것을 어휘화의 예로 판단하였다. 그는 이러한 기
능의 추이 현상이 크레올어에서 특히 흔하다는 점을 관찰하였다. 예를
들면, volor(인도양 남서부 마다가스카르 동쪽의 섬나라 모리셔스에서 쓰이는 크레
올어, 동사: 훔치다) < 프랑스어 voleur(명사: 도둑).

구 합성어 가운데에도 품사 전환에 해당하는 사례가 있을 수 있다.
예: forget-me-not(勿忘草),역자 주 ⑦ love-in-a-mist(니겔라꽃)(Bauer 1983: 207). 이
러한 예들은 합성어로서는 특이성을 띠는 색다른 의미, 즉 꽃 이름을
나타낸다. Moreno Cabrera(1998)은 이와 같은 변화는 전형적으로 "구체
화"에 해당하며, 동시에 본질상 환유에 그 기원이 있음을 주목하였다.
또한, (부분) 품사 전환의 예 가운데에는, 해당 언어에서 이전 시기에
일어난 음성 변화가 반영되어 있는 음운론적 변이형들의 짝(belief-believe)
이 있는가 하면, 강세의 추이를 반영한 짝(fréquent(형용사: 빈번한)-frequént
(동사: 자주 가다), ímport(명사: 수입)-impórt(동사: 들여오다))들도 포함되어 있다
(Bauer 1983: 229).

굴절이 거의 없는 언어에서 품사 전환은 주로 영파생으로 수행되는
데, 그 방향은 주요 부류에서 다른 주요 부류로만 이루어지는 것이 아
니라, 상대적으로 부차적인 부류에서 좀 더 주요 부류로의 추이도 일어

---

10) lower(형용사)는 비교급 굴절 형식임을 유의하기 바란다.

난다. 즉,

(3) *(to) off* (동사: 떠나다, 없애다) < *off* (부사: 떨어져서)[11]
   (to) down (동사: 내리다) < *down* (부사: 아래로), 참조: *to down a drink* (술 한 잔을 넘기다)
   up (형용사: 상행의, 위로 가는) < *up* (부사: 위로), 참조: *the up train* (상행 열차)
   if (명사: 조건) < *if* (접속사), 참조: *ifs, ands, and buts* (조건, 부가 사항, 단서).

굴절을 하는 언어에서 이루어진 품사 전환은 실제 사용례의 도출에서 그 양상이 간단치만은 않다. 독일어에서 대명사 *du*(너)를 기반으로 품사 전환이 되어 만들어진 동사 *duzen*(너나들이하다)이라든지, 프랑스어에서 대명사 *tu*(너)를 기반으로 만들어진 동사 *tutoyer*(너나들이하다)와 같은 사례에서 이를 확인할 수 있다. 이러한 용법은 통상적인 대화에서도 사용되지만, 언어 현상 자체를 서술하는 용법에서도 나타난다. 전치사 가운데 일부 사례를 설명하는 데서는 품사 전환이 아닌 다른 분석법이 제시되기도 하였다. Ziegeler(2003: 229)에서는 전치사가 동사로 전환되는 사례는, "첨사나 전치사로 쓰이는 형태 *up* 또는 *down*이 전체 동사구를 대신해서 사용될 수 있는 바로 그 상황을 동기로 하여 일어난 환유의 한 가지 유형으로 파악하는 것이 더 좋다"고 제안하고, 싱가포르 영어 *to off the microwave*(전자레인지를 끄다)와 같은 예를 인용하였다.[12]

---

11) Himmelmann(2004: 39, 미주 5)는 *up*과 *down*이 갖고 있는 동사적 및 형용사적 용법이 부사나 전치사에서부터 파생된 것인지는 분명하지 않다고 지적하였다. 그는 또한 *up*이 *up-and-coming*(정력적인, 진취적인), *up-beat*(경기의 상승 기조)와 같은 합성어에 참여하고 있는 사실도 지적하였다.
12) 또한, Ziegeler(2003: 229)는 이와 같은 용법이 생략에서 형성되어 나왔을 가능성도 고려하였다.

'동사 *(to) off* < 부사 *off*'에서처럼 부차 부류(또는 폐쇄 부류, 비어휘적 부류, 문법적 부류, 기능 부류)가 주요 부류(또는 개방 부류, 어휘적 부류, 완전히 지시 의미적인 부류)로 품사 전환을 겪게 되면, 이러한 과정은 어휘화(그리고 탈문법화)라는 관점이 폭넓게 받아들여져 왔다(예컨대, Ramat 1992, 2001 이라든지, 기능 범주에서 어휘 범주로의 품사 전환을 "신분 상승upgrading"이라고 한 Newmeyer 1998, 그리고 Traugott 2005 등이 이러한 사례에 해당한다).13)역자 주⑧ 이와 마찬가지로, Hopper & Traugott(1993: 49)에서는 어휘화의 정의를, 완전한 지시적 의미를 가지는 어휘 항목이 비어휘적 항목 또는 문법 항목들에서 발달해 나오는 과정으로 규정하였다. 즉, 동사 *up, down* 또는 명사 *upper*(상류사회 사람, 상급생), *downer*(진정제, 하강)가 이들과 동음어인 첨사 *up, down*(여기서 *upper*와 *downer*는 단순한 품사 전환에 해당하는 사례가 아니고, 그보다는 품사 전환이 이루어진 이후에 파생이 가미된 경우임을 유의)으로부터 발달되어 나온 사례가 어휘화에 해당하는 것이다.

어휘화의 사례로 제시되어 온 품사 전환의 다른 보기들 가운데에는 대명사 *that*이 통시적으로 훨씬 심층에서 접속사로 재해석된 사례 (Anttila 1989[1972]: 151)역자 주⑨가 있다. 그렇지만 Giacalone Ramat(1998: 120)은 이러한 과정을 "문법화의 정도가 증대된" 사례의 한 가지로 간주하며, Norde(2001: 234)는 이것은 방향성을 갖고 있지 않는 변화, 즉 (기능 범주에서 또 다른 기능 범주로) 동일한 층위에서 이루어진 측방향의 품사 전환으로 간주될 수 있을 것임을 지적하였다. Newmeyer (1998: 272-273)에서는 *for*가 전치사에서 보문자로, 그리고 *there*(저런, 거봐) 가 지시사에서 감탄사로 기능상의 추이가 일어난 것도 역시 어휘적 성격이 약한 신분에서 강한 신분으로의 "상승"이 일어난 것일 수 있다는

---

13) 이에 반해, Lehmann(2002)에서는 품사 전환을 어휘화에서 배제하였는데, 그 까닭은 품사 전환이 복수의 형태소가 모여 단일어화하는 현상이 아니기 때문이다.

Gelderen(1996, 1997)의 논지를 인용한 바 있다.[14] Huddlestone & Pullum(2002)은 *during, concerning, opposite*처럼 첨사 혹은 형용사에서 전치사가 된 품사 전환(이 변화는 대부분 초기 근대영어 시기에 일어났다. Görlach 1991: 109를 보시오)된 사례에 주목하였다. Ramat(2001: 397)에서는 *during* 과 같은 형태들은 "이른바 부치사(adposition)라는 매우 제한된 범주에 진입하는 것"이기 때문에, 이것들을 "범주 횡단(transcategorization)" 또는 "재범주화"라는 명명을 하였다. 그리고선 "엄밀하게 말해, 어휘화도 또한 범주 횡단의 사례로 볼 수 있을 것"이라고 하였다(Ramat 2001: 398). 여기서 분명히 어휘화는 품사 전환과 동등하게 취급된 것이다.

품사 전환은 몇 가지 중요한 의미 제약 하에서 이루어진다. 예를 들면, '명사 > 동사'의 품사 전환이 이루어지기 위해서는, 바탕이 되는 원래의 명사가 가진 의미 속성 가운데 처소, 동작주, 수단 등이 언어 사용에 기반하여 두드러진 의미 특질로 있어야 한다는 제약을 갖고 있다. 예를 들면, 동사 to *bottle*은 '병이라는 처소'에 무엇을 넣는 행위, to *mine*은 '광산이라는 처소'에서 무언가를 옮겨 내는 행위, to *water*는 '물이라는 대상'을 어딘가에 채워 넣는 행위, to *milk*는 '우유라는 대상'을 어딘가에서 취하는 행위, to *dust*는 어떤 장소에 '먼지라는 대상'을 쌓이게 하거나 털어내는 행위, to *cook*은 '요리라는 대상'을 만드는 행위, to *hammer*는 '쇠망치라는 수단'을 도구로 사용하는 행위(예를 들면, Clark & Clark 1979와, 의미 차이를 설명하는 관점은 다르지만 Aronoff 1980을 보시오)가 그 사례에 해당한다.

이와 유사한 측면에서 Quirk 외(1985: 1528)에서는 세상사적 지식과 친숙한 용법이 관련을 맺고 있는 화용론적 요인들에 관심을 두었다. 예

---

14) 이러한 예들은 관련 통사 이론에 따라서 달라질 수도 있으며, 지속적인 연구가 필요하다.

컨대 *to paper a wall*이라는 표현은, 벽에다 신문이나 언어학 논문을 붙여 놓는다는 의미로도 해석될 수 있음에도 불구하고, 통상적으로는 벽에다 도배를 한다는 의미로 해석된다는 것이다. 계속해서 Quirk 외(1985: 1529)에서는 품사 전환이 어떤 특정 어휘 항목에만 국한되어 일어날 수 있다는 점을 언급하였다. 예를 들면, "두 손을 컵 모양으로 동그랗게 모으다"라는 의미로는 명사 *cup*을 품사 전환하여 *cup one's hands*라고 하지, *mug*을 써서 **mug one's hand*라고는 하지 않는다. 또한 "침실에 양탄자를 깔다"라는 표현으로 *carpet the bedroom*이라고 하지, **rug the bedroom*이라고는 하지 않는다. "이 두 가지의 예에서 품사 전환의 대상이 되는 어휘 항목은 훨씬 더 일반적인 의미를 갖고 있는 항목이다(1529)." 품사 전환에는 역시 화용론적 제약이 존재할 수 있다. 예를 들면, 주요 부류에서 부차 부류로 품사 전환이 이루어지는 경우와 관련하여 Haspelmath(1999b: 1064 각주 1)는 *ifs, ands*, 그리고 *buts*와 같은 예들은 "이들 형식이 구사된 구성체들에서 떨어져 나온 것으로서, 언어 자체에 대하여 분석 기술하는 데 사용된" 단어들이라는 사실을 제시하였다. 즉, 이들은 인용어들인 것이며, 그렇기 때문에 다른 보통의 어휘 항목들과는 상당히 다르게 기능한다는 것이다.

위에서 관찰된 이와 같은 의미론적, 화용론적 특이성들이 제약으로 존재함에도 불구하고, 품사 전환은 아주 일반적인 단어 형성 유형이다. 심지어 차용된 단어들까지도 품사 전환이 될 수 있다. 참고: *Fenshui*[역자 주 ⑩] *your commute*(통근차를 風水의 원리로 잘 선정하시오, 샌프란시스코 쾌속 통근 기차 칸에 붙어 있는 광고 문구). 품사 전환이 얼마나 일반적으로 일어나는 과정인가는 Bauer(1983)에서 다음과 같이 강조한 바 있다. 즉, 부차 부류에 속하는 많은 형태들이 여러 종류의 주요 부류로 품사 전환이 될 수 있다. 예를 들면, down을 동사로 사용하고(*she downed her drink*, 그녀는 술을 목구멍에 넘겼다), 명사로 사용하고(*she has a down on him*, 그녀는 그에게 반감을 품고 있다; *a first down*, 권투/미식축구 경기에서 첫 번째 다운), 그리고 형용사로도 사용하는 것이다(*a down day*, 기분이 침울한, 가라앉은 날). 그리 하여 Bauer는 품사 전환에 대하여 아래와 같은 결론을 내린다.

> 모든 형태 부류들은 품사 전환을 수행할 수 있는 것으로 생각된다. 그 리고 품사 전환이 이루어지면 거의 모든 형태 부류, 특히 개방 형태 부류 (명사, 동사, 형용사, 부사)에 속하는 단어들이 만들어지는 것으로 보인 다. … 품사 전환이 이처럼 흔히 일어나는 점에 의하면, 영어에서 형태 부류의 구분이 붕괴되는 것처럼 보일 수도 있다. 이런 논의가 확장되면, 형태 부류에는 대명사와 같은 폐쇄 부류의 집합과, 필요한 대로 사용될 수 있는 어휘 항목들로 이루어진 단일한 개방 부류의 집합만이 존재하는 체계로 전개되어 나간다고 볼 수 있다.
>
> (Bauer 1983: 226-227)

Bauer가 인정하는 바와 같이, 위와 같은 제언은 실제보다 사변성이 높 다. 그러나 문법과 어휘부의 조직에서 일어나는 여러 변화에 대해 이루 어질 연구에 지대한 관심을 불러일으킬 것이다.

2.1.4 절단과 생략

때때로 기존의 형식들이 축약(abbreviated)되거나, "절단"(clipped)되어 버린다. 예: *flu* < *influenza*, 독일어에서 *Uni* < *Universität*(대학교), 프랑스 어에서 *fac* < *faculté*(부서, 학과). 이때, 강세가 놓이는 음절이 남게 되는 것이 전형적이지만(4ㄱ), 때로는 무강세 음절이 남을 수도 있다(4ㄴ)(Hock & Joseph 1996: 302). 축약이 구에서 일어나는 경우(4ㄷ)를 생략(ellipsis)이

라고 한다.

(4) ㄱ. *fridge* < *refrigerator* (냉장고)
　　 mike < *microphone* (마이크)
　　 phone < *telephone* (전화기)
　ㄴ. *bus* < *omnibus* (버스) 'for all(모든 이를 위한)' (라틴어 *omn*- '모
　　 든' + -*ibus* 여격 복수)
　　 fan < *fanatic* (팬, 열광자)
　ㄷ. *drive-in* < *drive-in theater* (자동차 극장)
　　 narc < *narcotic agent* (마약 수사관)
　　 pub < *public house* (선술집)
　　 roll-away < *roll-away bed* (바퀴 달린 침대)
　　 sci fi < *science fiction* (과학 소설)

절단과 생략은 둘 모두 어휘화의 보기로 제시되어 왔다(Anttila 1989 [1972]: 15, Blank 2001: 1604, 1605). Blank에 따르면, 절단은 여러 음절로 된 단어에서 하나 이상의 음절을 삭제하는 과정이고, 그 반면에 생략은 복합어 또는 구에 가해지는 형태 축약(reduction)[역자 주 ⑪]이 이루어지는 과정이다. 생략이 일어날 때, 탈락된 성분이 가지고 있던 의미는 환유에 의해서 남아 있는 부분으로 흡수된다. 그렇기 때문에, 이른 시기의 연구에서 생략은 종종 의미 변화를 주로 하는 변화 현상으로 간주되었다 (예컨대, Ullmann 1962). 그러나 생략은 다음의 예에서 보는 것과 같이, 형태와 의미가 모두 관여되어 있음이 분명하다(Hock & Joseph 1996: 175).

(5) *canary*(카나리아) < 카나리아 제도가 원산지인 새
　　 damask(다마스크) < 시리아의 수도 다마스쿠스 옷감/천
　　 denim(데님) > 프랑스어 *serge de Nîmes*(프랑스 님 시에서 생산
　　 된 능직의 모직물)[역자 주 ⑫]

jeans < *Gene*(=Genoa, 이탈리아 북서부 항구 도시 제노바) 옷감

Hock & Joseph(1996: 175)에서는 이런 식의 생략을 거쳐서 만들어진 단어들은 그 자체 독립적으로 다른 어근과 결합하여 *blue jeans*(푸른 진바지)와 같은 합성어를 형성하게 되기도 하고, 환유적 확대를 거쳐서 노란색을 *canary*로 표현하게 되기도 한다는 사실을 지적하였다.

Moreno Cabrera(1998: 216)에서는 훨씬 더 복잡한 유형의 생략을 소개한 바 있다. 즉, 스페인어 코밑수염을 기른 남자를 가리키는 표현으로 *el hombre de los bigotes*(the man of the moustache 코밑수염을 기른 남자) > *el de los bigotes*(the of the moustache) > **el de bigotes*(the of moustache) > *el bigotes*(the moustache)로 생략이 단계적으로 이루어진 사례.^{역자 주 ⑬}

2.1.5 혼성

혼성(Blending)은 합성과 절단의 절차를 통해 두 개의 단어를 하나의 어휘소, 또는 "양면어(portmanteau word)"로 융합시키는 방식으로서, 이 방식 또한 어휘화의 예로 취급된다(예를 들면 Blank 2001: 1605-1606을 보시오.). 혼성이 이루어질 때는, 혼성에 참여하는 두 단어가 가지고 있던 원래의 내적 응집성을 깨뜨리는 방식을 취하기도 하고(6ㄱ), 두 단어 가운데 첫 번째 단어는 그대로 두고, 두 번째 단어의 앞부분을 절단하거나(6ㄴ), 또는 두 번째 단어는 그대로 두고, 첫 번째 단어의 뒷부분을 절단하기도 한다(6ㄷ).

(6) ㄱ. *bit* < *b(inary)+(dig)it* (2진수 비트)
　　　infomercial < *info(rmation)+(com)mercial* (정보 상업)

> heliport < heli(copter)+(air)port (헬리콥더 주기장)
>
> ㄴ. filmography < film+(bi)ography (영화 관계 문헌, 작품 목록)
> skyjacker < sky+(hi)jacker (항공 납치범)
>
> ㄷ. docudrama < docu(mentary)+drama (사실을 바탕으로 한 드라마)
> permapress < perma(nent)+press
> blog < (we)b+log (인터넷 블로그)

guestimate < *guess*+*estimate, netiquette* < *net*+*etiquette*의 사례에서와 같이, 연속된 두 단어의 연결 부분이 똑같은 음으로 되어 있는 경우라면, 절단을 거쳐 이루어지는 혼성은 앞 단어의 끝부분 쪽으로나 뒷단어의 앞부분 쪽으로나, 어느 방향으로든 가능하다고 볼 수 있다.

2.1.6 역형성

어휘화에 역형성(back formation)을 포함하기도 한다. 역형성은 어떤 단어를 해당 언어에 존재하고 있는 파생의 방식(7ㄱ), 굴절의 방식(7ㄴ)에서 추출된 유추를 기반으로, 형태론적으로 복합된 형식으로 (흔히 잘못) 분석해서 만들어내는 과정을 말한다(Hock & Joseph 1996: 163-164).

> (7) ㄱ. emote < emotion
> enthuse < enthusiasm
> laze < lazy
> orate < orator
> orientate < orientation
>
> ㄴ. pea < 프랑스어 pease (단수)
> sherry < 스페인어 Xeres (원래는 지명을 표시하는 단수형으로서, 남부 스페인 Xeres에서 수입된 주류를 가리킨다.

이 지명은 영어에 토착화하여 복수형으로 *sherries*가 쓰임)(*de la Frontera*)

(ice/roller)skate < 네덜란드어 *schaats* (단수)

(7ㄴ)의 차용된 표현에서 어근 말의 -*s*가 영어의 복수형 -*s*로 분석되어 버린 결과 *pea*(완두콩)와 *sherry*(세리 酒), *skate*로 형성된 것이다.

2.1.7 두자어(Initialism)/두성어(acronym)^{역자 주 ⑭}

이따금씩 어휘화에 포함되기도 하는 또 다른 과정으로 두성어(頭聲語)에 의한 단어 형성이 있다. 이 과정은 복합어나 구 안에 있는 복수의 단어에서 어두의 음(또는 문자)을 떼어내 단일한 어휘소로 합성해 내는 과정이다. 두성어는 (8ㄱ)에서처럼 완전히 형성된 단일 어휘소처럼 소문자로 표기될 수도 있겠지만, 그보다는 (8ㄴ)에서처럼 대문자로 쓰이는 경우가 더 많고 따라서 어휘소로서의 성격은 덜 선명해 보인다.

(8) ㄱ. *laser* < *l(ight) a(mplification) (by) s(timulated) e(mission) (of) r(adiation)*

radar < *ra(dio) d(etecting) a(nd) r(anging)*

scuba < *s(elf)-c(ontained) u(nderwater) b(reathing) a (pparatus)*

Erasmus < *E(u)r(opean community) a(ction) s(cheme for the) m(obility of) u(niversity) s(tudents)*^{역자 주 ⑮} (Blank 2001: 1606)

ㄴ. *AIDS* < *a(uto) I(mmune) d(efeciency) s(yndrome)*^{역자 주 ⑯}

NATO < *N(orth) A(tlantic) T(reaty) O(rganization)*

이와 관련된 과정으로 두자어(頭字語) 형성이 있다. 이 과정은 복합어나 구를 형성하고 있는 여러 개의 단어에서 첫 글자들을 모아 한 단어를 형성하는 절차이다. (대문자를 쓰거나, 약어 표시의 온점을 사이에 둔 소문자를 쓰는) 표기 관습을 감안하면, 두자어는 하나의 어휘소로 완전히 형성된 것으로 보아지지는 않는다. 그 예를 다음과 같이 들 수 있다.

> (9) *IBM* < *I(nternational) B(usiness) M(achines)*
> *ID* < *id(entification)*
> *OED* < *O(xford) E(nglish) D(ictionary)*
> *PBS* < *P(ublic) B(roadcasting) S(ystem)*
> *VIP* < *v(ery) i(mportant) p(erson)*
> *TV* < *t(ele)v(ision)*

어떤 표기 관습을 따르느냐에 따라 의미 차이가 만들어지기도 한다. 예컨대, 대문자를 쓴 *AM* < *amplitude modulation*(라디오 방송 등의 주파수 변조 방식)에 비해 약어 표시와 함께 소문자를 쓴 *a.m.* < 라틴어 *ante meridiem*(오전). 그렇지만 경우에 따라서는 두자어로 형성된 어휘소가 아래 (10)에서처럼 단일어화된 어휘소로 다루어지는 듯이 보일 때도 있다.

> (10) *emcee (MC)* < *m(aster) (of) c(eremonies)*　　　(사회자)
> *veep (VP)* < *v(ice) p(resident)*　　　(부의장·부통령)

2.1.8 번역 차용

번역 차용(Loan translation), 또는 '캘크(calquing)'는 어휘화의 한 사례에 해당한다고 할 수도 있을 것이다(Blank 2001: 1606을 보라). 번역 차용은 다른 언어에서 온 용어를 (형태소 하나 하나) 축자적으로 번역한 표현으로서, 대개는 합성어이거나 관용구(idioms)로 되어 있는 경우가 많다. 근원어에서는 번역 차용의 대상이 되는 용어가 이미 파생을 겪은 형식 (11ㄱ)이거나 부분적으로 차용을 겪은 표현이 개입돼 있는 형식(11ㄴ)일 수 있지만, 일단 번역 차용이 이루어지고 나면 음운 축약과 같은 정상 적인 변화 과정을 겪게 된다. 번역 차용은 또한 근원어를 불완전하게 ("혼종어적으로") 번역하는 수도 있다. 이런 사례로 Blank는 영어 *compact disk player*를 프랑스어에서 번역 차용하면서 (*'player'*의 번역을 쓰지 않 고) *'reader'*를 뜻하는 프랑스어 *lecteur*를 쓴 프랑스어 번역 차용어 *lecteur compact disque*를 예시한 바 있다. 고대영어 시기는 어휘 수를 늘 리기 위하여 번역 차용을 광범위하게 활용한 시기였다. 이는 현대 독일어 Modern German에서도 공통된 특징이기도 하다. 예를 들어 Ælfric^{역자 주 ⑰} 은 그의 문법서에서 (11ㄱ)과 같은 번역 차용어를 사용하였는데, 현대 독일어의 사례 몇 가지를 (11ㄴ)으로 들어 보기로 한다.

> (11) ㄱ. 고대영어 *fore-set-nys* 'in front-set-ness' (< 라틴어 *praepositio* '전치사')
> 고대영어 *ge-tacn-ung* 'en-sing-ing' (< 라틴어 *significatio* '의미')
> 고대영어 *betwux-aleged-nys* 'between-put down-ness'
> (< 라틴어 *interiectio* '간투사')
> ㄴ. 독일어 *Fernseher* 'far-seer, 텔레비전'
> (그리스어 *tēle* 'far' + 프랑스어 *vision* 참고)
> 독일어 *einmütig* 'one-minded, unanimous'
> (라틴어 *un-* 'one' + *animus* 'mind' 참고)
> (Anttila 1989[1972]: 140)

(11ㄱ)의 전문 용어는, 번역 차용한 용어 대신에 애초에 번역하고자 하였던 라틴어를 나중에 다시 쓰게 되지만, 다른 고대영어 번역 차용어

는 다음과 같은 사례에서 살아남았다(그리고 나서 음운 변화와 의미 변화를 겪었다). *gospel* < 고대영어 *gospell* < *god* + *spell* (< 그리스어 *euangelion* '복음'), *Holy Ghost* < 고대영어 *Halig Gast* (< 라틴어 *Spiritus Sanctus* '성신(聖神)').

2.1.9 신조어 혹은 어근 창조

드물게 또는 예외적으로 일어나는 과정으로 "신조어(coinage)" 혹은 "어근 창조(root creation)"가 있다. 이 과정은 흔히 단어 형성이라는 통상적인 과정과 대조된다. 신조어는 기존의 언어 요소를 사용하지 않고 새로운 어근 형태소를 만들어내는 과정에 해당한다. 어떤 학자들은 신조어가 완전히 자의적으로 형성되는 것이라고 보지만, 또 어떤 학자들은 동기화(motivation)[역자 주 ⑱]가 이루어진다고 보기도 한다. 예를 들어 Bussmann(1996)의 "coining(신조어 형성)" 항목에서는 다음과 같이 서술한다. "표현과 내용 간에 동기화가 이루어지지 않은 …, 즉 복합적이지 않으면서 완전히 자의적인 … 상관관계를 가진, 처음으로 이루어진 창조". 반면 McArthur(1992)의 "root creation(어근 창조)" 항목에서는 신조어란 것이 "동기화되어 있"을 수도 있고 "전혀 아무 연원이 없는 데에서(ex nihilo)" 창조될 수도 있다고 말한다.[역자 주 ⑲] 동기화된 신조어에는 음성 상징어나 모사어(模寫語, echoic words)가 포함된다. 즉, '벌컥벌컥 마시다'란 뜻을 가진 *gulp*, '쉿 소리를 내다'란 뜻의 *hiss*, '소삭거리다'란 뜻의 *blab*, '부웅 소리를 내다'란 뜻의 *vroom*, '재빠르게 해치우다'란 뜻의 *zap* 등이 그것이다. 이들 가운데 일부는 *splosh* '참방거리다'와, 작가 잭 케루악(Jack Kerouac, 1922~1969, 미국 작가)이 썼던 *sploopsing*과 같이 이전에 있었던 형식과 일부 유사성을 띤 사례도 있다(Quirk 외 1985: 1524

를 보라).^{역자 주 ⑳}

McArthur(1992)의 "root creation(어근 창조)" 항목에서 설명한 바와 같이, 아무 연원이 없이 창조된 신조어의 경우는 "단어 형성을 설명할 방법이 어휘론적으로는 존재하지 않는다". 현대영어(PDE)의 일상에서 확인되는 어근 창조의 사례는 제시하기가 쉽지 않다(*quark* '물리 입자 쿼크', *granola* '아침 식사용 식품 그래놀라', *Kodak* '상표명 코닥', *google* '검색기 구글' 등이 표준적인 사례이다). 이에 반해 '문학 작품의 신조어'는 일반적으로 사용 맥락에 제한을 덜 받는다(Shakespeare의 *multitudinous* '다수의', *dwindle* '점점 줄어들다'라든지 Milton의 *sensuous* '관능적인', *oblivious* '망각의', Spenser의 *blatant* '노골적인', *askance* '흘겨보는 눈으로', Lewis Carrol의 *chortle* '깔깔거리다' 등). McArthur는 신조어가 환상 문학에서 흔하다고 보았다(예: *hobbit* 소설 <호빗>의 종족 이름).^{역자 주 ㉑} 그는 신조어가 다른 복합어의 어기가 되는 점을 감안하면, "실제로 일어난 어근 창조, 혹은 외견상 확실해 보이는 어근 창조의 한계를 설정하기는 어렵다. 왜냐하면 그 어근 창조 과정이 단어 형성이라는 관습적 과정 속으로 녹아들기 때문이다."라고 결론지었다(McArthur 1997: "root creation 어근 창조" 항목 참고).^{역자 주 ㉒}

2.1.10 메타언어적 인용

마지막으로, 단어 형성에는 "메타언어적 인용(metalinguistic citation)"이라고 부를 만한 현상도 포함할 수 있다. 이 현상은 언어 자료에서 어떤 부분이건 골라내어 단어로 만드는 화자의 능력을 말한다. 즉 *There are two e's in my name* '내 이름에는 e가 두 번 나와요.'과 같은 표현에서 철자 e는 복수로 표현되었으며, 명사처럼 행동하는데 이때 e와 같은 표현을 가리킨다. Heine(2003b: 166)에서는 이런 과정을 "평가 복원

(revalorization)"이라고 부르는 쪽을 선호하는데, 이를 어휘화의 한 유형으로 인식하였다. 즉 "텍스트의 한 분절(segmemt)에 대하여, 그것이 의미를 가졌는가와 무관하게, 지시 의미를 가진 어휘 형태의 신분을 부여하는" 과정으로 보았다. 그가 말한 "텍스트의 분절"에는 음, 철자, 문법 형태뿐 아니라 완전한 문장도 포함된다.

2.1.11 요약

이 절의 논의를 요약하자면, 통상의 단어 형성 과정은 해당 언어에서 새로운 어휘소들을 만들어낸다는 점에서 "어휘화"의 사례로 다루어진다는 점을 확인하였다. 우리가 다음에서 좀 더 충분하게, 역사적으로 논의해 볼 바와 같이, 합성어와 파생어는 자립형태소들 간의 경계를 무의미하게 하고 나아가 그 경계를 없애는 융합(fusion)의 과정을 수반하며, 시간이 흐름에 따라 단일어화된 어휘소를 만들어낸다는 점에서 어휘화의 가장 명확한 사례가 된다. 생략과 절단은 융합의 과정을 수반하지는 않지만, 형태소들을 제거함으로써, 따라서 결국 형태소 경계를 제거함으로써 단일형태소로 된 형식을 만들어 내게 된다. 품사 전환과 역형성을 어휘화의 사례로 보는 데 대해서는 더 많은 논란이 있다. 품사 전환과 역형성이 새 어휘소를 만들어 내는 과정이기는 하지만 이들은 형태소 경계의 소실과는 무관하다. 그럼에도 불구하고 품사 전환, 특히 부차 부류에서 주요 부류로(기능 부류에서 어휘 부류로) 품사 전환이 일어나는 경우는 덜 어휘적 > 더 어휘적인 추이에 해당하기 때문에 흔히 어휘화로 다룬다.

이 절에서 논의한 여러 단어 형성 과정은 통상 언어의 공시 부문에 포함되어 다루어졌다. 그럼에도 불구하고, Quirk 외(1985: 1525)에서는

"단어 형성에 대한 기술은 그 본질상 통시적"이라고 본다. 그 까닭은 "새로운 단어를 발화하게 되었다는 것은 사용 가능한 표현의 총합에 추가가 이루어진 것일 가능성을 제기하는 것"이기 때문이다. 따라서 다음 절에서 우리는 새로운 단어가 쓰임이 확대되어 어휘 목록에 추가되는 과정을 탐구해 보려 한다. 그리고 2.3에서는 본질상 통시적이라는 시각이 이제는 더 보편적으로 받아들여지고 있는 단어 형성 과정을 검토하게 될 것이다.

2.2 제도화

단어 형성 규칙을 기반으로 해서 개신이 이루어진 새 형식은 어떻게 해서 지역사회(a community)에서 용인되는 어휘 목록의 구성원으로 관습화되는 걸까? 이 질문은 흔히 **제도화**INSTITUTIONALIZATION라고 하는 용어로써 답변이 된다. 제도화는 때로는 어휘화에 앞서 나타나는 현상으로 보기도 하고 또 때로는 어휘화와 같은 것이라고 보기도 한다. 본 논의에서의 초점은 구조적 과정에만 있지 않다. 그보다는 "제도화"가 지역사회에서 그 용법이 확산되고 규범으로 정착하게 되는 현상이라는 데 초점을 둔다. 이 현상은 "어떤 어휘 항목이, 특정한 형식과 의미를 가지고, 기존의 단어들이 모여 있는 집합체 안으로, 일반적인 수용 가능성과 현재 사용될 수 있는 어휘소라는 자격으로 편입되는 현상"이다(Lipka 2002[1990]: 112, 여기서 Lipka는 Quirk 외 1985: 1522와 Bauer 1983: 48에서 제시한 정의와 유사한 정의를 언급하였다. 또한 Lipka 1994도 보시오).

특정한 경우에 대하여 처음 사용되었을 때의 개신은 **임시어**NONCE WORD 또는 **임시어 형성**NONCE FORMATION이라는 이름으로 알려져 있다.[15) 임

시어는 임의의 필요에 상응하여 만들어졌거나 구에서 그때그때 문득문
득 만들어진 새 복합어를 말한다. 그 예로는 *slow-growther*(대기만성형인
사람), *skilled man-hours*(숙련된 사람), *eating-habit-wise*(식습관에 관련해서 말
하면), *bandwagon-jumper-on*(시류에 편승하는 사람). 신조어(coinage)와 달리
임시어는 규칙적인 단어 형성 규칙이 적용되어서 만들어진다. 임시어
는 화자의 즉각적인 소통상의 필요에 의해서, 또는 화자에게 닥친 문제
를 해결하기 위해 만들어진다. 임시어를 만들어 사용하는 것은 경제적
일 수도 있고 그렇지 않을 수도 있지만, 개념/어휘적 공백을 메꿔야 하
거나, 새로운 스타일상의 효과를 만들어내게 된다(Bussmann 1996: "nonce
word 임시어" 항목 참고). 임시어는 임시어가 사용되는 맥락 안에서 파악
되어야 하는 것이다.

임시어가 전체 언어 사회에 또는 그 일부에 받아들여지게 되면(이를
"제도화된다"고 한다), 임시어는 그 언어에서 새 단어, 또는 **신어**NEOLOGISM
의 자격을 가지게 된다(Bussmann 1996: 'neologism 신어' 항목, Matthews 1997:
'neologism 신어' 항목 참고). 임시어에서 제도화를 거쳐 신어가 되는 과정
에서는 흔히 의미가 한정되거나, 특수화되거나, 고정되는 현상이 나타
난다. 제도화된 단어는 임시어가 가질 수 있을 만한 의미 가운데 단 하
나 정도의 의미로 국한되는데, 이때 임시어의 사용 맥락으로부터 어느
정도 독립성을 갖게 되며, 임시어가 갖는 좀 더 포괄적인 의미와 대등
한 별개의 의미로 사전에 등재되게 된다(Ryder 1999: 305-306). Bauer
(1983: 48)에서는 (영국 영어의) *telephone box*를 예로 들었다. 이 예는 '공
중전화 부스'의 의미로 제도화되었는데, 이는 '전화기 모양의 상자'나

---

15) 언어의 역사를 보여주는 문헌 자료에 유일하게 출현하는 용례는 "hapax legomenon"이
    라고 한다.

'전화기 기능을 하는 상자', 또는 이 밖의 가능할 법한 의미 대신 선택된 의미이다. 좀 더 최근의 사례로는, 주로 도시 중심부의 미국 흑인 영어에서 이웃을 가리키는 데 쓰이는 절단어 *hood*(< *neighborhood*)의 용법을 들 수 있다.16)

일부 학자들은 제도화가 어휘화에 앞서 일어나는 단계라고 본다. Bauer(1983: 45 이하)에서는 어휘화의 경로를 다음과 같이 제시하였다 (Ryder 1999: 305-306도 참고).17)

임시어 형성 > 제도화 > 어휘화

"다른 화자들이 임시어를 이미 알고 있는 어휘 항목이라고 받아들이기 시작하면" 제도화가 일어난 것이다. 그리고 해당 어형성이 "생산적인 규칙이 적용되었다면 가지지 못했을 형태를 가지게 되었거나 그런 형태가 전해졌다면" 어휘화가 일어난 것이다(Bauer 1983: 48). 제도화가 이루어지는 단계에서, 단어는 생산적인 과정을 거쳐서 새로 만들어지고 도출의 전 역사가 간직된 채로 등재된다. 그렇지만 시간이 흐름에 따라 다양한 자질이 소실되고, 해당 단어는 생산적인 과정에서 예상되는 패턴에서 예측이 불가능한 방식으로 다양하게 일탈하게 되며, 단일한 형태소로 된 것처럼 행동하기 시작하게 된다(Bauer 1992: 566).18) Ryder

---

16) 1990년대 글쓰기에서 (생략 기호인 아포스트로피를 가진) '*hood*가 (생략 기호가 없는) *hood*로 추이가 일어난 데서, 임시어 신분에서 제도화된 신분으로의 옮겨간 것을 확인할 수 있다.

17) 그러나 Clark & Clark(1979)는 개신(역주 - 들어보지 못한 표현을 사용하거나 이해할 수 있는 능력)에서부터 다양한 정도의 "관용어화idiomatization"까지의 경로를 제안하였다. 다음에 후술함.

18) 제도화는 생산적인 과정의 결과이고 어휘화는 비생산적인 과정의 결과이다. 그런 까닭에 "이 두 절차가 모두 확립된 단어를 만들어 낸다는 공통점에도 불구하고", 제도화는 "어휘화에 반대되는" 것으로 간주되었던 것이다(Bauer 1988: 246).

(1999)는 나아가 어휘화된 형태는 그 의미를 완벽하게 예측할 수 없고, 사용 맥락에 의존되지 않고, 따라서 사전에서 규정된다는 점을 지적하였다.

Bauer와 Ryder의 분석은 형태와, 그 형태에 결부되어 있는 의미에 초점을 두어 이루어졌다. 제도화를 논의하면서 Quirk 외(1985: 1525ff)에서는 의미의 기호화 과정에서 발견되는 제도화의 여러 가지 서로 다른 양상에 대하여 논하였다. Bauer와 마찬가지로 Quirk 외(1985)에서도 세 단계를 제안하였다. 첫째는 실체/행동/속성이 친숙하지 않은 단계요, 둘째는 해당 개념에 대한 논의가 있어 친숙화가 된 단계요, 셋째는 (제도화된 의미·형태가) 유효한 것으로 폭넓게 받아들여지는 단계이다. 이들 단계는 형식상으로 구분되는 세 가지 구조에 대응된다. 문장이나 통사적 구성으로 된 표현, 명사화로 된 표현, 단어가 그것이다. Quirk 외(1985: 1526)에서는 "사람에 따라 서로 다른 다양한 방식의 문장이나 통사적 표현으로만 거론될 수 있었던 개념"이 단일한 어휘 항목으로 표현될 때 어휘화가 일어난다고 한다. 예컨대 *engines powered by electircity*(전기로 구동되는 기관)가 화자들에게 충분히 친숙해지면 생산적인 단어 형성에 따라 이루어진 표현을 선택하게 되는데, *electrically-powered engines*(전기 구동 기관) 같은 합성어가 그 한 사례가 될 것이다. 그러고 난 뒤에 그 개념이 제도화되면 단어 형성 과정은 단일한 한 단어로 된 표현을 허용하게 되는데, 예를 들어 *eletrification*(전기화)과 같은 명사화 표현이 그것이다.

Bauer와 Ryder는 제도화가 어휘화에 앞서 일어나는 현상으로 보지만, 다른 학자들은 이 둘이 동시간대에 공존하는 것으로 본다. Blank (2001: 1597-1599)에서는 (의미적으로는 아직 완전히 예측 가능한 복합어가 관습화한 것으로서) 제도화와 (뒤이어 복합어가 탈동기화나 관용어화를 겪은 것으로서) 어휘화를 구분하는 것을 단호히 거부한다. 그는 "단어 형성에서 각각의 의미(sense)는 절대로 그 구성 요소가 가진 의미로부터 완전히 예측할 수 없다"고 논한다(1598쪽). 그리고 관용화는 단어 형성의 시작 단계에서부터 존재하는 것으로, 어휘화 과정 때문에 나타나는 게 아니라고 주장한다(1600쪽). 그는 *musical theory* '뮤지컬 이론'처럼 외견상 어휘화가 되지 않은 형식조차도 어느 정도 관용화가 되어 있다고 지적한다. 이는 어휘화가 되었음이 좀 더 분명한 형태, 즉 '방울뱀'을 뜻하는 *rattlesnake*나 *crybaby* '울보', *wheelchair* '휠체어'에서와 마찬가지라고 말한다. 이와 마찬가지로 Pawley & Syder(1983: 209)에서는 "임의의 표현을 어휘 항목으로 만드는 것, 또 그것을 언어 사회가 가진 공통의 사전에 포함되도록 하는 것은, 첫째로 그 표현의 의미가 그 형식으로부터 (전혀) 예측될 수 없을 때, 둘째로 그 표현이 일정한 통사적 목적을 수행하는 데 최소 단위로 행동할 때, 셋째로 그것이 곧 **사회제도**social institution이게 될 때"라고 주장한다(글꼴 강조는 원문의 것). 어휘 항목은 관습적 개념에 대하여 관습적 표식으로 쓰인다. 그래서 '요통'에 대하여 *backache*라든지 '두통'에 대하여 *headache*는 쓰지만 '발 통증, 족통'에 대하여 *footache*나 '허벅지 통증'에 대하여 *thighache*는 쓰지 않는 것이다.역자 주 ㉒ Pawley(1986: 105-106)에서 어떤 표현이 제도적 신분을 가지게 되는 경우로 든 사례는 다음과 같다. *go to school* '학교에 가다', *take a day off* '일차를 쓰다'처럼 여러 단어로 된 집합적 표현에 참여하게 될 때, '뒷구멍, 부정(不淨)'을 뜻하는 데 *rear door*를 쓰지 않고 *back door*를 쓰는 것처럼 관례적인 신분을 획득하게 될 때, *breaking and entering* '가택 침입'처럼 법률 용어로 쓰이게 될 때, *excuse me, may I come in?* '실례합니다만 들어가도 될까요?'처럼 화행의 투식이 된다거나, '가능한 한 빨리'를 뜻하는 *ASAP*처럼 두성어로 사용될 때가 그것이다.

제도화는 "경직화petrification"(Leech 1981[1974]: 225-227)역자 주 24, "일상화 routinization"(Haiman 1994), "성문화canonization"(Morita 1995: 471), "통상화 usualization"이라는 용어와 함께 거론되기도 한다. 제도화된 형식들은 "용인되었다"거나 "굳었다"고도 말할 수 있을 것이다(Bauer 1983: 48 주석을 보시오). "성문화"와 "통상화"는 언어 사회의 화자 집단이 규범으로 받아들이는 것과 분명하게 관련되어 있고, 다른 용어들은 특히 융합으로서의 어휘화 개념과 관련되어 빈번하게 발견된다. 우리는 이제 이 융합으로서의 어휘화 개념을 살펴보기로 한다.

2.3 융합으로서의 어휘화

어휘화를 융합fusion이라고 보는 방법(일반적으로 "conflation(통합)" 혹은 "coding(언어 기호화)"라는 용어로 언급된다)으로서 공시적 관점을 취하는 경우에는, 통상 같은 개념을 서로 다른 여러 방식으로 기호화하는 데 관심을 갖는다. 역사적인 눈으로 연구에 임하는 방식을 따르는 경우에는 이런 시각에 관심을 두지 못해 왔다. 이런 관점에서는 의미는 불변으로 고정되어 있고, 이에 해당하는 표현이 변화를 겪는다고 보아 왔다. 즉, 사동이 때로는 구로(*make red* '빨갛게 만들다', *make brown* '갈색으로 만들다'), 혹은 파생으로(*redden* '붉히다, 빨개지다'), 아니면 품사 전환을 해서 단일 형태소적으로(*brown* '갈색화') 표현되는 방식이 논점이 되는 것이다.

이와 대조적으로, 어휘화를 융합으로 보려는 통시적 관점에서는 어떤 형식이 복합적인 형식으로부터 단순한 것으로 순차적인 발달(이런 경우에 언제나 그런 것은 아니지만, 의미가 크게 변화하는 일이 종종 일어난다)이 진행해 오는 과정을 추적하여 왔다. 이에 해당하는 전형적인 예는 합성과 통합(coalescence)을 거쳐 융합이 된 사례이다. 영어에서 *garlic* '마늘'은 고대영어에서 *gar* '槍'+*leac* '부추'가 합성법과 통합을 거쳐 만들어진 단어로서 이 사례에 해당한다. 구성체가 분리 불가능한 단위로 되는 화석화 또는 경직화petrification는 어휘부를 어휘 목록으로 간주하는 개념의 핵심 열쇠이다(Lyons 1977: 547, Bauer 1983: 48). 우리는 먼저 구 구성의 융합과 통합관계가 확인되는 구성체의 융합을 겪는, 비교적 논란의 여지가 없는 보기들로부터 시작하여(2.3.1), 단어 형성론을 수반하게 되는 융합 (2.3.2), 그리고 음운론적 발달을 수반하는 융합(2.3.3)의 논의를 진행해 나가려 한다. 끝으로 우리는 의미론과 화용론에서 제기되는 융합에 대한 몇 가지 관점을 소개하게 될 것이다(2.3.4).

2.3.1 통합 관계를 가지는 통합체 신태금 > 어휘소

어휘화를 바라보는 가장 흔한 개념 정립 방식으로 통사적인 구나 구성체가 단일한 단어가 되는 단일어화(unification, UNIVERVATION)가 있다. Lehmann(1995[1982]: 7-8)은 통사적 구가 단일화하는 현상이 많은 어휘 항목들이 형성되는 원천이 된다는 사실에 초점을 맞춘 최초의 학자들 가운데 한 사람이 Žirmunskij(1966)라는 사실을 규명한 바 있다. 어휘화를 단일어화로 기술하는 대표적인 사례를 몇 가지 들면 다음과 같다.

- "이전에 만들어진 복합 어휘소가 단일한 완벽한 어휘적 단위, 하나의 단일 어휘소로 되어 가는 현상. 이러한 과정을 거치면서 그 복합 어휘소는 통합체로서의 성격을 다소간 상실하여 간다." (Lipka 2002[1990]: 111),

- "단일어화 *unification* 과정(단어의 조합이 단일한 단어, 또는 합성어로 발달하여 감)"(Lessau 1994: lexicalization "어휘화" 항목에서. 글꼴 강조는 원본의 것),
- "더 복합적인 구성체가 독립적인, 보통은 단일 형태소로 된 단어로 형성되는 과정"(Traugott 1994: 1485),
- "구나, 통사론적으로 결정된 어휘 항목이 그 자체로 온전히 어휘적인 항목으로 되었을 경우"(Moreno Cabrera 1998: 214),
- "통합관계를 가진 구조가 그 통사적 투명성을 상실하고, 하나의 단일한 어휘 항목으로 합쳐지게 된다는 점에서 탈-통사론화와 관련된다"(Wischer 2000: 364),
- "복합어들이 형식에서나 의미에서나 동기, 즉 복합성의 요인과의 상관관계가 소실되는 과정", 또는 "복합어가 단일어로 되는 과정"(Blank 2001: 1603).

Hagège(1993: 171 이하)에서는 어휘화를 다음과 같이 규정하였다. "문장 차원의 틀에서 사용될 때는 이전이나 지금이나 자립적인 단위인 두 개의 요소가 합성이라는 과정을 거쳐서 하나의 새로운 복합 단위를 만들어 내는 과정, 또는 이미 접사로 굳어진 요소가 포함된 두 성분이 파생이라는 과정을 거쳐서 하나의 새로운 복합 단위를 만들어 내는 과정." 또한, Biber, Johansson, Leech, Conrad, Finegan(1999: 58-59)에서도 여러 개의 단어로 된 어휘 단위가 단일한 문법 단위, 또는 단일한 품사로 기능하게 되었을 때에 어휘화가 일어난다는 주장을 폈다. 자유 어순으로 결합되는 단어들과는 달리, 어휘화가 일어나게 되는 여러 단어로 된 어휘 단위에서는 이 가운데 일부 단어를 다른 단어로 대치하는 데 제약이 있으며, 표기상 단일한 단어처럼 표기되는 경향이 나타나고, 이들을 구성하고 있는 각각의 성원들로부터 예측해 낼 수 없는 의미를 획득하게 되기도 한다.

단일어화가 오래 전에 일어난 경우에는 어느 정도의 음운론적 축약이 일어나게 되며, 형태론적으로나 의미론적으로 불투명하게 된다(12ㄱ). 그 반면에, 단일어화가 상대적으로 최근에 일어난 예들은 형식과 의미에 있어서 비교적 투명한 모습을 보이며(12ㄴ), "관용 표현"으로 간주되기도 한다(§2.3.4를 참조).

(12) ㄱ. *each* < 고대영어 *a-gelic* '언제나, 늘'(옥스포드 영어 사전)
either < 고대영어 *a-hwæβer* '둘이 각각'(옥스포드 영어 사전)
handicap < *hand in the cap*(모자에 손을 대고)
hobnob < *hab nab* < 고대영어 *hab ne-hab* '가진 자와 못 가진 자'(옥스포드 영어 사전)
topsy turvy '거꾸로, 뒤집혀' < *top so turvy* (< 중세영어 *terve* '돌리다'?[옥스포드 영어 사전])
wherewithal '필요한 수단, 자금' < *where with all*[19]
willy-nilly '싫든 좋든 간에, 마구잡이로', (<고대영어 *will* '바라다' *ye/he nill* '바라지 않다'[옥스포드 영어 사전])
이탈리아어 *forse* '아마도' < 라틴어 *fors sit an* '그런 경우이면'(=~와 같은 경우일 수 있다)(Giacalone Ramat 1998: 122)
이탈리아어 *adesso* '이제, 지금' < 라틴어 *ad ipsum* '그것 자체+대격' (Giacalone Ramat 1998: 122)
스페인어 *correveidele* '수다스러운' < *corre, ve y dile* '달려

---

19) 이 사례가 명사 형식으로 품사 전환이 되었음을 주목하시오. 부사 *withal* '덧붙여서, 그럼에도 불구하고, 그것으로써' > 전치사 *withal* '같이, -로'의 발달에 대해서는 van der Wurff(2002)를 참조하시오. 그는 이와 같은 부사 형태의 발달을 어휘화의 사례로, 그리고 전치사 형태의 발달을 부정사 사용 맥락에서 출현하는 문법화로 간주하는 것처럼 보인다.

와서 (그것을) 보고 그/그녀에게 말하다'(Ramat 2001: 396)

ㄴ. *dyed-in-the-wool* '인이 박힌, 완강한'

more or less '다소간에'

mother-in-law '장모'

ne' er-do-well '변변치 못한, 쓸모없는 사람'[20]

nuts-and-bolts '요체, 실무'

out-of-pocket '현금 지급의, 맞돈'

stick-to-it-iveness '한결같은, 끈기'[21]

프랑스어 *aujourd'hui* < *au jour d'hui* '오늘의 그 날에' (Blank 2001: 1602)

독일어 *demzufolge* '따라서, 그 결과로' < *dem zu folge* '그것에 뒤따라'(Ramat 2001: 394)

독일어 *Langeweile* '지루, 권태' < *lange Weile* '긴 시간' (Blank 2001: 1601)

융합에는 "탈담화성 delocutivity"(Benveniste 1971a[1958]을 참조)과 관련되어 있는 매우 특수한 유형이 있다. 이 유형의 융합은 "하나의 발화 전체가 그와 가까운 개념을 표현하는 다소간 복합적인 성격을 띤 단어로 변형되는 과정"이다(Blank 2001: 1602, 1604). 이에 해당하는 보기로는 이탈리아어 *non so che* '나는 알지 못한다' > *nonsoche* '설명하기 어려운 어떤 것', 또는 스페인어 *vuestra merced* '각하' > *Usted* '(격식어) 당신'. 영어에서 *goodbye* < *God be with you* '신이 당신과 같이 하기를'도 이러한 보기에 포함된다. Blank(2001: 1604)에서는 이와 같이 화행에서 단어로 변형되는 것이 어휘화의 중심적 현상은 아니지만, 어휘화 가운데 "가장 전형적인" 유형

---

20) 굳어진 고형 *ne'er*을 주목하시오.(역주: *ne'er*는 *never*가 축약된 스코틀랜드·북부 잉글랜드 표현이다.)

21) 통합 관계로 가진 통합체(신태금) "stick-to-it"은 형용사를 만드는 접사 *-ive*와 명사를 만드는 접사 *-ness*에 대하여 어근이 된다.

이 "될 수도 있음"을 지적하였다. 아마도 그는 품사 전환(§2.1.3을 참조)과 융합(앞으로 §4.2.1을 참조)이 모두 이 유형에 관련돼 있는 것으로 간주하기 때문에 그렇게 판단하는 듯하다.

2.3.2 복합어 어휘소 > 단일어 어휘소

많은 연구자들이 어휘화를 단어 형성론과 관련시키지만, 이들의 관심은 단어 형성론 가운데서도 공시적으로 비생산적이며, 그리하여 굳어지고, 불규칙적이며, 예측할 수 없고, 특이성을 띤 형식으로 되어 버린 단어 형성 과정에만 국한시킨다. 복합 형식이 생산적인 일군의 규칙이 자유롭게 적용되어서 생성되는 것이 아니라, 그 의미든 형태든 음운이 이유가 되어서 별개의 항목으로 등재가 될 때라야 Bauer가 말하는 어휘화가 출현한다. 어휘화된 형식은 "공시적으로 적용시킬 수 있는 파생 형식론의 규칙들로는 그 이유가 무엇이든 도출이 불가능한 것이다(Bauer 1978: 6)". Blank(2001: 1601)는 단어 형성 규칙의 탈락으로 인하여 복합 형식의 단어가 분석이 어렵게 되고, 그 결과로 복합성의 요인들과 연관성(동기)이 상실되고 어휘화가 일어나게 될 수 있다는 점을 지적하였다. 그 예로, 이탈리아어 *terremoto* < 라틴어 *terrae motum* '땅-의 움직임', 즉 '지진'(라틴어의 속격은 이탈리아어에서는 불투명하게 되었다. 또한, 독일어의 *Sonnenschein* '햇빛'에서 더 이상 쓰이지 않는 속격 '*en*'도 아울러 참조하시오).

Blank(2001: 1602)는, 보기를 따로 제시하지는 않았으나, 합성어에서 일어나는 이와 같은 융합이 특히 부사, 접속사, 전치사, 그리고 대명사에서 잘 관찰된다고 주장하였다. 이와 같이 어휘화는 여러 가지 특이성을 띤 흔적들을 남기는 통시적 과정이다(Bauer 1983: 50). 또한 어휘화는 규칙적인 단어 형성론의 과정과 간섭이 되며, 이러한 과정에서 산출된 결과도 중복된다(Lipka 2002[1990]: 111).

어휘화를 비생산적인 단어 형성 과정이라고 간주하였을 때 떠오르는 가장 분명한 보기는 융합 또는 화합(amalgam)을 거친 합성어들의 사례일 것이다. 이러한 사례는 해당 어휘에 상당한 정도의 음운론적·형태론적 변화 또는 탈락이 일어나 합성어의 일부분이 불투명하게 된다. 자주 인용되는 보기로는 *lammas*(수확의 축제, 예전에 8월 초하루에 이루어졌음) < 고대영어 *hlaf* '빵 덩어리'+*mæsse* '집단'이다. 융합을 겪은 합성어에는 한 쪽 어근은 확인이 가능하지만, 다른 어근은 불분명하게 된 경우(13ㄱ), 합성어를 이루는 양쪽 어근 모두가 확인이 불가능한 경우(13ㄴ)가 있다.

(13) ㄱ. *cobweb*(거미줄) < 고대영어 *(atter) coppe* '거미' + *web* '그물망'

　　earwig(귀띔하다) < 고대영어 *eare* '귀' + *wicga* '움직이는 사람'

　　mermaid(인어) < 고대영어 *mere* '바다' + *mægd(en)* '소녀'

　　mildew(곰팡이) < 고대영어 *mele* '꿀' + *deaw* '곰팡이'

　ㄴ. *gospel*(복음) < 고대영어 *god* '좋은' + *spell* '소식'

　　gossip(소문) < 고대영어 *god* '신' + *sib(b)* '관계'

　　halibut(북방 해안산의 큰 넙치) < 고대영어 *halig* '성스러운' + *butte* '편편한 물고기'

　　lord(군주) < *hlaf* '빵 덩어리' + *weard* '수호자'

　　orchard(과수원) < 고대영어 *wyrt* '약초, 풀' (또는 *ort* < 라틴어 *hortus*) + *geard* '마당, 터' (American Heritage Dictionary, [옥스퍼드 영어 사전])[22]

Blank(2001: 1600)는 (13ㄱ)의 예에서 볼 수 있는 것처럼 합성어의 한 쪽

---

22) 더 많은 보기는 Skeat(1887: 420-430)을 참조.

어근이 어휘에서 탈락한 보기로 "berry" 형태를 영어에서(*cran-* '덩굴월 귤', *boysen-* '보이즌베리')와 독일어에서(*Him-* '나무딸기', *Brom-* '나무딸기') 인용 하였다. Lehmann(1989: 13)에서는 어휘화의 사례로 중세고지 독일어의 합성어 *adal-aar* '고귀한 독수리' > 단일형태소 형식을 갖는 현대독일어 *Adler* '독수리'를 인용하였다. 그리고 Huddleston & Pullum(2002: 1629)에 서는 *husband*(< *hus* '집'+고대 노르웨이어 *bōndi* '거주자'[*būs* '거주하다'의 현재분 사형])가 "어휘화가 된 극한의 사례"로 인용되었다(이러한 예들은 (13)ㄴ 유 형에 속한다). 이와 마찬가지로, Bauer(1983: 51-52)는 *house*에서 온 *husband* 의 *hus-*가 별도로 음성변화를 거쳐 분리된 예, 또는 *day*[daɪ]로부터 몇 몇 방언에서 요일 명칭을 표시하는 합성어 안에서 강세의 위치 이동으 로 인하여 *-day*[dɪ]로 음운론적 특질에 변화가 일어난 예를 "음운론적" 어휘화의 전형적인 보기로 간주하였다.

합성어에서 보이는 행태 가운데 어휘화에 포함되어 온 다른 측면은, Bauer(1983: 59)에서 "통사적 어휘화"라고 한 것이다. 즉, *pickpocket* '소매 치기', *scarecrow* '허수아비', 혹은 *spoilsport* '훼방꾼'의 경우에서처럼, 어순 배치 방식과 같은 일반적인 원리로는 그 통사적 행위를 예측할 수 없 는 경우가 이러한 통사적 어휘화에 해당한다.

파생 형태소들은 합성어에 포함된 어근에서 나온 것이 많다. 그 가 운데는 영어에서 아주 생산적인 것도 있고(14ㄱ), 또 비생산적으로 되어 버린 것도 있다(14ㄴ).

(14) ㄱ. *-ly* < 고대영어 *lice* '몸, 초상'
    -ment '행위' < 프랑스어 *-ment* '-ly'(부사형) < 후기 라틴어
    -mente '그러한 방식으로' < 라틴어 *-mente*, *obstinate*
    mente '고집스러운 마음을 갖고'와 같은 구문에 쓰여서 '마

음으로부터'[23)
　　ㄴ. -ric < 고대영어 rice '권한, 지배'
　　　　-dom < 고대영어 dom '배경, 사법권'

합성어에서 이와 같이 파생 형태론으로 발달하는 것은 문법화(예를 들어 Ramat 2001를 참조. 그러나 이러한 예에 대한 우리의 입장은 다음에 있을 §2.4에서 제시된다.), 또는 통사 구조의 형태론화(예를 들어 Anderson 1992를 참조)의 원형적인 보기로 간주되는 것이 통상적이다. 그러나 위에서 보았듯 생산성을 잃어버린 -ric이나 -dom과 같은 파생접사들은 또한 어휘화라는 이름 아래 포괄된다(예를 들어, Blank 2001: 1602를 참조)[24)

　Bauer(1983: 53-54)에서는 어휘화의 하위 유형으로 "형태론적" 어휘화를 설정하고, eat/edible(먹을 수 있는)과 right/rectitude(정직, 청렴) 등과 같은 파생어들을 예로 제시하였다. 이들 단어는 형태론적으로 연관되어 있지만 어근은 서로 다른 것으로서, 한편은 생산성을 가지고 있으나 다른 한편은 생산성을 가지고 있지 못하다. 비생산적인 접사가 어근에 통합한 것은 어휘화가 되었다고 하고 어휘부에 따로 등재하여야 하는 것이다. 예: eat + -able = edible.[역자 주 ⑤]

2.3.3 탈형태론화와 음운 창조[역자 주 ⑤]

　어휘화(, 그리고 문법화)에 관한 연구 논저들에서 다룬 변화 가운데에는 "탈형태론화demorphologization"와 "탈형태소화demorphemization"라고 부르는 변화가 있다. 이들 변화는 형태론으로부터 음운론으로, 또는 형태론

---

23) 이 단어의 어원을 알려 준 Harm Pinkster에게 감사한다.
24) 문법화에서 파생 형태론이 어떤 역할을 하는지는 문제의 소지가 된다(Cowie 1995를 참조). 이에 대해서는 §3.4에서 논의한다.

에서 통사론으로 움직여 가는 현상이다(Joseph & Janda 1988: 198~202를 보라).25) 통사론으로 옮겨가는 추이는 2.4에서 다루기로 한다. 여기서는 **탈형태론화**DEMORPHOLOGIZATION로 알려져 있는 변화에 대해 검토하기로 한다. 탈형태론화는 단어 내의 형태소가 하고 있던 문법적－의미적인 소임(의 대부분)을 잃어버리게 되면서, 본래의 음운론적 실체를 유지하고 있음에도 불구하고 그 단어의 구성에서 구분해 낼 수 없는 부분으로 되는 현상을 말한다(Hopper 1990: 154를 보라). 주로 음운론에 주안점을 두거나 "이전의 형태소에서 통합관계 상의 통합체로 기능하는 분절음이 새롭게 만들어져 나오는 과정"에 주안점을 두게 되면, 이 현상은 **음운 창조**PHONOGENESIS라고 부를 수 있다(Hopper 1994: 31을 보라). 이러한 변화를 거쳐 만들어진 "형태론적 잔재"의 사례(Hopper 1990, 1994에 의함)는 다음에서 볼 수 있다.

(15) *alone* < *all* + *one* '하나뿐'
　　 about < 고대영어 *on* + *be* + *utan* 'on/at + by + outside'
　　 besides < 고대영어 *be* + *sidan* + *-es* 'by + side-속격'26)
　　 eleven (고트어 *āinlif* 'one-left' 참고)
　　 filth '오물'(본래 추상명사를 형성하는 접미사 *-ƀi-*를 포함)27)
　　 handiwork < 고대영어 *hand* + *ge* + *weorc* '손 + 접두사 + 일'
　　 seldom (*-om*은 본래 여격 복수 *-um*의 반사형이라 함)28)
　　 sooth '참'(현재분사 *?sonts*에서 도출됨. '참'을 뜻하는 덴마크어

---

25) Joseph & Janda(1988)는 그들의 논문에 앞서 예증되었던 대부분의 사례를 다루었다. 그러나 문제시되는 부분이 있으니 주의를 요한다는 견해를 밝혔다.

26) Rissanen(2004)는 *besides*가 발달하는 현상을 분명한 문법화의 사례로 보았다.

27) 그러나 Bauer(1983)에서는 *-th*를 "형태론적 어휘화"의 사례로 거론하였다.

28) <옥스퍼드 영어 사전>에 의하면 *seldom*은 고대영어 *seldan*에서 도출된 것이라고 한다. *seldan*은 *whilum*과 같은 부사적 여격어에 유추되어 *seldum*으로 교체된다. 따라서 *seldom*의 어미는 본래 여격 어미가 아니다. (이를 교정하도록 지적하여 준 Minoji Akimoto에게 감사한다.)

sand 참고)

stand (여기서 –*n*–은 예전의 비음 접요사를 드러냄)

swine/swill/swig (여기서 *sw*–는 '돼지'를 뜻하는 원시인도유럽어
*s*ū*에서 온 것)

Hopper는 흔히 음운 창조를 거쳐 만들어지는 분절음이 기본 모음과 설첨 자음(s, t, d, θ, l, r, n)이라는 점을 관찰하였다. 설첨자음 -*r*은 영어의 옛 비교급(*near, rather*)에서, -*n*은 예전의 강변화 분사형(*forlorn* '버림받은', *rotten* '썩은')에서, -*s*는 예전의 속격(*once, against, huntsman* '사냥개 담당자')에서 찾아볼 수 있으며, 게르만어의 현재 분사형에서는 -*ende*(*friend, fiend* '악마')를 확인할 수 있다(Hopper 1994: 40-41). Van der Auwera(2002: 21)에서는 *twit* '꾸짖다' < 고대영어 *ǣtwitan* 'at blame, 비난하다'의 사례에서 *t*가 음운론적 존재로 남아있는 사례를 제시한다.

Lehmann(1989: 13)은 독일어 단어 *Ankunft* '소식', *Flucht* '저주', *Sicht* '구경, 관광'와 같은 독일어 단어에서 이전에는 형태소였던 -*t*가 비생산적인 단위로 된 사례에서 보는 바와 같이, 의존형태소가 형태소보다 작은 단위가 되어 어근에 합쳐지게 된 현상을 어휘화라고 기술한다. 어휘화 측면에 주목한 건 아니지만 Skeat(1887: 430)은 문법 범주를 표시하는 굴절이 굴절 개념이 사라지고 난 뒤에도 남아있는 경우를 "경직화 petrification"라고 말하였다. Skeat(1887)에서 든 예로는, 속격 -*s*에 군더더기 *t*가 포함되어 있는 *whilst* < *while-s-t*라든지, 원래 -*m*이었던 여격 표시의 *n*과 원래 속격이었던 -*s*를 표시하는 -*ce*가 포함돼 있는 *since* < *si-n-ce*(고대영어 siððam > siððan)가 있다.

Greenberg(1991)에서는 정관사가 발달해 갈 수 있는 방식을 논의하였다. 여기서 정관사들은 소수의 어휘 형식들 안에서 화석화된 형태로 관

찰될 때까지 축약된다. Greenberg(1991: 301)에서는 관사가 "공시적으로 숙주가 되는 형태소의 일부가 된다는 점에서" 어휘화된다고 설명한다. 영어의 (*a whole nother*에서 볼 수 있는) *nother* < *an other*가 그 사례이다. 차용된 형태에 정관사가 포함되는 *alcohol* < 아랍어 *al koh'l*이라든지 스페인어 *alcalde* '시장' < 아랍어 *al qadi* '판사'와 같은 사례를 Blank (2001: 1605)는 절단의 일종으로서 Greenberg(1991)에서 든 예와 유사성이 있다고 보았다. Greenberg(1991)에 따르면 관사가 축약된 형태가 나중에 새로운 문법 기능을 가지게 되면, 이들은 "재문법화"되었다고 한다. 문법화 관련 논저에서 **재문법화**REGRAMMATICALIZATION는 다음 세 가지 상황에 대하여 지시될 수 있다. (ㄱ) 아무 기능도 가지지 않은 형태가 새 문법 기능을 획득한다. (ㄴ) 임의의 형태가 새 문법 기능을 가진 것으로 재해석된다. (ㄷ) 임의의 형태가 잃어버렸던 기능을 다시 획득한다(Antilla 1989[1972]: 150, Heine, Claudi & Hünnemeyer 1991: 4, 262 주 11, Lessau 1994 "regrammaticalization" 항목, A. Allen 1995를 보라).

Ramat(1992: 550-551)에서는 "문법 규칙을 따라 형성된 언어 기호가 그 방식으로는 더이상 인식되지(분석되지) 않게 되는 과정", 즉 간단히 말해 "어휘 항목"이 된 과정이라고 정의하고 이를 "어휘화"라고 불렀다. 여기에 해당하는 예로는 비교급으로서의 문법적 지위를 잃어버린 사례(*elder*,^{역자 주 ㉗} *mayor*^{역자 주 ㉘}), 더 이상 동사 활용 체계의 일부를 담당하지 않는 분사(*shorn*,^{역자 주 ㉙} *cloven*^{역자 주 ㉚})을 예로 들었다(그가 든 사례는 대부분 Hopper의 것[1990, 1994]과 같다). Ramat(1992: 554)에서는 이 어휘화를 "재어휘화"와는 구분하였다. 라후어^{역자 주 ㉛} 동사 *lâ* '오다'가 연속동사 구성의 제1 동사로 쓰이다가 의존적인 화맥 지시 첨사(즉, 문법적 요소)로 쓰이게 되는 사례가 여기에 해당하는 것으로 제시하였다. 이 형태는 동사에 포함되어서 공시적으로는 분석이 불가능하게 되고 결국 해당 어휘의 어근 일부로서 불투명한 요소가 되고 만다. *elder*와 같은 사례에 비해 라후어 사례의 경우에는 포합된 요소가 통합관계에 의해 형성된 구성체 안에서 어휘적 요소로 시작해서 문법적 요소로, 그리고 다시 한 번 어휘적 요소로 된다는 점에서 차이가 있다. Ramat(1992: 557)는 Givón(1971: 413)의 저 유명한 관찰인 "오늘의 형태론은 어제의 통사론"에 더해서 "오늘의 문법이 내일의 어휘부가 될 수 있다"란 점을 인식할 필요가 있다는 관찰을 덧붙인다.

음운 창조와 밀접하게 관련되어 있는 현상은 **음운론화**PHONOLOGIZATION 이다. 음운론화는 음운론적으로 조건된 교체가 분절음 부식으로 인해 새로운 음소로 분기하게 되는 현상을 말한다. Hopper는 통합관계 차원에서 볼 때 음운 창조는 형태소적 요소를 분절 음운으로 변화시키는 데 반해, 음운론화는 한 언어의 음소 목록에 영향을 주는 계열적 과정이라고 보았다. 독일어에서 (i-움라우트라고도 하는) "움라우트"의 결과, 전설 원순 모음이 출현하게 된 것은 유명한 사례이다. 즉, *-i, -j*에 선행하는 후설 모음은 음운론적으로 조건된 변이음으로 전설모음을 갖는다. 여기에 *-i, -j*가 부식해서 소실되자 전설 모음의 출현 조건이 없어지게 된 것이다. 근대독일어 *schön* '아름다운' < 고대고지독일어 *sconi* 참고. 이런 변화에 의해서 활용 체계 상에 새로운 대립이 생겨나는 일이 많다. 즉, 복수 표지로 *-iz*를 가졌던 원시게르만어 명사류들에서 움라우트가 일어나면 *foot - feet*에서처럼 모음교체로 복수를 표지하게 된다(원시게르만어 *fōt* 'foot' + *-iz* 복수). 불투명해진 음운 변화의 결과로 활용 체계에 새로운 대립이 만들어진 경우에, 형태론적 구조는 변화하지 않은 상태에서 음운 변이의 조건만 음운론적이지 않게 되었다는 점에

주목하자. 요컨대 이것은 형태론적인 것으로서, 이 과정은 음운 규칙의 형태론화MORPHOLOGIZATION로 흔히 알려져 있다(Joseph & Janda 1988: 196-197, Anderson 1992: 339 이하를 보라). 이런 변화로 인해 형태론적으로는 불투명한 어휘 짝이 생겨날 수 있다. 예를 들어 원시게르만어에서 사동은 동사의 과거 단수형 + -j-가 파생되어 형성된다. 여기에 움라우트가 일어나게 되면 sit/set(set < 원시게르만어 sat 'sit의 과거' + -j- 사동)과 같은 비사동/사동의 짝을 형성하게 된다. lie/lay, sit/set, fall/fell을 비롯하여 drink/drench라든지 명사/동사 짝인 stink/stench도 참고(Hopper & Traugott 1993: 223 각주 2, Newmeyer 1998: 263-264).

이상, 우리는 "어휘화"로 보아 온 융합 현상에 두 가지 유형이 있음을 확인하였다. 이들 두 유형 모두 단일어화된 어휘소를 만들어낸다. 그 하나는, 융합하게 되는 각각의 부분이 구분 가능한 채로 단일 어휘소를 형성한다. 통합체가 융합되어 단어가 된 경우(예를 들면 run-of-the-mill '평범한')라든지 의존적 어근이 의존적 접사로 된 경우(예컨대 고대영어 had '상태, 신분' > -hood)가 이에 속한다. 나머지 하나는, 개별 부분이 모여 단일 어휘소로 융합되어 구분될 수 없게 통합돼 버린 경우이다. 융합된 합성어(예를 들어 hussy '제멋대로인 여자' < 고대영어 hus 'house' + wif 'wife')라든지 음운 창조(예컨대 awake < 고대영어 on + wacan)이 여기에 해당한다. 이런 형태들은 공시적 형태 분석의 대상이 되지 않는다.

2.3.4 관용화와 탈동기화

이 절에서는 전통적으로 어휘화 논저에서 논의되고 있는 융합의 의미화용적 측면 가운데 일부를 살펴보기로 한다. 특히 관용화와 탈동기화가 그것이다.

관용화IDIOMATICIZATION는 일상화routinization와 연계되어 있다. 일상화에 따라 단일어화uinverbation, 긴축어화compacting, 경계 삭제, 단순화simplification가 일어난다. "관용 표현idiom"을 정의하는 데에는 여러 문제가 있음이 지적되어 왔다(Clark & Clark 1979, Nunberg, Sag, Wasow 1994 등을 보라). 그런 중에도 관용 표현에는 다음 세 가지 속성이 우세하게 존재한다는 사실이 관찰되어 왔다.

(ㄱ) 의미적 불투명성, 혹은 의미 비합성성: *shoot the breeze* '수다 떨다'와 같은 관용 표현의 의미는 'shoot'+'the'+'breeze'에서 연역해 낼 수 없다.

(ㄴ) 문법적 제약: 자유 결합 구성이 가진 속성이라고 할 수 있는 통사적 가변성이 관용 표현에는 주어지지 않는다. 즉 수동(**the breeze was shot*), 부정(?*didn't shoot the breeze*), 부분 변형(**shoot a strong breeze*, **shoot breezes*, **shoot some breeze*), 화제화(**the breeze he shot*)가 불가능하다.

(ㄷ) 대치 불가능성: 관용 표현의 일부 어휘를 같은 뜻을 가진 다른 어휘 항목으로 대치할 수 없으며(**shoot the wind*, **fire at the breeze*) 관용 표현을 구성하고 있는 각각의 개별 어휘 항목을 도치하거나 생략할 수 없다.

Pawley(1986)은 관용 표현과 관련하여 다음 두 가지 주요 기준을 인용하였다. (ㄱ) 통사적 제약. 여기에는 변형에 결함이 있는 경우(예컨대 *theatre-goers* '연극 애호가, 단골 관객'는 되지만 *school-goers*는 안 됨), 기저 구조가 결여된 경우(예컨대 *it's easier said than done*), 통사적으로 부적형인 경우(예컨대 *long time no see, once upon a time*)이 포함된다(109-110쪽). (ㄴ) 자의성. 의미적 관용성을 가진 경우(*drop a brick* '사회적 실수를 저지르다'), 특정 의미를 자의적으로 선택하는 경우(예컨대 *bullet hole* '총알 모양 구멍'이 아니라 '총알의 들어간 자리'), 특정 형태를 자의적으로 선택하는 경우가 포함된다(111-112쪽). 나아가 Nunberg, Sag, Wasaw(1994: 492)에서는 관용 표현의 결정적 속성은 비합성성이 아니라 관습성이라고 본다. 여기서 관습성은, 관용 표현의 용법이나 의미가 "그 구성성분이 각기 별도로 쓰일 때의 그 구성성분의 용법을 결정하는 각각의 관습에 대한 지식으로는 예측이 불가능하거나, 적어도 완전한 예측은 불가능하다"는 사실을 뜻한다.

많은 관용 표현이 의미적으로 전혀 불투명한 것은 아니며, 통사적으로도 형태론적으로도 불변인 것만은 아니라는 점이 인식되게 되었다(예컨대 Fillmore, Kay, O'Connor 1988을 보시오). 나아가 관용성이란 것은, 본질상 관용성의 정도가 높은 것과 낮은 것이 어울려 있는, 단계가 있는 개념으로 볼 수 있을 것이다. Nunberg, Sag, Wasaw(1994)는 *saw logs* '통나무를 켜다'='코를 골다'의 경우처럼 관용적인 의미가 요소마다에 배분되어 있지 않은 "관용적 구"와, *spill the beans* '콩을 쏟다'='정보를 누설하다'의 경우처럼 전달하는 관용적 의미를 맡은 부분이 확인될 수 있는 경우를 "관용적 조합"이라고 해서 구분하였다. 후자의 경우에서는 형용사 수식(*leave no legal stone unturned* '온갖 수를 다 쓰다'), 수량 표현(*touch a couple of nerves* '아픈 곳을 건드리다'), 부정(*spill no beans* '정보를 누설하지 않다'), 복수화(*drop a hint/hints* '간접 제안하다'), 수동(*the decks were cleared* '길을 비키다') 등과 같이 전자의 경우에서는 허용되지 않는 많은 문법적 변개가 가능하다. Bauer는 어떤 관용 표현의 경우에 "부분적으로 화석화가 되"거나 의미적으로 특수화가 되면, 그 해석이 문맥과(또는) 언어 외적 요인에 의해서 이루어진다고 보았다. Bauer(1978)에서는 그런 형태들을

"용인된 형태 received forms"라고 하고, 이들은 "풀어질 thawed out" 수 있으며 그 구성성분들로 설명이 가능하다고 보았다. 그리고 Blank(2001: 1599-1600)는 합성어의 관용성을 세 가지 단계로 구분하였다. 독일어 *Hundekuchen* '개 과자'처럼 조합된 단어들이 가진 축자적 의미는 유지되지만 복합어 전체의 의미는 완전하게 예측할 수 없는 경우로부터, *wheelchair*처럼 구성 요소의 통상적 의미를 바탕으로 하고는 있지만 나타내고자 하는 범주 가운데 특수화된 비전형적 표본들이 가리키는 경우, 마지막으로 이탈리아어 *bocca di leone* '금어초(金魚草)'[역자주 ⑫]의 경우처럼 환유나 은유적 변형을 수반한 형태들의 경우까지 세 단계이다.

"관용 표현"이 가진 의미에 대해서는 의견 일치를 보지 못하고 있지만, 어휘화를 관용화와 동일시하는 경향은 상당히 널리 퍼져 있다(Bauer 1983, Lehmann 1989, Lipka 1992, Bussmann 1996, Wischer 2000, Huddleston & Pullum 2002, Traugott 2005). 나아가 Lehmann(2002: 14)에 따르면 관용화는 어휘부 목록에 속하게 된다는 점에서 곧 어휘화이며, Moreno Cabrera(1998: 214)에서는 관용 표현이 어휘화의 가장 좋은 사례라고 지적한다. Lipka(1992: 97)은 *wheelchair, pushchair* '유모차', *trousersuit* '바지 정장'과 같은 예를 거론하면서 이들은 특수하고 예측할 수 없는 의미가 있다는 점을 인용하였다. Bussmann(1996)에서는 관용화가 어휘화의 통시적 요소라고 생각하는데, *neighbor* '이웃'라든지 *cupboard* '찬장, 장롱', *mincemeat* '파이 속에 넣는 고기 소'와 같은 사례에서처럼 "본디 의미가 그 각각의 요소에서 연역될 수 없게 되었을 때", 혹은 "한 단위의 본래 동기화가 역사적 지식을 통해서만 재구될 수 있을 때" 어휘화가 일어난다고 본다(Bussmann 1966의 "lexicalization 어휘화" 항목을 보고, 아울러 "idiomaticization 관용화", "motivation 동기화" 항목도 보시오).

단어 형성론과 의미론에 관한 초기 연구에서 Kastovsky(1982: 164-165)

에서는 어휘화를 "die Eingliederung eines Wortbildungs- oder syntaktischen Syntagmas in das Lexikon mit semantischen und/ oder formalen Eigenschaften, die nicht vollständig aus den Konstituenten oder dem Bildungsmuster ableitbar sind. Idiomatisierung und Demotivierung beziehen sich dabei auf entsprechende semantische bzw. formale Eigenschaften"('단어 형성 혹은 통사 구성이 그 구성요소들이나 형성 패턴에서 완전하게 도출되거나 예측될 수 없는 의미·형식적 속성을 가지고 어휘부에 통합되는 것. 따라서 관용화와 탈동기화는 여기에 상응하여 각각 의미와 형식이 가진 속성을 가리킨다.'). 여기뿐 아니라 다른 논저에서도 어휘화는 통상 제도화와 관용화는 물론 특히 의미적 탈동기화DEMOTIVATION와도 관련지어 졌다(Lipka 1992: 107-109, Wischer 2000: 358). Bauer(1983: 55-59)에서는 어휘화의 하위 유형에 그의 용어로 "의미적 어휘화"라는 유형이 있음을 확인하였다. 그 예로는 *blackmail* '갈취, 협박', *mincemeat* '파이 속에 넣는 고기 소', *townhouse* '연립 주택', *butterfly* '나비'와 같은 합성어나 *unquiet* '설레는', *gospel* '복음', *inspector* '검사관, 감독관, 경감' 등의 파생어처럼 (의미 정보가 추가되었거나 빠졌기 때문에) 의미 합성성이 결여된 사례를 제시하였다. Antilla(1989[1972]: 151)에서는 *sweetmeat* '사탕 과자, 설탕절임', *mutmeat* '견과류의 과육', *Holy Ghost* '성령', *widow's weeds* '의복', *fishwife* '말과 행동이 거친 여자'처럼 형태론적으로는 투명하지만 의미적으로는 불투명해서 어휘화의 사례에 해당하는 예를 제시하였다. Blank(2001: 1603)에서는 "탈동기화"를 어휘화에 불가결한 것으로 보고, 전통적으로 의미 변화로 든 사례를 어휘화에 포함시켰다. 그의 어휘화는 "단일어든 복합어든, 아니면 그저 새로운 다의든 간에, 새로운 언어적 존재가 어휘부의 차원에서 관습화되는 과정"으로 매우 폭넓게 정의되었다. 그래서 *holy day* '종교의 축제일' > *holiday* '공휴일, 휴가'와 같은 일반화가 일어난 경우나, 고대영어 *steorfan* '죽다' > *starve* '굶어죽다'처럼 특수화가 일어난 경우 모두가 Blank의 관점에서는 어휘화를 이루게 된다(2001: 1600, 1604).[29]

이에 관련된 관점으로 의미적 어휘화를 보는 입장은 Norrick(1979)에서 "화용 기능의 어휘화"라는 제하에 논의되었다. 예를 들어 *skunk*는 모욕의 용어로 쓰이는 기능을 "어휘화하"며, *sorry*와 *pardon*은 사과하는 데 쓰는 공식처럼 쓰는 표현으로 어휘화되었다고 제언한다(다른 화행 기능을 어휘화한 *thanks, please* 참고). 1.2.3에서 지적한 것처럼 이런 현상은 어휘화보다는 의미론화의 사례로 보는 것이 가장 적절할 것이다.

2.4 어휘화는 자율성의 증가

어휘화 연구 논저에서 인용한 많은 예들이, 융합의 정도는 증가하고 자율성은 상실되었지만, 그렇다고 해서 어휘화를 수행하는 모든 예들이 다 그러는 것은 아니다. 여기서 우리는 어떤 형식이 합성된 구조와 그 자율성이 감소되지 않고 증가하게 되는 방식으로, 형태론에서 이탈하여 어휘부로 옮겨가는 변화 사례들을 재검토해 보려고 한다.

우리가 §2.3.3에서 살펴본 바와 같이, 형태론에서 음운론으로의 이동은 때로는 "탈형태론화"(Joseph & Janda 1988; Hopper 1990)라는 이름으로, 때로는 "음운 창조"(Hopper 1994)와 같은 이름 아래 다루어졌었다. 음운 창조는 *never, nor, naught* 등에서 일어나는데, 이 형태들에는 기원이 되

---

29) Blank의 어휘화 정의는 차용어를 포함할 수 있을 정도로 충분히 포괄적이다(2001: 1606). 차용어는 화자가 접할 수 있는 어휘 자원을 늘려주고, 어휘장을 풍부하게 하므로 언어 기호화coding로서 어휘화와 관련되어 있는 것이다(6.2.3을 보시오).

는 고대영어 접두사 *ne*가 축약되어 음운론적인 성분으로 축약되어 있는 것이다. 형태론적 요소였던 것이 통합관계를 지닌 통합체(신태금)로서 접어나 단어로 추이가 일어나는 것도 역시 "탈형태론화"(Ramat 2001)나, "통사론화"(Klausenberger 2002)라는 이름으로 불려 왔다. 굴절접사가 접어가 된 경우라면, 이는 "접어화"로 알려졌다(이에 해당하는 보기로는 영어의 속격 *-s*가 제시될 수 있을 것 같다.). 접어가 독자적인 단어가 되었다면, 이것은 "탈접어화"로 알려져 있다(이런 예는 에스토니아어의 강조어 *ep*을 들 수 있을 것이다.). 그리고 파생을 담당하는 형태소가 단어가 된다면, 이것은 "통사론화"(예: *ism*이 명사로 쓰이는 경우)로 알려졌다. 여기서 각 사례의 구조적 기원이나 출발점이 접사라는 점을 주목할 필요가 있다.

 탈형태론화에 해당하지 않는 접어화는 임의의 독립된 항목이 일정한 구성체의 앞이나 뒤에서 음운론적 단위를 형성하게 될 때 일어나게 된다. 이런 유형의 접어화는 어휘 항목이 문법화를 겪게 되면서 출현하게 되는 것이 전형적이다. 예를 들면, 조동사 *will*은 다른 여타의 조동사들과 마찬가지로 16세기에 '*ll*, '*d* 등과 같이 단축되어 의존 형식으로 변하게 되었다(McElhinney 1992). *she'll do it, I'd have done it if I could* 등이 그러한 보기다. 그러나 이런 유형의 접어화는 이미 문법적인 항목인 대명사와 유착되어 일어날 수 있다.^{역자주 ⑱} 이들 사례는 융합의 정도가 증가된 예이다.

 반면, 굴절에서 떨어져 나와 접어가 된, 따라서 자율성을 획득하게 사례는 탈형태론화에도 해당하는 접어화 사례이다. 이러한 보기로 자주 인용되는 예는 영어에서 소위 집단 속격(group genitive)을 이루는 접어(예: *the mayor of the city's decision*)가 굴절형 *-(e)s*에서 발달한 사례이다. 그러나 이와 같은 발달의 역사에 대해서는 많은 논란이 있어 왔다.

Janda(1980, 또한 1981도 참조)에 따르자면, 집단 속격을 이루는 접어는 *he* 의 속격형 *his*(예: *the mayor of his city*)를 거쳐서 발달한 것이라고 한다. Janda는 이러한 과정이 (즉, 굴절 형식에서 바로 발달한 것이 아니고) 선행 형식에 후접한 접어로 해석할 수 있는 굴절 형식이 재분석된 것 이라고 간주하였다. Janda는 집단 속격 형식의 확대가 *he*의 속격 *his*의 확대와 정확하게 일치한다는 사실을 논증하였다. 그리하여 그는 집단 속격 형식이 굴절 형식에서 단어로 발달하였으며, 다시 접어로 발달한 것으로 보았다. 그는 속격형 *his*의 소멸은 이 형식이 홀로 음절을 이루 지 못하게 되는 경향이 점점 많아진 데 더하여, 문체론자들이 *his* 형식 에 가한 압박도 원인이 되었을 가능성을 제시하였다.

그 반면에, C. Allen(1997)은 다양한 자료를 풍부하게 제시하면서 Janda의 위와 같은 주장을 비판하였다. C. Allen은 ("분리된") 속격형 *his*는 ("부착된") 굴절형 속격형의 단순한 변이형에 불과하며, 이 둘은 분포도 같다고 주장하였다. 즉, 굴절적 속격형이 모든 명사 부류로 확 대된 것으로부터 직접 발달해 나온 것이 집단 속격형이라는 것이다. 굴 절형 집단 속격 형식들이 완전히 확립된 이후에야 *his* 집단 속격 형식 도 출현하였다고 한다. C. Allen은 속격형 *his*를 대명사로 취급하려는 여러 시도들이 후대에 가서야(따라서 이와 같은 구조에 *her*와 *their*가 등장하게 되어) 출현하였다는 사실을 주목하였다. C. Allen(2003)에서는 굴절적 속 격형이 중세영어 초기에 탈락되었거나, 분리된 속격형이 집단 속격 형 식이 이루어지기 위한 모형으로 사용되었을 것이라는 데는 아무런 증 거도 없다는 점을 계속해서 논증하였다. 중세영어 후반에 굴절적 속격 형과 분리된 속격형들은 굴절과 유사한 속성을 모두 가졌던 반면에, 집 단 속격 형식들은 접어와 같은 속성을 가지고 있었다. 그리하여 C.

Allen은 이와 같은 사례에서 관한 한, 굴절 형식과 접어를 선명하게 구분한다는 것이 가능하지 않을 수도 있다고 결론 내렸다(또한, 스웨덴어에서 영어의 집단 속격형의 형성과 대조가 되는 발달을 보여주는 현상에 대해서는 Norde 2001을 참조). Rosenbach(2002)는 C. Allen의 이와 같은 분석에 덧붙여서, 영어에서 -s가 발달하게 된 것은 한정사 체계가 발달한 것이 주요 요인일 것으로 보았다. 이와 같은 복잡한 변화, 그리고 이러한 변화가 소위 속격형 *his*와 맺고 있는 관계에 대해서 어떠한 입장을 취하든 간에 이 보기는 한때 굴절형이었던 것이 자율성이 증가한 사례를 예시하고 있는 것이다.

초창기의 정의에 따르면, 탈접어화는 접어가 "독립적인 단어로 출현하거나, 독립된 단어로 재출현하게 될 때 일어난다"(Jeffers & Zwicky 1980: 223). 이와 비슷하게, Lehmann은 이 용어를 전 단계에서 접어였던 형태가 자립적 용법을 획득하게 되는 상황과 관련하여 이 용어를 사용하였다(1995[1982]: 18). 다만 이때 사용한 보기들이 유용한 것인지에 대해서는 의문이 남아 있다. 이와 같이 형태론에서 통사론으로의 이동은 전형적으로 탈문법화로(예: Lessau 1994; Klausenburger 2002: 31를 참조) 이해하였고, 빈도는 이보다 낮지만 어휘화로 파악하기도 하였다. 예를 들면, Campbell(1991)은 아래에서 취급할 에스토니아어에서의 탈접어화 사례를 논의하면서 그 출발 형식을 "접어/접미사"로 분류하고 이 형태는 "탈접어화"되었거나 "어휘화"되었다고 함으로써 모호한 입장을 취하였다.

탈접어화에 해당하는 사례로 문제의 소지가 없는 사례를 제시하기는 쉽지 않다. Campbell(1991: 295)은 탈접어화가 일어난 사례는 "흔하지는 않지만, 상당히 잘 알려져 있다"고 주장한 바 있으며, Newmeyer(1998: 270)는 이러한 과정은 "반복하여 출현하는 것 같다"고 확신하고 있다.

그러나 몇몇 소수의 동일한 예들이 계속 반복하여 인용되고 있는 실정이다. 연구 논저에서 제시된 문제점이 가장 적은 탈접어화 사례는 다음과 같다.

즉, 라플란드어^{역자 주 ㉞}의 缺格 접사^{역자 주 ㉟} -taga가 탈접사화를 겪고 접어로 재분석된 뒤에, 그리고 에논테키외(Enontekiö) 라플란드어 방언^{역자 주 ㊱}에서 후치사와 자립적인 부사로까지 진화한 사례(Nevis 1986a). 에스토니아어에서 강조를 나타내는 접어 -ep과 의문을 표시하는 접어 -es가 독립적인 신분을 획득하는 예(Nevis 1986b; 또한, Campbell 1991: 290-292를 참조). 최근 일본어에서 일단의 문말 後接 첨사(자체에는 강세가 없고, 바로 앞의 말의 일부처럼 발음됨)^{역자 주 ㊲}가 독립적인 신분으로 문두 연결사로 확립하여 가는 예(Matsmoto 1988). 그리고 태평양 중남부의 여러 섬에서 사용되는 오스트로네시아 어족의 하나인 Ilokano어에서 미래를 나타내는 후접 접어 -to/-nto가 의존성을 벗어나는 사례. 헝가리어 접어 -is(또한)가 그 의존성을 탈피하여 '정말, 진실로'를 의미하는 독립적인 형식으로 되어, 음절을 반복하여 사용하는 예(Rubino 1994).30) 또한, 일인칭 복수 접미사 -mid/muid가 (그 이전 시기의 독립적인 대명사 sinn을 대치하여) 독립적인 형식 muide로 출현하는 예(Bybee, Perkins & Pagliuca 1994: 13-14를 참조). Doyle(2002)에서는 아일랜드어에서의 발달은 이 언어에서 (굴절을 보이는) 종합적 어순에서 분석적 어순(통사적으로 표현)으로 옮겨가는 유형론적 변화에 부분적으로 그 원인이 있을 것으로 제시하였는데, Norde(2001) 역시 영어에서 접어적인 속격 형식 's의 출현을 두고 그러한 제안을 한 바 있다.^{역자 주 ㊳}

---

30) 우리는 Rubino(1994)를 구해 볼 수 없었으나, 이 논문의 논의에 대해서는 Campbell(2001b: 128)과 Newmeyer(1998: 271-272)을 참조하시오.

그러나 일반적으로 탈접어화에 대한 예들은 상당한 논란의 대상이 된다. Lehmann(1995[1982]: 18-19)은 라틴어 *quis/quid*, 그리스어 *hos*, 산스크리트어 *yas*, 및 히타이트어 *ku-is/ku-it*과 같은 인구어의 관계사/의문사/부정형이 원시-인구어 접어 *-kwe/-kwo, *-ye/-yo*로부터 발달되어 나온 것이라는 Jeffers & Zwicky의 주장(1980: 223-224)에 이의를 제기한 바 있다. Lehmann은 원시 인구어에서 이 형식들이 접어 신분이었는지 전혀 확실하지 않으며, 재구가 잘못된 듯하며, 통사론이 일관성이 없다고 주장하였다. Jeffers & Zwicky(1980: 224)가 인용한 두 번째의 예인 원시 인도유럽어의 무강세 한정동사도 Lehmann(1995[1982])은 마찬가지로 간단하게 부인하여 버렸다. 그는 그와 같은 동사들이 역사적으로 접어였던 사실이 결코 없었다고 지적하였다. 영어에서 1550년 경 이후에 *hastow* 또는 *wiltow*와 같은 형식의 주어 대명사가 "예증할 수 있는 분명한 접어화"를 수행하였다고 하는 Kroch, Myhill & Pintzuk(1982)의 주장도 이와 마찬가지로 문제가 많다. Brinton(2004)은 *-tow/-tou*가 접어이지 축약된 형식이 아니었기 때문에, 이와 같은 변화는 탈접어화를 수행한 것이 아니라고 주장하였다. 이 형식들은 16세기에 탈락되는데, 완전한 형식이 축약된 형식을 밀어내었기 때문에 일어난 현상이다. 이와 같은 대치는 치음 사이에 있는 마찰음 *-th*를 선행하는 치음으로 동화시키는 연음규칙의 탈락으로 형성된 음운론적 동기에 의해서 이루어진 것이다. 엄밀하게 말하자면, 그 주어 대명사는 사실상, "대치된 것"이 아니었다. 그 이유는 그 주어 대명사가 언제나 축약된 형식과 나란히 공존하고 있었기 때문이었다. 따라서 실제로 일어난 현상은 후대에 생긴 축약 형식의 탈락인데, 이러한 현상을 Haspelmath(2004: 34)는 "철회, 취소 retraction"(§3.2.2를 참조)라고 불렀다. 이와 마찬가지로, 스페인어

1인칭 어미 *-mos*가 그 언어의 지역 방언들에서 접어 *-nos*로 되었다는
Janda의 주장에 대하여(1995; 2001: 287-288, 301) Klausenburger(2002: 40)
은 다음과 같이 응답하였다. 즉, 이러한 과정은 하나의 형식이 다른 형
식으로 발달한다는 의미에서와 같은 진정한 통사론화의 사례가 아니라,
*-nos*가 *-mos*로 대치되어 버린 것이다. 이러한 과정은 한 형식이 다른 형
식을 밀어낸 것으로, 강세의 추이로 인하여 발생하게 된 현상이다.

Klausenburger는 문법적 성격이 훨씬 더 강한 문법형식에서 접어가
발달하는 과정을 "(부분적) 통사론화"라고 간주한다(2002: 39). 완전 통
사론화는 동시에 어휘화의 사례로 간주되는 것인데, 이것은 어떤 굴절
형태소나 파생 형태소가 구상적인 의미를 갖고 있는 단어와 같은 독립
적인 신분을 획득하는 변화와 관련되어 있다. *ology* 또는 *bus*가 그 예에
해당된다. 여기서 *bus*는 기원적으로 라틴어의 여격 복수형 굴절어미
*-ibus*로 소급된다. Anttila(1989[1972]: 151)는 접사에서 자율적인 단어로
의 변화를 어휘화의 "매우 분명한 사례"로 간주한다. 해당 전공 논저들
에서 접어가 단어로 발달한 형태라고 반복하여 인용되는 한정된 사례
에는 다음이 포함되어 있다(예컨대 Anttila 1989[1972]: 151, Ramat 1992:
549-550, Ramat 2001: 393, Newmeyer 1998: 269, Heine 2003b 등을 보시오.).

> (16) ㄱ. *ade* '과일 주스'(< *lemonade, orangeade*)
> *ism* '주의, 이론'(< *fascism, socialism, communism*)
> *ology* '연구 주제'(< *zoology, sociology*)
> *onomy* '지식의 영역'(< *economy*)
> *ocracy* '규칙의 형식 또는 영향력'(< *aristocracy, bureaucracy*)
> *itis* '질병'(< *appendicitis, bronchitis*)
> *burger* (< *hamburger*)
> *hood* (< *neighborhood*)

ㄴ. *bi* '兩'(< *bi-sexual*)
   ex '前'(< *ex-husband, ex-wife*)
   teen '十'(< *teenager*)

위의 보기들은 어휘적인 어기가 절단되어 떨어져 나온 사례로도 간주할 수 있다. 이러한 형식에 대하여 Huddleston & Pullum은 (16)ㄱ에서와 같이 어두가 절단되면 "전반부 절단어 foreclippings", (16)ㄴ과 같이 어말이 절단되면 "후반부 절단어 post-clippings"라는 용어를 부여하였다(2002: 1635). 이 형식들은 절단된 나머지 분절체들과 맺고 있는 환유에 의하여 의미의 구체성을 획득하게 되지만(Moreno Cabrena 1998을 참조), 추상적이고 포괄적인 범주(*ade*가 총체적인 과일 주스를 의미하는 것처럼)를 지시하는 명칭으로 이해되는 것이 원칙이다.

*ology*나 *bus*와 같은 형식들은 어휘화의 사례로 간주하는 것이 좋을 것이다. 그 이유는 어휘부에 새로운 형태를 첨가할 뿐만 아니라, 의존 형태소가 어휘소와 같은 신분을 획득하기 때문이다.

2.5 결론

우리는 어휘화를 신어neologisins의 생산(어휘 목록에 새로운 항목을 첨가)이라는 개념으로 파악할 때, 매우 다양한 언어적 과정을 공시적으로나 통시적으로 포용하고 있음을 관찰하였다. 이러한 다양한 언어적 과정은 기존의 단위들을 결합하고, 수정하고, 분리시키고, 새롭게 창조하는 것이다. 그리하여 어휘화는 아래 그림 2.1이 나타내는 바와 같이, 의존성이 강화되거나 약화되어 가는 방향으로의 발달, 복합성이 강화되거나 약화되어 가는 방향으로의 발달과 같은 서로 대립되는 변화의 진행 방향을 포함하게 되는 것이다.

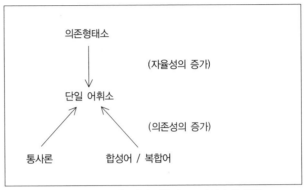

그림 2.1 어휘화 연구에서 전형적으로 다루어 온 변화

"어휘화"의 개념이 이와 같이 모든 것을 포괄하여야 되는 것인지, 아니면 협의의 개념으로 좁혀서 규정하여야 될 것인지는 앞으로 해결하여야 할 과제이다. 그러나 어휘화와, 다른 현상, 즉 이것과 대립을 이루고 있다고 흔히 생각되어 오고 있거나, 서로 상관관계를 맺고 있다고 하는 문법화와의 관계를 먼저 탐구하는 작업이 요구된다. 이러한 검토가 뒤에 오는 제3장의 주제가 될 것이다.

제3장

어휘화와 문법화의 관계에 대한 여러 관점

3.0 도입

어휘화는 문법화하고는 아무 관련 없이 논의되기도 하였다. 특히 단어형성론의 연구에서 그러하였다. 그렇지만, 지금은 어휘화를 문법화 연구 영역에서 같이 취급하는 경우가 점점 많아지게 되었다. 어휘화와 문법화와의 연관이 아주 분명히 드러나는 영역 하나는 융합(fusion)이다. 융합에는 형태론적 경계 탈락이 이루어지는 항목들의 유형에 따라서 동결, 단일어화, 유착으로 명명되어 온 것들도 포함된다. 통합적 (syntagmatically)으로 자유로운 항목들이 고정된 句로, 때로는 더 나아가 통합(coalescence)을 거쳐 형성되는 축약은 어휘화와 문법화 둘 다의 일정한 유형에서 일어나는 전형적인 현상이다. 이러한 관점에서 어휘화의 예는 *gate-crasher*(불청객, 무단 입장객), *blackbird*(r이 음절을 구성한다, 검정새, 찌르레기) 등이고, 문법화의 예는 영어의 *within*, 프랑스어의 *chanterai* 등이 해당된다. 이와 같은 이유로, 동일한 예들이 때로는 어휘화나 문법화로, 아니면 둘 다에 속한다는 주장을 하기도 하였다. 이와 같은 성격의 몇 가지 예들이 §3.1에서 검토된다. 단일방향성을 논의하는 커다란 맥락에서 융합을 바라볼 때, 어휘화와 문법화 사이의 유사성들이 쉽게 드러난다(§3.2). 단일방향성은 문법화 연구에서 가장 뚜렷하게 대두된 이론적 가정이다. 이와 같은 유사성들은 어휘화나 문법화에서 합성 구조의 상실에 있는데, 형태의 차원에서는 원래 분리 가능한 형태소의 융합과, 의미의 차원에서는 관용화가 일어난다. 이에 관한 많은 예들은 제2장에서 소개되었다.

단일방향성에는 문법화 연구 논저에서 취급된 다른 변화들도 포함되는데, 형태와 의미의 짝이 "덜 문법적인 신분에서 더 문법적인 신분으로 이동해 가는" 방향이 특별한 주목을 받았다. 단일방향성을 따르지 않는 변화들이 밝혀지게 되면, 이것들은 문법화의 정반대, 역순, 또는 "거울 영상"인 어휘화로 자주 간주되어 왔으며(§3.3을 참조), 그래서 일종의 탈문법화로 처리하기도 했다(§3.3.1을 참조). 그러나 어휘화는 어떤 관점에서 보면 탈문법화와는 다른 과정인 것으로 점점 생각되어 오고 있다(§3.3.2). 어휘화와 문법화의 연구에서 가장 많은 문제를 안고 있다고 판명된 분야는 파생 형태론이다. 이러한 문제에 대한 논의는 나중의 §3.4로 남겨두기로 한다.

3.1 어휘화나 문법화로 취급되어 온 융합과 통합의 사례

융합은 원래 있었던 형태론적 경계의 탈락을, 통합은 음운변화(동화, 축약, 탈락 등등)를 전형적으로 수반하는 현상이다. 句가 고정되고, 융합을 거친 아래와 같은 예들은 그 판단의 문제 때문에 지금까지 가장 빈번하게 거론된 보기에 속한다.

(1) today < 고대영어 to+dæge 'at day-여격'
    독일어 heuer '올해' < 고대 고지독일어 hiu jaru 'this year-여격'

Meillet(1958[1912]: 138-139)는 *heute* '오늘' < *hiu tagu* 'this day-여격'을 문법
화의 예로 인용한 바 있다.[1] 이와 같은 분석은 Hopper & Traugott
(1993: 23)와 Joseph(2003: 477)에서 수용되지 않았다. 물론 수용하지 않는
이유는 서로 아주 다르다. Hopper & Traugott(1993)는 *heute*로의 단일어
화는 하나의 새로운 어휘 항목의 출현을 예증한다고 본다(또한, Lehmann
1995: 1263을 참조). 그 반면에, Joseph(2003)은 *heute*가 축약되기 이전이나,
축약이 이루어진 지금이나 마찬가지로 문법적인 신분이라는 사실을 자
적하고, 따라서 이것은 어휘화도 문법화도 아니라고 주장한다. Giacalone
Ramat(1998: 121-122)는 *heute*가 문법화의 최종 단계에서 출현하는 어휘
화 과정(즉, 단일어화를 거쳐서 새로운 어휘 항목의 출현)의 보기로 제시한다.
*heute*를 어떻게 보든 간에, 영어의 *today*와 *tomorrow*의 대조는 변화가 점
진적으로 그리고 개별적으로 따로 일어난다는 예를 보여준다고 생각할
수 있다. 그 이유는 *day*의 형태론적 신분이 지금은 고형이 되었거나,
안 쓰이게 되어버린 *morrow*보다 더 투명하기 때문이다(Hopper 1994: 36).
역자 주 ①

또한, 합성어의 어근에 기원을 둔 파생 접사가 보여주는 융합이 해
석상의 불일치와 논란의 대상이 된다(Lindström 2004; Himmelmann 2004를
참조). 예를 들면, Lehmann(1989: 12)은 "ein ehemaliges Lexem zum

---

1) 그렇지만 *hiu tagu*는 *hiu jaru*와 달리 고대 고지독일어의 문헌 자료에 나타나지 않는 것
   으로 보인다.

Derivationsuffix"(그 전의 어휘소가 파생 접미사로의) 변화를 어휘화의 경우라고 제시하였다. 즉, 고대 고지독일어 *haidus*(형태, 모습) > 중세 고지독일어 *-heit*(접미사로서, 앞에 붙은 형태가 갖고 있는 추상성을 나타냄, *schön* '아름다운' *-Schönheit* '美'). 이와 마찬가지로 Blank(2001: 1602)도 합성어가 재분석되어 접사로 전환되는 경우에, 이것은 파생법에서 생산성을 보유하게 되는 새로운 접사를 형성하였기 때문에, 어휘화의 유형 가운데 포함시킨다. 그러한 보기로는 고대영어 *had* '명사(=사람)의 신분(위계, 계급)' > 중세영어 *-hood* '명사의 신분을 갖고 있는 개인들의 집합'(Dalton-Puffer 1996: 80), 또는 후기 라틴어 *mente* '그 방법으로-탈격' > 프랑스어 *-ment*(부사파생 접사)가 있다.

이와 대조적으로, Ramat(1992: 558 각주)는 고대 고지독일어 *haidus* > 중세 고지독일어 *-heit*의 사례를 "문법화의 적절한 예"라고 지적하였다. 그는 고대영어의 *dom*이 근대영어에서 접사 *-dom*으로의 발달이나, 고대영어의 *lice*가 *-ly*으로의 발달과 같은 경우도 생산적인 접사가 어휘 항목으로 변화하는 *-ade* > *ade*와 같은 어휘화의 "정확한 반대" 과정으로 간주하였다. 이와 유사하게, Hopper & Traugott(1993)는 영어의 *-hood*, *-dom*, *-ly*를 생산적인 접사의 창조로 이르는 재분석의 예로(40), 프랑스어 *-ment*을 그 전의 자립적인 단어에서 새로운 문법 형태소의 탄생에 관여하고 있는 "문법화의 최적의 보기"로 예시하였다(130-131). 그러나 Lehmann(1989)에서나 Hopper & Traugott(1993)에서, 이와 같은 현상을 다루는 방식에 일관성이 전적으로 결여되어 있었다. 그리하여 Lehmann은 *-ly*, *-mente*와 같은 접사로의 발달을 "명사의 문법화"로 간단하게 언급하기도 했다(1995[1982]: 87). 그 반면에, Hopper & Traugot (1993: 7)는 *a basket full* > *cupful* > *hopeful*의 변화에서 "어휘성의 연속적 발달(cline)"

이라는 개념을 제안하면서, 이러한 변화는 어휘화에 포함시킬 수 있을 것이라고 보았다(이러한 연속적 발달의 신분에 대한 의문점들은 Cowie 1995를 참조).^{역자 주 ②}

句가 고정되어 나오는 몇 가지 발달을 어떻게 분석하는가에 대해서도 학자들 간 의견의 일치는 별로 찾을 수 없다. 구가 고정되어 만약에 복합 형태에서와 같이 동결 상태로 결과되었다면, 일단 표면상으로는 어휘화의 보기가 될 것이다. 그러나 이것들은 "문법적인"(폐쇄 부류, 기능적) 항목들을 또한 수반하기 때문에, 동시에 문법화의 예로도 볼 수도 있다. 이와 같이 상이한 해석을 받을 수 있는, 구에서 동결이 이루어지는 중요한 유형 가운데에는 (ㄱ) 구-동사와 전치사 동사(예: *point out, think about*), (ㄴ) 복합 전치사(*except for, depending on*), (ㄷ) 상관 대등연결사 (*both … and, either … or*), (ㄹ) 복합 종속접속사(*as soon as, in order that*), (ㅁ) "첨가사", 또는 담화표지(*you know, I mean*) 부류가 있다(Biber, Johansson, Leech, Conrad, Finegan 1999: 58-59을 참조).

많은 학자들은 *ahead of, in case of*, 또는 *on top of* 등과 같은 복합 전치사를 어휘화의 예라고 간주한다(Quirk, Greenbaum, Leech, Svartvik 1985: 669-673을 참조). 보기를 들면, Lehmann(2002: 9-11)은 아래 (2)와 같은 스페인의 현대 카탈루냐어의 복합 전치사들이 통사 규칙에서 제외되었으며, 내부 구조가 불투명해졌다는 점에서 어휘화의 특징이라고 할 수 있는 재분석을 수행하였다고 주장한다(2002: 9-11).

(2) 현대 카탈루냐어 *bajo*(아래로) < 고대 카탈루냐어 *baxo de*(밑으로부터),
현대 카탈루냐어 *desde*(이후에) < 고대 카탈루냐어 *des de* < 라틴어 속어 *de ex de*(밖으로부터),
현대 카탈루냐어 *ante*(앞에) < 고대 카탈루냐어 *ante de*(-의 전면에),

현대 카탈루냐어 *hacia*(-을 향하여) < 고대 카탈루냐어(-을 마 주 보며).

Lehmann(2002: 13)은 어휘화는 복합 형태에서 시작해야 된다고 본다. 복합 형태만이 그 내부 구조를 포기하는 과정을 수행할 수 있기 때문이다. 또한, 그에 의하면, 어휘화는 필수 조건으로 단일화를 수반한다. 즉, "두 문법 형태소의 하나로의 통합은 반드시 어휘화로 불려야 한다"(2002: 13). 그렇기 때문에, Lehmann(2002)은 현대 카탈루냐어 *desde*의 경우처럼 내부 구조가 더 이상 문제되지 않게 될 때나, 영어 *himself* ('*him himself*'를 뜻하는 *him self*에서 '재귀사'가 됨)의 경우처럼 부분적으로만 문제가 되는 경우에, 그 결과로 단위를 이루는 형태들이 통상적으로 문법 범주(전치사, 대명사)의 구성원으로 간주되더라도 어휘화가 출현한 것으로 본다. Lehmann(2002)의 주장의 핵심은 모든 단어 부류에는 문법적인 성원도 있고 어휘적인 성원도 있어서, *de*와 같은 1차적 전치사는 "문법적"이지만, *desde*와 같은 2차적 전치사는 "어휘적"이라는 것이다. 이와 같은 과정을 거친 어휘화는 그 다음에는 문법화를 수행할 수 있으며, 이들의 자율성이 축소되었다는 의미에서 규칙화된다. 예를 들면, 전치사들은 계합적(paradigmatically)으로 심한 제약을 받게 된다.

이렇게 Lehmann(2002)은 복합 전치사의 경우(그리고 이와 유사한 다른 예들에서)에 어휘화가 먼저 일어나고, 그 다음으로 문법화가 일방 통행적인 "통로"를 따라서 일어난다는 생각을 갖고 있었다. 그 반면에, Ramat(1992: 553-554)는 영어 전치사 *among*(< 고대영어 *on gemang* 'in crowd'), *beside*(< 고대영어 *be sidan* 'by side'), *instead of*(< 중세영어 *in stede of* 'in place of')는 (통사론을 거쳐) 어휘부에서부터 문법으로, 다시 문법에서 어휘부로 되돌아가는 순환 과정의 일부라는 제안을 하였다. 그는 분석이 이루어

지는 句와 같은 근원에서부터 복합 전치사와 같은 합성구조를 갖고 있는 목표어(target)로의 변화는 문법화로 간주될 수 있다는 점을 주목하였다. 이렇게 발달하여 온 목표어들은 영어의 문법 단어들에 속하는 사실이 분명하기 때문이다. 이 목표어들이 "자율적인 단어들이어서 영어 어휘부의 일부를 이루고는 있으나, 접사, 모음 전환(ablaut), 모음조화 등과 같은 다른 문법적인 장치들과 대등한 *tlsanss*을 갖고 있다고 볼 수는 없다."(Ramat 1992: 554). 그리하여 Ramat(1992)는 이러한 예들에는 어휘적 단위와 문법적 단위 간의 경계가 분명하지 않다고 인정하면서, 여기에 어휘화와 문법화 두 가지 과정이 모두 작용하고 있다고 보았다.

이와 마찬가지로, Quirk 외(1985)도 복합 전치사(또한, 구-동사, 전치사 동사, 복합 종속 접속사도 포함하여)에 대해서 분명하지 못한 입장을 취하였다. Quirk 외(1985)는 "단어"는 어휘론의 단위라고 보기 때문에, 복합 전치사들을 단어형성론 외부에 있는 "句的 어휘화"의 사례로 분류한다. 복합 전치사의 구조는 어느 정도 문법적 및 의미적 긴밀성과, 심지어 음운론적인 통합을 이루고 있음에도 불구하고, 내적 자립성과 분리성을 상당히 보유하고 있다(예: *in place of/in the place of*. 그러나 *instead of/*in the stead of*). 따라서 Quirk 외(1985: 153, 각주)는 복합 전치사들은 "어휘화와 같은 측면을 무시할 수는 없으나, 문법적인 현상으로 간주한다." 또한, Quirk 외(1985: 671)는 복합 전치사들을 모든 방식에서 단순 전치사처럼 행동하는 부류에서부터(예: *in spite of*), 모든 면에서 문법에서 이탈된 단위들의 무리(예: *on the shelf by (the door)*)에 이르기까지 걸치는 "범주 신분상의 위계"를 설정하였다.

그러나 복합 전치사들의 발달은 문법화의 "매우 논란의 여지가 없는 예"라고 보는 또 다른 견해도 존재한다(Traugott 2003: 636; 아울러 Tabor & Traugott 1998: 244-253도 참조). 즉, 복합 전치사들은 문법화 과정의 특징인 명사구의 탈범주화, 기능어로의 통사적 재분석, 많은 부류의 보어를 취하게 되는 일반화를 수행하여 왔기 때문이다.

Quirk 외(1985: 1150)가 "다-단어 동사"(multi-word verbs)라고 명명한 부류에 대해서도 어휘적 신분과 문법적 신분에 대한 해석이 양분되어 있다. 다-단어 동사들은 구-동사(예: *turn up*), 전치사 동사(예: *defer to*) 및 구-전치사 동사(예: *face up to*)를 아우르는 범주를 말한다. Quirk 외(1985: 1150)는 "다-단어 동사"를 "어느 정도 어휘적으로나, 통사적으로 단일 동사처럼 행동하는 단위"로 규정하면서, 이 범주의 정확한 신분에 대해서는 분명한 태도를 밝히지 않았다. 이 학자들은 구-동사 *give up*과 전치사 동사 *see to* 둘 다를 문법적 특질과 어휘적 특질을 공유하고 있는 현상으로 포함시킨다. 또한, 이들은 전치사 동사들이 갖고 있는 어휘적 신분을 인정하면서, 첨사나 전치사는 동사와 비록 떨어져 있다고 하더라도, 같이 "관용화된 결합"을 이룰 수 있으며(1985: 1154, 1159), 이렇게 일단 그 결합이 관용적으로 되면 각각의 부분이 변별적 의미를 갖고 자유롭게 결합하는 부류들과는 반드시 구분되어야 한다고 지적하였다(1985: 1150). 이와 마찬가지로 Nevalainen(1999)은 "句의 어휘화"를 검토하면서, '동사+첨사(부사, 전치사)'의 결합 구조가 갖고 있는 중간적인 성격을 주목한 바 있다. 그리하여 그는 다음과 같이 말한다. "동사에 첨사가 통합된 구조는 단일어가 보유하고 있는 문법적 및 의미적인 긴밀성을 언제나 갖고 있지 않기 때문에, 어휘론에서보다는 문법 영역에서 취급되는 경우가 많다"(1999: 423).

Huddleston & Pullum(2002: 272ff)은 다-단어 동사를 '節의 보문화'에 관한 장에서 논의하고 있으나, 이 부류는 "어휘화를 수행한 것"이라고 명시적으로 기술하였으며(283-284), 모든 다-단어 동사들을 "동사 관용어"로 보았다(273).[2] Claridge(2000: 43)는 다-단어 동사의 "많은 부분"이 어휘화되었다고 보지만, Biber 외(1999: 58-59)는 구 동사와 전치사 동사 모두가 어휘화되었다는 사실을 분명하게 밝히고 있다. Ramat(1992: 553)는 독일어에서 *sich interessieren an/für*(--에 관심/흥미를 갖다)와 같은 형태는 문법과 통사적 기능 대부분을 상실하였으며, 말하자면, 동사에서 기원된 어휘 항목을 형성한다고 주장한다. 끝으로, Lehmann(2002: 12)은 스페인어에서 '동사+전치사' 결합을 보이는 *abusar de*(-을 남용하다), *creer en*(-을 신봉하다), *parecerse a*(-과 유사하다) 등의 구성은 불연속으로 유지되어 있고 여기에 재분석이 일어났다는 아무런 증거도 없기 때문에 어휘화나 문법화가 일어나지 않았다고 간주한다.

lose sight of(안보이다), *take action*(행동을 취하다), *make use of*(--을 이용하다), *give a sigh*(한숨을 쉬다), *have a cry*(울음을 울다), *do the laundry*(세탁을 하다) 등과 같은 유형의 "복합 서술어"나 "복합 동사"도 분석상의 문제를 제기한다. 여기서 주된 관심의 대상은 '동사+(관사)+명사+(전치사)'의 구성이다. 이러한 구성은 실질 의미가 결여된 동사, 즉 "경동사"(light verb)들인 *give, make, have, take, do*가 동사에서 기원된 동명사와의 결합으로 이루어진다. 예를 들면, *give an answer*(답을 제시하다), *make a change*(변화를 주다/기분 전환을 하다) *have a look*(일별하다), *take a seat*(자리에 앉다), *do harm (to)*(해를 끼치다).(근대영어의 합성 술어에 관한 논의는 Brinton 1996a를 참조). 먼저, Traugott(1999: 259)는 합성 서술어의 역사적 발달은 "어휘화에 가장 적절한 예로 파악된다."는 결론을 내린 바 있다. 이와 대조적으로 Huddleston & Pullum(2002: 290-296)은 복합 서술어를 절의 보문화에 관한 장에 포함시키면서, 이들 형태는 문법적으

---

2) 다단어 동사가 논의된 Huddleston & Pullum(2002)의 4장 "절의 보문화"는 주로 Rodney Huddleston이 집필을 담당한 부분이다.

로 생산성을 갖고 있다고 보았다. 이와 마찬가지로, Quirk 외(1985: 1158-1159, 1211-1212)도 복합 서술어를 동사와 형용사의 보문화에 대한 장에서 검토하였으며, "전치사 동사의 한 가지 유형"으로 간주하였다. 그러나 이들은 단어 형성론에 관한 장에서 그와 같은 구적 어휘 항목들은, 어느 정도의 분리성을 보여주는 동시에 융합을 거쳐 이루어진 특질을 갖고 있지만, 단일한 단어와 동등하다고 나중에 지적하였다. 예를 들면, 그들은 *"lose sight of*"는 한 편으로 보면 단일 어휘 항목이라고 간주할 수 있으나, 또 다른 한 편으로 보면 이것은 문법 기능을 하는 3개의 단어로 구성되어 있으며, 이 가운데 하나(lose)는 여러 형태론적 변이형을 갖고 있다."고 언급하였다(1985: 1530, 각주). 그리하여 Quirk 외 (1985: 1530)는 합성 서술어들과, 句를 이루는 다른 어휘 항목들은 어휘화의 정도성(gradience)을 포함하여, 어휘부와 문법 사이에 명확한 경계가 없는 연속성을 예증한다는 결론을 내렸다. Algeo(1995: 203)도 이와 마찬가지로, 합성 서술어는 "문법과 어휘부가 만나는 지점, 중간 부분 어딘가에 놓여 있다."고 지적하였다.

구 담화표지 또는 Quirk 외(1985: 1112-1118)가 "논평절"(comment clause)[3]이라고 부른 *I think*, *y'know*, *it seems* 등은 고정되어 있으며, 어휘화나 문법화 과정을 거쳐 부분적으로 융합이 일어났다. 예를 들면, Schiffrin(1987: 319)은 *I mean*과 *y'know*를 "어휘화를 수행한 節"이라고 하였다. Aijmer(1996a: 10)는 *thank you*나, *I'm sorry*와 같은 "대화에 등장하는 투식어"를 어휘화된 것으로 보고, 동시에 고정성, 분석 가능성, 제도화, 비축자적 의미의 정도에 따라 빚어지는 "동결(frozeness)이 완료

---

3) 화용적 기능을 담당하는 표현 항목들을 가리키는 데는 다양한 명칭이 사용된다. 또한 이런 범주에 어떤 표현 항목들을 목록화할 것인지에 관해서는 동의된 견해가 사실상 존재하지 않는다(Brinton 1996b를 보시오.). "화용 표지"의 유형론적 목록으로 Fraser(1996)이 그 가능한 방안을 제공하고 있다.

되는 정도를 기준으로 어휘화의 단계"를 인정하였다. 또한, Wischer (2000: 364)는 중세 영어 *methinks*는 어휘화와 문법화 두 개의 과정을 거쳤으며, 이것은 *I think*와 대조를 이룬다고 주장하였다. 현대영어에서 *I think*는 어휘화되지는 않았으며, 그 대신 단지 화용화만을 거쳤다고 그는 보았던 것이다(이 책의 §5.5를 참조하시오). Krug(1998)는 *is it not?*에서 나온 담화표지 *innit?*(중간 단계 *in't it*을 거쳐서)의 발달을 어휘화의 한 가지 예라고 주장하였다. 그러한 이유는 담화표지 *innit?*이 불변항(주어나 조작주 동사[operator verb]^{역자 주 ③} 및 주절의 시제와 상관없이 언제나 *is*와 *it*을 취한다), 비분리성, 형태론적 불투명성 및 음운론적 실체 및 통사적 투명성의 상실의 과정들을 밟아 왔기 때문이다.[4] 그렇지만, 구를 이루는 담화표지들은 문법화를 거쳐 나왔다고 보는 것이 더 보편적이다. 그렇게 판단하는 근거는 전형적으로 탈범주화를 수행하였으며, 담화 영역에서 기능 성분으로 재분석되었기 때문이다(예: Brinton 1996b; 그리고 Traugott 1995b).

끝으로 통합에 관한 마지막 예는 음운화(phonologization)이다. 이것은 어휘화인지, 아니면 문법화를 수행한 것인지에 대해서 상당한 의견 불일치가 있다(§이 책의 2.3.3을 참조.). Bybee(1985: 11-12)는 음운변화와 형태소실(예: *lay*의 사역동사)을 거쳐 나온, 단일 형태소로 구성된 단어들은 어휘화의 사례라고 본다(또한, Traugott 1994: 485도 참조). 그러나 Bybee (1985: 31)는 음운화는 음운 창조(phonogenesis)보다 문법화 발달의 더 후대의 단계에서 일어난다고 보았다.

---

4) Krug(1998)는 담화표지 *innit?*의 구성체가 탈의미화한 것으로 본다. 즉, 실질 의미를 상실한 것이다. 이러한 견해는 어휘화에 어긋나는 논증이 될 것이다.

3.2 어휘화와 문법화의 유사점들

동일한 언어 현상을 어휘화로도, 또는 문법화로도 기술할 수 있는 가능성은 두 과정 사이에 어떤 유사성들이 개재되어 있음을 나타낸다. 어휘화와 문법화 두 과정이 언어를 구사하는 언어 사용자가 보유하고 있는 선천적 능력의 중요한 일부를 형성하고 있다는 사실 이외에도, 융합과 탈동기화가 어휘화를 통한 어휘 생성과 문법화 둘 다에 중요한 요소로 작용하고 있음은 아주 흥미로운 것이다.

이와 같은 유사성들에 근거하여, Wischer(2000: 364)는 어휘화와 문법화가 서로 닮은 과정이지만, 언어의 상이한 층위에서 작용하고 있다고 보았다. Wischer(2000)에 따르면, 어휘화는 어떤 통합체(syntagm)가 훨씬 더 어휘적인 성격을 띠게 되는 것(*mother-in-law*)인 반면에, 문법화는 통합체가 훨씬 더 문법적인 것(*be going to, in front of*)으로 되는 현상이다. 이와 마찬가지로, 어휘화는 어떤 어휘소가 훨씬 더 어휘적인 성격이 강해지는 과정(고대영어 *hlaf-weard* '빵 수호자' > *lord*)인 반면에, 문법화는 어떤 문법 항목이 갖고 있는 문법적 성격이 훨씬 더 강해지는 과정이다(예: 기능어 > 접어)(2000: 365). 이 두 과정에 "점진적인 음성 축약, 통사적 재분석, 탈동기화, 화석화, 관습화" 현상이 작용하고 있다(Wischer 2000: 364).

그러나 어휘화와 문법화에 수행되는 의미변화는 매우 상이하다고 Wischer(2000)는 지적한다. 어떤 연어 또는 단어가 어휘화될 때는 "특정한 의미 성분들이 첨가되지만", 어떤 항목이 문법화될 때는 "특정한 의미 성분들이 탈락되며, 함축된 범주적 또는 언어 운용에 일어나는 상황적 의미가 전면으로 등장한다"(364-365). 예를 들면, *up*이 동사로, *if*가 명사로 품사 전환된다는 것은 명사와 동사 범주에 들어맞는, 다양한 유형의 지시 의미 또는 사건에 관계되는 의미가 즉시 첨가되었음을 나타낸다. 이와 같은 맥락에서, Ramat(2001: 397)는 -ade와 같은 파생 형태소가 명사로 전환될 때, 일반적인 과일 주스 부류를 가리키는 상위어를 형성하게 된다고 관찰한 Lazzeroni(1998)의 견해를 인용한 바 있다. 이와 대조적으로, 문법화가 일어나는 전형적인 사례에서 의미 내용은 풍부해지지 않고, "탈색"된다(문법적 의미가 풍부해짐에 따라서 어휘적 의미는 점진적으로 후면으로 물러나게 된다.). 그럼에도 불구하고, 그 내용 의미는 얼마동안 계속해서 새로운 문법 항목을 제약하고 있는 현상이 전형적으로 일어난다. 예: *will*과 *shall*, 그리고 *be going to* 간의 상이는 "이들이 원래 갖고 있었던 기원적 어휘 의미가 (상이하게) 지속되고 있는 사실로 소급된다고 파악된다."(Bybee & Pagliucia 1987: 117).^{역자 주 ④} 바로 이러한 사실이 Hopper(1991)가 "지속성"(persistence)이라 불렀던 문법화의 한 가지 특성에 해당된다.

합성(§2.1.1을 참조)과 혼성(§2.1.5를 참조)이라는 단어 형성 과정은 "단일어화"(univerbation)라고 알려진 융합의 하위 유형을 수반하는 사실을 관찰한 바 있다. 여기서 "단일어화"는 두 개 또는 그 이상의 자립적인 단어들이 하나의 제3의 단어를 만들어내는 것이다. 또한 단일어화는 句를 어휘소로(§2.3.1을 참조), 복합어를 단일 어휘소(§2.3.2를 참조)로 어휘화하는 과정도 포함한다. 어휘화를 취급한 대부분의 논저는 또한 "탈동기화"와 "관용화"를 언급하고 있다. 여기서 "탈동기화"는 판별해 낼 수 있는 합성적인 구조를 상실한 것을, "관용화"는 식별해 낼 수 있는 합성적 의미의 상실을 가리킨다(§§2.3.21과 2.3.4를 참조). 어휘화에 관한 많은 논저들에서 이와 같은 종류의 현상들이 자주 언급된다. 그리고 몇몇 학자들은 적어도 단일어화가 어휘화를 판단하는 데 결정적인 기준이 된다고 보기도 하였다(Kastovsky 1982; Lehmann 2002; Lipka 2002[1990]). 그러나 이러한 현상들은 비교적 집중적인 관심을 받지 못하였으며, 어떤 논란의 대상도 되어 본 적이 없다. 그렇지만, 문법화에 관한 논저에서는 단일화, 탈동기화, 그리고 관용화와 같은 다양한 유형의 현상이 "단일방향성"이라는 훨씬 더 본질적으로 포괄적인 가설(§1.4.2를 참조)을 설정하는 상황에서 중심 위치를 차지하는 경우가 많았다. 몇몇 학자들은 문법화를 결정하는 가장 중요한 조건으로 단일방향성을 꼽기도 하였다 (예: Lehmann 1995[1982]; Haspelmath 1999b). 그러나 이러한 관점은 상당한 논란의 대상이 되어 왔다. 문법화 연구에서 단일방향성 가설이 중심 역할을 하고 있다고 가정하면, 그리고 이러한 가설이 어휘화와도 잠재적인 적절성을 갖고 있을 것으로 가정한다면, 단일방향성의 배경을 이루는 사실들을 더 정확하게 탐구해 보는 것이 합리적인 일이다.

3.2.1 단일방향성

Haspelmath(1999b)는 문법화에서 이루어진 단일방향성을 옹호하는 논증 몇 가지 유형을 아래와 같이 요약한 바 있다.

(ㄱ) 도상성(iconicity)^{역자 주 ⑤}
(ㄴ) 경제성과 명료성을 추구하는 동기 부여들의 경쟁
(ㄷ) 최적의 구조를 선택하는 언어 학습자들의 선호 경향
(ㄹ) 새롭고, "화려하고, 과장스러운"(extravagant) 표현들을 사용하려는 화자들의 경향

위의 네 가지 유형 이외에 또 다른 제안들도 첨가시킬 수 있다.

(가) 우리의 인지 능력이 구상적 영역을 통해서 추상적 개념을 표현하려는 요구를 충족시키기

(나) 화자와 청자 사이에 일어나는 의미의 조정

(다) 빈도 효과

Givón(1975)은 문법화에서 단일방향성의 방향이 되돌려질 수 없다는 사실을 논증하기 위해서 본질적으로 도상성(iconic) 원리를 제시하였다.[5] 즉, 그 원리는 의미 관계는 해당 의미를 표출하기 위해서 사용된 형태적 구성 방식과 대응을 이루고 있다는 주장이다.[6] 이러한 가설은 내용 의미가 풍부하고 어휘적으로 특정한 정보는, 추상적이고 구조가 치밀하지 못하고 표백되어 버린 형태보다는 더 완벽한 언어 형태로 대변될 것이라는 요지로 정리된다. 여기서 추상적이고 구조가 치밀하지 못하며, 표백되어 버린 형태는 시간이 흐름에 따라 부식될 것이며, 더욱이 "발화가 갖고 있는 정보 내용의 훨씬 더 핵심적인 부분이 …… 그와 같은 줄어든 형태소로 전달될 가능성은 없다."(Givón 1975: 96). 이와 같은 가설은 언어 형태와 그것이 갖고 있는 기능 사이의 공시적 대응을 잘 설명해 주지만, 변화는 설명해 주지 못한다. 예를 들면, 음운론적으로 축소된 형태들은 왜 나중에 그 부피가 증가되지 않는가를 설명해 주지 못한다(Haspelmath 1999b를 참조).

경제성과 명료성을 나타내기 위해서 경쟁하는 동기들에 대해서는 이미 von der Gabelents(1901[1891])가 언급한 바 있으나, 이러한 동기화들은 Langacker(1977)에서 더욱 자세하게 논의되었다. Langacker는 기호의 간결성(축약)과 지각의 최적성(우연적 표현)에 초점을 맞추어 경제성의 다양한 유형들을 구분하였다. 즉, 화자들은 아래와 같은 다양한 유형의 최적성을 추구한다(1977: 104-116).

---

5) Givón은 문법화를 "어휘에 일어나는 재분석"(1975: 49)으로 언급한다.
6) 도상성(iconicity)에 대한 여러 상세한 연구는 Haiman(1980, 1983)을 참조하시오.

(ㄱ) 언어 기호의 간결성, 이것은 경계 탈락과 형태론적 결속으로 된다.
(ㄴ) 구성의 간결성, 이것은 유표성의 감소로 나아간다.
(ㄷ) 표현 방식의 간결성, 이것은 굴절법보다는 어휘적 우언법(迂言法)
역자 주 ⑥으로 향할 수 있다.
(ㄹ) 이어서, 기존의 형태에 새로운 의미를 부여하여 재사용하기.

Haspelmath는 이와 같은 설명에 두 가지 문제점이 있다고 지적하였다. 하나는 경제성과 명료성이라는 두 가지 동기화가 서로를 상쇄시켜서 양-방향성이나 정지 상태로 왜 나아가지 않을까. 다른 하나는 그러한 조건을 충족시키고 있는 단어들 가운데 왜 "일부만이 급격하게 축소되었는가."(1999b: 1052). 이 가운데 첫 번째 비판은 화자와 청자가 언어변화에 대등한 참여자로 간주될 수 있다는 전제를 하여야만 유효하다. 그러나 Langacker가 제시한 모형은 화자가 언어변화에서 우선권을 갖고 있는 참여자임을 전제로 한다. 즉, 언어를 창조적으로 구사하는 쪽은 화자이다(1977: 107). 또한, 우리는 화자와 청자가 만들어낸 개신을 청자가 식별해 내는 것은 오직 대화의 상황에서만 일어난다는 사실을 첨부할 수 있다(Traugott & Dasher 2002: 279).

변화에 대한 설명이 언어 능력과 학습자들의 습득 가능성에 초점이 놓여있는 생성 언어학의 전통에서 단일방향성은 심각한 문제를 제기한다고 판단된다. 그 이유는 언어 습득은 여러 가능한 매개변인-값(parametr values)의 집합으로 규정된 공간을 통해서 이루어지는 "무작위적인 산보"를 하는 행위를 수반한다고 보기 때문이다(Roberts 1993a: 252). 이와 같은 "무작위적인 산보"라는 개념은 Lightfoot(1999)와 같은 학자로 하여금, 단일방향성은 아무런 실체가 없는 낭만적인 개념이라는 결론을 내리게 하였다. 그 반면에, Roberts(1993a) 자신은 단일방향성을 나타내는 광범위한 예들이, 언어 산출하는 데 노력이 절감되는 운동

조작을 요구한다는 의미에서 구조적 단순성으로 유도하는 재분석의 결과로 설명하려고 하였다(또한, 약간 완화된 해석은 Roberts & Roussou 2003을 참조). Haspelmath(1999b)는 이러한 설명에 어린이는 복잡성이 심한 구조와 더 약한 구조를 비교할 만한 수단을 갖고 있지 않으며, 매개변인 설정에서 나온 설명으로 탈색과 축소를 해결할 수 없다는 사실을 지적하였다.

그리하여 Haspelmath는 또 다른 대안을 제시하였는데, 그것은 언어 능력에 근거하기보다는 언어 수행과 언어 사용 이론에 바탕을 둔 것이었다. 그는 단일방향성, 더 정확하게 말하자면 다른 방향으로 되돌릴 수 없다는 사실은 화자가 자신의 표현을 "화려하고 과장되게"(extravagant) 하려는 노력에 있다고 주장하였다(1999b, 2000b). 화자들이 자신이 주목 받고, 사회에서 성공적으로 의사 표현을 하려는 의도를 갖고 말하기 위해서, 그들은 말에서 너무 빈번하게 사용되었기 때문에 낡아버린 표현을 새로운 방식(통상적으로 우언적 표현)으로 구사하려고 한다는 것이다. 이러한 새로운 표현 방식이 일단 다른 화자들에 의하여 채용이 된다면, 또 다시 일상화되어 버릴 것이다. Haspelmath는 여러 다양한 연구 논저들을 인용하여 자신의 주장을 강조하였다. 즉, 여기에는 "보이지 않는 손"의 효과에 대한 Keller(1994), 표현은 어휘적 표현에서 문법적 표현에 이르기까지 양극에 걸치는 연속성을 갖고 있다는 Lehmann(1985, 1993, 1995[1982]), 또한, 빈도가 끼치는 영향에 관한 Bybee(2003) 등이 인용되었다. 이 가운데 "보이지 않는 손"의 효과는 유사한 원리 또는 스스로 발견적인 해결 방식을 갖고 있는 개개인들의 결집된 집약적인 행위에서, 즉 개인들의 개별적인 말의 활동에서 의도되지 않았던 결과들이 만들어져 나온다는 것이다.[7] 화자들은 자신의 마음속에 어떤 특정한 구조를 갖고 있다는 의미가 아니라, 단순히 의사전달하기를 원한다는 의미에서 볼 때, 목적 지향적이다.

"성공적인 의사전달"은 틀림없는 말하기의 목적이다. 그러나 문헌에 반영된 자료에서 문법화에 일어나는 초기의 단계에서 그 변화의 시작을 판정하기 어려울 때가 흔하게 있음을 보여준다. 변화가 일어나기 위한 "연계 맥락"(bridging context)은 처음에는 감지할 수 없을 수도 있다 (§1.4.2에서 제시된 *be going to*의 예를 참조). 그러나 결국 여기서 형성된 새로운 표현 방식이 수용되어, 다양한 종류의 유추적 확대가 일어나기 위한 기반으로 사용되면 그 변화는 "주목을 받게 된다". 그렇게 되면, 그러한 변화는 사회의 규범적 태도에 의해서 수용과 배척의 판정 대상이 되기도 한다. 문법화는 비교적 무의식적인 창조 행위로 인하여 부분적으로 일어날 수 있다. 그렇기 때문에, 문법화는 화자들이 새로운 "화려하고, 과장된" 구조를 사용하려는 의도로 동기화된다거나, 심지어 Hopper & Traugott(1993)와 Lehmann(1995[1982])이 약간 완화시켜 지적한 "감정을 표출하는(expressive)" 표현을 구사하기 위해서 문법화가 일어난다는 가설은 문제를 안고 있다.

다른 학자들은 문법화의 목적 지향성을 화자가 표출하려는 보다 강한 의도적 행위와 관련시켜 파악하였다. 예를 들어, Heine, Claudi & Hünnenmeyer(1991)는 문법화는 일정한 문법적 기능을 나타내려는 자기 중심적인 "욕구"(28-29)가 있기 때문에 단일방향으로 수행되는 것이라고 주장하였다. 즉, 문법화는 "인간의 경험에 비추어 훨씬 더 직접적으로 쉽게 접근할 수 있는 개념을 이용하여 접근성이 어렵고, 동시에 더

---

7) 말하기의 원리는 아래와 같은 실용적인 지침을 포함하고 있다.
　(ㄱ) "가능한 오해받지 않도록 말하라"
　(ㄴ) "이해 받을 수 있도록 말하라"(즉, "다른 사람이 너의 의도를 파악할 수 있도록 말하라", 아니면, "너의 의도를 다른 사람이 파악할 수 있는 방식으로 명확하게 언급하라")(Keller 1994: 94, 98).

추상적인 개념을 나타내기 위해서 사용하는 문제해결 전략의 결과이다"(51).[8] 그러나 Bybee는 이와 같은 의사전달에 일어나는 욕구에 호소하려는 시도들을 거부하였다. 그 근거는 어떤 언어에서 문법적으로 이루어진 표현이 다른 언어에서는 문법적으로 실현되지 않을 수도 있으며, 매우 유사한 개념을 나타내기 위해서 몇 가지의 문법적 표현들이 공존하는 경우가 흔하기 때문이다. 예를 들면, *if, unless, provided* 등으로 시작되는 조건절이 그러한 경우에 해당된다(Bybee 1985: 202-205; Bybee, Perkins & Pagliucia 1994: 297-300). Bybee, Perkins & Pagliucia는 단일방향성이 존재하는 이유는 "어순의 규칙성과 문법 형태소 두 가지로 구성된 문법의 틀이 자동화를 통해서 언어 산출을 쉽게 하는 수단을 제공하기 때문이다."(1994: 298-299)라고 언급하였다.

Haspelmath(1999b)에서 뿐만 아니라, Heine, Claudi & Hünnenmeyer (1991), 그리고 Bybee, Perkins & Pagliucia(1994)에게 있어서 단일방향성은 문법화에서 언어 사용을 통해서 일어나는 것이며, 동시에 하나의 강력한, 거의 위반할 수 없는 경향이다. 단일방향성에 대한 반증례는 산발적이며, 유의미한 형식을 취하지 못한다. 한편으로는, 단일방향성은 적어도 부분적이긴 하지만, 화자들의 언어 산출을 통해서 일어난다. 이러한 사실은 기존의 표현들이 새로운 형식으로 반복되어 출현하는 현상과, 맥락 속에서 가능한 많은 정보를 함축하려는 경향을 설명해 준다. 또한 다른 한 편으로, 단일방향성은 청자의 지각과, 맥락으로부터 가능한 많은 정보를 추출해 내려는 청자의 노력으로 일어나기도 한다.

이와 같은 문법화의 동인들이 처음에 문법화 연구 논저에서 생각했던 바와 같이, 문법화 현상에만 독특하게 일어나는 사실이 아니라는 것

---

8) 부식되어 버린 형태들에 새로운 관계를 명시하거나, 강화시키려는 화자들의 "욕구"에 대한 언급은 또한 Traugott(1980)과 Givón(1982)를 참조하시오.

이 최근에 분명해지게 되었다. 어휘는 끊임없이 새로워지며, 실질 의미를 갖고 있는 내용 항목들은 융합과 통합을 거치게 된다. 그리고 의미의 특성이 시간의 흐름에 따라 훨씬 더 불투명(동기성이 약화된다)하여 진다. 심지어 어휘화는 온전한 내용을 담고 있는 의미가 상실되는 몇몇 "(의미) 탈색"의 사례를 보여주기도 한다. 예를 들면, 접사 -hood(< 고대영어 had)로 형성된 집합명사에서 '계급, 상태, 조건' 등과 같은 의미의 상실, 또는 합성어 mildew(고대영어 mele, 흰 가루병 병균)의 첫 번째 성분에서 'honey'(꿀)의 의미가 탈색되었다. 그뿐 아니라, 문법화에서와 같이, 어휘화도 화자들이 자기 중심적으로 표현하려는 경향의 지배를 받고 있다. 이러한 과정은 put (it) to (someone)(무엇을 어떤 사람과 연결하다)과 같은 공간적 용어가 말하기의 행위를 언급하는 용어로, 결국에는 수행 기능을 나타내는 용어로 선택되는 사례에서 더욱 분명하게 나타난다 (Traugott & Dasher 2002: 제5장).

단일어화 형성에 관여하는 어휘화와 문법화의 유사성들을 언급한 다른 연구 논저들 가운데, Himmelmann(2004: 36)은 두 영역이 그 기원에서 "한 가지의 공통점(즉, 담화에서 이루어지는 어휘 항목들의 자발적이고도 생산적인 결합)"을 공유하고 있다는 사실에 초점을 맞추었다. 그는 어떤 통사적 환경 X에서 두 개의 어휘 성분 A와 B의 결합을 전제하고, 여기에 의미 화용론적 해석 K를 연결하였다((X) A B/K로 공식화). 여기서 "맥락"은 다음과 같이 3가지 유형으로 파악되었다 숙주-부류 맥락, 통사적 맥락, 의미-화용론적 맥락. 이것이 확대되는 보기는 아래와 같다 (Himmelmann 2004: 33에 근거한다).

(가) **"숙주-부류 확장"**: 連語를 형성하는 성분들이 늘어나는 양상을 품사 부류를 기준으로 하여 제시한다. 예: 형용사－명사, 동사－

부사. 문법화를 일으키는 일정한 형태는 해당되는 범주의 구성원들과 연어를 이루는 영역을 증가시킬 것이다. 예를 들면, *be going to*의 영역이 동작동사에서 정태 동사 하위부류들로 확장되며, *be*+과거분사의 수동 표지의 적용 영역이 비-진행 맥락(*the house was built*)에서부터 18세기에 진행 맥락(*the house was being built*)들로 확장되어 간다.9) Himmelmann은 숙주-부류 확장을 $A_n > A_{n+x}$(예: 정태 동사 > 정태성+동작성, 보통명사 > 보통성+고유명사)와 같은 공식으로 작성하였다.10)

(나) "**통사의 확장**": 논항 위치(주어, 목적어), 또는 節의 첫 자리, 중간 자리, 마지막 자리 위치 등과 같은 훨씬 더 많은 부류로 확장되는 과정을 나타낸다. 예를 들면, 새로 형성되어 나오는 관사는 먼저 핵심 주어와 목적어 논항 위치에 출현하게 되고, 나중에 그 발달이 지속된다면 전·후치사 항목으로 확장된다. 문법화가 진행됨에 따라서 통사적 맥락도 변화될 수 있다. 예를 들면, *during, notwithstanding*과 같이 동사에서 기원된 전치사들이 발달해 감에 따라서, 이들은 명사 뒤에 오기보다는 그 앞에 오게 된다(Kortmann & König(1992: 675)). 통사적 맥락의 확장은 $X_n > X_{n+x}$와 같이 공식으로 나타낸다.

(다) "**의미-화용론의 확장**": 의미의 다의와, 이것이 화용론적 맥락에서 확장되는 상황을 나타낸다. 예를 들어, 관사가 지시사로부터 형성되어 나올 때, 이것들은 백과사전적 지식(예, *the president*)을

---

9) 18세기 이전의 시기에서 비-완결 수동문(non-completive)의 구성은 *the house was building*과 같은 유형이었다.
10) Himmelmann은 공식에서 화살표 →를 사용하였다. 우리는 이것을 본문 기술의 일관성을 위해서 >로 바꿨다.

포함한 더 넓은 상황에서의 쓰임에 따라서 유일성 기능을 취하게 될 수도 있다. 또는 관사는 한 짝으로 이어진 지시 조응의 맥락에서 사용되기도 한다(참조: *a house - the front door*. 여기서 정관사는 *house*와 짝을 이루어 출현해야 제대로 해석된다.). 이 두 가지의 맥락은 지시사에서는 사용될 수 없는 것들이다. 의미-화용론적 맥락의 확장은 $K_n > K_{n+x}$라는 공식으로 작성된다.

위의 세 가지 맥락의 확장을 결합시키면, 아래의 (3)에 있는 공식은 "맥락의 확장이 바로 문법화의 정의"를 나타낸다고 말할 수 있다(공식에서 기호 b는 문법화를 거친 성분을 나타낸다).

(3) $(X_n)\ A_n\ B\ |\ K_n > (X_{n+x})\ A_{n+x}\ b\ |\ K_{n+x}$ (Himmelmann 2004: 33)

Himmelmann(2004)는 위에서 제시된 3가지 맥락 모두가 문법화에서 확대된다고 주장하였다. 이와 대조적으로, 어휘화에서는 두 번째와 세 번째의 맥락이 확장될 수도 있는 반면에, 첫 번째 맥락은 변동이 없거나 심지어 좁혀지기도 한다는 것이다. Himmelmann(2004)에 따르면, 어휘화와 문법화는 공히 단일어화를 형성하지만, 그러한 변화의 과정에서 단일방향성은 오직 문법화에만 실현된다. 그 이유는 문법화에서는 모든 맥락이 확장되지만,[11] 어휘화에서는 그렇지 못하기 때문이다. 특히, 어휘화에는 숙주-부류의 맥락이 축소되는 과정이 자주 일어난다.

---

11) Himmelmann(2004)은 최근에 문법화를 거친 형태가 수행한 더 이른 단계에 일어났던 과정들에 초점을 맞추고 있다. 이 항목이 아주 최근에 일어난 문법화된 형태와 경쟁 관계를 형성하게 되면, 그 출현 빈도는 감소하게 되고, 원래 보유하였던 맥락이 축소되어 결국에는 완전한 탈락이 일어나거나, 한 형태소를 구성하는 음운 창조로까지 될 수 있다.

예를 들면, 독일어 *grosser Wurf*(크게 던지기)가 어순이 고정된 구가 되어 관용적으로 쓰이게 되고 "대성공"을 뜻하는 단일어화가 되었을 때, *gross*는 숙주인 *Wurf*에만 한정되어진다(*gross*의 다른 용법들은 그 전처럼 계속되고 있다). 이와 같은 구가 사용되는 통사적 맥락은 대략 동일한 모습으로 남아 있다. 그러나 어휘화를 거친 구는 은유적인 의미로 사용되기 때문에, 의미-화용론적인 맥락은 확대되었다. 다른 상황에서, 의미-화용론적 맥락은 축소되기도 한다. 예: 독일어 *Hochzeit*(결혼식)는 고대 고지독일어 *dio hoha gezit*(절정의 시간)에서 발달된 것인데, 원래 모든 종류의 축제에 사용될 수 있었던 말이었다. Himmelmann(2004: 36)은 그와 같은 의미-화용론적 맥락의 축소를 $K_n > K_{n-x}$와 같은 공식으로 나타냈던 것이다.12)

Lehmann(2002)과 Himmelmann(2004)은 어휘화라는 용어를 단일어화를 거친 형태들에만 한정시켜 사용하였다. 이와 같은 관점에서 두 학자는 어휘화는 단지 부분적으로 단일방향성을 갖고 있다고 간주하고 있는 셈이다. 즉, 어휘화는 형태론적으로 단일방향성을 보여주지만, 문법화에서와 같이 체계적인 방식으로 단일한 방향으로의 변화를 결코 수행하지 않는다는 것이다. 이와 대조적으로, 어휘화를 단일어화로 규정하지 않는 Ramat(1992)는 어휘화가 문법화와는 서로 매우 다른 여러 가

---

12) Lehmann(2002)은 어휘화와 문법화가 보이는 상이한 측면들을 강조하기 위해서 이와 부분적으로 유사한 공식을 사용한 바 있다. 특히, 그는 [XY]Z 구성체에서 출발하여 어휘화에서는 전체 구성체인 Z가 영향을 받는 것이며, 그 내부 구조는 불규칙적으로 되어 결국에는 상실된다고 하였다. 그 반면에 문법화에서는 구성체 Z의 구성성분 X가 변화의 초점이 된다고 하였다. 즉, X와 Y가 맺고 있는 내적인 관계가 훨씬 더 "긴밀해지고, 제약을 더 받게" 된다(Lehmann 2002: 13). 여기서 초점은 단일어화의 성격과 그 내적 구조에 집중되어 있다. 그 반면에 Himmelmann(2004)의 연구에서 그 초점은 맥락에 놓여 있는 것이다. 이와 같은 관점에서, 문법화와 어휘화는 Lehmann의 해석보다는 Himmelmann의 해석에서 보다 더 유사한 관계를 맺고 있다.

지의 변화를 수행하고 있는 것으로 본다. 즉, 여기에는 절단어(*ism*)가 자율성이 보다 증가하게 되며, 행위가 실체로(*a kick* '해고'), 행위가 사람으로(*a spy* '간첩'), 행위가 결과로(*a crease* '주름살'), 행위가 수단으로(*a lock* '자물쇠') 품사 전환시키는 '동사 > 명사'의 이동에서 '추상 > 구상'과 같은 의미변화 등이 포함된다. 여기서 사람과 사물이 행위보다 더 구상적 개념이라는 가정을 전제로 한다(Heine, Claudi & Hunnenmeyer 1991: 50).

3.2.2 단일방향성과 관련된 (기능의) "갱신"과 "부활"

합성어(예: *blackboard*), 句(예: *forget-me-not*), 심지어 문장 전체(예: *Who done it?*)가 어휘부로 지속적으로 도입된다는 데에는 다른 논란이 별로 없다고 생각되어 왔다. 의미내용 영역에서 일어나는 교체는 공시적으로 적층 관계를 이루고 있던 이형태들에 일어난 갱신(renewals)을 수반하는 것이며, 언어 유형이 변화됨에 따라서 어휘 유형들의 교체가 일어나게 된다. 예를 들면, 비분리 접두사가 후치사 기능을 하는 '전치사+동사' 구성 방식으로 바뀌지는 사례가 여기에 해당된다(예: *wipcwepan* > *speak against*, Kastovsky 1992: 375-376).

그러나 어휘부에 있던 항목들이 문법 영역의 축으로 들어오는 유형(어휘부로 들어오는 방식과 관계를 맺고 있지만, 동일한 방식은 아니다)에는 단일 방향성과 관련된 많은 문제들을 야기하고 있다. 이러한 문제는 우언적 표현이 문법의 영역에 들어오는 사례와 관련되어 있다. 여러 학자들 가운데, 특히 **Meillet**(1958[1915-16]), **Lehmann**(1985) 및 **Haspelmath**(1999b) 등이 생각한 바와 같이, 문법화의 기원은 우언적 표현에 있는 경우가 많다. 그리하여 이와 같은 해석은 문법화의 모형을 "먼저 우언적 표현, 그 다음 일어나는 축약"으로 규정하게 한다(Haspelmath 2000b: 790). 이러한 해석에 따르면, 우언적 표현이 갱신과 강화의 과정에서 가장 최근에 일어난 적층의 구성원을 대변하게 된다(Hopper 1991: 22-24). 이와 대조적으로, 다른 학자들은 "먼저 축약, 그 다음 우언적 표현"이라는 문법화 모형을 따른다. 이러한 문법화 모형에서 우언적 표현은 단일방향성의 반증례로 나타나게 된다. 예를 들면, Van der Auwera(2002: 24-25)는 강화는 탈문법화의 한 가지 유형이라고 주장한다. 그는 그 보기로 *keep V-ing > keep on V-ing*과 같은 과정은 통사론과 어휘 의미 둘 다에서 일어났음을 보인다고 하였다.

문법화를 완전한 표현 형태에서 축소된 표현 형태로 이동하고 零(제로)에까지 이르렀다가, 다시 완전한 표현 형태로 "교정되는" 순환 방식으로 생각할 때에 바로 이러한 "문제"가 드러나게 된다(Givón 1979; Heine & Reh 1984를 참조). 그러나 문헌에 나타나는 실제 언어 현상에서는 새로운 표현 형식이 나타남으로써 묵은 형태들이 제거되기 이전에, 개신형과 보수형이 경쟁하며 공존하고 있는 사실을 우리는 발견한다(Lehmann 1985). 새로운 표현 형태들은 적어도 부분적으로 상이한 어휘적 근원에서 만들어지는 것이 전형적인 현상이다. 그리고 통상적으로 이 새로운 표현 형태들은 새로 만들어졌을 때의 단어들의 배열순서, 즉 어순 규칙을 준수하고 있다.

단일방향성에 관한 지금까지의 연구에서 제기된 또 다른 문제는 상이한, 경쟁하는 형태를 갱신하는 것이 아니라, 사용 빈도가 낮고 희소한 기존의 고형을 "부활"시키거나 되살려 쓰는 현상을 어떻게 생각하는가가 되어왔다. Haspelmath(2004: 33034)는 이와 같은 예들을 "전에 사용되던 형태의 철회"(retraction)로 취급하였다(새 형태는 퇴조한다. 접두사 *ob*-를 가진 독일어 양보 종속절 접속사의 발달을 다룬 상세한 예에 대해서는 de Groodt 2003을 참조).[역자 주 ⑦] 문법화에서 일어나는 단일방향성에 역행한다고 연구 논저에서 주장하고 있는 많은 예들은 이와 같은 "부활"과 관련되어 있는 것으로 보인다. 예를 들면, Newmeyer(1998: 272)는 Gelderen(1997)의 다음과 같은 주장을 인용한 바 있다. 즉, *man*은 고대 영어에서는 일차적으로 부정 대명사로 사용되었으나, 어휘 명사와 일정한 기간 바꿔 쓰이다가 나중에는 그 일차적 기능이 어휘 명사로 전환되었다. 이러한 사실은 *man*이 시간의 흐름에 따라 문법성이 감소된 것으로 보인다는 것이다. 그러나 문제는 그 대명사가 명사로 전환된 것은 아니며, 따라서 위의 단일방향성을 반증하는 예에 해당되지 못한다.

또 다른 반증례로 제시된 형태는 영어의 *dare*이다. Beths(1999)에 의하면, 이 동사는 고대영어에서 지향성 전치사구를 동반하는 본동사로 확인되는데, 때때로 *to*와 함께 나타난다(이러한 현상은 Beths가 고대영어에서 *dare*가 본동사 신분으로 쓰이고 있음을 보이는 증거라고 간주한다.). 고대영어에서부터 *dare*의 대부분의 용법은 조동사의 속성들을 보여주지만(I daren't go에서와 같이), 근대영어의 단계에 오면 본동사와 같은 분명한 쓰임이 출현하기 시작한다(I don't dare (to) go와 같이). Beths는 *dare*의 조동사적 용법은 현대영어에서 완전히 소멸되었다고 본다. 그러나 영어 국립 코퍼스(British National Corpus, Aston & Burnard 1998을 참조)의 전산 자료는 그렇지 않다는 사실을 보여주고 있다. 그 자료에 나타나는 *dare*의 거의 대부분 사례는 *to* 부정사를 취하지 않으며, 부정 표현 방식은 압도적으로 *n't*이다(현재시제의 맥락으로 쓰이는 do를 사용한 부정법은 단지 4회 뿐이었다). 따라서 *dare*는 전적으로 본동사와 같이 행동하지 않았음이 분명하다(Krug 2000: 200-201). Krug(2000: 236)는 "새로 출현하고 있는 조동사들"(emerging auxiliaries), *going to*, *got to*, *want to*, *have to*, *need to*, *ought to* 및 *dare*(*to*가 따라오지 않음을 주목하시오) 가운데 *dare*가 가장 주변적인 신분에 속한다고 보았다. *man*이나 *dare* 모두 기원적으로 문법 형태였는데, 후대에 어휘적 신분을 획득하게 된 것은 아니다. 그렇게 해석하기보다는, 그 전의 대-부류에 속하는 오래된 형태들이 언제나 소-부류에속하는 형태와 공존을 해 온 것이다.

또 다른 예들로, 문법화를 수행한 완료 형태(*have written a book*에서와 같은), 정태성/결과성을 갖고 있는 '결과적 완료'(*have a book written*에서와 같은, conclusive perfect) 형태를 들 수 있다. 고대영어와 중세영어의 시기에두 가지 어순이 공존했으며, 그 의미는 맥락에 따라서 구분이 되었다. 16세기 말엽에 목적어 후치를 통한 완료 표현의 문법화가 일어남에 따라 목적어가 앞에 놓이는 어순이 정태성/결과성 의미를 나타내기 위해서 보존되었으며, 한동안 별로 쓰이지 않다가 18세기에는 이러한 구성의 사용 빈도가 증가하게 되었다. 그렇기 때문에, 이러한 과정은 문법화를 거친 완료형이 어휘화를 수행한 정태성/결과성 형태로 발달한 사례를 보여주는 예가 아니다. 완료형과 정태성/결과성을 나타내는 형태는 그것보다는 공존의 일정한 기간을 거친 후에, 통사적으로 그리고 의미적으로 분화가 이루어졌다(Brinton & Stein 1995를 참조).

3.3 어휘화와 문법화 사이의 상이점

문법화와 어휘화의 구분을 극대화하려는 시도로, 일부의 학자들은어휘화에는 절단어, 품사 전환어, 두문자어 그리고 즉시 순간적으로 일어나는 여타의 변화로만 오로지 한정시켜 왔다. 이러한 예들 대부분은우리가 제2장에서 논의한 바 있다(예: -*ism* > *ism*, 부사 *up* > 동사 *up*). 이러한 변화들은 '덜 어휘적 > 더 어휘적', 따라서 '더 문법적 > 덜 문법적'

인 이동을 수반하는 것으로 간주될 수 있다. 그렇기 때문에 이 변화들
은 문법화는 어휘적, 지시적, 개방 부류의 항목들(그리고 이러한 항목들을
포함하는 구문)에서 문법적, 지표적(indexical), 폐쇄 부류 항목들로 옮겨가
는 단일방향성을 나타낸다는 가정에 반하는 반증예로 추정되었다(예:
Ramat 1992, 2001을 참조).13)

어휘화에 속한다는 몇몇 사례들이 문법화의 "역전", "도치", 또는
"반대", 더욱 구체적으로 "거울 영상"에 정말로 해당되는 것일까 하는
의문이 꾸준히 제기되어 왔다. 이와 같은 의문이 바로 우리들이 제시하
는 논의의 목적에 아주 적절한 것이다. 여기에 대한 답은 여러 가지 다
른 방식으로 제시되어 왔다. 일부 학자들은 어휘화(또는 절단어나 품사 전
환과 같은 어휘화의 하위 유형)가 문법화의 역전 현상이기 때문에, 일종의
"탈문법화"라고 주장하였다. 이러한 주장은 "탈어휘화"는 일종의 문법
화라는 필연적인 결과로 초래되었다(예: Ramat 1992, 2001; van der Auwera
2002). 그러나 다른 학자들은 어휘화와 탈문법화의 사이에 큰 차이가
있음을 지적하였다(예: Norde 2001; Lehmann 2002). 이러한 입장의 차이가
어휘화와 탈문법화의 본질에 관한 서로 대립된 관점을 반영한다는 사
실은 당연하다. 또한 이와 같은 대립된 관점은 문법화 자체가 보이는
상이한 측면 가운데 어느 부분이 강조되었는가 하는 사실도 반영한다.
이러한 상황에서, 문법화 현상을 맨 처음 제시한 Kuryłowicz의 두 가지
방식의 정의를 다시 환기할 필요가 있다. 즉, "문법화는 어휘 형태에서
문법 형태로, 또는 덜 문법적 형태에서 더 문법적 형태로 전개되어 가
는 형태소의 영역 증가에 있다"(1975[1965]: 52). Givón(1991: 305)은 이

---

13) 그러므로 이러한 변화들의 유형은 역사언어학의 재구의 영역 가운데 형태론의 재구의
   방식과 절차에 문제를 야기하기 때문에 주의를 요하는 면밀한 검토의 대상으로 부각된
   바 있다(Koch 1966).

정의 가운데 두 번째("덜 문법적 신분에서 더 문법적 신분으로 전개되어 가는…")를 "제2차 문법화"라고 언급했다. 이번에는 Traugott(2002)는 문법화의 첫 번 째에 해당되는 부분("어휘적 신분에서 문법적 신분으로…")을 술어를 확대하여 "제1차 문법화"라고 불렀다. Heine(2003b: 165)는 제1차 문법화 단계에 있는 형태들은 G1, 더 문법적인, 즉 제2차 문법화의 단계에 있는 형태들은 G2로, 어휘 형태들은 L로 나타내었다.

이와 같은 어휘화에 관한 상이한 입장 차이에도 불구하고, 대부분의 학자들이 의견을 일치하고 있는 하나의 사실은 어휘화가 문법화의 역전인가, 아닌가 하는 질문은 Givón(1979: 209; 이 책의 §1.4.2에서도 인용한 바 있다)이 제시한 '담화 > 통사론 > 형태론 > 형태음소론 > 零'과 같은 추상적인 도식(schema) 층위에서만 해답을 얻을 수 있다는 것이다. Andersen(2001)이 지적한 바와 같이, 이러한 도식 층위는 변화의 진행 과정을 수십 년 또는 수천 년에 이르기까지 조감해 볼 수 있는 관찰자의 입장에 해당된다. 그러한 방식으로는 어떠한 화자라도 자신의 한평생 동안 언어의 용법을 분석해 낼 수가 없는 법이다. 어떤 문법화가 초기에 발달하였을 때와 아주 동일한 경로를 따라서 역전되어 가는 실제의 구체적인 사례는 거의 존재하지 않을 것이다(Wischer 2000; Norde 2001; Heine 2003b). 이를 바꿔 말하면, 프랑스어 *(je) chanterai*가 밟아온 발달의 역사적 궤적을 역전시켜서, 이를 테면 **chanterai > cantare habeo* (모든 중간단계도 포함하여)의 방향으로 진행하리라고 예상할 수도 없을 뿐더러, 실제로 이런 일은 일어나지도 않는다. Norde가 지적한 것처럼, 이와 같이 역전되어 가는 변화는 논리적으로 불가능할 것이다(2001: 260). 이러한 변화 과정에 관여하는 여러 종류의 음운론적 변화와 경계 탈락을 복원시킬 수 있다고 해도 역시 마찬가지이다. 또한, 의미 탈색되었거나, 상실된 의미를 복원한다는 것은 의미·화용론적으로 불가능하다(Wischer 2000). 그 대신, 어떤 오래된 변화 유형이 기능상으로 갱신되는 현상은 우리가 예상할 수 있으며, 그러한 예가 실제로 발견되기도 한다. 즉, 동사에 일반화된 의미가 부가되며, 부정사가 우언적 형태의 미래로 바뀌지는 것들이 그러한 보기에 속한다. 구체적인 예를 들면, *je vai chanter*인데, 이 경우에 어순이 달리 나타난다. 이러한 사실은 라틴어에서 로망스어로 발달해 오면서 어순에 일어난 변화를 반영하는 것이지만, 그 변화 유형은 유사하다.

문법 범주에서 어휘 범주로 정말 역전되는 것으로 생각되는 아주 소수의 예들 가운데 하나는 펜실베이니아 독일어의 조동사 *wotte*가 본동사(바라다, 소망하다)로의 발달 과정에서 발견된다(그러나 이러한 역전에서 제2차 문법화에 해당되는 음운론적 변화를 원상으로 돌리지는 않았고, 단지 제1차 문법화에 해당되는 초기의 몇 가지 변화들만 원상으로 복귀하였다.). 이러한 형태 *wotte*는 'would'를 뜻하는 *welle*의 부정과거 가정법에서 기원하였다. 그리고 이 형태는 펜실베이니아 독일어에서 비슷한 발달 과정을 거친 다른 많은 양태 조동사들과 마찬가지로, '*want*'를 뜻하는 본동사로부터 제1차 문법화의 단계를 거쳐서 조동사로 발달해 왔다(Burridge 1998, 2002). 그러나 이러한 조동사 *wotte*가 본동사로 발달하였는데, 이러한 과정은 매우 특이한 것이다. "이 형태가 조동사 신분으로 이전하여 가는 동안에 수행하였던 모든 형태 통사적인 변화들이 다시 복원된 것이다."(Burridge 2002: 219). 이와 같은 탈문법화의 사례가 일어나게 된 동기는 이 지역 공동체가 보유하고 있는 종교 이념적인 목적을 드러내기 위해서 *wotte*라는 형태 하나가 우선적으로 선택된 것으로 보인다.^{역자주 ⑧} Burridge는 이와 같은 발달은 Mennonite 지역 공동체에서 어떤 소망을 너무 직선적으로 표현하는 것을 회피하기 위한 방법으로 채택한 일종의 완곡어법, 즉 과도교정이라고 주장한다(Janda 2001을 참조).

이와 비슷한 목적을 갖고 어떤 형태를 우선적으로 선택하여 변화시키는 방식은 문법화에서만 특별나게 일어나는 현상이 아니다. 특정한 언어적 특질을 띤 많은 항목들(그리고 비-언어적 항목들을 포함하여)을 선택하여 자신들의 집단 정체성을 나타내는 표지로 사용할 수 있다. 음운론적 특질을 집단의 표시로 삼은 예는 Labov(1972)가 연구한 마사스 비녀드 섬에 거주하고 있는 어부들의 발음이라든가, 디트로이트 시의 학교 학생들의 말을 연구한 Eckert(2000)에서 볼 수 있다. 이 두 사례에서 특정 집단에 속하는 화자들은 /ai/와 /au/의 핵모음을 상승시킨 변이음을 구사하여 정체성의 표지로 이용하였다. 통사적 영역에서의 보기는 흑인 미국 토속영어 화자들인 청소년들이 인칭에 구애받지 않고 *be* 동사를 불변항으로 구사하는 예에서 찾을 수 있다(Rickford 1999). 그렇다면, 펜실베이니아 독일어에서 선택된 *wotte*는 일반적인 사회화 과정의 일부이며, 이 형태가 문법화를 역전시킨 사실은 마사스 비녀드 섬이나 디트로이트 시의 일부 화자들이 취한 정체성 선택 표지가 전형적인 음운론적 추이를 역전시켰다는 사실에 해당되는 것만큼이나 특이한 것이다.

이와 같이, 문법화 과정을 그대로 거꾸로 되돌리는 식의 역전은 불가능한 것처럼 보이기는 하지만, 그래도 어휘화는 탈문법화의 일종으로 간주할 수 있다는 주장이 여전히 제시되어 왔다. 다음의 두 절에서 이러한 견해를 주장하는 논증들을 제시하고(§3.3.1), 이와 같은 주장에 반대하는 다른 논증들도 제시하려고 한다(§3.3.2).

3.3.1 탈문법화에 속하는 한 유형으로서의 어휘화

어휘화와 마찬가지로 **탈문법화**는 상이한, 때로는 서로 상충되는 방식으로 광범위하게 사용되어 왔다.[14] 탈문법화에는 문법성분들이 어휘부로 진입하는 "신분 상승"과, 더 문법적인 것에서 덜 문법적인 것으로의 "신분 하강"이 일어나서 문법적 의미의 상실에 이르게 되고, 그 결과 "零-형태"가 되어 결국에는 완전히 사라지게 되는 과정도 포괄되었다.

탈문법화에 대한 매우 유용한 전반적인 조감과, 서로 다른 여러 가지 정의에 관한 비판이 Heine(2003b)와 Ziegler(2002)에 제시되어 있다. 또한 Norde(2002)도 참고하기 바란다. 우리는 여기서 어휘화와 연련되어 있는 탈문법화에 관한 여러 학자들의 견해에만 한정시켜 검토하려고 한다(이러한 견해가 언제나 "탈문법화"라는 이름으로 제시되어 있는 것은 아니지만).

Kuryłowicz(1975[1965]: 52) 본인은 어휘화를 문법화가 일어나는 "반대 과정"으로 언급하였다. 그가 제시하는 한 가지 예는 원시 인도유럽어 명사파생 접사 -a이다. 이 접사 -a는 원래 집합적 의미를 표시했던 형태이나, 라틴어에서 중성 복수표시로 문법화를 거쳤다. 그리고 이 형태는 그 이후에 이탈리아어에서 다시 또 한 번 집합적 의미를 갖게 되었다고 그는 설명한다.[15] 그가 제시하는 또 다른 예는 영어에서 be-완료형의 쓰임이 He is gone, She is finished(He is far-gone[그는 훨씬 멀리 선을 넘어버렸다]에서는 형용사적 의미가 은유 과정에 의해서 형성되었음을 주목하시오.)에서와 같은 특수화되고, 주로 형용사적 의미를 갖고 있는 몇몇 낡은 구성체로 한정되어 버린 사례이다.

'굴절 > 파생'과 같은 변화를 보여주는 사례로 연구 논저에서 인용

---

14) Haspelmath(2004: 22)는 탈문법화란 용어는 애초에 Lehmann(1995[1982]: 16-19)이 자신의 관점으로는 존재하지 않는 어떤 과정을 가리키기 위해서 만들어졌다는 사실을 지적한 바 있다. 이 용어는 이 현상에 대한 앞으로의 연구를 위한 매우 유용한 기폭제의 역할을 하게 되었다.

15) 그러나 Lehmann(1995[1982]: 17)은 Kuryłowicz가 제시한 예를 부정한다. 그는 이탈리아어의 -a 형태는 동결된 형태이며, 생산성도 전혀 없는 관용적인 형태로 쓰였음을 지적하였다(다음의 §3.4.를 참조).

된, 잠재적인 탈문법화의 경우로 볼 수 있는 다른 예들은 헝가리아어 현재분사형 -o가 파생 형태론으로 발달한 경우와(Moreno Cabrera 1988), 라틴어 현재분사 -nt가 많은 로망스 제어에서 파생 형태론으로 발달한 경우이다. Luraghi(1998)의 설명에 따르면, 라틴어의 현재분사는 해당 동작상을 갖춘 구문에서는 필수적으로 사용되었으나, 처음부터 원형적인 굴절 형태는 아니었다. 이것은 형용사 방식의 굴절(4a)을 필수적으로 수행하며, 형용사와 마찬가지로 동사에서 파생된 명사(생략 과정을 거쳐서 4b)로 사용될 수가 있었기 때문이었다.

(4) a. centuriones… fortissime **pugnantes** conciderunt.[16]
   centurions… bravestly fight-분사-복수 fell
   'The centurions were killed while they were fighting(형용사)
   with the greatest bravery'
   (백부장들은 아주 용감하게 싸우는 도중에 전사하였다.)
   (c. 50 BC, Caesar *DE Bello Gallico* 6.40[Luraghi 1998: 356])

 b. erom ut quisque primus venerat, sub muro
   they-속격 as each first arrived, under wall
   comsistebat suorumque **pugnantium**
   took: stand their: own-속격 fight-분사-복수-속격
   numerum augebat
   number-대격 incresaed
   'As soon as each one arrived, he went to the walls and
   added himself to the number of the fighting(men)'(명사)
   (각각의 군사가 도착하자마자, 그는 성벽으로 가서, 싸우는 사람들의 무리
   에 스스로 참여하였다.)
   (c. 50 BC, Caesar *DE Bello Gallico* 7.48[Luraghi 1998: 356])

이와 같은 비-원형적인 성격이 불안정을 일으키는 근원이었으며, 상이

---

16) 이 형태는 Luraghi가 제시한 텍스트에서 'considerunt'로 잘못 인용되었다.

한 지역에 사는 화자들은 이러한 불안정성을 해결하는 여러 가지의 상이한 방식을 취하게 되었다. 프랑스어에서 라틴어 분사형들의 반사체는 굴절 방식의 분사형이거나, 규칙적인 명사 파생법을 거친 동명사로 나타난다. 스페인어에서 라틴어의 분사형들은 명사에 첨가되는 이질적인 성분으로 완벽하게 어휘화를 수행하였다(예: *calmar*(완화시키는, 달래는) > *calmante*(진정제), 라틴어 *intermittens*(보내다, 가게 허락하다) > *intermitente*(섬광); Moreno Cabrera 1998: 218-219를 참조하시오.) 또한, 이탈리아어에서 이러한 라틴어 분사형들의 반사체 몇몇은 모음교체를 보이는 절대 구문에 출현하는 불변형 부사적 전치사로 어휘화되었다. *durante* 'during'을 참조. 그러나 기원적인 굴절 형태적 용법(사용이 감소하고 있다.), 파생적 용법 및 매우 이질적인 어휘적 용법 모두가 이탈리아어에서 공존하고 있다 (Luraghi 1998: 356-360). 이와 같은 다양한 표현 형태들이 공시적으로 공존하여 있는 적층 현상에도 불구하고, Luraghi는 라틴어의 현재 분사형들의 역사가 탈문법화의 사례를 보인다는 결론을 내린다. 그 이유는 변화의 일반적인 진행이 파생법과 어휘화의 방향으로 나아가기 때문이라는 것이다.

지난 10년 동안, 어휘화(이것의 하위 부류를 포함하여)를 탈문법화의 사례로 파악하는 관점은 '굴절 > 파생'과 같은 변화보다 더 넓은 과정까지도 포함시키게 되었다. 탈문법화에 관한 종합적 관찰을 시도한 초기의 논문들 가운데, Ramat(1992)는 영어에서 접사들이 실질 명사로 발달해 가는 과정을 검토하였다. 여기서 논의된 접사들은 *-ism, -ade, -ology*와 같은 차용된 파생 형태소에서 나온 절단어가 대부분이었다. 예전에 굴절 형태에서 나온 유일한 예는, 많이 인용된 바 있는 *bus*이었다(이것은 라틴어의 *omnibus* '모두에게'의 여격—복수형인 *-ibus*에서 나온 형태이다.). 여기서 Ramat는 "하나의 언어 기호에서 구상적인 어휘 의미가 제거되고,

이어서 필수 문법규칙에 참여하는 단계에 이르는 문법화를 수행한다."(Lehmann 1995[1982]: viii)라는 Lehmann의 주장을 인용하면서, 다음과 같이 말한다. "*bus, ism, ade*는 모든 문법적 기능이 제거되고, 다시 말하자면, 이들은 문법 규칙들로부터 이탈되어 나왔으며 …… 그리고 자체의 독자적인 어휘적 의미를 보유하고 있는 구상적인 어휘적 신분을 획득한 문법 형성체들이다. 그리하여, **어휘화는 탈문법화의 한 가지 양상이다.** 또는 더 정확하게 말하자면, 탈문법화 과정은 새로운 어휘소를 만들어 낼 수 있다."(1992: 550: 강조체는 원문 그대로).

Ramat(1992: 551-556, 2001)가 제시한 탈문법화의 사례들에 兩數(dual)와 같은 문법범주의 탈락이 포함되어 있다. 이러한 유형의 변화는 문법화의 최종 단계로 빈번하게 인용되어 왔다(Givón[1979]이 제시한 최종 단계에 보이는 ø(零)). 또한, 형태의 탈락이 다른 어간의 일부로 되어 비생산적인 동결화로 굳어져 버리거나, 그 전의 오래된 형태소가 그 쓰이는 범위는 한정되지만 새로운 방식으로 재사용되는 사례들도 있다. Ramat가 자신의 논문에서 제시한 어휘화/탈형태화/탈문법화의 보기들은 기원적으로 독립적인 형태소들의 사용 영역이 제약되는 것에서부터(이것은 Hopper[1994]가 음운 창조라고 명명했던 유형에 속한다) 형태음소적 교체가 새로운 음소로 재분석되는 현상(Hopper[1994]는 이것을 재음운화라 명명하였다)에 걸쳐 있다(§2.3.3을 참조하시오). Ramat가 포함시킨 전자의 예들은 문법적 신분을 상실해 버린 비교급 표지(*elder, mayor*), 그리고 더 이상 엄격하게 동사의 패러다임에 귀속되지 않는 과거와 현재분사형(*cloven* [*cleave* '쪼개지다'의 과거분사 '짐승의 발굽이 갈라진'], *shorn*[*shear* '큰 가위로 베다'의 과거분사, '머리 등을 깎인, 베어버린'], *during*, 독일어 *während*, 프랑스어 *pendent*, 이탈리아어 *durante*.)이다. 후자의 예들은 움라우트(*drink/drench*)와 구개음화(*wash*에서 기원적인 인도-유럽어 起動相 *-sk-*) 때문에 형태론 신분을 상실해 버린 것들이다. Rama(1992: 552)는 라틴어의 기동상 -sk-는 이탈리아어에서 "패러다임의 특정한 부분(단수와 3인칭에서만)으로 신분이 하강되었기도 하고, 그와 동시에 몇몇 특정한 어휘 항목들에서는 이형태를 이루는 변이형으로 '신분이 상승'되었다고 언급한다. 예. 이탈리아어 *finisco*- '나는 끝마쳤다.'. [역자 주 ⑨]

Ramat(2001)는 이보다 더 발전시킨 논증을 전개하였는데, 여기서 그림 3.1이 제시되었다.[17] 이 도표에서 "탈문법화"라는 술어를 사용하지는 않았으나, 이 술어와 관련된 보기들이 검토되었다. Ramat(2001)에게 있어서 탈문법화는 탈형태화(신분 상승이라는 의미에서)와 어휘화를 둘 다 포괄하고 있다.

---

17) Ramat(1992: 555)가 제시한 그 이전의 모형은 '어휘부1>(통사론>)문법>(통사론>)어휘부2'에서와 같은 순환식 이동을 나타내었다. 그는 어휘부2로의 이동이 어휘화를 형성하고 있다고 말한다. 이 모형은 충분히 전개되지 않았으며, 각각의 단계에서 정확히 어떤 발달이 파악된 것인지 명료하게 나타내지 못했다.

이 모형은 *orangeade*와 같은 예가 어휘부에서 시작하고, 그런 다음에 직접 문법(여기에서 -*ade*가 문법적 적격성 규칙에 속하는 것인가?)으로 "이동"하여 간다고 나타낸다. 그 다음 -*ade*는 직접 어휘부2로 이동하여 가는데, 여기서 이 형태는 독립적인 단어 *ade*로 실체화(어휘화)된다. 이러한 관점에 따르면, *orangeade*는 -*ade*가 형성되어 나오게 하는 유일한 원천이다. 그러나 *orangeade* 자체가 -*ade*를 만들지는 않았고, 그것보다는 프랑스어 명사와 함께 차용되어 온 이 파생 형태소가 비교적 생산성이 높아지게 되었고 (*orangeade, lemomade* 등에서와 같이), 그 연후에 예를 들어 글자 맞추기 놀이 등에서 하나의 명사로서 독자적으로 사용되었을 가능성이 더 높다.

이와 마찬가지로, Ramat(1992)가 제시한 모형에 따르면, *stead*는 어휘부에서 출발하여 *instead of*의 형태로 통사론으로 이동하여 오고, 부사형 *instead*의 형태로 문법으로 이동하여 왔다가, 그리고는 어휘부2(사전에 등재된 하나의 어휘 항목의 신분으로?)로 뒤돌아간다. 그렇지만, *stead*는 매우 특수한 맥락에서만 (예를 들면, *homestead* '농가, 가옥 택지'에서와 같은 맥락에서는 제외된다) 새로운 기능으로 쓰이게 되었다.

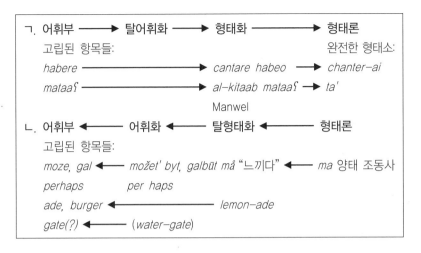

그림 3.1 문법과 어휘부 간의 연속성
(사용 승인 허가 후 재사용. Paola Ramat, "Degrammaticalization or Transcategorization?" in Chris Schaner-Wolles, John Rennison & Friedrich Neubarth(공동 편집), *Naturally! Linguistic Studies in Honor of Wolfgang Ulrich Dressler, Presented on the Occasion of his 60th Birthday,*(2001 by Rosenbach & Sellier, Torino, p.394).

맨 왼쪽 칸과 맨 오른쪽 칸은 문법 부문(어휘부와 형태론)을, 그 반면에 중간 위치에 있는 칸들은 변화의 유형들을 언급하고 있음을 주목하기 바란다. 여기서 인용된 예들은 아래와 같다.

(ㄱ) 현대 이전 말타어 *mataaʕ*(소유)의 문법화: 이 형태는 *al-kitab mataaʕ Manwel* 'Manwel의 소유인 그 책' > 현대 몰타어 *il-ktieb ta' Manwel* 'Manwel의 책'과 같은 구성을 거쳐서 속격 *ta'*로 발달 (Haspelmath[1999b: 1057]).

(ㄴ) 폴란드어 *može*와 리투아니아어 *gal*(아마도, 혹시)(부사형)이 각각 *mоžet' byt'* '그럴 수 있다'와 *galbūt* '그럴 수 있다'의 구성을 거쳐서 융합과 통합, 그리고 어휘화를 수행.18) 또한, 라틴어 [*per*

'－옆에'＋중세영어 *hap* '우연, 기회'＋複數]에서 발달한 현대영어의 *perhaps*의 경우도 여기에 포함된다.

(ㄷ) 스웨덴어 *må*가 품사 전환을 거쳐서 '－해도 좋다'(보조동사)에서 '느끼다'로 어휘화. 그리고 *lemonade*에서 *ade*, *hamburger*에서 *burger*, *Watergate*에서 절단을 거쳐 *gate* '정치 스캔들'(또한 Ramat 1992: 550에서 인용된 *Irangate*, *petrolgate*도 참고)들의 "분리".

어휘 항목		문법 형성체
문법 기능이 없음	문법 기능의 낮은 정도	문법 기능의 높은 정도

$\longrightarrow$ 문법화/탈어휘화 $\longrightarrow$

$\longleftarrow$ 어휘화/탈문법화 $\longleftarrow$

그림 3.2 상호 중복되는 범주로서의 어휘화와 탈문법화
(Johan van der Auwera, "More thoughts on degrammaticalization".에서, Ilse Wischer & Gabriele Diewald(공동 편집), *New Reflections on Grammaticalization*, 2002, p.21 도표 1. John Benjamins Publishing Company, Amsterdam/Philadelphia, www.benjamins.com에서 사용 허가를 받았음).

그림 3.1에서 (ㄴ)은 어휘화가 두 개의 과정으로 파악되어 있다. 하나는 독자적인 주요 부류 항목들의 집합으로 채택된다는 의미에서 "어휘부로 수용되는 과정". 다른 하나는 "문법의 생산적인 규칙들로부터 분리되어 나가는" 과정(형태론으로부터 나가는 화살표).

그림 3.2에서 관찰할 수 있는 바와 같이, Ramat뿐만 아니라, van der Auwera(2002: 20)에게 있어서 탈문법화와 어휘화는 한 가지의 동일한 대상이다. 그러나 van der Auwera가 지적한 것과 같이, 탈문법화는 "출발점인 한 쪽 끝에서 바라본 것"이고, 어휘화는 "결과를 나타내는 다른 한쪽 끝에서 바라본 것"이다(2002: 20). 더욱이 이러한 두 개의 과정은

---

18) Ramat & Ricca(1994: 297)는 *gal*이 '－할 수 있다'(단수 3인칭)에서 기원되었다고 말한다.

걸쳐있는 영역과 정도에 있어서 상이를 보인다. 어휘화는 탈문법화의 단지 일부분과 대응되는데, 이것을 van der Auwera(2002)는 "광의의 탈문법화"라 부른다. 접속사에서 명사로 변화하는 *if*와 같은 예(품사 전환의 사례)는 그의 견해에 의하면, 어휘화("어휘 항목 이외의 어떤 형태에서부터 어휘 항목이 형성")와 탈문법화("문법 형성체가 다른 문법 형성체가 아닌 어떤 형태로 그 문법적 성격이 제거되기") 둘 다에 해당된다(2002: 21).[19] 이와 대조적으로, "협의의 탈문법화"는 어떤 문법 형태소가 정도가 보다 약한 문법 기능을 갖고 있는 문법 형태소로 문법적 성격이 약화되는 것이다. 그러한 사례는 영어의 속격 -*s*와 같다. 영어의 속격 -*s*는 적어도 어떤 분석에서는 굴절 형태에서 접어로 옮겨갔다고도 한다. van der Auwera 는 더 계속하여, 반대의 과정, 거울 영상에 대한 논의에서 자주 분명하게 표현되지 않았던 유용한 개념들을 명시적으로 표출하였다. 전통적으로 어휘화라는 명칭으로 사용되는 과정(즉, *songwriter*에서와 같이, 합성법과 파생법과 같은 통상적인 단어 형성 과정)은 탈문법화의 대상이 전혀 되지 않는다고 하였다. 그 이유는 어떤 문법 형태소도 문법적 성격이 약해진 것도 아니고, 제거된 것도 아니기 때문이다. 이와 마찬가지로, 모든 문법화가 탈어휘화는 아니다. 참고: 독일어에서 *zum* < *zu dem*(즉, 문법 항목들에도 통합이 이루어지는 몇몇 사례들이 있다)(van der Auwera 2002: 21).

위에서 언급한 바와 같이, Ramat(2001)는 그가 제시한 탈문법화의 보기들 가운데 *elder*(비교급 형용사적 형태론의 상실)에서 일어난 것과 같은 형태론적 투명성이 상실된 예를 포함시켰다. 이러한 현상을 Hopper (1994)는 음운 창조(§2.3.3을 참조)라 명명한 바 있다. Joseph(2003: 477)은

---

19) van der Auwera(1999)는 독일어와 네덜란드어에서 비분리 접두사들은 영어에서 *if*가 명사로 사용되는 경우보다 훨씬 더 문법화되었으며, 동시에 훨씬 더 어휘화(어휘소의 고정된 목록에만 한정하여, 비생산적으로 쓰임)되었다고 주장한다.

이러한 음운 창조는 이것이 문법화와 어떻게든지 관련을 맺고 있다면, 탈문법화의 과정으로 보아야 한다고 주장하였다. 그 이유는 탈형태화는 문법화와 구분되는 과정이기 때문이다. 이와 마찬가지로, van der Auwera(2002: 21)는 음운 창조를 탈문법화의 한 가지 사례로 인용하였으나, 이 현상을 어휘화라고 부르지는 않았다. 끝으로, Giacolone Ramat (1998: 121)는 이러한 음운 창조를 기술하고, 라틴어의 비교급 접두사가 이탈리아어에서 *singnore*, 프랑스어 *seigneur*에서와 같이 상실되어 버린 예를 제시하면서 이러한 과정은 문법화와 어휘화 두 과정 모두의 최종적 단계에 해당된다고 지적하였다.

지금까지의 설명으로 미루어 보면, 어휘화와 탈문법화 사이에 맺고 있는 명시적인 해석상의 관계는 명료하지 못하다. 이제 우리는 두 과정이 서로 변별적이라고 주장하는 논증을 살펴보려고 한다.

3.3.2 탈문법화와 변별적인 과정으로서의 어휘화

여기서는 §3.3.1에서 개략적으로 기술한 "탈문법화가 어휘화에 속하는 유형"과 대립되는 논증을 검토할 차례이다. 이러한 주장은 어휘부의 본질, 급진적으로 일어나는 변화에 대한 점진적인 변화, 그리고 의미-화용론적 문제 등을 어떻게 취급하는가와 밀접한 관련을 맺고 있다.

Ramat(1992, 2001)와 van der Auwera(2002)는 탈문법화는 어휘화와 동일하거나, 또는 어휘화에 속하는 하위 유형과 거의 동일한 것으로 간주하며, 그렇기 때문에 탈문법화는 문법화의 반대되는 현상으로 본다. 즉, 문법화가 '어휘적 > 덜 문법적인 > 더 문법적'인 신분으로의 이동이 일어난다면, 이번에는 '더 문법적 > 덜 문법적 > 어휘적' 신분으로의 변화는 탈문법화라는 것이다. 이러한 논리는 적어도 부분적으로는 일리가 있다. 왜냐하면, 이들 학자는 어휘부를 추상적이며 문법적인 항목들과 대립되는 실질 내용 의미를 갖고 있는 항목들이 저장되어 있는 창고라고 해석하였기 때문이다.

그러나 어휘부가 실질 내용정보를 갖고 있는 항목들의 창고가 아니라, 저장된 정보를 보관하는 곳으로 본다면, 탈문법화와 어휘화에 관한 모든 유형의 등식은 성립되지 않는다. Lehmann(2002)은 어휘화는 두 개 또는 그 이상 형태소들의 융합과 통합으로 이루어진다고 본다. 어휘화는 규칙적인 통사 구성을 파괴하며, 그 구성의 내부 구조를 제거하여 불규칙적인 내부 구조적 관계를 만들어 놓는다. 내부 구조를 이루고 있는 형태소들이 둘 다 문법적인 것이라 하더라도, 여기에 여전히 어휘화가 일어났다고 한다. 그 근거는 어휘화에 이르는 핵심은 융합과 통합("축약")에 있기 때문이다. 어휘화는 형태론적 유착(bonding)뿐만 아니라, 여기서 파생되는 불규칙성과 불투명성 및 관용화를 수반한다. 즉, 화자들은 어휘 항목들을 분석적으로가 아니라, "전체적"(holistically)인 대상으로 대한다(그림 3.3을 참조). 그렇기 때문에, Lehmann(2002: 13)의 견해에 따르면 어휘화의 거울 영상은 탈문법화가 아니라, 지금까지 불투명해졌던 표현 형태에 구조를 부여하는, 민간 어원(folk etymology)이다. 민간 어원이란 어떤 어휘 항목이 역사적으로 복합 구조로 구성되어 있었으나, 그 이후의 화자들에게 불투명하게 되어 버리면서, 재분석이 이루어져서 화자들에게 적어도 어느 정도 부분적이라도 투명한 형태론적 구조로 만들어지는 결과를 말한다(Antilla 1989[1972]: 92-93, 142를 참조). 예를 들면, 프랑스어 *andier*(벽난로 안의 쇠 거치대)는 라틴어에서 *andire*로 차용되어 *andiron, endiron*과 *handiron*과 같은 단어에 민간 어원이 적용되었다. *asparagus*는 그리스어에서 차용된 단어로서 *sparrow grass*(참새풀)로 재분석되었다(Hock and Joseph 1996: 18, 174). 고대영어 *samblind*(외눈박

이)는 *sandblind*(반소경, 흐린 눈)로 재분석되었고, 고대영어 *weddlac*(혼인서 약 선물)은 *wedlock*(혼인 생활)으로 재분석되었다.

부문	
어휘부	문법
전체적	분석적
불투명	투명
불규칙	합성적

→
어휘화

←
민간 어원

그림 3.3 어휘화(Lehmann 2002: 14의 표5에 기초하여 작성)

복합성 층위	
단어/형태소	형태소/자질
자립적	의무적
특정적/내용 의미	추상 의미

→
문법화

←
탈문법화

그림 3.4 (탈)문법화(Lehmann 2002: 15의 표6에 기초하여 작성)

이와 대조적으로, Lehmann(2002)은 문법화는 "어떤 단위에 분석적 접근"(즉, 형태론적 분석)이 이루어져 문법 형성소로 이동하여 가는 현상으로 본다. 탈문법화는 그 전에 추상적이고 일반적인 의미를 갖고 있었던 형태에 훨씬 더 특정적이며 구상적인 의미가 부여하는 과정이며, 종래에 의존적인 표현 구조에 "자율성"이 부여됨과 동시에, "상당히 높은 수준의 창조성"이 요구된다. 바꿔 말하자면, 탈문법화를 수행하는 어떤 형태는 그 전에는 필수적으로 출현했으나, 이제는 더 통사적으로 자유로워지며, 더욱 특정한 의미를 보유하게 될 뿐만 아니라, 통사적 변형을 더 쉽게 수용하게 된다(그림 3.4를 참조). 그러므로 탈문법화는 문법화보다 "희소한 규모"(Lehmann 2002: 14-15)로 일어난다. 바로 이러한 사실에서 Lehmann은 탈문법화를 실질 내용 의미의 획득(이것은 그가 어휘화로부터 제외시킨 한 가지 변화 유형이다.)이라고 하는 Ramat(1992)의 정의를 따르고 있다. Lehmann이 제시한 예들은 *up the ante*(판돈을 올리다)와 같은 품사 전환이거나, *ade*와 같은 절단어인 것으로 보인다. 그러나 이러한 예들은 음운 창조(예: *elder*에서 비교격 형태 *-er*의 기능 상실에서 결과)이나, 음운화(예: *lay*의 사동형)와 연관되어 있는 부류의 탈문법화를 수행하지는 않았다.

Norde(2001, 2002)는 어휘화와 문법화를 거울 영상으로 보는 견해를 거부하면서, 그 관찰의 초점을 융합에 두지 않고, 점진성의 개념에 두었다. 그는 Ramat(1992)가 생각하는 어휘화와 탈문법화 둘 다는 아래와 같은 연속 발달과정에서 반대 방향인 왼쪽으로의 이동을 수반하지만, 이러한 두 개의 현상은 기본적으로 상이한 과정임을 지적하였다(2002: 47).

내용 의미 단어 > 문법 단어 > 접어 > 굴절접사

탈문법화가 문법화의 반대로 이루어진다고 하면, 그것은 한 단계 한 단계씩의 방식으로 점진적으로 수행되어야만 할 것이다. 그러나 Ramat가 제시한 *bus*, *ade*, *ism*과 같은 예들에서 이러한 형태가 점진적으로 일어난 증거는 없다. 그는 *bus*, *ade*, *ism*과 같은 예들이 '고대영어 명사 *dom* > 파생 형태소 *-dom*'과 같은 전형적 문법화 예들과 "정확한 반대"가 된다고 간주하였다(1992: 551). 이러한 예들은 Ramat가 생각한 것과는 반대로, 급진적으로 형성되었으며, 접사로부터 내용어로 곧장 도약하여 올라온 것이다. Lehmann(2002)이 제시한 탈문법화에 대한 보기들에도 같은 말을 할 수 있다. Norde(2002)는 아래와 같은 그림 3.5의 도식을 제시하였다.

문법화	탈문법화	(문법적 항목의) 어휘화
점진적	점진적	급진적

그림 3.5 문법화, 탈문법화, 어휘화(Norde 2002: 48의 그림 2에 기초하여 작성)

위의 그림에서 모든 어휘화가 급진적으로 수행되지 않는다는 사실을 주목해야 된다. 이 그림 3.5에서 급진적인 성격은 문법 형태의 어휘화만을 규정짓는 특징으로 간주되는 것이다(Norde 2002가 제시한 예는 -ism에서와 같은 '접사 > 명사').

이와 마찬가지로, Haspelmath(2004)도 탈문법화는 점진적인 변화에만 국한시켜서 사용해야 된다고 주장하였다. 그는 다른 연구 논저들에서 인용된 탈문법화의 많은 예들이 실제로는 문법화의 반대 또는 역전이 전혀 아니라는 사실을 제시하면서, 단일방향성(도식적 유형의 층위에서)에 진정한 의미의 역전 현상을 기술하기 위해서 "반문법화"(antigrammaticalization)[20]라는 용어를 만들어 내었다. Haspelmath(2004: 27-28)는 **반문법화**를 "가정한 문법화의 끝 지점으로부터 출발점으로의 이동과, 또한 거치게 되는 똑같은 중간단계를 보여주는 변화"로 규정한다. 그는 반문법화는 문법화와 동일한 맥락에서 출현하여야 하며, 동시에 중간단계를 거쳐야 된다고 주장한다. 여기에 포함된다고 그가 제시하는 모든 예들은 의

---

20) 접두사 *anti*-는 'against'(反-)를 뜻하는 그리스어이다. 이와 대조적으로, 접두사 *de*-는 'off, from'(脫-)을 뜻하는 라틴어이다.

존 신분에서 자립 신분으로의 변화를 수행하는, 자주 인용되는 변화들
이다(예: 영어와, 스칸디나비아 반도 본토의 속격 -s, 아일랜드어 1인칭 복수 주어
접미사 '-muid > 자립 대명사'). 이 예들 가운데 어떠한 것도 완벽하게 구상
적인 어휘 신분으로의 변화는 포함되지 않았다.

어휘화에 관한 서로 다른 많은 정의들을 우리가 조정한 이후에야 비
로소 어휘화와 탈문법화 간에 관계에 대한 문제를 해결할 수가 있을
것이다. 제4장에서 이러한 주제들을 논의하려고 한다.

3.4 파생법의 신분

역사적 과정으로서 어휘화와 문법화와의 관계에 대한 논의가 갖고
있는 복잡한 성격 일단을 보여주는 영역 하나는 파생법 대 굴절법의
위상에 있다. Meillet(1958[1912])와 Kuryłowiz(1975[1965])는 파생 형태론
을 굴절 형태론으로 향하여 가는 한 단계로 포함시켰다. 그렇다면, 아
래와 같은 유형의 발달의 연속 과정이 나타난다.

구 > 합성 > 파생 > 굴절

그렇지만, 다른 학자들은 파생에서 굴절로 진행하여 가는 통시적 연속
발달 과정을 가정하는 방식에 분명하지 않는 태도를 취하여 왔다. 예를
들면, Bybee(1985: 88)는 "파생-굴절 연속발달 과정"은 일차적으로 공
시적이며, 유형론적 현상이라고 파악한다. 파생은 굴절보다 어근에 대
하여 일반성이 떨어지며, 특수성은 더 높다. 그렇기 때문에, 파생 형태
들은 기본형으로부터 분리될 수 있다. 예: 어떤 것이 구체적인 '*dirt*'(먼

지)와는 상관없이 추상적으로 '*dirty*'(더러운)할 수 있으며, 옷을 *soiling*(더럽히다)한다고 해서 반드시 동작주가 '*soil*'(흙)이 되어야 할 필요는 없다. 이와 대조적으로, 굴절은 어기를 단지 최소한으로만 변화시킨다. Bybee, Perkins & Pagliuca(1994: 88-90)는 *up*, *out*, *into* 등을 의미하는 공간 용어에서 파생된 완결상 문법소는 보충법 형태라는 사실을 지적하였다. 이 형태들은 先行相(anteriors)으로부터 도출되기 때문에, 굴절 형태가 되지 않는다는 것이다. 더욱이, 반복상, 지속상, 그리고 반복의 빈도가 빈번한 동작상(frequentative) 등과 같은 몇몇 동작상 유형은 굴절 형태보다는 파생 형태로 표시되는 경우가 더 많은 것 같다(1994: 174). 문법화 연구를 하는 대부분의 학자들과 마찬가지로, Bybee, Perkins & Pagliuca(1994: 40)는 통시적 문법화 진행 단계로 세 가지 주요 지점을 설정하였다.

구 혹은 단어   비-유착(의존) 문법소   굴절(유착/의존 문법소)

→

문법화가 더 이루어짐

위의 그림은 '형태-의미'와 결합된 단위들이 문법화를 진행하여 가는 통시적 연속 발달과정을 나타낸다. 또한, Bybee(1985) 및 Bybee, Perkins & Pagliuca(1994: 40)는 아래와 같은 5가지 "표현 유형"을 갖고 있는 공시적 "융합의 단계"를 설정하고 있다.21)

통사적-비-유착/의존 문법소-굴절-파생-어휘적

---

21) Enger(2002: 93)는 고대 노르웨이어의 접어 대명사 *sik* 'self' > -*s(t)*의 역사는 통상적으로 생각하는 바와 같이 접어에서 굴절 형태론으로 발달만 아니라, 파생도 수반된다고 주장하였다. 그러면서, 그는 연속적 발달 단계로 '문법 단어-접어-파생 접사-굴절접사'의 4지점을 설정하였던 것이다. Enger가 지적한 바와 같이, 이와 같은 연속 발달 단계가 보편성을 갖고 있는가에 대해서는 앞으로 연구가 더 필요하다.

위 그림은 융합이 이루어지는 정도를 기준으로 각각의 통사 범주에서 부터 어휘 범주에 걸쳐 있음을 보인다(파생은 어휘 끝 지점에 접근해 있다. 그 이유는 경계가 자주 융합되기 때문이다.). Bybee, Perkins & Pagliuca(1994)는 어휘 끝 지점에서 *set, lay*와 같은 단일 형태소로 구성된 단어들(음운화가 수행되어 개입된 사동파생 접사의 흔적이 완전히 제거되어 버렸다. §2.3.3을 참조.)이 출현하는 것을 이상적으로 간주하기 때문에, 바로 이 지점은 융합이 최대로 이루어진 단계를 나타낸다. Bybee, Perkins & Pagliuca (1994)에서 다루고 있는 주제는 3 주요 지점을 갖고 있는 통시적 문법화 진행 단계와 공시적 융합의 단계와의 서로 만남인데, 파생이 굴절로, 또는 그 역으로 굴절에서 파생으로 나아가는 정도에 대해서는 충분히 명확한 해결을 제시하지 못하고 있다. Hopper & Traugott(1992)에서도 파생과 굴절의 진행 관계에 대해서 상당히 애매한 기술이 발견되는데, 이러한 점은 Cowie(1995)의 비평논문에서 상세하게 논의된 바 있다.

Williams(1981)이 제시한 이론을 이용하여, Haspelmath(1992, 2002, 2004)는 파생과 굴절에 관련된 문제에 대해서 전혀 다른 방식으로 접근하였다. 그는 "굴절 과정과 그 방식은 파생 과정보다 훨씬 더 강력한 내적 의존성을 보여주지 않는다."고 말한다. 그리하여 굴절에서 파생 신분으로의 변화가 실제로 관찰되기만 한다면, 그것은 "형태론 내부"로의 변화이며, 따라서 반문법화의 사례에 해당되지 않는다는 것이다 (2004: 32). 이와 동일한 이유로, 파생에서 굴절 신분으로의 변화 역시 문법화의 사례가 아니라고 본다.

그러나 원래 상이한 기능을 갖고 있는 과정(§2.1.2를 참조)인 파생과 굴절은 공시적으로나 통시적으로 연속선을 형성하고 있다는 데 의견이 일반적으로 일치되고 있다. 융합의 정도는 여기서 결정적인 요소가 되지 않는 것으로 생각된다. 융합은 어휘화와 문법화 모두에 출현하기 때문이다. 그것보다는 생산성의 증가와 맥락-확장이 논의의 초점이 된다. 일반적으로 파생은 그 성격이 훨씬 더 이질적이며, 반드시 출현해야 되는 필연성이 낮다는 의미에서 보면, 굴절보다 생산성이 떨어진다.

3.5 결론

본 장에서 어휘화와 문법화 간에 맺고 있는 관계가 어떻게 서로 다르게 해석되어 왔는가를 살펴보았다. 어휘화와 문법화 모두가 융합을 수행하고 있으며, 그러한 융합이 적어도 단일방향으로 향하고 있기 때문에(덜 의존적 > 더 의존적), 융합이 이루어지는 동일한 예들이 학자들에 따라서 어휘화로 또는 문법화로 서로 다르게 파악되어 왔다. 한 편으로, 어휘부가 실질 내용 의미를 충분히 보유하고 있는(contentful) 형태들로 구성되어 있다고 보는 학자들은 어휘화(더 문법적 > 덜 문법적 > 어휘적)를 문법화(덜 문법적 > 더 문법적)와 정 반대 축을 이루는 것으로, 따라서 탈문법화의 사례로 이해한다. 다른 한 편으로, 어휘부가 문법적인 것이든, 어휘적인 것이든지 간에 학습된/저장된 항목들로 구성되어 있다고 보는 다른 학자들은 여러 가지 다른 이유로 문법화와 어휘화가 "거울 영상"이라는 견해를 거부하며, 어휘화는 급진적으로, 문법화는 점진적으로 일어난다고 파악함으로써 어휘화와 탈문법화의 관계를 인정하지 않았다.

융합과 연관되어 해결하기 어려운 영역은 굴절과 파생과의 관계에 대한 문제이다. §5.4에서 공시적 및 역사적으로 파생과 굴절 사이의 관계 설정에 야기되는 문제를 안고 있는 예들을 주로 부사파생 접사 -ly를 이용하여 검토될 것이다.

제4장

어휘화와 문법화를 단일한 틀 안에서 설명할 수 있을까?

4.0 도입

우리는 지금까지 2장과 3장에서 어휘화에 대해서 학자들이 내린 여러 가지 정의와, 문법화와 관련하여 이해해 온 다양하고 많은 견해들을 종합하여 설명하였다. 어휘화에 대한 많은 정의, 어휘화와 문법화의 관계에 대한 관점들은 서로 상충되는 것이었다. 이 장에서 우리는 이와 같은 다양한 견해와 관점에서 나온 차이들을 조정하여, 형태, 내부 구조, 의미에서 일어난 변화로서의 어휘화에 대해서 하나의 응집성 있는 견해를 제시하려고 한다.

역사적 현상으로서 "어휘화"를 전공 논저 등에서 이해한바, 가장 포괄적인 의미는 "제도화를 거쳐 어휘부에 등재", 또는 신어의 창조 정도로 파악되어 왔음을 우리는 보았다. 이와 같은 관점에 따르면, "어휘부"는 "어휘 단위"와 "문법 단위" 모두가 포함되는 목록으로 이해된 것이다(§.1.2.2를 참조). 어휘부에 등재되는 요소는 어휘부에서 온 것이거나, 형태론 또는 통사론(부분적으로 새로운 형식을 만들어내서)에서 만들어진 요소일 수도 있다. 심지어 다른 언어로부터 차용을 거쳐 등재될 수 있으며, 완전히 새로운 형태를 만들어 내는 발명(신조어)을 통해서 어휘부로 들어올 수 있다. 그러므로 임의의 언어에 있는 언어 형식들의 목록에 가해지는 모든 변화 ─ 원형적으로 어휘화로 본 변화든 문법화로 본 변화든 간에 ─ 는 "어휘부로의 등재", 곧 어휘화의 이름 아래에 오게 된다.

그리하여 단어 형성의 통상적인 과정을 거쳐 나온 형태들은 모두 해당 언어에 있는 형태들의 목록에 등재 항목이 추가되었음을 나타낸다. 단어 형성의 통상적인 과정을 거쳐 만들어진 형태에는 *telemarketing*(< *telephone + marketing*)과 같은 혼성어, *biodegradable* '생분해성의'과 같은 파생어, *cable television* '유선 방송'과 같은 합성어, *text*(동사) < *text*(명사)와 같은 품사 전환, *get it together* '훌륭히 해내다'와 같이 고정된 句, *disco*(< *discotheque*)과 같은 절단어, *yuppi*(< *young urban professional*)와 같은 두자어, *xerox* '제록스, 복사'와 같은 신조어, 또는 *baby-sit* '아이를 봐 주다'(< *baby-sitter*)와 같은 역형성어 등이 포함된다.

이와 마찬가지로, 문법화에서 만들어진 형태들도 모두 해당 언어에 있는 형태들의 목록에 등재 항목이 추가되었음을 나타낸다. 예를 들면, 조동사 *must*(< 고대영어 본동사 *mot*- '허용되다'), 정관사 *the*(< 지시사 *that*), 부정사 표지 *to*(< 전치사 *to*), 복합 전치사 *instead of*(< 전치사+명사구+전치사 구성), 그리고 게르만어에서 과거시제형으로 모음교체(*ride*─*rode* 참고) 대신에 발달한 치음 *d* 등이 여기에 포함된다. 이와 같은 문법 형태들이 어휘부의 등재 항목으로 되어야 하는 까닭은 문법 형태들 역시 어휘 항목들과 아주 똑 같은 방식으로 기억 속에 갈무리되어 있는 형식─의미

의 짝으로서, 어휘 항목들과 마찬가지로 습득을 거쳐야 하기 때문이다.

이와 같은 예들이 보여주는 바와 같이, "어휘부로의 등재"라는 관점에서 보면, 융합과 통합은 어휘화에서 자주 빈번하게 일어나는 현상이지만, 이러한 과정들을 어휘화의 필수 조건으로 설정할 필요가 없게 된다. 융합은 배열된 항목들의 내부 구조를 긴밀하게 하고, 그 배열 연속체를 고정시킨다(예: '저리는 느낌, 초조함'을 뜻하는 *pins-and-needles*는 그 구성 성분의 어순을 바꾸어, **needles-and-pins*는 되지 않는다. 또는 *hous-es*의 순서이지, 거꾸로 **-es-house*는 되지 않는 것이다.). 그리고 통합은 융합이 이루어진 다음에 규칙적인 음운변화를 거쳐 음운 연속체의 축약을 야기한다(예: 중세 영어 *bot* '배' + *swein* '동료' > *boat-swain* '갑판장' > *bosun, have to* > *hafta*). 융합이나 통합과는 반대로 분리 과정에 해당하는 절단(*ism, bus*)도 어휘부에 새로운 항목들을 산출시킬 수 있다. 더욱이, 어휘부에 새로 저장되는 항목들은 품사 전환 사례(명사 *window* > 동사 *window*)처럼 임의적인 변화를 겪었을 수도 있고, 통합의 사례(*hussy* '말괄량이' < 고대영어 *hus* '집' + *wif* '여인', *gotta* < *have got to*)처럼 점진적인 변화를 겪은 것일 수도 있다.

"어휘부 등재" 개념은 변화의 최종적인 결과를 공시적으로 고려한다는 사실에서 유용한 점이 있다. 그러나 어휘부는 개인에서 언어사회에 이르기까지 어느 층위에서든 동질적일 수 없다. 어휘부에는 생산적인 형태도 포함되고 생산적이지 않은 형태도 포함되며, 지시 의미를 갖는 형태도 있는 반면에 그렇지 않은 형태도 있는 것이다(§1.2를 참조). 어휘부에 형태를 등재하는 단 하나의 과정이 있어서 이 과정이 모든 것을 포괄하게 된다면, 이는 언어 형식들이 보이는 유형과 기능의 차이점을 무시해 버리는 것이 된다. 더욱이, 이런 방식이라면 각각의 과정들이 어휘부 목록 내에서 구조를 갖추게 되는 과정들을 명확하게 밝히지 못하게 된다. 이와 같은 차이점들을 설명하기 위해서 좁은 의미의 어휘화

를 문법화와 구분하는 것이 필요하다. 그리고 "어휘부lexicon"라는 용어
보다 "어휘부 목록inventory"이라고 부르는 것이 더 유용하다. 이렇게 하
면, 아주 넓은 의미의 어휘화 개념과 좁은 의미의 어휘화 개념 사이에
생기는 혼란이 제거된다. "어휘부 목록에 등재"되는 유형을 구분함으
로써 등재된 항목이 어떤 기능을 하는지에 따라 어휘화인지 문법화인
지 구분지을 수 있게 되는 것은 물론, 어휘부 목록 내에서 기능상의 추
이가 일어나는 것도 설명할 수 있게 된다.

문법의 모형에 관한 몇 가지 기본적인 가정들을 §4.1에서 검토한 연
후에, 우리는 "어휘부 목록으로의 등재"라는 더 넓은 개념 하에서 어휘
화와 문법화의 정의를 제시할 것이다. 우리는 이와 같은 등재에 이르게
되는 여러 절차들과, 등재됨으로써 일어나는 결과, 두 가지에 초점을
두려고 한다. 지금까지 어휘화의 "역전 현상"이라고 추정돼 온 현상과
문법화에 대해서는 §4.3에서 논의한다. 그리고 어휘화와 문법화 사이
에 발견되는 유사성의 정도가 §4.4에서 점검될 것이다.

4.1 몇 가지 기본 가정

우리는 여기서 어휘화와 문법화를 단일한 틀 안에서 통합하여 설명
하려고 하는데, 이런 틀에서는 문법의 공시적 모형과 언어 변화의 본질
에 관하여 몇 가지 가정을 전제로 한다.

여기서 설정하는 문법의 모형은 딱히 이론 중심적이라고 할 만한 것
은 아니다. 그러나 역동적인 것이며, 구성체에도 적용될 수 있고, 정도
성이나 생산성의 여러 가지 정도가 포괄되는 것으로서, 일반적으로
Jackendoff(2002)의 문법 모형과 개념적으로 상통할 수 있는 것이다. 이

는 곧, 음운론과 통사론, 그리고 개념 구조가 서로 연계되어 있음을 뜻한다. 어휘 항목들 간의 정도성은 어휘 내항에 반영되어 있다. 즉, 다양한 특성을 가진 어휘 항목은 엄격성에 있어서 다소 차이는 나지만 구성체나 구성성분을 통사적으로 하위범주화한다(Jackendoff 2002: 177을 참조). 주요 부류나 개방 어휘부류(명사, 동사, 형용사)에 속하는 구성원들은 통사론에서 규정하는 방식에 따라서 자유롭게 결합한다. 그 반면에, 부차 부류 또는 폐쇄 문법부류에 속하는 구성원들은 자유로운 결합이 최소화되어 있으며, 때로는 그 결합이 필수적이다. 의미론적으로도, 주요 부류에 속하는 구성원들은 실질 의미와 지시 의미를 갖는 것이 전형적이지만, 부차 부류에 속하는 성원들은 기능적이며, 대개는 지표적 의미를, 그리고 때로는 비-지시적 의미를 갖고 있다.

문법에 관한 여러 이론들이 갖고 있는 한 가지의 중요한 문제는 단어 형성을 문법의 어디에 설정하는가이다. 단어 형성은 "새로운 단어 형성에 참여하는 기본 요소, 그 결합 원리, 의미 기능"을 포괄하며(Bussmann 1996: "morphology 형태론" 항목 참고), 형태론의 하위 분야인 것으로 간주된다. 그렇지만, 단어 형성에 관한 견해는 어휘부와 형태론에 대해서 어떻게 개념화하는지, 그리고 형태론이 통사론, 음운론, 의미론 및 어휘부와 접면을 형성하는 방식에 따라서 기본적으로 큰 차이를 보인다.[1] 이러한 문제를 더 복잡하게 하는 것은 언어변화에서 일어난 여러 가지의 결과로서 어떤 언어에서나 공시적으로 두 극단 사이에 연속체가 생겨나 있다는 사실이다. 그 한 극단은 단어 또는 그보다 작은 것을 재료로 하여 이루어지는 매우 생산적인 "자유 결합의 원리"(Jackendoff 2002: 158)이고, 다른 편의 극단은 이보다 훨씬 더 제약되고,

---

1) 단어 형성 규칙들의 형식과 이들의 문법적 원리를 다루는 데서 보이는 몇 가지 상이한 입장들에 대해서는 Motsch(2003)의 요약을 참고할 수 있다.

생산성이 떨어지고, 심지어 특이성을 가지는 결합들이다(§1.2.4를 참조). 여기서 자유 결합은 "어휘 규칙" 또는 "어휘 형성"(예를 들면, Matthews 1974: 41을 참조)이라고 불려왔는데, 이러한 명칭은 이 용어들이 어휘부 내부에서 작용하고 있음을 나타내는 것이다. 그러나 Jackendoff(2000: 158)에서도 간파한 것처럼, 그와 같은 자유로운 결합에 대해서 "어휘적"이라는 용어를 사용한 것은 상당히 잘못된 것이다. 그 이유는 자유로운 결합들이 장기 기억(우리가 "어휘부 목록"이라고 부르는 것)에 저장되지 않기 때문이다. 이와 대조적으로, 제약된 결합들은 습득하지 않으면 안 되며, 그렇기 때문에 어휘부 목록에 저장되어 있다고 간주할 수 있다. 우리가 가정하는 문법의 모형에서도 이와 유사한 구분을 한다. 생산적인 단어 형성으로 알려진 유형들의 결합은 어휘부의 바깥에서 이루어진다. 생산적인 공시적 현상으로서 단어 형성은 어휘화를 선행하는 동시에, 어휘화하고는 별개의 현상인 것으로 간주된다. 즉, 어휘화의 결과는 제약을 지닌 파생 형태소처럼 생산성이 낮은 형태가 될 것이다(꼭 그런 것은 아니지만). 그 반면에, 문법화의 결과는 굴절에서처럼 기본적인 접사로 쓰이게 되는 형태가 될 것이다(여기서도, 반드시 그런 것은 아니다).

우리가 어휘화와 문법화를 이해하는 데에서 생산성이 아주 중심적인 역할을 하기 때문에, 이러한 문제에 대한 우리들의 입장을 여기서 잠시 다시 조감해 볼 만한 가치가 있다. 우리는 생산성을 "단어를 형성하는 요소들이 새로운 언어 표현을 만들어내는 데 사용되는 능력"으로서, 정도성 개념이라고 파악한다(Bussmann 1996: "productivity 생산성" 항목).

공시적 관점에서, 연속체의 한쪽 끝은 독립적인 어휘 항목들(예: *dog*, *paper*)이 있거나, 또는 낮은 빈도 하에서, 또는 엄격한 제약 하에서 결합하는(*theft*에서 -*t*와 같은) 형태소들로 이루어진 항목들이 배치되어 있다.

즉, 이것들은 "비생산적인" 형식들인 것이다. 이 연속체의 다른 한 쪽 끝자락에는 전형적으로는 형태통사적 구성에서 다른 항목들과 기본값으로 필수적으로 결합하는 항목들(예: 필수 굴절법)이 배치되어 있다. 즉, 이것들은 "생산적인" 형식들이다. 이와 같은 연속체의 양쪽 끝단 사이에는 두 가지 유형의 항목들이 배열되어 있다. 하나는 통합의 규칙성에는 편차가 있지만 어휘 항목에 통합하여 재범주화하는 항목(예: 문법적 파생 형태^{역자 주 ①} -ness, -ly)이다. 다른 하나는 통합하는 데 제약이 거의 없이 어휘 항목에 통합하여 의미를 변화시키는 항목(예: 의미적 파생에 참여하는 unhappy의 -un이라든가 hopeful의 -ful)이다. 이러한 항목들은 準-생산성, 즉 어느 정도 생산성을 갖고 있는 것이다. 이와 같이 생산성이 없는 항목에서부터 생산성이 많은 항목에 걸쳐 있는 연속체는 통상적으로 다음의 연속체와 상관관계를 맺고 있다. 즉, 어휘 항목에서부터 문법 항목의 연속체, 개방 부류에서부터 폐쇄 부류의 연속체, 주요 부류에서부터 부차 부류의 연속체, 그리고 (통사론에서 창조적 구사가 가능한) 자율성이 최대인 항목들에서부터 필수성이 최대인 항목의 연속체, 실질 의미(개념적이고, 상대적으로 구상적이고, [때로는 '일각수'처럼 가능한 세계를 상정하여야 하는 경우도 포함하여] 통상적으로 지시적인)에서부터 기능적 의미(상대적으로 추상적이고, 보통은 지표적indexcal)에 이르는 연속체들과 상관관계를 맺고 있는 것이다.

이와 같은 연속체들을 따라 배열된 범주들의 상호 관계가 보여주는 집합은 표 4.1에서 알기 쉽게 요약되어 있다.

표 4.1 연속체 안에서 범주 간에 보이는 상관관계

층 위	연속체		
어휘부	어휘적		문법적
범 주	개방/주요		폐쇄/부차
통사론	자유		필수
의미론	실질		기능
형태론	비생산적	준-생산적	생산적

이 도식은 준-생산적인 영역에서, *feel for* '동정심을 품다'와 같은 실질 의미를 갖고 있는 항목과 *apart from* '~을 제외하고'와 같은 문법 항목이 모두 발견되는 것처럼, 공시적으로 중복이 발견되는 의미심장한 영역이 존재한다는 사실을 명확하게 보여주지 못한다.[2] 또한, 4.1의 도식은 구에서부터 기능어와, 접어에서부터 접사에까지 걸쳐 있는 문법적인 요소들의 연속 변이가 개입되어 있다는 사실을 보여주지 못한다. 이것들은 연속체 도표의 오른쪽에 배열되는 것도 아니고, 중앙부에 배열되는 것도 아니다.[역자 주 ②] 우리는 외부 요소와 융합하는 정도에 준해서 세 가지 수준의 문법성을 규명해 낼 수 있다.[3]

---

2) Talmy(2000, I: 22-23)는 *apart from*와 같은 문법적인 복합체는 폐쇄 부류 형태들이 결합하여 이루어진 것이기 때문에, 개방 부류들만 *spill the beans* '기밀을 누설하다', *have it in for* '앙심을 품다'와 같은 어휘적 복합체를 갖고 있다고 주장한다. 그러나 이러한 구분은 자의적인 것으로 보인다(*have it in for*를 보면, 문법 항목이 적어도 3개는 포함되어 있음을 참조할 수 있다). 그리고 개방 부류와 폐쇄 부류의 연속체는 경험적 사실에 더 부합된다(Langacker 1987; Jackendoff 2002를 참조하시오).

3) 여기서 제시한 G1, G2, 및 G3는 Heine(2003b: 163)에서 제기된 G1~ G2~ G₀와 그 내용이 일치하지 않는다는 사실을 주목하시오. 후자는 *do* 또는 *take*와 같이 하나의 형식-의미의 쌍이 수행하여 가는 문법화의 단계를 가리킨다. 그 반면에, 여기서 G1, G2, 및 G3는 공시적 형식-융합 유형을 간략히 표출한 것이다. 즉, 이와 같은 형식-융합 유형을 나타내는 어느 한 가지의 형식-의미의 쌍은 다음 유형으로 발달하여 갈 수도 있고, 그렇지 않을 수도 있다. 더욱이, Heine가 설정한 G₀는 반드시 접사일 필요는 없으나, 더 이상 문법 의미를 보유하지 않은 "문법 형식"(예. *Did she go?*에서 *do*와 같은)이다.

G1 = 우언적 표현, 예. *be going to*, *as far as*, *in fact*(각각이 발달하기 시작한 초기 단계),

G2 = 준-의존 형식: 기능어와 접어, 예. *must*, *of*, *'ll*, 속격 *-s*(많은 기능어들이 어떤 위치에서는 접어화하지만, 다른 위치에서는 자립적이다. 예를 들면, *of*는 *That's all I can think of*에서와 같이 문장의 끝에 남아 있다.),

G3 = 접사: 어간의 문법 범주를 바꾸는 파생 형태론, 예. 부사파생 접사 *-wise*(상당히 생산적이다). 특히 굴절 형태론(매우 생산적이다. 때때로 기본항이 된다). 여기에 零-굴절도 포함된다(Bybee 1994).

하나의 문법 항목은 기능적 의미를 갖고 있기 때문에, 다른 항목(외부의 숙주)과 일정한 형태통사적 관계를 맺고 있다. 따라서 G1—G3의 연속 변이는 외부의 숙주와의 융합되는 정도에 따라서 일어나는 문법성 정도의 연속 변이인 것이다. 즉, 우언적 표현들은, 적어도 각각이 발달하기 시작한 이른 단계에서는 그 출현 위치가 비교적 자유롭지만, 문법 항목으로 진행되어 가면서 약간의 내적 융합과 기능적 의미가 출현하게 되는 특징을 보인다. 이와 대조적으로, 준-의존 형식들은 그들의 숙주에 의존되는 성향이 가변적이며, 접사는 언제나 의존성을 띠게 된다.

위에서 문법성^{역자 주 ③}을 세 가지 수준으로 나누어 제시한 것은 물론 매우 도식적인 것이며, 예를 들면, König & Kortmann(1992: 684)에서 동사에서 파생된 전치사를 다루면서 확인한 바와 같은 좀 더 정밀한 통사적 정도성, 의미적 정도성을 분명하게 나타내지 못한 것이다. *preceding* — *failing* — *notwithstanding* — *except* — *bar*(*bar none* '예외 없이'에서 쓰인 것과 같은)에서와 같은 계열에 출현하는 형태들이 오늘날의 영어에서 형태론적으로는 모두 G2 단계로서 모두가 전치사로 기능하는 반면에, 연어 관계와 대치의 기준에 비추어 보면 이들 계열에는 동사적 성격이 강한 항목에서부터 동사적 성격이 약한 항목, 그리하여 전치사 성격이 강한 항목에 걸치는 정도성이 있음을 알 수 있다. *Except*와 *bar* (*past, ago*와 같이 동사에서 파생된 다른 부류의 전치사들과 마찬가지로)는 더 이상 이들의 원천인 동사와 연관되지 않으며, 원형적인 부사(Ramat & Ricca 1994)처럼 단일형태소처럼 인식된다. 문법성의 세 가지 유형에 속하는 구성원들은 형태론, 통사론, 그리고 음운론의 규칙을 거쳐서 형성되어 나온 것이다.

표 4.2 어휘성과 문법성의 공시적 연속변이

어휘적인 요소들 역시 앞서와 마찬가지로, 위의 표에서 왼쪽에만 배열되는 것이 아니고, 중간지점에서부터 왼쪽에까지 늘어서게 된다. 어휘 항목들은 주요 부류 범주들을 나타내고, 상대적으로 자유롭게 사용되기 때문에, 이것들은 그 내부 구조에 일어난 융합의 정도에 따라서 일차적으로 규정된 연속 변이를 형성하게 된다. 따라서 어휘 항목들은 완벽히 투명한 항목에서부터, 덜 투명한 항목, 이어서 불투명한 항목들이 존재하게 된다. 우리는 어휘성이 보여주는 연속 변이를 다음과 같이 가정하게 된다.

> L1 = 부분적으로 고정된 구, 예. *lose sight of* '눈에서 사라지다', *agree with* '동의하다',
> L2 = 준-특이 복합 형식, 예. *unhappy* '불행한', *desktop* '탁상용 컴퓨터',

L3 = 단일어 및 분석 가능성이 극도로 떨어지는 특이 형식. 예. *desk*, *over-the-hill*'한창 때를 지난, 늙은'.

문법성에 근거한 G1−G2−G3 연속 변이와 마찬가지로, 여기의 L1−L3 어휘성 연속 변이 역시 도식적인 것으로서, 여기에 반영되었어야 할 상세한 구분은 명확하게 드러내지 못한다. 즉, *greenhouse*는 의미적으로나 형태론적으로나 *sweetheart*나 *strawberry*보다 더 투명하지만, 이 세 어휘 항목들은 모두 L2에 포함된다.

위의 두 가지의 연속 변이는 어휘부 목록에 내재되어 있는 이질적인 성격의 짜임새를 드러내어 작성된 것이다. 우리는 어휘성과 문법성이 보여주는 연속 변이를 표 4.2와 같이 나타내려고 한다.

언어변화와 관련하여 우리의 기본 가정은, 언어변화가 오로지 언어 사용을 통해서, 그리고 단지 맥락context 속에서만 출현한다는 것이다 (Croft 2000)(§1.1.3을 참조). 우리는 언어 습득자인 어린이가 청자로서 입력 표현을 수동적으로 처리하기만 하는 존재가 아니라, 출력 표현을 능동적으로 산출해 내는 존재라고 가정한다. 입력과 출력은 발화 상황을 포함하는 상황의 맥락 안에서 사용되는 발화이다. 성인 역시 이와 마찬가지로, 새로운 표현의 창조자로서, 또는 그런 표현의 해석자로서, 발화를 산출하는 존재이며 동시에 청자이다. 연속체의 개방 부류 쪽 끝편에 있든 폐쇄 부류의 끝편에 있든, 언어 항목은 언어적 맥락(발화), 그리고 사회적 맥락(화자−청자 간의 일어나는 상호 작용) 안에서 사용된다. 언어 변화에 속하는 유형의 하나인 어휘화나 문법화는 둘 다 맥락 안에서 생겨나며, 그렇기 때문에 화자와 청자 간의 상호 작용에서 나오는 말하기의 상황이 갖고 있는 화용론의 지배를 똑같이 받는다. 물론, 단어 형성 원리를 구사하는 화자의 능력으로 인해 통사적 맥락에서 벗어나서 개신에 이를 수 있게 된다(상표명을 만들기나 말장난 놀이 등에서). 또한, 맥락에서 그 가운데 쓰인 형태소를 지목해 내는 화자의 능력으로 인해 *not*과 같은 문법적 항목을, 심지어 속격 's와 같은 문법적 항목들을 메타언어적으로 인용할 수 있게 된다. 그러나 언어는 고립된 상태에서 변화를 일으키지 않는다. 그렇기 때문에, 이 책의 주제가 되는 여러 언어 변화는 고립된 항목으로가 아니라, 발화(節)나 글 쓰기(문장)의 맥락에서 파악되지 않으면 안 된다.

어휘화와 문법화 둘 다가 맥락 가운데에서 출현한다는 가정에도 불구하고, 이러한 현상을 고찰하는 많은 학자들은 예들을 맥락이 제거된 상태로 인용해 왔다. 우리도 역시 대개는 지금까지 이와 같은 비난에서 예외가 아니었다. 그러나 제5장에서는 예들을 맥락과 함께 제시하려고 한다. 맥락을 제거하고 인용되는 예들은 변화에서 발견되는 정도성과 미결정성이 갖고 있는 특질들을 명확하게 드러내지 못하게 된다. 특히 맥락이 제거된 예들은 우리가 "임의적, 급진적" 변화와 "점진적" 변화라고 불렀던 두 가지 유형의 변화가 나타내는 차이를 밝히지 못한다. 만일 한 개인에게 재분석이 일어났다면, 그러한 변화는 급진적으로 수행된 것이다. 그러나 변화는 구문이라는 맥락 안에서 출현하는 것이기 때문에, 한 개인이 새로운 구문과 더불어 예전의 구문을 지속적으로 사용하게 되면 개인 독자적으로도 말의 변이가 일어나게 되는 것이 전형적이며, 언어사회 내부에서 상이한 화자들이 이와 같은 새로운 구문의 사용 여부에 따라서 불가피하게 개인과 개인 간의 변이를 형성하게 된다. 이러한 현상들이 언어 변화의 미결정성[역자 주 ④]에 이르게 하는 요인이다. 이러한 경향은 어휘화와 문법화 모두의 특징이 된다.

끝으로, 언어의 개신이 언어변화가 일어나기 위한 유일한 필요조건임을 우리는 가정한다. 즉, 변화는 제도화를 수반하는 것이지만, 이러한 과정은 어느 특정한 시간에 있는 어느 특정한 언어사회에서 파악되는 것이다(§2.2를 참조). 이러한 변화를 수용하게 되는 동기는 사회적인데 있다. 그러나 오늘날의 사회적 요인들을 과거로 투사시켜 보려고 했을 때, 화자들의 인구가 훨씬 지금보다 더 적었고, 그리고 대부분 글자를 해독하지 못하고, 계층, 나이, 종족들과 같은 사회적 속성들과 언어 표출 방식의 유형이 지금과 다를 수 있는 과거의 언어의 경우에는 언제나 신중하여야 되는 것이다(Bergs 2005를 참조).

4.2 정의 재검토

화자-청자 간의 상호관계에서 사용된 과정, 그리고 그 결과 얻어진 현상으로서 어휘화와 문법화에 대하여 응집성이 있는 관점을 제공하자면, 본서는 지금까지 제시된 정의에서 적절한 점을 선별하고, 이를 일정한 방식으로 수정하는 것이 필요하다고 본다.

4.2.1 어휘화

어휘화의 정의로는 Kastovsky(1982: 164-165)의 "die Eingliederung eines Wortbildungs - oder syntaktischen Syntagmas in das Lexikon mit semantischen und/oder formalen Eigenschaften, die nicht vollständig aus den Konstituenten oder dem Bildungsmuster ableitbar sind"(단어 형성이나 통사 구성이 그 구성성분이나 이들을 형성하는 패턴에서 완전하게 도출 혹은 예측이 불가능한 의미적, 형식적 속성을 가지고 어휘부에 통합되는 현상)(§2.3.4에서 인용됨)와 같은 정의가 제시되어 있다. 이밖에도 Lipka(2002[1990]: 111)의

"이미 조어된 복합적인 어휘가 단일하고 완결된 어휘 단위, 즉 단일어 어휘로 되려는 현상. 이 과정을 겪게 되면 통합체로서의 성격을 크게 또는 약하게 잃게 된다."(§2.3.1에서 인용됨)와 같은 정의가 있다.

이들 두 부류의 정의를 조합하면 다음과 같이 정리될 수 있다.

> 어휘화는 일정한 언어적 맥락에서 화자가 어떤 통사 구성이나 단어 형성을, 구성체의 구성성분이나 단어 형성 패턴의 구성 성분으로부터 완전하게 도출하거나 예측할 수 없는 형식적이고 의미적인 속성을 가진 새로운 실질 형태로 사용하는 데서 일어나는 변화이다. 이렇게 만들어진 형태는 시간이 흐름에 따라서 내부의 구성성분성이 소실되기도 하는데, 따라서 해당 (어휘) 항목은 더 어휘적이게 될 수 있는 것이다.

이 정의는 "어휘 목록으로 채택"이라는 광의의 어휘화 개념과 일치하지만, 또한 어휘 목록 내에서의 변동도 고려하고 있다. 여기서 우리는 어휘화의 개념이 가지게 되는 함의를 다음과 같이 전개해 보려 한다.

(1) 어휘화는 결과적으로 어휘적/실질적인 새로운 형태를 만들어 내는 역사적 변화로 이해된다. 어휘화는 변화가 이루어지지 않은 요소들을 단순히 어휘 목록 안에 채택하거나 포함시키는 과정이 아니다. 그러기 때문에 형태나 의미에서 변화가 이루어지지 않는 단순 차용과 같은 사례는 어휘화에서 배제된다. 대체로 투명하다고 할 수 있는 단어 형성 과정 역시 그러하다. 그렇지만 자구(字句) 그대로의 구인 *Forget me not!* '나를 잊지 말아요'을 식물명으로 사용하는 것은 어휘 목록으로 채택된 사례로 친다. 이 경우에는 자구 그대로의 의미가 아닌 새로운 의미를 습득해야만 하기 때문이다.

(2) 어휘화의 입력에는 어휘 목록에 저장된 것이면 무엇이든 가능하다. 합성어와 같은 단어 형성(예컨대, 고대영어 *furh* '고랑' + *lang* 'long' > *furlong* '길이 단위(220 야드)')이라든지, 통사 구성(예컨대, *run-of-the-mill* '평범한')이라든지, 심지어 문법적 항목(예컨대, 프랑스어 *tutoyer* '비격식 2인칭 대명사로 다른 사람을 지칭하다, 너나들이하다') 들이 여기에 포함된다. 입력이 되는 항목들은 의미적으로 매우 특정적이게 되는 경향이 있다.

(3) 일단 어휘 항목이 만들어진 뒤라도 어휘적-문법적인 연속체 안에서 더 어휘적인 쪽으로 변화가 흔히 일어난다. 즉, 추가적인 형태, 음운, 의미 변화로 인해 기존의 어휘 형태가 수정될 수 있다. 이는 어휘성의 수준(L1 > L2 > L3)이 "덜" 어휘적인 데서 "더" 어휘적인 데로 진행된 변화이다(예: *bosun*에서 볼 수 있는 것처럼, 분석이 가능한 합성어에서 분석될 수 없는 단일어로의 변화). 이러한 유형의 변화에는 음운 창조의 사례들이 포함된다. 음운 창조를 겪게 되는 경우, 단어의 일부분이 되어 식별이 불가능하게 되는 형태소는 본래 어휘적인 것(예컨대, *neighbor* '이웃' < 고대영어 *neah-ge-bur* '인근에 사는 이')뿐 아니라 문법적인 것(예컨대, *forlorn*[본래는 과거 분사 *-en*을 가졌음], *near*[비교급의 *-r*])도 있다. 원래는 사동이었던 것이 어근에 포함되어 버린 *drench* '만취한'나 *stench* '악취'와 같은 경우의 음운화도 역시 이런 유형에 포함된다.

(4) 어휘화를 통해 나온 출력은 "어휘적"인 것이다. 즉 어휘화의 출력은 어휘 목록에 저장된 실질 항목으로서 화자가 반드시 습득해야만 하는 항목인 것이다. 따라서 어휘화가 문법적인 것에서 어휘적인 것으로 변화가 수반된다고 할 때, 어휘화를 수행하는 항목은 의미적으로 실질 의미를 갖게 된다(그리하여 *up*+비교격 >

*upper*의 변화는 명사로 품사 전환이 이루어져 '구두창 윗부분을 덮고 있는 신발의 한 부분'이라는 의미를 갖도록 어휘화가 이루어진다).

(5) 어휘화의 출력은 복잡성 정도에 제한이 없다.[4] 형식의 측면에서 볼 때, 내용 항목은 관용구나 고정적 구(L1)에서부터 합성어나 파생 형태(L2), 어휘적 단일어나 특이성을 지닌 형태나 화석화된 형태(L3)에까지 분포된다.

(6) 어휘화는 점진적인 변화이다. 어휘화는 임의적으로 일어나는 변화가 아니며, 아주 작은 단계를, 전형적으로는 중첩이 되면서, 중간 단계를 거치며, 때로는 불확정적인 단계를 거쳐 진행된다는 점에서 그렇다.[5] 합성어는 흔히 점진적 음운 변화를 보이는데, 그 어근이 동결되거나 통합coalesce되는 데 따라(예: *nostril* < 고대영어 *nosþyrel* '코+구멍') 일어나고, 때로는 어근이 파생으로 강등되기도 한다(예: *stardom* '스타덤'에서 볼 수 있는 *-dom* '여건' < 고대영어 *dom*[6] '사법권, 배경'). 각 형태에서 보이는 형식상의 신분은 또한 모호할 수도 있다(예컨대, *overturn* '뒤집히다'은 합성으로 분석될 수도 있고 파생으로 분석될 수도 있다).

(7) 어휘화는 전형적으로 융합(구 경계, 혹은 형태론적 경계의 삭제)을 수반한다. 이렇게 일어나는 융합은 통합관계의 구성체 > 어휘소로 전이되는 사례(예: *out-of-hand* '손을 쓸 수 없는')와, 복합 형식 > 어휘소로 전이되는 사례(예: 고대영어 *bere* '보리' + *œrn* '집' > *barn* '헛간')를 들 수 있다. *barn*의 사례에서처럼 흔히는 음운 연쇄에서 축약(통

---

4) Lehmann(2002)에서 주장한 바와 달리, 어휘화의 출력이 단일형태소여야 할 필요는 없다.
5) 이와 같은 서술은 Hopper & Traugott(1993)의 서술과는 배치되는 것이다. Hopper & Traugott(1993)에서는 어휘화와 문법화 간의 차별성을 극대화하려는 시도가 이루어진 바 있다.
6) 법령집을 뜻하는 *Domesday Book*을 참조할 수 있다.

합coalescence)도 일어난다.

(8) 어휘화는 흔히 의미적·화용적 관용화를 수반한다. 즉, 의미 요소가 그 합성성을 잃게 된다(이를 테면 *black marke* '암시장'은 장터를 가리키지 않는 것은 물론 표현 그대로 검은 것을 가리키지도 않는다). 새로운 의미는 대개 아주 이질적인 것으로서, 때로는 더 추상적이기도 하고(예: *nuts-and-bolts* '[대개 합의가 이루어지는] 작동 부문'), 더 구체적이기도 하다(예: 근대영어 *bailiwick* '개인이 지닌 특정 관심 영역이나 기술' < 중세영어 *bailiffwic* '관리인의 관할 영역', 이밖에 위 4.에서 인용한 *upper*를 보시오.).

(9) 어휘화는 전형적으로 문법 패턴의 생산성 감소를 수반하며, 토큰 생산성 감소를 수반할 수도 있다(이는 숙주 부류 축소이다. Himmelmann 2004와 본서 §3.2.1을 보시오.).

문법화를 다룬 논저에서 문법화의 단일방향성 모델에 명백하게 들어 맞지 않는 사례를 어휘화(혹은 탈문법화, §3.3.1을 보시오)로 분류해 온 것은 문제가 될 만한 경향이다. 이들 사례는 단어 형성, 어휘화, 문법화 등의 설명으로 다양하게 포함될 사례들이다. 부차적 단어 부류에서 주요 부류로 전이되는 현상(*to up* '올리다')은 비록 실질 의미가 증가하고 주요 부류에 속하게 된다는 점에서 "어휘성" 증가가 이루어지기는 하지만, 어휘화라기보다는 품사 전성의 단어 형성 과정이라고 이해하는 것이 더 낫다. 왜냐하면 이 변화는 임의적으로 일어나며, 품사 전성을 통해 도출되는 의미는 예측이 가능하기 때문이다.[7] 새로운 범주로 사

---

7) 그렇지만 (전형적으로 임의적 변화라고 받아들여지는) 어떤 품사 전성은 실제로는 점진적으로 발달하는 것일 수 있다. 특정한 맥락에서 나타나는 형태가 보이는 범주는 불확정적인 것일 수 있기 때문이다(*a fun party*의 *fun*과, §1.2.3의 논의를 참고).

용되는 용례에서 중요한 의미 변화가 일어난다면, 품사 전성을 겪어서 발달한 형태는 다른 단어 형성의 결과물들과 마찬가지로 당연히 어휘화를 수행하게 될 것이다(즉, 기원이 되는 것과 별개로 학습이 되어야 할 것이다). 예를 들어 *God be with you*와 같은 구는 축복에서 작별 인사로 전환이 된 것이다(일종의 탈담화 사례로서 §2.3.1을 보시오). 이 사례는 시간이 흐름에 따라 그 내부의 형태와 의미 간의 동기(motivation)를 상실하게 되고 음운론적으로 축약이 이루어짐으로써 *goodbye*가 되었다(Arnovick 1999: 97ff를 보시오). 이와 마찬가지로 원래는 의존 형식이었던 데서 독립적 어휘의 신분을 얻게 된 사례(예: *pro, ism*)는 어휘화가 아니라 절단이라는 단어 형성 과정을 겪은 것으로 이해될 수 있을 것이다. 단어 형성은 어휘화와 달리(*barn, bailiwick* 참고) 새 상품의 이름(예: *uncola*)에서 알 수 있는 것처럼, 매우 인위적이고 의식적인 과정일 수 있다는 점에 주목하자. 요컨대 단어 형성은 어휘화가 아닌 것이다. 자주 인용되는 단어 형성 유형, 특히나 품사 전성과 절단으로 만들어진 어형들은 어휘화 사례로 인정되지 않는다.

그렇다면 어휘화 사례에 해당한다고 인정되는 것은 무엇인가?

(ㄱ) 융합을 겪은 통사적 구. 동시에 관용화가 수반(*bread-and-butter* '생활 필수품')되며, 때로는 형태음운적 변화(*handicap* '장애, 핸디캡' < *hand in cap*)를 겪기도 함.

(ㄴ) 융합을 겪은 복합어. 이를 테면 *mildew* '곰팡이' < 고대영어 *mele* '꿀' + *deaw* '이슬')

(ㄷ) 음운 창조. 이를 테면 *handiwork* '일, 작품' < 고대영어 *handgeweorc, mayor* '시장' < 라틴어 *major* '위대한' + '-or' 비교급

(ㄹ) 음운론화. 이를 테면 *drink* '마시다'/*drench* '취한'

(ㅁ) 가의적이며 비지배적인 접사^{역자 주 ⑤}를 만들어내는 것. 이를 테면 *-hood* < 고대영어 *had* '계급'

이처럼 다양한 과정을 어휘화의 사례로 만들어 주는 것은 그 결과물이 의미적으로 기능적/지표적/"문법적"이지 않고, 실질적/"어휘적"인 새 형태, 혹은 수정된 형태라는 점이 주로 작용한다. 의미적으로 볼 때, 이런 항목은 그 직접적 기원이 되는 것보다 관용성은 높고 합성성은 떨어진다는 차이가 있다. 또한 형태론적으로는 이들은 융합이 더욱 진전되어 있다. 그리고 생산성의 관점에서 보면 숙주 부류와 연어를 이룰 수 있는 능력이 감소되어 있다.

앞서 어휘화의 함의를 정리하면서 (1)에서 짚었던 것처럼, 단순 차용은 어휘화가 아니다. 그렇지만 일단 차용이 이루어지고 나면, 차용한 언어 내에서 단어 형성 과정이나 어휘화 과정 모두를 수행할 수도 있다. 차용된 단어나 구에서 이루어지는 어휘화의 사례로는 음운 창조(예: 스페인어 *alcoba* '벽감' < 아라비아어 *al* '관사 the' + *qubba* '둥근 홈, 아치')라든지, 융합, 그리고 합성성 소실(예: 영어 *vis-à-vis* '對' < 프랑스어 *vis-à-vis* '면대면', 영어 *window* '창' < 고대노르웨이어 *vind* '바람' + *auga* '눈[目]', 영어 *je ne sais quoi* '그려내기 어려운 속성' < 프랑스어 *je* '나' *ne* '부정(否定)' *sais* '알다—1인칭 복수 현재' *quoi* '것') 등이 포함되어 있다.

4.2.2 문법화

문법화의 정의로 "어휘 항목과 구성체가 일정한 언어적 맥락에서 문법 기능을 수행하는 변화로서 일단 문법화가 이루어지면 새로운 문법 기능을 지속적으로 발달시켜 나간다"(Hopper & Traugott 2003: 18과 본서 §1.4.2를 보시오)가 제시되어 있다. 이와는 약간 다른 이해 방식으로 Himmelmann(2004)이 다음 세 가지 유형의 맥락 확장으로 정의한 문법화가 있다. 숙주 부류 확장, 통사적 확장, 의미·화용적 확장. 이 세 가지 확장 유형 가운데 첫 번째 유형이 Himmelmann의 관점에서 볼 때 어휘화에 대하여 문법화를 정의해 주는 요인이다(2004, 본서 §3.2.1을 보시오).

문법화가 어휘화에 대하여 어떤 관계를 가지는지를 밝히기 위하여 우리는 다음 정의를 제시하고자 한다.[8]

> 문법화는 일정한 언어적 맥락에서 화자가 어떤 구성체의 부분(들)을 문법적인 기능을 가진 것으로 사용하는 데서 일어나는 변화이다. 이렇게 만들어진 문법 항목은 시간이 흐름에 따라서 추가적인 문법 기능을 획득 하거나 그 숙주 부류를 확장함으로써 더 문법적이게 될 수 있다.

우리가 만약 이 정의가 지닌 함의를 탐색하게 되면, 우리는 다음과 같은 사항을 간명하게 관찰하게 된다.

(1) 문법화는 새로운 기능 형태를 생산해 내게 되는 역사적 변화로 파악된다. 문법화는 변화되지 않은 요소를 어휘부에 단순히 도입 하거나 포합시키는 과정이 아니다.

(2) 문법화의 결과, 어휘부 목록에 저장되는 것이면 어떤 것이라도 그 출력이 될 수 있다. 문법화의 출력이 될 수 있는 유형은, 요소들의 단순 나열(*be going toz* '-을 것이-')에서부터 구성체(*let's* '권고' < *let us* '허락 요청', *naught* '영(零)' < 고대영어 *na* '아님' + *with* '아무것'), 어휘 항목(*may* '~일 수 있다' < 고대영어 *magan* '~할 여력을 가지다', *once* '한번' < 고대영어 *an* '한one' + *-es* '부사적 속격'), 문법 항목(부정사 *to* < 전치사 *to*)들이 포함된다. 그렇지만 입력이 되는 항목들은 반드시

---

8) 이 정의에서는 단일방향성 가설에서 함의하는 것처럼, 모든 문법 항목이 꼭 어휘 항목 에 기원을 두어야 함을 필요로 하지 않는다는 점에 유의하자.

의미적으로 일반적인 것이어야 한다.

(3) 일단 문법화가 이루어지고 난 뒤에는 대개 어휘적－문법적 연속체에서 더 문법적인 쪽으로 변화가 추가적으로 이루어지는 경우가 많다(예를 들자면, 추가적으로 이루어지는 통상의 형태음운론적 융합 과정). 이런 추가적인 변화는 문법성의 척도에서 볼 때, "덜 문법적인 것에서 더 문법적인 것으로"의 변화이다(G1 > G2 > G3).

(4) 문법화의 출력은 "문법적"인 것, 즉 기능 형태이다. 문법화가 진행된 사례를 보면, 의미적으로는 실질 의미가 없게 되어 "탈색" 되었다고 할 것도 있고, 심지어 지시 의미를 가지지 못하게 되거나(예: *Did she leave?* '그녀가 떠났나요?'에서 *do*), 의미는 있지만 음운론적 실체가 없을 수도 있다(예: 영 굴절).

(5) 문법화의 출력은 형태적으로 복잡성에 제한이 없다. 형태상으로 볼 때, 문법화의 출력이 되는 항목은 문법적인 구성체나 우언적 구성(G1)에서부터 기능적 단어와 접어(G2), 굴절(G3)까지가 모두 가능하다.

(6) 문법화는 점진적gradual이다. 문법화는 임의적이지 않으며, 아주 작은 단계를, 전형적으로는 중첩이 되면서, 중단 단계를 거치며, 때로는 불확정적인 단계를 거쳐 진행된다는 점에서 그렇다.

(7) 문법화는 전형적으로 숙주와의 융합을 수반한다. 여기에 때로는 음운론적 연쇄가 통합이나 축약을 더하기도 한다. 이를테면, 고대 헝가리어 *vila* '세상' + *bele* '속 + 으로[지향]' > *vilagbele* '세상 속으로' > 현대 헝가리어 *világba* '세상' + '지향격 표지'(Anttila 1989[1972]: 149). 또한 우언적 구성인 라틴어 *(cant)-are habeo* '부정법 + have + 1인칭 단수'의 융합과, 연이어 음운적 축약이 일어나 프랑스어 *(chant)-erai* '1인칭 미래 단수'의 시제 접사가 된다. 융합되고

축약된 형태는 격이나 시제의 계열과 같은 더 일반적인 문법 표지 패턴의 한 부분이 된다. Lehmann(1995[1982])에서는 이 현상을 계열화(paradigmaticization)라고 하였다.

(8) 문법화는 또한 구상적이고 축자적인 의미의 소실(관용화, 탈색)을 수반하는 것이 전형적이다. 그 대신 연계 맥락에서 맥락적으로 도출되는 더 추상적이고 일반적인 의미를 강화하여 결국 의미론화하게 된다(4.2를 보시오).(예컨대 축자적으로는 동작 표현인 *be going to* 가 특정 용법에서 맥락적으로 미래성의 함축을 도출할 수 있었던 것이 두드러지게 된다).

(9) 문법화는 항상 "숙주 확장"을 수반하기 때문에, 이는 또한 패턴과 토큰 생산성을 증대시키게 된다.9)

중심 논점을 재정리하자면, 모든 융합, 또는 음운론적 축약의 사례가 문법화의 사례에 해당하지는 않는다. 그 가운데 기능적 폐쇄 부류 항목을 양산해 낸 경우(예: *be going to, perhaps, instead of*, 독일어 *heure*)만이 문법화로 간주될 수 있을 것이다. 해당 사례에서 축약이 더 진행될수록 활용 체계(계열 paradigm)와 같은 문법 체계의 한 부분이 되는 경향이 농후하다. 융합과 축약을 거친 결과, 개방 부류 항목으로 되는 사례들은 그 과정에서 문법 항목이 소실되는 한이 있더라도 어휘화로 간주되어야 할 것이다(예: *alderman* '자치 의회의 의원' < 고대영어 *eald* 'old' + **-ira* 비교급 + *mann* 'man', 이탈리아어 *lista nozze* [명사+명사] 'list wedding = 결혼식 명단' < *lista di nozze* 'list of wedding' [명사+전치사+명사]).10) 이와 같은 융합의 사

---

9) 적어도 개체 빈도의 변화 현상이 문법화보다 앞서 일어나는지, 문법화 이후에 일어나는지에 관해서는 심대한 논쟁이 전개되었다(이에 관한 다양한 관점에 대해서는 예컨대 Bybee 2003을 보고, Lindquist & Mair 2004의 여러 논문, 특히 Mair 2004를 보시오.).

10) Rossella Tereni와 개인적으로 나눈 대화에 의하면 이들 형태는 첫 번째 명사에 복수를

례는 특이성이 좀 더 커지는 경향이 있다.

4.2.3 언어 변화에서 어휘화와 문법화

단일방향성 가설에 주목하고 문법화에 작용하는 화용적 요인을 감안하면, 문법화는 어떤 면에서는 독특한 변화이며 "정상적인" 언어 변화와는 동떨어진 변화로 보기도 한다. 이런 관점을 취하는 부류에는 1980년대와 1990년대에 많은 생성문법학자들과는 그 연구 방법이 다르다고 주장한 일부 일선 연구자들이 취했던 수사적 입장도 포함된다 (이상의 입장에 대해서는 특히 Newmeyer 1998을 보시오). 그렇지만 문법화에 관해 연구하는 이들이 진심으로 문법화를 특이한 것이라고 여기는지는 의심스럽다. 우리가 앞서 논의한 모든 것을 보건댄, 문법화는(또는 어휘화까지도) 언어 사용과 습득에 주어지는 일반적 제약을 따르는 언어 변화의 하위 유형일 뿐이다. 어휘화는 기존의 형태를 조합하거나 수정하여 주요 부류에 속하는 형태가 되도록 하는 과정이다. 반면 문법화는 주요 단어 부류를 부차적 단어 부류로, 자립 요소를 의존 요소로 변화시킴으로써 기능 형태가 되도록 하는 탈범주화이다. 이 두 변화는 모두 형태·의미 상의 합성성을 감소시키며 융합의 정도를 증가시키게 된다.

본서에서는 어휘화와 문법화 모두에 초점을 두는 관점을 유지해 왔다. 그 까닭은 이들 두 현상이 모두 특정 항목들이 어휘부 목록에 도입되는 데 관련돼 있다는 점, 그리고 그 과정을 통해 어휘부 목록의 구조를 수정하게 된다는 점에 있었다. 여기에는 기능, 생산성, 융합, 통합, 합성성, 실질 의미의 정도와 같은 요인이 관련되어 있었다. 이상과 같

허용하지 않기 때문에(*liste nozze*) 완전한 합성어는 아니라고 한다. 복수 형성을 볼 때, 이들은 L1의 구 쪽의 끝편에 가깝다고 할 것이다(*mothers-in-law* 참조).

이 우리가 초점을 두는 것은 형태통사적 변화 과정으로서 문법화가 지닌 것으로 널리 알려져 있는 제반 측면과 일관성을 유지하고 있는 것으로서, 그 같은 측면을 바탕으로 하고 있다. 본서에서 함께하는 형태통사적 변화 과정이란 보충어 선택 구조의 발달이라든지 형태론적 패러다임의 발달과 같은 것이 해당한다. 어휘화도 이와 마찬가지로 어휘부에 대한 거시적인 관점과 일관되는 것이다. 그 거시적 관점이란 개념 구조와 표현 간에 맺어진 상관관계에서 발생하는 변화와 같은 것으로서, 최근에 이르기까지는 거의 주목받지 못해 온 것이다.

어휘부 목록에 등재된다는 것이 어떤 것인지 개념적 설명을 시도하기 위하여, 우리들은 문법, 음운론, 단어 형성에서 형상화된 일반 규칙을 화자들이 사용한다고 가정한다. 이들 일반 규칙을 사용함으로써 화자들은 여러 항목들이 연쇄되어 만들어진 복합적 언어 표현을 일상화하고, 당시까지 존재하던 형태-의미의 짝을 관용화한다. 이 과정을 통해 개인이 가진 어휘부 목록에 새 단위를 도입하는 개신이 이루어지게 되는 것이다. 이때 이 개신의 "단위들"이 꼭 단일한 형태소여야 하는 것은 아니다. 단위는 통사적으로 분류된 부류의 한 성원일 수도 있고, 음운 연쇄일 수도 있으며, 의미적인 요소일 수도 있는데, 이들 요소는 낱낱의 요소가 하나 하나 변화할 수도 있고 전체가 모두 변화할 수도 있는 것이다. 이 단위는 "어휘적"(지시적/실질적 의미를 지닌 단위)일 수도 있고, "문법적"(기능적/비지시적 의미를 지닌 단위)일 수도 있다. 또 이 단위는 어휘성의 각 단계(L1-L3)에 속할 수도 있고 문법성의 각 단계(G1-G3)에 속할 수도 있다. 언어사용자가 이 단위를 사용하게 되면, 해당 단위는 어휘적/실질적/비생산적인 쪽으로 신분 변화가 진행될 수도 있고("어휘화"), 문법적/기능적/생산적인 쪽으로 신분 변화가 진행될 수도 있다("문법화"). 화자가 이 단위들에 적응하게 되어 가더라도, 화자는 이들 단위를 해당 연속 변이의 끝까지 변화를 진행시켜야 하는 것은 아니라는 점에 유의할 필요가 있다. 즉, 모든 단위가 L3나 G3의 단계까지 변화를 "완결"하지는 않을 것이다. 어휘화와 문법화는 형태가 여러 화자들에게 받아들여질 때(제도화)만 일어난다. 임시어 형성은 배제되는 것이다.

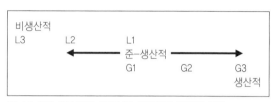

표 4.3 연속 변이에서 어휘성과 문법성의 통시적 변화

변화의 관점에서 볼 때, 화자−청자 간의 상호작용이라는 것은 어휘성이 더 큰 방향으로, 또는 문법성이 더 큰 방향으로 유도되는 것이 전형적이므로, 표 4.2의 양방향 화살표는 표 4.3에서처럼 통시적으로는 단일방향적인 것이다.

4.3 어휘화와 문법화의 "逆轉 현상"

어휘화를 다룬 대부분의 연구 논저들은 어휘화를 문법화의 "거울 모습"이나, 문법화에 대한 일종의 반대 과정과 유기적으로 연관되어 있는 것으로 취급해 왔다(§3.3을 참조). 어떤 형태가 어휘화가 되고 나면, 화자들은 어휘화된 이 형태를 어휘적 신분이 약한 방식으로 사용할 수도 있고, 또 어떤 형태가 문법화가 되고 나면 화자들은 문법화된 이 형태를 문법적인 신분이 약한 방식으로 사용할 수도 있다. 그렇지만 화자들에서 이와 같은 방식으로의 사용 전략이 폭넓게 확인되지는 않는다. §4.2에서 우리가 선택한 연구 방식을 전제로 하면, 그와 같이 일어나는 어휘화 또는 문법화의 역전, 즉 어휘화된 형태를 덜 어휘적인 신분으로 사용하거나 문법화된 형태를 덜 문법적인 신분으로 사용하는 방식을, 종래의 대부분 연구 논저에서 통상적으로 취급해 왔던 것보다 훨씬 더 제한적인 관점으로 다듬어 볼 수 있게 한다.

4.3.1 탈어휘화 / 역어휘화

우리는 §3.3.1에서 어휘적 신분에서 문법적 신분으로의 추이가 문법화라고 파악하였을 때, 이를 때때로 "탈어휘화"(delexicalization, 예를 들면 van der Auwera 2002를 참조)와 대등한 개념으로 취급되어 왔음을 보았다.[11] 그리고 또 다른 대안적 방안으로 문법화를 형태론화와 관련지어 보게 된다면, 탈어휘화는 어휘부에서 형태론으로 옮겨가는 이동으로 파악되어 오기도 했다(예를 들면, Ramat 2001을 참조).

우리는 어휘적 신분에서 문법적 신분으로의 추이는 어휘화의 직접적인 역전 현상이 아니고, 기능상에서 일어난 추이라는 사실을 주장하여 왔다. 그렇기 때문에, 만일 "탈어휘화"가 어휘화의 역전 현상으로서 어떤 유용성이 있는 의미를 가지려면, 이 개념은 어휘성의 연속체 상에서 어휘성이 강한 단계에서 점점 약화되는 단계로 이동하여 가는 변화를 가리켜야만 한다. 즉, L3(단일어) > L2(복합어, 파생어) > L1(고정된 句)로 이동하여 가는 변화여야 하는 것이다. 여기에 또한 합성성 역시 증가되는

---

11) 그러나 Van der Auwera(2002)에서는 탈어휘화가 아무런 개입을 하지 않고도 문법화가 일어날 수 있음을 지적한 바 있다. 이러한 과정을 전형적으로 G2에서 G3로 이행된 제 2차적 문법화라고 할 것이다.

변화도 수반하여야 한다. Haspelmath가 사용한 용어 "역-문법화" (antigrammaticalization, 위의 §3.3.2와 다음에 오는 §4.3.2를 참조)를 원용하여, 우리는 이와 같은 어휘화의 역전 현상에 **역-어휘화**ANTILEXICALIZATION라는 용어를 사용하려고 한다.

이러한 역-어휘화와 같은 변화는 관찰하기 어렵지만, "민간 어원"이 여기에 그 한 예를 제공하여 준다(Lehmann 2002를 참조). §3.2.2에서 논의한 바와 같이, 민간 어원은 다른 언어에서 차용되어 왔거나, 아니면 해당 언어에서 소실이 일어나서 형태 구조와 의미 구조가 공시적으로 불투명해진 어떤 형식에 대하여, 화자들이 이를 다시 해석하여 투명하게 되는 현상을 말한다. 민간 어원은 그 이전에 분석해 낼 수 없었던 단일어를 분석할 수 있는 복합어로 만들어 낸다. 그리하여 의미는 합성적인 성격이 훨씬 더 강하여지고, 음성 형식에 일어난 변화는 형태론적 구조를 증가시키게 되어, 형태론적 합성성이 증가하게 된다. 예를 들면, 고대영어 *angnœgl*(< 고대영어 *ang* '고통스러운', 독일어 *Angst* '두려움, 불안'을 참조)이라는 단어의 첫 부분은 원래 불투명했었는데, 이것은 알려진 단어 *hang*과 유사하게 바뀌지게 되고, 새 형식과 새 의미를 갖게 되어 다시 투명하게 되었다. 즉, 기원적으로 원래 합성어가 민간 어원을 거쳐 *hangnail* '손거스러미'로 전환됨으로써 다시 합성어적 구조를 갖게 된 것이다.

역-형성back formation의 몇몇 사례들도 역-어휘화의 반열에 오를 수 있다. 역형성은 분석할 수 없는 형태에 형태론적 구조를 부여하게 되고 이어서 의미 합성성을 획득함으로써 형성된다. 예를 들면, 동사 *jell* '젤리 모양으로 되다, 굳어지다'은 *jelly*(<중세영어 *gelee* '젤리, 우무')가 *jell* + *-y*(고대영어 *-ig* > 현대영어 *-y*의 과정을 거쳐 *sleepy*에서 사용된 것과 같은 형태로 잘못 분석하여)로 분석하여 만들어져 나온 것이다. 이렇게 역형성된 *jell*은 '일정한 꼴을 갖추다'와 같은 새로운 의미를 획득하게 되었다. 이와 비슷하게, *burger* '버거'라는 단어도 *hamburger*(원래는 소고기를 갈아 만든 스테이크, 거슬러 올라가면 독일어의 *Hamburger* '함부르크 사람/것'에서 온 말)에서 역형성된 것인데, *Ham* + *burger*와 같은 형태 분석이 된 결과인 것이다. 이와 같이 역형성되어 나온 *burger*는 '둥근 빵과 조리한 쇠고기 전으로 만든 샌드위치'라는 의미를 갖게 되었으며, *cheeseburger* '치즈버거', *fishburger* '생선버거', *mushroomburger* '버섯버거' 등과 같은 합성에도 참여하는 생산적인 요소가 되었다. 끝으로, *alcoholic* '술의, 음주의'이라는 단어도 *alc* + *-oholic*으로 잘못 분석되면서 여기서 새롭게 만들어져 나온 파생 형태 *-aholic/-oholic*는 '무엇에 중독된, 또는 정말로 무엇이 필요한'과 같은 의미를 갖게 되었다. 그리하여 이 파생 형태를 매개로 *workaholic* '일 중독', *chocoholic* '초콜릿 중독' 등의 단어가 만들어져 나오게 된 것이다. 이러한 예들은 L3 > L2로의 추이를 나타내는 것으로 보인다. 메타언어적 용법이 쓰이는 맥락에서 일어난 개신들 가운데 몇몇도 대중들에게 광범위하게 퍼져 있는데, *history* '역사' > *herstory* '여성적 관점에서 본 역사', *revision* '수정' > *re-vision* '재검토, 다시보기'와 같은 단어들은 L3 > L2에 속하는 예들로 간주된다. L2 > L1으로의 추이가 일어나는 대부분의 보기들은 대화 가운데 즉흥적으로 얼핏 일어나는 장난스러운 표현(*off the wall* '엉뚱한, 미친'과 같은 관용어를 맥락에 따라서 글자 그대로 또는 비유적으로 해석하거나 구사하는 것과 같은)이지만, 제도화까지는 진척되지 않은 변화에 해당하는 것이다.

4.3.2 탈문법화 / 역문법화

우리가 §3.3.1에서 살펴본 바와 같이, 어휘화는 종종 문법적 신분에서 어휘적 신분으로의 추이와 대등하게 취급되어 왔으며, 부분적으로 혹은 전체적으로 탈문법화와 연결되어 왔다. 예를 들면, van der Auwera (2002)는 (어휘화가 문법화의 관여 없이도 출현할 수 있음을 지적하기는 하였지만) 어휘화를 "광의의 탈문법화"의 일부로 파악하였다. 그리고 Ramat(2001)는 형태론에서 어휘부로의 이동을 탈형태론화와 (탈문법화와 같다고 본) 어휘화를 아우르는 과정으로 간주하였다. 그러나 거기서 인용된 많은 예들은 우리가 제시한 설명의 틀에서 보면 "역전"으로 간주될 수 없는 것들이다. 그 까닭은 이러한 예들이 점진적인 변화가 아니기 때문이다(예: 펜실베이니아에서 사용되는 독일어 *wollte*의 품사 전환, 또는 *-ism > ism, ex- > ex, pro- > pro(s)*와 같은 절단어).

우리는 Haspelmath(2004)가 사용한 **역문법화**ANTIGRAMMATICALIZATION라는 용어를 받아들여 사용하되, 문법화의 역전 현상은 문법성의 정도를 나타내는 연속체에서 문법적 신분이 강한 상태에서 약한 상태로 점진적으로 이동하여 가는 변화에만 국한하여 사용할 것을 주장한다. 즉, G3(굴절) > G2(접어, 기능어) > G1(우언적 표현)으로 점진적 변화가 이루어지는 경우에만 역문법화라고 하자는 것이다. 이런 변화 유형은 해당 형태가 자립성이 증가하고 흔히 생산성이 아주 높았던 데서 半-생산성으로 감소하게 되는 결과를 초래한다. 이러한 현상은 van der Auwera(2002)가 "협의의 탈문법화", 또는 문법 기능이 높은 정도에서 낮은 정도로의 이동이라고 파악한 것과 같은 것이다. 역문법화의 예는 상당히 드물다. 영어와 스칸디나비아어에서 속격으로 쓰이는 *-s*(G3 > G2)가 굴절어미에서 접어로 변화한 "접어화"와, 에스토니아어 *-es > es*, 그리고 아마도 중세영어 *-tow/-tou > thou* '당신'(§2.4를 참조)의 사례에 나타나는 "탈접어화" 또는 접어가 독립적 단어로 추이가 일어난 흔치 않은 보기들이 그러한 예에 속한다.

역문법화는 학자들이 때로 주장하는 바와 같은 문법 범주의 탈락을 포괄하지 않는다(종종 이런 주장이 제기되는데 Ramat 1992를 보시오). 또한, 역문법화는 Páez Urdaneta(1982)에서 주장하는 것처럼, 명제 층위 또는 텍스트 층위에서 기능을 상실하는 현상을 가리키지도 않으며, 대화 층위에서 새로운 기능, 즉 언어 수행 기능이나 사회언어학적인 말의 스타일상의 기능이 새로 생기는 현상을 가리키지도 않는다. 이러한 것은 나중에 우리가 논의하겠지만, 사실상 문법화에 해당하는 기능들이다(부사구가 담화 기능의 표지로 기능을 발휘하는 문법화에 대해서는 §5.5를 참조).

역문법화와 역어휘화는 그림 4.1에 도식으로 정리하였다.

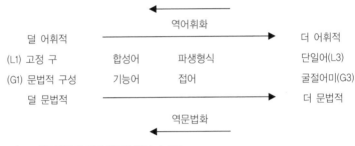

그림 4.1 역문법화와 역어휘화의 형성 순서도

4.4 어휘화와 문법화 간의 유사성의 정도

그렇다면, 우리가 지금까지 위에서 서로 상호 보완적인 과정으로 묘사하여 온 어휘화와 문법화는 어느 정도까지 유사한 것이며, 동시에 어느 정도까지 이들은 상이한 것일까? 이들 과정을 거쳐 나온 출력(형태와 의미가 어휘적이냐 문법적이냐 하는)을 제외하면, 무엇이 어휘화와 문법화를 구분해 주는가?

4.4.1 유사성

§4.2에서 제시한 바와 같이, 포괄적으로 추상화시켜 보자면 어휘화와 문법화는 비교적 두드러진 유사성이 있다. 그러나 훨씬 더 정밀하게 관찰하여 보면, 이와 같은 유사성들은 이 두 과정이 수행하여 나온 결과에서 보이는 중요한 상이점들을 잘 나타내 주지 못하고 있다. 어휘화와 문법화는 둘 다 공통적으로 다음과 같은 과정을 수행한다.

(ㄱ) **점진성**(§1.4.2를 참조).

(ㄴ) **단일방향성**(§3.2.1을 참조). 융합(아래의 ㄷ 항목)과 통합(아래의 ㄹ 항목)은 둘 다 단일방향성을 지향하게 하는 중요한 요인들이다. 그러나 이러한 과정을 통해서 어휘화는 실질 의미가 더해지는 쪽으로, 문법화는 추상적, 기능적 의미가 더해지는 쪽으로 변화한다.

(ㄷ) **융합**. 어휘화에서 융합은 연어적 배열 구조를 동결하고 고정한다. 예: *strike a balance* '타협하다', *hit the mark* '적중하다, 목적을 달성하다'. 마찬가지로 문법화도 연어를 동결하고 고정한다. 예. *take a {walk, bath, bite, fall, look, nap}* '산보를 하다, 목욕을 하다, 먹으려고 집어 들다, 유죄판결을 받다, 쳐다보다, 낮잠을 자다'

(ㄹ) **통합**. 통합은 융합이 일어난 이후에 분절음들이 축약, 감소되는 현상이다. 어휘화의 경우에 통합은 통상적으로 음운론적인 축약으로 진행되는 경향이 있으며, 음운 창조(*alderman* '시의회 의원')와 음운론화(*sit —set*)에서와 같은 불규칙적인 형성으로 진행되는 경향이 있다. 그 반면에, 문법화의 경우에 통합은 형태의 축약(예. *want to > wanna*)으로 진행되는 경우와, 활용 패러다임처럼 규칙성을 띤 패턴으로 진행될 수 있다. 통합을 문법화에 연결 지으려

는 연구 논저들이 자주 있으나(예: Bybee, Perkins & Pagliuca 1994), 앞 절에서 우리가 제시한 충분한 설명을 바탕으로 하면, 이 통합의 과정이 여기서 정의한 어휘화에서도 적어도 그에 못지않은 중요한 역할을 함에도 불구하고(아울러, Lehmann 2002, Lipka 2002[1990], Himmelmann 2004도 참고), 영향을 입은 결과는 서로 상이하게 나타난다는 결론을 우리는 이끌어 낼 수밖에 없다. 문법화는 체계적 활용 체계에 참여하거나 이러한 체계가 이루어지도록 할 수 있기 때문에 零-형태로까지 되는 경우가 있지만, 어휘화는 결코 그럴 수 없다.

(ㅁ) **탈동기화**. 관용화, 또는 의미 합성성의 상실. 이러한 과정들은 단일방향성에 참여하는 또 다른 요인들이기도 하다. 어휘화의 경우에, 합성성이 상실됨에 따라 의미적 특수성, 실질 의미적 내용, 그리고 특이성을 증가하는 방향으로 진행되는 경향이 있는 반면에, 문법화는 일반적이고 추상적인 문법 의미가 강화되는 방향으로 나아간다.

(ㅂ) **은유화와 환유화**. 의미 변화의 일반적인 종류인 이 두 과정은 어휘화와 문법화에 깊숙하게 관여하고 있다고 알려져 왔는데, 때때로 매우 상이한 의미로 해석되었다. 문법화는 주로 은유에 의해서 일어난다고 보는 견해(특히 Claudi & Heine 1986와, Heine, Claudi & Hünnemeyer 1991을 참조)가 있었던 반면, 주로 환유에 의해서 일어난다고 보는 견해(예를 들면, Brinton 1988, 그리고 Traugott & König 1991을 참조)도 있어 왔다. Heine, Claudi & Hünnemeyer (1991)에 따르면, 여기에 관련되는 은유는 사람 > 대상 > 행위 > 공간 > 시간 > 속성과 같이 추상성의 척도(48쪽)에 따라서 배열된 매우 일반적인 "경험에 근거한 은유"(50쪽)이다. 이와 같은

은유적 범주들의 배열은 "단일방향적이며 … 인간의 경험에 잘 접근하기 어려운, 훨씬 더 추상적인 개념을 나타내기 위해서 인간의 경험에 훨씬 더 직접 접근할 수 있는 개념을 이용하는 '은유적 추상성'이라는 용어로 규정된다(1991: 51). 예를 들면, 미래를 나타내는 표현(시간)은 *be going to*에서와 같이 장소로 향하는 동작(공간)으로 빗대어 개념화된다. 여기서 은유를 통해 거쳐가게 되는 범주들은 맥락에서 일어나는 환유적 확대에 의한 변화의 절차를 거쳐서 연계된다(1991: 73-74).

맥락 안에서 문법 표지가 발달하는 데 결정적인 역할을 하는 "개념적 환유"와 함축의 유형들에 대한 훨씬 더 특정적인 설명이 "의미 변화에 대한 환기된 추론 이론"으로 전개되어 나왔다 (Traugott & Dasher 2002; 범주간의 연계에 대해서는 Enfield 2003을 동시에 참조). 이 이론은 은유는 일반적으로 의미의 화용론적 확대의 결과이며, 화자와 청자가 의사 교환을 하는 상황에서 폭넓게 수용되어, 결과적으로 의미화된다는 요지이다(대부분의 은유가 환유적 기반을 보여준다는 사실에 대해서는 Barcelona 2000에 수록된 많은 논문들을 참조).

어휘화와 문법화를 가장 뚜렷하게 구분하려는 시도로, Moreno Cabrera(1998)은 문법화를 주로 은유를 거친 과정으로 설명하는 Heine, Claudi & Hünnenemeyer(1991)의 이론을 바탕으로 하여, 문법화는 은유적 변화를, 그리고 어휘화는 환유적 변화를 거쳐 나온 현상으로 파악하였다. 그는 어휘화에 대해서 "환유적 구체화 위계(Metonymical Concretion Hierarchy"를 가정하였는데, 이것은 Heine, Claudi & Hünnemeyer(1991)에서 문법화에 대해서 설정한 "은유적 추상화 위계Metaphorical Abstraction

Hierarchy"의 影像 모습인 것이다(1998: 216).

우리가 대부분의 은유는 환유에 기반을 두고 있다는 통찰력을 잠시 제외한다고 하더라도, 이와 같은 극단적인 대조는 문제가 있다. 그 중 한 가지의 문제는 Moreno Cabrera(1998: 214)에서는 매우 한정된 변화 유형들만을, 즉 "통사론의 단위들을 가지고 어휘 항목들을 만드는 과정"만을 어휘화로 하였다는 데 있다. 이에 해당하는 예들은 (1) 생략을 거쳐 이루어지는 어휘화(215-216쪽)(예. 스페인어 *el bigotes* '코밑수염(을 기른 사람)', *el corneta*(남성) '나팔수' < *la corneta*(여성) '나팔'. 이러한 과정은 아마도 *el de la corneta* '나팔을 갖고 있는 사람'의 단계를 거쳐서 이루어진 것 같다. 이에 대해서는 §2.1.4를 참고하시오). 그리고 (2) '물망초'를 뜻하는 영어의 *forget-me-not*과 스페인어의 *nomeolvides* 'not-me-forget'를 명칭으로 표현하기 위해서 '잊지 마오'라는 句를 몇몇 유럽어에서 어휘화시킨 사례(217쪽)들이다. 우리의 관점으로 보면, 생략은 어휘화 과정이 아니라 단어 형성 과정이다. 그리고 *forget-me-not*과 같은 용어가 보여주는 부류는 어휘화가 환유에 바탕을 두고 있다는 주장에 타당성을 부여하지 못한다. Moreno Cabrera(1998: 225-226)에서는 자신이 인용한 어휘화의 유형들을 "심하게 맥락 의존적"인 것으로 간주하며, 다음과 같은 결론을 제시한다. "그러므로 구상화와 중의성은 맥락 의존적 요소들이 지닌 두 가지 주요 특질이기 때문에, 이 두 가지는 어휘화 과정에서 주요한 역할을 하게 될 것이다."

우리가 앞에서 살펴본 것처럼, 어휘화와 문법화는 둘 다 매우 맥락 의존적이다. 어휘화가 환유(그리고 결과적으로 은유)를 수반하는 과정인 한에 있어서 구상성은 맥락 의존성에서 나오는 것이 아니라, 어휘화가 해당 언어의 실질 의미, 내용 지시적 의미의 쪽으로 옮겨가는 현상을 수반한다는 사실에서 나오는 것이다. 어휘화와 문법화 둘 다의 과정에서 환유화와 은유화라는 술어를 사용하는 것이 적절하지만, 여기에 각각 반드시 동일한 유형의 환유와 은유가 환기되어야 할 필요는 없다. 어휘화에서의 환유는 관습과 백과사전식 지식에 근거하는 경향이 더 강하다(*forget-me-not*을 참조). 문법화에서 환유는 훨씬 더 엄밀하게 언어적인 의미(*be going to*를 참조)에 의해서 일어난다.

4.4.2 상이점

어휘화와 문법화는 위에서 개략적으로 살펴본 것처럼 강하게 또는 약하게 상호 연관되어 있다. 그렇지만, 이들은 아래에 제시하는 몇 가지 항목에서는 서로 상관관계를 거의 맺고 있지 않다.

(ㅅ) **탈범주화.** Hopper(1991: 22)는 탈범주화를 형태들이 명사와 동사 등과 같은 충실한full 범주들이 가지고 있는 형태 표지와 특징적인 통사적 속성을 상실하거나 지워버리고 … 형용사, 분사, 전치사 등과 같은 이차적 범주의 특징인 속성들을 취하는 현상으로 정의내린 바 있다.12) 탈범주화는 어휘 항목을 기능적이게 바꾸어 주는 기제인 까닭에, 문법화를 규정짓는 속성이다. 탈범주화가 품사 전환(참고, *fun* 명사 > 형용사), 합성과 같은 특정한 단어 형성 부류, 그리고 어휘화의 입력이 되는 여러 과정에서도 탈범주화가 일어날 수 있기는 하지만, 탈범주화는 일반적으로 어휘화의 특징이 아니다.

　　우리는 융합(위 ㄷ 항목)과 탈범주화가 "재분석"으로 알려진 좀

---

12) 그러나 Hopper(1991)가 "이차적" 범주에 형용사를 포함시킨 것은, 적어도 대부분 유럽어들의 관점에서 보면 문제가 있다.

더 큰 통시적 변화 기제에 속하는 특정한 하위 유형이라는 점에 주목할 필요가 있다. 융합은 Harris & Campbell(1995: 61)에서 재분석을 규정하면서 확인한 "결속성cohesion"이라는 유형에 해당한다. 탈범주화에는 재분석 이외에도, 세 가지 다른 하위 유형들이 포괄된다. 즉, 구성성분성의 변화, 위계적 구조의 변화, 그리고 범주 표지의 변화.13) 일부 언어 학자들은 재분석을 문법화와 동일한 것으로 간주하려고 하기도 한다(예. Roberts 1993a). 모종의 재분석이 없이 문법화가 일어나지는 않기는 하지만, 문법화와 재분석이 동등한 것은 아니다(Haspelmath 1998, Detges & Waltereit 2002, Hopper & Traugott 2003: 58-63).14) 예를 들면, 절단어 형성은 재분석의 한 가지 사례이지만, 그것은 문법화의 사례가 아니다.

또 다른 학자들은, 문법화를 재분석에 해당하는 모든 현상과 동등하게 보려고 하지 않더라도, 또는 재분석의 어느 특정한 하위 유형과 동등한 것이라고 보려고 하지 않더라도, 구 경계라든지 형태론적 경계가 삭제되어 융합이나 음성적 축약으로 전개되는 현상(예. *hafta* < *have to*)은 문법화, 또는 적어도 문법화의 후기 단계의 원형적 모습이라고 간주하기도 한다(Bybee, Perkins & Pagliuca 1994). 그러나 숙주에 음운론적으로 유착이 이루어진다는 의미로서의 융합은, 그것은 문법화의 필요조건이 아니다(*where*

---

13) Harris & Campbell(1995)은 문법 관계에서 일어난 변화를 재분석의 다섯 번째 유형으로 제시하였다. 그러나 이에 대해서는 여기서 다루지 않는다.
14) Haspelmath(1998)에서는 문법화에 재분석이 필요하지 않다고 주장한다. 그렇지만 그는 재분석을 제한적으로 정의함으로써 범주 변화가 재분석이라고 치부하고, 문법화가 중의적인 단계를 수반하지 않는다고 주장하였다. 그러나 우리는 그와 같은 중의적인(또는 "연계") 단계가 문법화의 전형임을 제시해 왔다.

*are you at?*에서 문말 위치에 좌초한 전치사 *at* 참고). 또한, 음운론적 축약 역시 문법화의 필요조건이 아니다. 영어에서 본동사에서 조동사가 만들어져 나올 때(예: *must, may*), 본동사의 어간에 아무런 음운론적인 축약이 일어나지 않았다. 따라서 우리는 문법화가 범주 신분의 재분석(탈범주화)과 구성성분의 변화를 꼭 수반하는 것은 아니라고 결론지어야 한다. 즉, 문법화는 여기서 규정한바, 형태론적 및 음운론적 통합이라고 정의되는 융합을 수반하지만, 이를 필수적으로 요구하지는 않는다.

(ㅇ) **의미 탈색**. 문법화는 적어도 그 후기의 단계에서 의미의 탈색(의미의 일반화를 통해서 약화, 특히 실질적 의미가 상실되는 경우가 대부분이다)이 일어나는 것으로 흔히 규정된다. 이와 대조적으로, 어휘화의 특징은 의미가 구상화되는 사례가 대부분이다(구상적 의미의 첨가). 그러나 어떤 어휘 항목들은 실질 의미를 상실하고 화용론적 의미를 획득하게 되는 경우도 있다. *you dog*의 예와 같이 상대를 모욕할 때 동물 이름을 사용하는 경우가 그러하다. 문법화를 수행할 수 있는 항목들은 상당히 일반적인 의미를 보유하게 되는 경향이 강하다(예: '것', '가다' '오다', '뒤' 등을 나타내는 표현). 그 반면에, 어휘화를 수행하는 항목들은 매우 전문화된 의미를 갖게 되는 사례가 흔하다(예: *black market* '암시장'). 그러나 탈색이라는 말 자체는 잘못된 개념이라는 사실을 주목할 필요가 있다. 즉, 문법화에서 실질 의미가 축소되거나, 심지어 상실될 수는 있으나, 여기에 화용론적 및 지표적 의미가 첨가된다(Hopper & Traugott 2003: 94-98). Sweetser(1988: 392)에서는 다양한 언어에서 *go*가 미래 표지로 발달하여 가는 과정과 관련하여 다음과 같은 언급을 하였다. "*go*가 물리적 이동의 의미를 상실하게 된다(그러

한 동작과 관련되어 있음직한 배경 추론도 함께 사라진다). 그러나 여기에 미래의 예측 또는 의도라는 새로운 의미가 여기에 연관돼 있음직한 배경 추론과 함께 생겨나게 되는 것이다".

(ㅈ) **주관화**. 문법화의 많은 사례들은 주관화를 수반한다고 알려져 왔다. 주관화는 화자가 상황을 평가한 것을 의미로 정착시키는 것이다(§1.4.2를 보시오). 문법화에서 추상성은 강화되고 지시성은 떨어지는 표지로의 이동이 일어나는데, 이때의 '표지'가 갖는 주된 기능은 해당 상황에 대한 화자의 관점을 드러내고 다른 것/사람들이 여기에 관련되도록 하는 것이기 때문에, 주관화가 문법화를 규정하는 속성이라는 것이 필수적이게 된다. 무척 잘 알려진 예 가운데 하나는 *must*에서 일어난 변화(-어야 한다 > -임에 틀림없다)에서처럼, '의무'를 나타내는 (의무) 양태에서 '결론'을 나타내는 (인식) 양태로 이동해 간 주관화이다. 그러나 주관화는 문법화에만 특유하게 일어나는 것은 아니다(*promise*와 같은 어휘 항목의 화행동사의 의미로 발달한 사례를 참고)(Traugott & Dasher 2002). 그렇지만, 어휘화는 구상적이고 지시적 의미와 관련되는 것이 규정적 속성이기 때문에 주관화는 어휘화의 전형적 특질이 아니다.

(ㅊ) **생산성**. 문법화되는 항목들은 공기하게 되는 범주들의 수가 대 단위로 증가하게 된다는 점에서 문법화 항목은 생산성이 늘어나게 된다. 즉, 유형 빈도가 늘어나게 되는 것이다. 그리하여 문법화를 거치면서 각 패턴은 생산성이 낮은 방식에서 그것이 증가하는 방식으로 이동하게 된다(Lehmann이 제시한 "계열화(paradigma-ticization)"와, Himmelmann의 "숙주 부류 확장"을 보시오). 이와 대조적으로, 어휘성이 증가한다는 것은, 단어나 형태소 간의 경계가

분명하지 않게 되어서 어휘 항목이 분석 불가능하게 되는 현상을 가리키는 것인데, 그 결과 패턴의 생산성이 감소하게 된다 (§1.2.4를 보시오).

(ㅋ) **출현 빈도.** 문법화를 수행하는 항목들은 "사용되는 맥락이 늘어나고, 쓰이게 되는 어휘 항목의 집합도 더 늘어나게 된다". 그렇기 때문에, 문법화하는 항목들은 언제나 이들의 원천이 되는 어휘 항목들보다 더 높은 개체 빈도수를 보이게 된다(Himmelmann 2004: 37). 그렇지만 어휘화에서는 숙주 부류의 확장이나, 맥락의 일반화가 일어나지 않기 때문에, 개체 빈도수는 늘어날 것으로 예상되지 않는다.

(ㅌ) **유형론적 일반성.** 문법화 패턴은 여러 언어에서 되풀이하여 출현하는 경향을 보인다(Bybee, Perkins & Pagliuca 1994, Heine & Kuteva 2002). 그리고 문법화 패턴은 전체 의미 부류에 영향을 끼칠 수 있다. 예를 들면, 신체 부분을 나타내는 표현은 격 표지로, 의도성을 나타내는 동사들이 양태 표지로, 동작 동사들이 미래 표지로 된다. 어휘화는 일개 언어, 또는 기껏해야 어떤 지역에만 특수하게 한정될 가능성이 높다는 점에서, 또한 체계적인 영향을 발휘하지 않는다는 점에서, 불규칙적인 성격을 갖고 있다.

4.5 결론

이 장을 어휘화와 문법화 간의 유사성의 정도를 보여주는 표 4.4로 요약하려고 한다.

어휘화는 분명히 문법화보다 위에서 열거한 언어적 과정의 다양한 유형에 의해서 받는 제약이 훨씬 적다. 정확히 문법화는 왜 그렇게 제약을 받고, 동시에 모든 언어에 걸쳐 체계적으로 일어나는가 하는 질문에 대한 답은 문법적 항목들이 갖고 있는 기능에서 모색되어야 할 것이다. 앞선 장에서 언급한 바와 같이, 문법 항목들은 매우 추상적이고 도식적인 표지이기 때문에, 이것들의 주된 기능은 어떤 상황에 대한 화자의 관점을 드러내는 것이거나, 다른 사람들을 이와 관련되게 하는 것이다. 그렇기 때문에, 그와 같은 추상적이고 도식적인 문법 기능을 나타내는 데 사용하기 위해서 어떤 어휘 항목을 문법화의 입력으로 채택하려고 한다면, 먼저 그 어휘 항목은 반드시 내용에 있어서 비교적 일반적인 속성을 갖고 있어야 하거나, 아니면 그러한 특수하지 않은 속성으로 전화되어야 하는 것이다.

	어휘화	문법화
ㄱ. 점진성	+	+
ㄴ. 단일방향성	+	+
ㄷ. 융합	+	+
ㄹ. 통합	+	+
ㅁ. 탈동기화	+	+
ㅂ. 은유화/환유화	+	+
ㅅ. 탈범주화	−	+
ㅇ. 의미 탈색	−	+
ㅈ. 주관화	−	+
ㅊ. 생산성	−	+
ㅋ. 빈도수	−	+
ㅌ. 유형론적 일반성	−	+

'+' 해당 특성을 보임   '−' 해당 특성을 보이지 않음

표 4.4 어휘화와 문법화 간의 유사성

예전의 오래된 의미와 새로운 의미가 동시에 출현할 수 있는 중의적

인 연계 맥락은 문법화의 불가결한 전제이다. 그와 같은 맥락에서 문법화될 잠재적 가능성을 갖고 있는 항목은 비교적 특수하지 않은 의미를 갖고 있어서, 그리하여 해당 맥락의 화용론에 의하여 그 의미가 풍부해질 수 있게 된다. 연계 맥락에서 나온 맥락의 화용론이 언어사회에서 세력을 얻게 되면, 화자들은 여기에 상이한 의미와 구조를 실어 전달하게 되고, 청자들은 그러한 의미와 구조를 파악하게 된다(재분석). 만일 이와 같은 개신이 이와 약간 유사한 다른 새로운 맥락으로 전파되며(유추에 의한 숙주 확장), 다른 화자들이 이것을 채택하게 되면(제도화), 여기에 변화가 출현한 것이다.

새로운 숙주로의 확장은 유형 빈도수/생산성에 증가를 가져오며, 동시에 개체 빈도수를 확대시키게 된다. 이와 같이 증가된 개체 빈도수는 더 계속되는 문법화의 결과인 동시에 촉진제인 것이다.

5.0 도입

이 장에서 우리는 어휘화와 문법화 간에 존재하는 회색 지대를 살펴볼 수 있는, 영어사의 몇몇 사례를 논의해 보고자 한다. 먼저 영어 현재분사가 형성되는 과정으로 시작하여(5.1), 다단어 동사(5.2), 합성 술어(5.3), -ly 부사(5.4), 담화 표지(5.5)를 차례로 살펴보려 한다. 몇몇 특정한 문제는 남겨두더라도 가능한 한 해결안도 제시하게 될 것이다.

5.1 현재분사

분사는 흔히 그 형태가 다양한 기능을 하는 까닭에 어휘화와 문법화를 논의하는 데서 종종 등장한다. 우리는 그런 사례를 이미 두 가지 든 바 있다. 그 하나는 라틴어의 현재분사가 이탈리아어의 파생접사로 발달했을 수 있는 가능성(§3.3.1에서 인용한 Luraghi 1998을 보시오)이요, 나머지 하나는 영어 동사에서 어말에 *-ing*가 붙어 전치사로 발달해 가는 연속 변이가 그것이다(§4.1). 이 장에서는 영어에서 *fascinating* '매혹적인'과 같은 현재분사형 형용사(PrP Adjs)와 관련한 문제, *during* '-는 동안'과 같은 현재분사형 전치사와 관련한 문제, *concerning* '-에 관한'과 같은 접속사(Conj)와 관련한 문제, *piping hot* '펄펄 끓는'에서의 *piping*과 같은 정도 부사와 관련한 문제를 간략히 점검해 보고자 한다.[1]

현대영어의 다음과 같은 사례에서 동사 형태와 현재분사 형용사 간의 대조는 일상적으로 보아 왔던 것이다(Huddleston & Pullum 2002: 80-81[2]을 보시오).

> (1) ㄱ. They were **entertaining** the kids with their puppets. (동사의 활용형)
> 　　그 사람들은 인형을 가지고 아이들을 **즐겁게 해 주고** 있다.
> 　ㄴ. They were very **entertaining** puppets. (현재분사 형용사)
> 　　그 사람들은 아주 **재미있는** 꼭두각시이다. 이것들은 **재미있는** 인형들이다.

반면

> (2) Anne was **entertaining**.
> 　앤은 (누군가를) **즐겁게 해 주고** 있었다.
> 　앤은 **재미있었다**.

---

1) 과거 분사에도 이와 유사한 방식으로 논의가 전개될 수 있다. *broken*이 수동태문 *The door was broken by the vandals*에서는 동사로, *The door looked broken to me*에서는 형용사로 쓰이는 데 반해서, *Given the disagreement ..., Given that there is disagreement...*와 같은 구문에서는 *given*(혹은 *granted*)이 전치사, 접속사로 쓰일 수 있는 점을 참고할 수 있다.

2) 현재분사 형용사를 다룬 Huddleston & Pullum(2002)의 3장 "동사"는 Rodney Huddleston이 주로 집필한 부분이다.

은 Anne이 손님들을 즐겁게 하고 있었을 수도 있고(동사의 활용형), Anne이 즐거워 보였을 수도 있다(현재분사 형용사)는 점에서 중의적이다. 현재분사 형용사는 동작상적인 개념이 구현되어 있지 않지만, 동사의 활용형에는 동작상적 개념이 구현되어 있다. 현대영어의 동사 활용형은 목적어와 보충어를 가질 수 있는 데 반해서(1ㄱ, 3ㄱ), 현재분사 형용사는 이런 성분을 가질 수 없다. 현재분사 형용사가 보충어를 가지려면 전치사가 있어야 한다(3ㄴ).

(3) ㄱ. You're fascinating us. (동사의 활용형)
　　 당신은 우리 마음을 사로잡아요.
　 ㄴ. The puppets are fascinating to us. (현재분사 형용사)
　　 우리는 이 인형이 매력적이다.

또한 동사 형태인 활용형과 달리 대부분의 현재분사 형용사들은 (1b)에서처럼 *very*가 앞에서 수식할 수도 있고, *seem*이 선행할 수도 있다(*the puppets seem fascinating*). 현재분사 형용사에는 파생 접사가 결합할 수도 있다(예: *unentertaining, entertainingly*). Huddleston & Pullum(2002: 1644)에서는 현재분사 형용사가 품사 전환의 사례에 속하지만, 품사 전환된 형태가 굴절된 형태라는 점, 품사 전환 과정이 여느 품사 전환보다 "훨씬 더 생산적"이라는 점에서 평범하지 않은 유형이라고 설명한다. 같은 책 (610쪽)에서 *during*과 같은 현재분사 전치사도 품사 전환을 통해 만들어졌다고 설명한다.

　분사형 형용사는 대부분 "심리 동사"와 함께 나타난다는 점에 유의하기로 한다(심리동사 목록은 Levin 1993: 189-190을 보시오). *amuse* '즐겁게 하다', *entertain* '즐겁게 하다', *fascinate* '매혹하다'와 같은 심리동사는 심리 상태의 변화를 초래하는 원인/자극을 주어로 하고 경험주를 목적어로 하는 타동사로 두 자리 서술어이다(Levin 1993: 191). 그밖의 심리동사들은 심리적 의미 외의 다른 의미(대개는 더 구상적인 원천적 의미)를 다의로 갖지 않는다. 이런 심리동사들은 명사구를 수식하는 동사 형태로 쓰일 수 있다. 그렇지만 현재분사 형용사 형태는 심리동사적 의미일 때만 가능하다. *revolt* '반발하다/혐오감'의 다의적인 *V-ing* 형태의 짝을 검토해 보면 이런 제약을 확인할 수 있다.[3] '반항적인'이라는 의미를 가질 때는 *very*(4ㄱ)나 *seem*(4ㄴ)이 올 수 없는 동사 형태이다. 그렇지만 '역겨운'이란 의미를 가질 때는 현재분사 형용사로서 *very*나 *seem*이 올 수 있다.

> (4) ㄱ. The **revolting** students picketed the President's office. (동사 형태, 또는 현재분사 형용사)
> **반항적인/역겨운** 학생들이 총장실을 봉쇄하였다.
> ㄴ. The students/sandwiches seemed **revolting**. (현재분사 형용사)
> 학생들/샌드위치가 **역겨워** 보인다.

수식 기능을 하는 동사의 활용형은 출현 환경에 따라 해석이 이루어진다(총장실 봉쇄를 할 즈음에 역겹거나, 반항적이거나). 현재분사 형용사 형태는 상황을 감지하는 사람이 가진 일반적이고 비시간적인 의견을 나타내는 것으로 해석된다. Levin(1993)의 심리동사 목록에 속한 동사라고 해서 모두가 현재분사 형용사 형태를 갖지는 않는다. 현재분사 형용사 형태를 갖지 않는 심리동사는 특히 *bug* '괴롭히다', *miff* '발끈하다'와 같이 최근에 만들어진 구어적 동사가 그러하지만, *irk* '짜증스럽다', *rankle* '괴롭히다'

---

3) 혹자는 이 짝이 공시적으로는 동음어라고 보고 싶어할지도 모르겠다. '혐오감'의 의미는 반란/반발이 이루어졌을 때 이에 반해서 일어난 효과로 *revolt*로부터 환유가 된 의미라고 보는 것이다. 오늘날의 동음 현상은 여기서 다루는 논점과는 별개 문제이다.

처럼 상당히 오래된 동사들도 현재분사 형용사를 가지지 않기도 한다.

나아가 분사형 형용사는 대개 *amuse* '즐겁게 하다'처럼 자극이 주어로 오고 경험주가 목적어가 되는 심리동사 부류에서만 만들어진다. *admire* '존경하다', *love* '사랑하다', *support* '옹호하다'처럼 경험주가 주어로 오는 심리동사 부류들 가운데는, 긍정적 의미를 갖는 심리동사의 대다수가 현재분사 형용사 형태를 가지지만, 부정적 의미를 갖는 심리동사는 대부분 현재분사 형용사 형태를 가지지 않는다(예: *deplore* '개탄하다', *hate* '혐오하다'). 이런 점을 볼 때, 현재분사 형용사는 Huddleston & Pullum(2002: 1644)에서 주장한 것처럼 굴절된 동사가 품사 전환된 게 아니라, 심리동사 가운데 일부가 *-ing* 파생을 겪은 것이라고 보아야 한다.

5.1.1 고대 영어의 현재분사, 그리고 진행형의 출현

고대영어에서 현재분사 형태소였던 *-ende*는 굴절이 됨에 따라 나타나는 형태소로서 현재분사의 수식을 받는 명사와 수, 격, 성에서 일치가 되었다. 형태소 *-ende*는 "제한적인 의미"나 "영속적인 의미"를 나타내는 데 쓰일 수 있었으며, 때로는 습관적일 수 있는 의미도 나타낼 수 있었다(Mitchell 1985, I: 274, 275).[4] 라틴어 *-nd*가 보였던 특성과 마찬가지로, *-ende* 역시 동사가 보이는 속성(동사 어간과 동작상 의미가 남긴 흔적)과 형용사가 보이는 속성(일치를 보이며 수식어로 쓰이는 점)이 혼재되어 있었다. *-ende*와 통합되어 나타나는 고대영어 동사의 대부분은 자동사로서 3인칭이었다. 이런 양상을 보이는 동사는 휴식(*sittan* '앉다'), 이동

---

4) 그렇지만 분사가 단순 현재나 단순 과거와 어울리게 되면 *-ende*가 특정적인 의미를 가지는지 여부를 확정하기가 어려울 때도 있다고 한다(Mitchell 1985, I: 274).

(*faran* '가다'), 상태(*libban* '살다'), 상태 변화(*growan* '자라다')의 의미 부류에 속하는 것이 전형적이다. 이런 양상을 보이는 타동사 부류는 대개 의사 소통과 관련한 동사이다(*secgan* '말하다', *singan* '노래하다')(Nickel 1966, Mitchell 1985, I: 276). *-ende* 통합 이후에 일어난 진행상 발달 현상과 관련하여 보이는 차이점 가운데 특히나 중요한 사항은, 현재분사 형태소가 이미 *wunian* '지속되다, 거주하다'이라든지 *habban* '가지다'과 같은 정태 동사류와 사용될 수 있었다는 점이다. 이에 해당하는 사례를 몇 들면 다음과 같다.

> (5) a. seo þridde yld wæs ða **wuniende** oð David
>   the third age was then lasting   until David
>   '제3 세대는 다윗 시대까지 **계속되었다**.'
>   (c. 1000 ÆlfSig 270f.1 [Miller 2002: 268])
>   b. ... if heo hwæt digeles   on hyre **þæbbende** sy
>   ... if she anything obscure: 속격 in her having   be-가정법
>   '... 만약 그 안에 그것(the text)을 모호하게 하는 것이 있다면'
>   (c. 1000 ÆCHom I.388.29 [Warner 1993: 96])

V-*ende* 형태들은 규칙적으로 명사나 형용사처럼 나타나는데, 감지, 앎, 판단, 명명 등의 의미를 가지는 동사의 목적어에 대하여 서술 부가어로 쓰인다(Visser 1963-1973, I: 552-569). 하지만 현대적 관점에서 보면, 이들 가운데 상당수는 비교급, 최상급으로 쓰이지 못하는 점을 볼 때 형용사 로 보기에는 아주 제한적이다. 이 형태들이 형용사와 같이 쓰이거나 형 용사와 동격적으로 쓰이게 되면, 이때의 형용사도 또한 고대영어에서 는 아주 제한적으로만 비교급, 최상급으로 쓰이거나, 전혀 비교급, 최 상급으로 쓰이지 않게 되는 경우가 많다.

> (6) syðþan he aldorþegn **unlyfigendne**,/ þone deorstan **deadne** wisse

```
then   he nobleman unliving,      the   dearest dead   knew
```
'그리고서 그는 그 귀족이 살아 있지 않았고, 경애하는 (왕)께서도 죽
었다는 사실을 알았다.'
(c. 750 Beo 1308-1309 [Visser 1963-1973, I: 556])

*unlyfigendne*이 비교급, 최상급이 가능하지 않(거나 아주 제한적으로만
가능하)기는 하지만, *un-* 접두 파생이 이루어진다는 점을 감안하면 형
용사적 신분임을 알 수 있다. Denison(1993: 373)에서는 고대영어에서
형용사 신분임을 판정하는 기준으로 다음을 제시하였다(Nickel 1966에서
인용). *hu* 'how', *swa* 'so', *to* 'too'와 같은 부사가 수식할 수 있으며(그러
나 이들과 마찬가지로 동사를 수식할 수 있는 *swiðe* 'very'는 불가능), *un-* 접두
파생이 가능하며, (7)과 같은 정도 비교를 나타내는 굴절이 가능하여야
한다.

(7) þær   he **hattra**   and **beornendra** wæs
    where he hott-er   and burning-er   was
    '그[그것, 내 팔]가 더 열렬한 곳'
(c. 890 Bede 5 3.394.5 [Mitchell 1985, I: 649])

현재분사형 형용사는 고대영어의 *unawendlice* '변경 불가능하게'와 같은
방법 부사의 어기가 될 수도 있다.

V-*ende* 형태가 V-*ing*로 교체되고 *be* + *-ing*가 진행상으로 발달하는
데 대해서는 많은 논의가 있어(예컨대 Mossé 1938, Nickel 1966, Visser 1963-
1973, Denison 1993, Warner 1995를 보시오) 우리는 여기서 이를 다시 반복
하지는 않으려 한다. 그 발달상의 세부 사항은 아직 과제로 남아 있기
는 하지만, 이 발달이 문법화 사례라는 데는 일반적으로 동의가 이루어

져 있다. 고대영어에서 이와 같은 발달이 이루어지도록 한 요인에는 다음과 같은 사항이 있다. 서술predicative 구성이나 동격 구성에서 형용사적인 V-ende를 계사와 함께 사용하는 점, 서술 구성에서 파생적 -ende로 표지된 주격 명사류(예컨대 lærend '선생님', hœlend '구세주')를 사용하는 점 등이다. 중세영어에서는 -ende를 -ing가 대체한 데는 'X를 수행하는 행위/과정'의 "기본" 의미를 가진 다른 명사 파생 접사 -ung/-ing의 영향을 부분적으로 받은 데서 기인한다(Dalton-Puffer 1996: 93을 보시오). 또한 완료상(have + -en)의 발달도 영향을 끼쳤으며, 아마도 켈트어나 라틴어의 영향도 있었을 것이다. -ing과 함께 통사 구성을 이루는 데 참여하는 계사 be는 동사의 시제/동작상/서법 체계의 일부로 재분석되게 된다. 즉, 이 계사 be는 점점 늘어나는 우언적 체계에서 양상조동사가 되어가는 것이다. 그 상적 기능은 상황에 대한 "내적 관점", 즉 전개되는 것으로서의 상황을 관점화하는 것이었다(Langacker 1991: 208). 이와 같은 재분석은 18세기 후반에 진행상 수동태의 발달로 완료되었다고 말할 수 있다(Warner 1995). 비록 현대 영어에서 어쩔 수 없이 추가적인 변화가 일어나고 있기는 하다. 예컨대 진행상이 상황을 부수적인 것으로 관점화하도록 확장되고 있는 것이다(I'm living at 6 Railway Cuttings와 I live at 6 Railway Cuttings를 비교해 보시오, Comrie 1976: 37). 환언하면 1000여 년의 기간이 지남에 따라, 새로운 단속상(斷續相) 표지 be -ing가 새로운 범주(진행상)를 표지하게 된 것이다.

다음 절에서는 현재분사형 형용사, 분사형 전치사, 접속사, ("강화사", "강조어", "촉진어booster", "uptoners", "downtoners"라고도 하는) 정도 부사가 발달하는 양상에 주목하고자 한다. 우리는 현재분사형 형용사가 발달하는 현상은 어휘화의 사례라고 주장하려 한다. 반면, 현재분사형 전치사/접속사와 정도 부사가 발달하는 현상은 문법화의 사례이다. 이들 개별 항목의 문법화는, 기존의 형용사, 전치사 범주 간의 구분을 위한 노력이 확고해지는 그 매우 짧은 기간 동안에 일어난다.

5.1.2 현재분사형 형용사의 발달

이미 앞선 §5.1.1에서 언급한 바와 같이, 고대영어에서 -ende로 끝나는 동사 형태들은 소수의 동사 부류, 즉 주로 자동사와 의사소통을 나타내는 타동사에 국한되어 있었다. 이러한 사실은 비록 -ende가 일치 현상과 관련해서는 굴절에 속하였으나, 분포에 비추어 보면 파생형태소였을 가능성을 제시하여 준다. 전기 중세영어의 단계에서는 진행형이 충분히 발달되기 이전에도, V-ing 형식은 나중에 대치(代置)하게 되는 V-ende 형식이 고대영어 시기에 쓰였던 것만큼의 분포를 보였다. 즉, V-ing 형식은 know와 like 같은 정태 동사들을 포함해서, 지각동사와 심리 행위 동사들 뒤에서 서술적 용법으로 쓰였던 것이다. 또한 V-ing 형식은 (Det)_N의 구성에서 속성 표현으로도 사용되었으며, 그리고 이 형식은 자유 부가어로서 동격 표현으로도 쓰였는데, 이때는 주어가 외현되지 않은 비한정 구성을 이루었다(Mustanoja 1960: 552). 이에 해당하는 예는 *thilke fooles sittynge hire aboute* 'those same fools [who are] sitting about her 그녀 주위에 앉아 있는 그 똑같은 바보 녀석들' (Chaucer, TC 4.715[Mustanoja 1960: 555])역자 주 [①]이 제시되었다. 자유 부가어들은 매우 생산적이지만, 바로 이 3가지의 구문역자 주 [②]에 한정되어 쓰이고 있었다. 자유 부가어의 구성원들은 파생이나, *very, seem* 등을 허용하지 않는다는 점에서 형용사처럼 행동하지 않았다. 이것들은 본질에서는 동사의 굴절형이지만, 부분적인 형용사 굴절형의 속성들을 보유하였기 때문에 그 성격이 혼합되어 있었다.

고대영어와 전기 중세영어에서 V-*ende*와 V-*ing* 두 가지의 형식은 오늘날 영어의 현재분사형 형용사와는 아주 다른 부류의 동사에 사용되었다. 그러나 후기 중세영어, 특히 전기 근대영어의 시기 동안에 상당수의 동사들이 고대 프랑스어에서나, 더 나중에는 라틴어에서 차용되어 왔다. 그리고 이렇게 차용되어 온 동사 가운데 일부는 현재분사형 형용사로 발달하게 되었다. 이때 차용된 동사에는 심리 타동사(*please*)나, 후대에 심리동사적 다의(多義)를 가지게 되는 타동사들(*surprise* '기습하다' 같은 예)이 포함되었다. 옥스퍼드 영어사전(OED)은 기원적 동사적 용법이 쓰인 이후 50년에서 200년이 경과한 후에 대부분 현재분사형 형용사의 용법으로 사용되고 있음을 예증하고 있다. *revolt*는 이에 해당하는 흥미 있는 사례를 제공해 준다. 옥스퍼드 영어사전에서는 이 동사가 1548년에 "~에 대항하여 봉기하다"라는 의미로, 1751년에는 "혐오감을 일으키다"라는 의미로 쓰인 사례를 싣고 있다. '반항적인'이라는 뜻을 나타내는 형용사적 용법의 -*ing* 통합형은 그 사전에 1593년까지 거슬러 올라가고, '불쾌한, 혐오감을 일으키는'의 뜻을 1806년에 처음 등장하였다. 현재분사형 형용사임이 분명한 형태는 아래의 예문 (8)에서와 같이 출현하였는데, 파생형인 *revoltingly* '지긋지긋하게, 메스껍게'가 1835년에 등장하는 것으로 미루어 이런 현재분사형 형용사 형태는 (8)의 시기보다 앞선 시기에 이미 존재하였을 것으로 보인다.

(8) There is, to us, something so **revolting** in the very idea.
우리들이 보기에, 바로 그 생각 자체에 아주 혐오스러운 그 어떤 것이 있다.

(1849, Maitland, *Essays on Subject connected with the Reformation of England* 67[OED])

현재분사형들의 무리가 보유하고 있는 특질 가운데 오늘날 영어의 심리 동사 부류와 관련되는 사항은, 이들이 목적어와 같이 쓰이지 않고, 흔히는 *to*-NP와 함께 쓰여서 자동사적으로 쓰인다는 사실이다(3ㄴ을 참조). C. Allen(1995: 279)은 중세영어의 단계에서 프랑스어나 라틴어 원전을 영어로 번역할 때, *please*가 전치사와 함께 자주 사용되고 있음을 주목하고 (9ㄱ)의 예를 제시하였다. 바로 이 동사가 전치사와 함께 사용되는 변별적인 현재분사형 형용사의 용법으로 Spencer의 문장에서 발견된다(9ㄴ).

(9) ㄱ. ...þat hii **plesen** to þe
...that they please to thee
그들이 그대의 마음을 즐겁게 한다는 사실을 …
(약 1350년에 간행된 *MPPsalter* 18.15[*MED*를 인용한 C. Allen 1995: 279])

ㄴ. Sweete and **pleasing unto** living sense
(1590-96, Spencer, *Fairie Queene* Ⅱ.xii.42)

프랑스어와 라틴어로부터 받은 영향이 지대했음은 틀림없지만, 선행하는 시기의 현재분사형 형태들이 대부분 자동사였다는 사실이 신형 형성에 본보기가 되었을 것으로 보인다. 진행상이 발달하여 가던 전기 근대영어의 단계 동안에 원래의 현재분사형 구문은 대부분 사라지고, 주로 심리동사에만 한정되어 쓰이게 되었다. 이와 같은 제약은 그 이전 단계에서의 타동사적 기능을 갖고 있는 형용사(예: *(un)worthy*, *(un)becoming*, *next*)들이 일반적으로 소실되는 과정의 일부인 것이다. 이것들은,

(ㄱ) 전치사구를 보충어로 갖게 되었고(*next, unworthy*),

(ㄴ) 전치사로 재범주화를 수행하거나(*like*) (Denison 2001: 132)

(ㄷ) 완전히 대치되기도 하였다.5)

아래 (10)의 용례는 현재분사형 형태들이 전치사 없는 구문으로 얼마나 오래전부터 계속적으로 사용되어 왔는지를 예증한다.

> (10) and any such feeling on her part was mean, ignoble, and
> **unbecoming**
> 그리고 그녀에 대한 어떤 그러한 감정은 야비하며, 고상하지 못
> 하고, 품위에 맞지 않는 것이었다.
> ['inappropriate to' the sprit with which she wished to think she
> was endowed
> 그녀가 당연한 재능을 타고 났다고 생각하기를 바라는 마음에
> 대한 적절하지 못함을
> (1860-1861 Trollope, Framley xxxv. 343[Denison 2001: 1326)])

이른 단계에 보이는 현재분사형 형용사들의 일부는 단순히 파생법에 의한 단어 형성의 보기들일 수도 있으나, 특히 심리동사들로부터 유래하는 예들 가운데 많은 것들은 어휘화를 수행한 것으로 보인다. 다시 말하자면, 이들은 각각의 원천 동사들에서나 현재분사형 형용사 구성

---

5) (*un*)*worthy, near, next, like* 등을 포함하여, Mustanoja(1960: 103)에서 인용한 "형용사와 함께 쓰이는 여격"의 9가지 용례 가운데, 단지 *unlike* 한 개만이 여전히 사용되고 있다 (참고. *She is very unlike me* '그녀는 나와 아주 닮지 않았다.')

6) Denison(2001)은 (10)의 예문을 *unbecoming*이 전치사적 용법으로 쓰인 것으로 취급하고 (다음에 보일 *during*에 관한 논의를 보시오), 이것을 역시 타동적인 *worthy*와 *next*가 전치사로 쓰이는 용법과 비교하였다. 이와 같은 분석이 타당성을 얻으려면 타동적 형용사 전반에 걸친 더욱 충분한 연구를 필요로 한다. 그 출현 시기가 후대임에도 불구하고, 예문 (10)이 전치사적 용법과 일치를 보인다는 사실은 타동적 *unbecoming*이 전치사로 쓰인 것이 아니라, 앞선 시기의 잔존형일지도 모른다는 것을 가리킨다.

으로부터 직접 유도하여 낼 수 없는 여러 의미를 획득하게 되었다. 이러한 사실은 어간이 표출하는 특질이 그 명사에 전형적인 특질로 인식되었음을 의미하는 것이다. 예를 들면, *know*는 경험자를 주어로 선택하는 심리 동사의 하위집합에 속한다. 그런데 *a knowing look* '알고 있는 듯한 표정'은 그 보는 사람이 어떤 것을 알고 있을 뿐만 아니라, 보는 사람 자신이 알고 있는 내용이 아마도 은밀한 비밀일지도 모른다는 것을 전달한다고 해석되는 어떤 표정을 가리킨다. 더욱이, 현재분사형 형용사가 보유하는 多義들은 통상적인 동사들이 갖고 있는 다의보다 상당히 훨씬 더 제한되게 된다. 예를 들면, *surprising* '놀라운, 불시의', *entertaining* '재미있는, 유쾌한', *revolting* '역겨운', *stirring* '감동시키는, 붐비는'의 가장 두드러진 의미는 심리와 연관된 의미이지, 동사 *surprise*가 '기습하다'의 의미를 가지고 있는 것과 같은 구상적 의미가 아니다.

5.1.3 현재분사형 전치사와 접속사들의 발달

이제 우리는 현재분사형 전치사와 접속사("부동사"[7])라고도 한다. Kortmann & König 1992를 참조)의 발달로 관심을 돌리기로 한다. 분사형 동사 형태들은 부사적 기능을 갖고 있는 비한정적 부가어의 신분으로 영어사의 모든 역사적 단계에서 두루 사용되어 왔다(Mitchell 1985, ll: 914-930; Visser 1963-1973, ll: 1073-1075를 보시오). 이 용어에는 Kortmann(1991)이 명시적 주어 없이 쓰이는 (11ㄱ)의 경우를 "자유 부가어"로, 명시적 주어가 있는 (11ㄴ)을 "독립 구성(absolutes)[역자 주 ③]"으로 부른 두 가지 부류

---

7) Nedjalkov(1998: 421)는 "부동사를 정의하는 데는 비한정성과 부사성의 두 가지 특질이 포함된다"고 하였다.

도 포함된다. 즉,

(11) ㄱ. *Inflating her lungs*, Mary screamed.
　　가슴을 벌떡거리며/숨을 거칠게 쉬면서, 메리는 비명을 질렀다.
　　ㄴ. *The coach being crowded*, Fred had to stand
　　그 객차는 만원이었기 때문에, 프레드는 서 있어야 했다.
　　　　　　　　(Kortmann 1991: 5, 이태릭체는 원문 그대로 인용)

위의 (11ㄱ)과 (11ㄴ) 구성은 라틴어에서 차용한 것으로서, 문어의 특징적 현상이라고 자주 간주되어 왔다. 이러한 독립 구성을 라틴어계 언어와 연관지어 이해하는 관점은 오래 전부터 있어 왔다. 위클리프(1320?-1384)가 최초로 영어로 번역한 위클리프판 성서 *Wycliffite Bible*의 머리말에서 독립 구성은 번역에서 해결하여야 할 문제로 취급하면서, 독립 구성을 쓰는 대신에 부사적인 종속절을 쓰는 것이 좋을 것이라고 권고하였다. 예를 들면,

(12) *The maister reading, I stonde*, mai be resoluid thus, *while the maister redith, I stonde*
　　'the master reading, I stand may be resolved in this way:
　　while the master reads, I stand'
　　(약 1390 위클리프판 성서, 머리말[Aertsen 1992: 673, 이탤릭체는 원문 그대로])

이러한 구문들은 그 기원이 전적으로 외국어의 영향에 있는 것이 아니라, 격식을 차린 문체와 밀접하게 연관되어 있는 것으로 보인다.

Kortmann & König(1992)는 자유 부가어와 독립 구성에 쓰이는 분사형들은 통사적으로 서로 다른 방식으로 재분석을 겪지만, 어느 편이든이 두 가지 구성에서 재분석을 거쳐 나온 결과는 전치사이며, 여기에

개입된 변화는 문법화 사례에 해당한다고 제안하였다. 그들은 아래의
예문 (13ㄱ)과 (13ㄴ)을 대조하였다. 그들은, 주절과 동지표되는 자유
부가어를 가진 (13ㄱ)과, 주절과 동지표가 되지 않는 자유 부가어를 가
진 (13ㄴ)를 비교하였다. (13ㄱ)에 출현하는 *Savynge*는 동사의 *ing* 통합
형인 반면에, (13ㄴ)에서의 *Savynge*는 현재분사형 전치사이다(현저한 의미
차에 유의).

(13) ㄱ. My lady yaf me al hooly/ The noble yifte of hir mercy,/
my lady gave me all holy   the noble gift of her mercy
Savynge hir worship by al   weyes
preserving her virtue   in   every way
(약 1370 Chauser, *BD* 1269-1271[Kortmann & König (1992:
679])

ㄴ. A doghter hadde they bitwixe hem two / Of twenty yeer…/
Savynge a child that was of half yeer age
'They had a daughter between the two of them, who was
twenty years old,…except a child that was half a year old'
(약 1386 Chauser, *CT.Rv.* 3969-3971 [Kortmann & König
(1992: 679])

독립 구성의 경우는 훨씬 더 복잡하다. 표면에 명료한 통제소를 갖고
있지 않은 자유 부가어, 즉 모문의 논항을 동지표하지 않는 "현수 분
사"(문장의 주어와 문법적으로 결합되지 않은 채 사용된 분사)의 경우에, "직접
목적어는 전치사의 내부 논항으로 간단히 재분석된다"(Kortmann &
König 1992: 676). 이러한 사실은 대명사의 사격(斜格)의 존재를 통해 확
인된다. 여기서 사격은 어순 변화를 수행할 수도 있다. *failing*이 절대
구성에 출현하는 (14ㄱ)과, *failing*이 전치사인(*he failing* > *him failing* >
failing him)인 (14ㄴ)의 예문을 대조해 본다.

(14) ㄱ. in these fear'd[8] ['mixed with fear'] hopes, I barely gratify your love; they **failing**, I must die much your debtor
두려움으로 점철된 희망뿐인 나는 당신의 사랑을 채워주기 어려워요.
그 희망마저 끝나버리면, 나는 당신의 빚쟁이처럼 죽고 말 거예요.
(1611 Shakespeare, *Cymbeline* II.iv.6[Kortmann & König 1992: 677, Visser 1963–1973, II: 1219에서 인용])

ㄴ. In default of these, the heritage goes to the son of the ... aunt. Or, **failing** him, it passes...
이러한 것들이 없을 경우에는 유산은 숙모의 아들에게 넘어간다. 아니면 그 아들에게 결격 사유가 생기면, 그것은 다음 조건 갖춘 사람에게...
(1810 Colebrooke, 2 *Treat. Hindu Law Inher.* 225 [Kortmann & König 1992: 676, 옥스퍼드 영어사전에서 인용])

현재분사형 전치사가 갖고 있는 일차적 의미 영역은 "의사전달, 텍스트 구성 기능, 또는 담화 구조를 형성하는 기능"(Kortmann & König 1992: 689)이다. 즉, 여기에 화제 표지(*considering* '~을 생각하면', *regarding* '~에 관해서는', *excepting* '~을 제외하면', *notwithstanding* '~에도 불구하고'), 포함사와 배제사(*including* '~을 포함하여', *failing* '~이 없을 경우에는')가 포함된다. 또 다른 의미영역은 예를 들면 *during* '~ 동안'과 같은 시간 표현이다.[9] 이와 같은 전치사들 가운데 일부가 보문절을 취해서 접속사[10]로 사용되었다.

8) Kortmann & König(1992: 677)은 Visser(1963-1973)을 그대로 따라서 "sear'd"로 나타냈으나, 정확한 형태는 "fear'd"이다.

9) Mustanoja(1960: 376)는 *during*이 "아마도 고대 프랑스어 *durant* '~ 동안'에 대한 번역 차용(calque)의 결과", 영어에서 14세기에서는 전치사로 사용되었을 것으로 보았다. 즉, "*I have the power durynge al my lyf*(Ch. CT D WB 158)". *during*이 고대 프랑스어 *durant*을 유추하여 형성되었다 하더라도, 어미만이 영어화한 것이기 때문에 번역 차용이라고 설정할 근거는 없는 것으로 생각된다.

10) *considering*의 용법을 통해 접속사와 전치사로 발달해 간 데 대해서는 Kawabata(2003)을

(15) ㄱ. ye sholde enforce yow to haue pacience, / **considerynge** that the tribulaciouns of this world but litel while endure 'you should force yourselves to have patience, considering that the tribulations of this world endure only a little while' (이 세상의 시련이 단지 잠시 동안만 지속될 것을 생각하면, 당신은 힘을 내서 인내하여야 됩니다.)

(약 1386, Chaucer, CT. Mel. 2696-07 [Visser 1963- 1973, II: 1218])

ㄴ. The place [is] death, **considering** who thou art, if any of my kinsman find thee.

(만일 우리 가문의 한 사람이 당신을 여기서 발견하게 된다면, 여기는 죽음의 장소가 되오.)

(1592 Shakespeare, Romeo and Juliet II.ii.64[OED]

자유 부가어 구성에, 그리고 독립 구성에 쓰인 V-*ing* 형태가 현재분사형 전치사로 재해석되는 과정은 전기 근대영어 기간 내내 지속되었다 (예를 들면, Visser 1963-1973, II: 1218-1222). 이러한 V-*ing* 형태 가운데 '~때문에'의 뜻으로 쓰이는 *being*도 있었다. 이와 같은 용법은 이제는 비규범어가 되었다.

(16) And **being** we are, as I perceive, going some considerable way together, I will give you an account of the whole of the matter

생각건대, 우리가 상당히 먼 길을 같이 동행하여야 할 것이기 때문에, 사건의 전말을 다 설명해 주겠소.

(1678, Bunyan, *Pilgrim's Progress* 283[Rissanen 1999: 321])

참조. 여기서는 예컨대 *I think you're pretty safe, considering* '상황을 고려해 보면(그런대로, 제법), 너는 아주 안전하다고 생각한다.'에서 볼 수 있는 부사적 용법의 발달에 대해서도 설명하고 있다.

이와 같은 재해석이 근대영어 시기에는 드물게 되어 갔지만, 그래도 *following*에 관련해서는 최근에 재해석이 일어났다(Olofsson 1990). 20세기 후반까지 많은 문법서에서 *following*에 대한 이러한 재해석을 금지해 왔었지만, *following*이 전치사적 용법으로 쓰인 예는 일찍이 1851년에 등장하였다.

(17) **Following** his ordination, the Reverend Mr. Henry Edward intends to go to Rome.
사제 서품을 받은 다음에, 헨리 에드워드 신부님은 로마로 가려고 하였다.
(1851 Tablet[간명 옥스퍼드 사전의 "보유"편을 인용한 Olofsson 1990: 25)

전치사 용법으로 쓰인 *following*은 "사건을 나타내는" 명사(*collision* '충돌', *reaction* '반응', *drowning* '익사', *killing* '죽임', *experiment* '실험', *treatment* '치료', *victory* '승리', *recovery* '회복' …)와 같이 출현하는 것을 선호했던 것으로 보인다. 이들 사건 명사의 대부분은 동사에서 파생된 명사들이다. *after*의 용법과는 달리, *following*은 *yesterday*와 같은 "시간상의 어느 한 지점을 나타내는 명사"(이태릭체는 원문 그대로, Olofsson 1990: 33)를 취하지 않고, *month*, *decade*, *Sunday* 등과 같은 일정한 기간 동안의 시간을 나타내는 명사와만 출현하였다. 또한 *following*은 *seek after* '~을 탐구하다', *look after* '~을 보살피다'에서 발견되는 것과 같은 확장된 의미로는 사용되지 않는다는 점에서 *after*와는 다르다(Olofsson 1990: 33).

오늘날의 영어에까지 생존하여 온 현재분사형 전치사들 가운데 일부는 그 원천 동사로부터 분기되어 해당 동사와 더 이상 짝을 이루지 않는다. 예를 들면, *during*, *excepting* 등이 이 부류에 속한다. 또 다른 일부는 특정한 맥락에만 한정되어 쓰이게 되었다. 예를 들면, *excepting*은 이제는 주로 부정사 *not*과 연어를 이루어 출현한다. 이러한 부류에 속하는 많은 현재분사형 전치사들은 차용되어 온 동사에서 파생된 것으로서, 주로 격식어 스타일에 출현하고 있다(*excepting, concerning* 등이 이에 속한다). 여기에 출현했던 개개 항목들의 문법화, 그리고 여기에는 예문 (14ㄴ)에서 예증되는 바와 같은 어순의 재구조화 과정도 포함되는데, 이 현상은 상당히 단명한 것이었다. 새로 형성된 전치사들이 격 관계를 표시하는(*of, to, with* 등등) 기존의 "핵심" 전치사들이 만들어져 나오는 형태론적 틀과는 일치되지 않는다는 점이 이러한 현상이 일어나게 된 한 가지 생각할 수 있는 이유로 보인다. 여기서 핵심 전치사들이 만들어져 나오는 이 형태론적 틀은 의미상의 투명성이 떨어지고, 그 형태가 훨씬 더 단축되어 있다.

Visser(1963-1973, II: 1217)는 "품사 전환 또는 기능상의 추이"의 제목을 단 부분에서 현재분사형 전치사들의 목록을 제시하였다(더불어, Huddleston & Pullum 2002: 610을 참조). 역시 여기서 다시 문제는 현재분사형 전치사들이 품사 전환을 수행하였는가이다. 분명히 품사 전환은 일어나지 않은 것으로 보인다. 만일 품사 전환이 관여하였다면, 문장 분석 과정에서 중의성이 발생하는 현상의 주요 부분은 존재할 수 없었을 것이다. 그러나 다음에서 볼 수 있는 것처럼, 재분석의 전형적인 사례에서 볼 수 있는 바와 같은, 중의성이 있을 만한 사례는 매우 많다.

(18) ㄱ. Who discourst his voyage long, **according** his request
  (1590–1596 Spencer, *Fairie Queene* I, 12,15[Visser 1963–1973, II: 1218])

  ㄴ. The day **following** his intervention
  (Olofsson 1990: 23)

(18ㄱ)의 예는 'She, agreeing to his desire … (그녀는, 그 남자의 바람에 동의해서 ~)'(V-ing 형태), 또는 'In agreement with his desire, she … (그 남자의 바람대로 그녀는 ~)'(현재분사형 전치사구)와 같은 두 가지 방식으로 해석될 수 있다. (18ㄴ)의 예가 형용사적('the day which followed his intervention', '그 남자의 개입이 있은 다음날')일 수도 있고, 동시에 전치사 구문('the day after his intervention', '그 남자 개입 다음날')일 수도 있다고 Olofsson(1990: 23)은 언급하였다. 앞서 우리가 특정 명사 부류들로 제한이 된다는 점을 짤막하게 언급한 바 있는데, 이는 여기서 품사 전환이 아니라 문법화가 일어났을 가능성이 있음을 추가적으로 지지해 준다.

5.1.4 현재분사형 정도 부사의 발달

마지막으로 전기중세영어 이래로 V-*ing* 형태 몇몇이 형용사를 수식하는 정도 부사로 사용되었다는 점(*very, exceedingly* 참고)이 언급되어야 할 것이다. 그 사례는 다음과 같다.

> (19) ㄱ. wafres, **pipyng** hoot out of the gleede
> 'cakes, piping hot out of the ember'
> (1386년 Chaucer, CT. Mil. 3379 [Visser 1963~1973, II: 1128])
> ㄴ. A preste þat trowid he was **passand** gude synger, not-with-stondyng he was not so.
> 'A priest who thought he was a very good singer, although he was not'
> (1450 Alph. Tales 85, 27 [Visser 1963-1973, II: 1129])

현재분사형 정도 부사들 다수는 '열 때문에 삑 소리를 내며 펄펄 끓는'

의 뜻을 갖는 *piping*이라든지, '예상을 뛰어넘는'의 뜻을 갖는 *passing*처럼 비유적인 의미를 갖는다. 이들 대부분은 19세기 말까지 다른 형태로 대치되었지만 *piping hot*은 관용 표현이 되어 남아있다.

현재분사형 전치사와 마찬가지로 현재분사형 부사 역시 문법화를 경험한 V-*ing*의 재분석된 형태임을 알 수 있다.

5.1.5 요약

지금까지 논의한 내용은, 이 절에서 논의한 변화를 통해서 다음과 같은 가정에 의문이 제기된다는 점으로 요약된다. 즉, 현재분사형 형용사의 경우에 -*ing*는 굴절이라고 가정하는 점, 현재분사형 형용사와 현재분사형 전치사/접속사는 품사 전환이 이루어진 것이라는 주장이 그것이다.

우리는 원래 V-*ende*(> -*ing*) 형태가 동사적 속성과 형용사적 속성이 혼효되어 있다고 가정한다. 즉, 이 형태는 L2 상태에 놓여 있다고 할 수 있는 것이다. 진행상이 발달되어 나오는 현상 역시 전형적인 문법화의 사례(G3로 발달)이다. 왜냐하면 동작상 체계[11]의 재구성(re-constitution)뿐 아니라 유형 빈도의 대단위 확산을 수반하기 때문이다. 이 과정에서 계사 *be*는 양상조동사로 되며, -*ing*는 *be*와는 별개 단위로서 필수 굴절 요소가 된다.

계사가 출현하지 않는 맥락에 나타나는 V-*ing*는 두 종류의 서로 다른 구성으로 발달하게 된다. 그 가운데 하나는 후기중세영어 시기와 전기근대영어 시기에 현재분사형 형용사로 발달한 것이다. 이 사례는 심

---

11) 인도유럽어의 상 표시는 게르만어에 와서 소실되었다.

리 동사의 단어 형성에 영향을 주게 된다. 이 형태는 나중에 현재분사형 형용사가 관용화되고, 그리고 적어도 몇몇 사례에서는 그 기원형과 별개의 단일어가 된 것처럼 느껴지게 된 듯하고(예 *knowing*), 이에 따라 L2에서 L3로 변화가 이루어지게 되어서, 어휘화를 겪게 된다.

나머지 하나는 현재분사형 전치사/접속사로, 또는 정도 부사로 발달하게 된 사례로서, 짧은 기간 지속된 (G2로) 문법화 사례이다. *be -ing*가 발달되는 데 기여한 세세한 상황을 간략히 하면, 그림 5.1로 도식화할 수 있다. (접사 표시는 *-ende*와 *-ing*를 아울러 나타낸 것이다. 화살표에 씌운 괄호는 형태가 존속하지만 해당 변화가 더 이상 생산적이지 않음을 보인 것이다.)

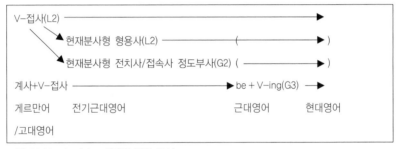

그림 5.1 V-edne/-ing 형태의 발달 도식

5.2 다단어 동사

3.1에서 지적한 것처럼 다단어 동사들이 어휘적 신분인지 문법적 신분인지에 관해서는 의견이 갈려 있다. 다단어 동사라는 부류에는 어떤 사례들이 포괄되는지, 여러 다양한 형태들은 어떻게 하위 분류가 되는지는 복잡한 문제들을 안고 있다. Cowie & Mackin(1993[1975]: xxix-lvii)에서는 동사 + 첨사, 즉 "구 동사"(20ㄱ), 동사 + 전치사, 즉 "전치사 동

사"(20ㄴ), 동사 + 첨사 + 전치사, 즉 "구 전치사 동사"(20ㄷ)를 각기 구분하고 이들을 자동사적 쓰임을 가진 경우와 타동사적 쓰임을 가진 경우로 분류하였다(이와 유사한 분류 사례로 Quirk, Greenbaum, Leech, & Svartvik 1985: 1150-1168이 있고, 앞서 이루어졌던 분류에 대한 논평은 Claridge 2000: 26-39를 보시오).[12]

(20) ㄱ. nod off '잠들다'
　　　 fall down '무너지다'
　　　 shoot up '급증하다'
　　　 come through '회복하다'
　　　 cut NP out '삭제하다'
　　　 grind NP down '탄압하다'
　　　 write NP up '충분한 설명문을 제공하다'
　　　 pick NP up '선발하다'
　　 ㄴ. frown on '반대하다'
　　　 look after '돌보다'
　　　 get at '도달하다'
　　　 look into '조사하다'
　　　 put NP to '질문하다'
　　　 take NP for '간주하다'
　　　 hold NP against '원망하다'
　　　 cheat NP of '즐기지 못하게 하다'
　　 ㄷ. send away for '배달시키다'
　　　 face up to '당당하게 받아들이다'
　　　 look forward to '예견하다'
　　　 put NP up to '제안하다'
　　　 take NP out on '희생양을 만들다'
　　　 let NP in on '잘 알게끔 하다'

---

12) 타동사로 쓰이는 전치사 동사의 통사적 특성에 대해서는 Akimoto(1989)에서 상세한 검토가 이루어졌다.

think of NP *as* NP '~을 ~이라고 생각하다'라든지 *look to* NP *for* NP '~가 ~을 하리라고 기대하다'처럼 전치사 보충어를 두 개를 가지고 있거나, *count as* Adj '~한 것으로 치다'라든지 *regard* NP *as* Adj '~가 ~하다고 간주하다', *think of* NP *as* Adj '~가 ~하다고 생각하다', *show* NP *up as* Adj '~가 ~하다고 폭로하다' 등에서처럼 서술어 보충어를 가진 경우들도 포함하였다는 점에서 Huddleston & Pullum(2002: 272-291)은 좀 더 상세한 유형론을 제시하고 있다.

우리는 여기서 구 동사(20ㄱ)와 전치사 동사(20ㄴ)에 초점을 두려고 한다. 구 동사와 전치사 동사 모두 동사와 첨사(동사 뒤에 연결되어 있는 첨사나 전치사)로 구성된, 다소간 관용성을 띤 조합이라는 점에서, 이들은 흔히 함께 다루어져 왔지만 엄연히 다르다. 이들은 다음과 같이 구분될 수 있다. 구 동사로서 전치사 동사가 아닌 부류는 다음과 같다.

(ㄱ) 동사 뒤에 있는 첨사를 목적어 뒤로 이동시킬 수 있는 부류(*write up the reporter/write the reporter up* '기자의 일을 (지상에서) 크게 다루다', 이와 달리 *look after the children/*look the children after* '아이를 돌보다'를 참고)

(ㄴ) 동사 뒤에 나오는 첨사에 강세를 줄 수 있는 부류(*I write it úp*, 이와 달리 **The dog ran áfter the ball* '그 개가 공을 좇아서 달려갔다'은 성립할 수 없음을 참고)

전치사 동사로서 구 동사는 아닌 부류로는 다음이 있다.

(ㄱ) 강세를 받지 않는 대명사가 후행하는 부류(*frown on her* '그 여인에게 인상을 쓰다', 이와 달리 **pick up her* '그 여인을 선발하다'는 성립하지 않음을 참고)

(ㄴ) 전치사와 전치사의 목적어를 전치할 수 있는 부류(the candidate *on whom* he frowned '그 남자가 인상을 썼던 후보', 이와 달리 *the woman *up whom* he picked '그 남자가 선발한 그 여자'는 성립하지 않음을 참고)

(ㄷ) 동사와 전치사 사이에 부사 수식어를 둘 두 있는 부류(look *immediately* after the problem '그 문제에 즉시 관심을 갖다', *pick *immediately* up the reporter '그 기자를 즉시 선발하다'는 성립하지 않음을 참고)

(이상에 대해서는 Quirk 외 1985: 1156-1157, 1166-1167과 Huddleston & Pullum 2002: 281-283을 보시오).

우리는 구 동사의 첨사는 문법화한 것으로, 전치사 동사는 어휘화한 것으로 논의하게 될 것이다.

5.2.1 구 동사

현대영어에서 구 동사들은 한정된 수의 첨사 *up, down, off, out, over, through, away, on, along*이 대개 고유어 단음절 동사에 후행하여 연어를 이루어 만들어진다(Huddleston & Pullum 2002: 281, 284). 목적어−동사 어순이 동사−목적어 어순으로 변화가 이루어지는 와중에, 동사 뒤에 오는 첨사가 동사에 통합한 접두사를 대치하게 되어 중세영어의 말미에는 더 이상 사용되지 않게 되었다는 것이 표준적인 해석의 관점이다(예컨대 O'Dowd 1998: 152를 보라). 그렇지만 어순 변화에 앞서 이미 고대영어 시기에 부사적 첨사("분리적 접두사"라고 혼동한 명명이 더 자주 쓰이지만)를 동반하는 동사들이 잘 확립되어 있었다. 이들 연어 구성은 오늘날의 영어에서만큼 완전히 관용화되어 있지는 않았다. 또한 오늘날의 영어와 달리 이 구성에 사용된 첨사는 고대영어 시기에 동사에 선행할 수도 있었고 후행할 수도 있었다. Brinton(1998: 216-225)에서는 고대영어에서 동사와 가장 흔하게 동반되는 첨사는 *onweg/aweg, ofdune/odune, forð, of* 'from', *up, ut*라는 점을 발견하였다. 역사적으로 볼 때 구 동사는 초기 중세영어 시기에 확립된 것으로 보인다(구 동사의 역사는 Hiltunen 1983, 1994, Brinton 1988: 185-234, Claridge 2000: 84-89를 참고하시오). 이 시기의 동사와 첨사의 조합은 은유적 의미를 가지기 시작한 것으로 가정하고 있다(이에 대해서는 Hiltunen 1983: 148-149, Brinton 1988: 225-234를 보시오). 1640년부터 1740년 사이의 자료를 구축해 둔 람페터 전산자료(Lampeter Corpus, 이에 대해서는 ICAME 1999를 참조)에서는 구 동사가 전치사 동사보다 실질적으로 수도 많고 더 다양하게 나타난다(전치사 동사가 199개 유형이 나타나는 데 비해 구 동사는 669개 유형이 나타나는데, Claridge 2000: 280-287을 참조할 수 있다). 첨사가 후치되는 현상은 규칙적이다(Hiltunen 1994: 132). 전기근대영어 시기에 가장 많이 쓰인 첨사는 이런 형태로 사용되었는데(*away, back, down, off, out, up*), 고대영어와 오늘날의 영어에서 공히 발견되는 방식과 매우 근사한 것이다. 여기에 예외적으로 근대영어 시기에 *forth*가 거의 사라지고 *out*이 상당히 더 많이 쓰이게 되어 현대에 이르고 있는 것이다. 첨사를 동반하여 이 구성에 쓰이는 동사는 통상 고유어 동사이다(이를테면, *take/go away, bring/come/go back, come/go/set/sit/lay down, cut/take off, fall/find/go out, bring/come/go/lift/take up* 등).

이상에서 본 것처럼, 구 동사는 고대영어부터 오늘날까지 그 발달의 직접적 계보를 드러내 보여주는바, 이를 좀 더 정확히 이해해 보자면 동사에 접두사가 통합하는 현상이 사라지고 그 대신 다른 현상이 개입한 것이 아니라, 동사의 앞이나 뒤에 부사적인 첨사가 동반하여 나타나는 현상이 고대영어 이래로 지속되고 있는 것이라고 할 수 있다. 구 동사가 접두사가 통합한 동사와 별개라는 또 다른 증거는 구 동사에 개입하는 첨사가 대부분 고대영어에서 가장 빈번하게 사용되었던 동사 접두사(즉, *a-, be-, for-, ge-, in-, of-, ofer-, on-, to-*)와 그 형태가 상관된다는 사실이다. 첨사 가운데 일부는 자주는 아니라도 접두사처럼 기능하기도 했지만(여기에 해당하는 사례는 *forð-, of-, ut-, up-*), 다른 첨사들은 접두사로 사용되는 경우가 전혀 없었다(이에 해당하는 사례는 *onweg, ofdune*).

구 동사를 형성하는 첨사는 동사에 통합하는 접두사와는 의미적으로도 기능적으로도 구분이 된다. 첨사의 의미는 본디 공간적인 것이다. 그렇지만 아주 일찍이 이들은 동사의 동작상 표지로 문법화된다. 물리적 움직임과 사건의 움직임 간의 동형성 때문에 첨사의 의미는 특정 중의적 맥락에서, 지향적 의미에서 종결적(telic) 의미로 환유적 추이가 일어나게 된다. 즉 이들 첨사는 환유를 통해서 상황을 '본연의 종결점 혹은 목표를 가진 것'으로 관점화하게 되는 것이다(Comrie 1976: 44-48, Brinton 1988: 25-26을 참조).[13] Denison(1985a)에서는 고대영어에서 순수하게 종료적인 *up*은 없었고, 대신에 상적 의미는 오로지 공간적 의미와 혼재되어 공간적 의미의 은유적 확장으로만 나타났다는 점을 확인하였다. 반면에 Brinton(1988: 215-234)에서는 다른 많은 첨사들이 "연계 맥락"에서 다음 (21)에서 볼 수 있는 것처럼 종결상 의미가 공간적 의미와 결부되어 존재함을 확인하였다.

(21) ㄱ. Aslat þa   þa tunas   eall ymb þa burg **onweg**
      tore then the enclosures all around the town away
      '[He] then tore away all the enclosures around the town'

---

13) 동작상의 개념 영역을 표현하는 용어법에는 상당한 정도의 중첩이 존재한다. "종결상 telic", "종료상 completive", "결과상 resultative", "경계상 bounded" 등의 용어가 흔히 서로 호환되어 사용되는 것이다. 여기서 "종결상"은 주어진 의미 가운데 좁은 의미로 사용한다.

그리고 곧 편지에 담겨 온 것을 동네방네에 찢어발겨 버렸다.

(890년 Bede 3 14.202.2 [Brinton 1988: 222])

ㄴ. þa **wearp** se broðor þæt glæsene fæt **ut**

then threw the brother that glass vat out

'then the brother cast out that glass vat'

그리고 나서 형제는 그 유리 통을 밖으로 내던졌다.

(1000년경 ÆCHom II ii.104.425 [Brinton 1988: 223])

구 동사에 참여하는 첨사와 달리 옛 영어에서 동사에 결합하는 접두사는 어휘 의미의 범위가 훨씬 넓고 더욱 일관되게 구상적인 공간 의미를 나타낸다. '주변, 위'의 의미를 갖는 *be-*, '지향성 움직임'을 나타내는 *forð-* 혹은 *to-*, '위'를 뜻하는 *ofer-*, '통과'를 뜻하는 *ðurh-*, '주변'을 뜻하는 *ymb(e)-* 등에서 이를 확인할 수 있다. 동작상의 의미가 가능할 수는 있지만(이런 논의는 고대영어 *ge-*에 대해서 가장 강력하게 논의되어 오고 있는데, 순수하게 "완결상 perfective"을 뜻하는 첨사인 것으로 논의된다), 접두사의 일차적 의미인 것으로는 보이지 않는다(고대영어 접두사의 완결상 의미에 대해서는 Brinton 1988: 202 이하를 보시오).

근대영어에서 첨사는 (보편적으로 그런 것은 아니지만) 상적 의미를 나타내는 것으로 폭넓게 인식된다. 이렇게 인정되는 상적 의미에는 종결적 동작류(*up, down, out, off, through, over, away*)와 반복상/지속상이 포함된다(Brinton 1988: 243-246에는 첨사의 동작상 의미에 대해서 이른 시기에 제시되었던 학적 견해가 정리되어 있다). 첨사가 나타내는 종료/완료의 동작상 의미(*break up* '박살나다', *catch up* '따라잡다', *cut down* '무찌르다')라든가 반복/지속의 동작상 의미(*beaver away* '바지런히 일하다', *carry on* '속행하다')는 Huddleston & Pullum(2002: 284)에서 주목하였다. Quirk 외(1985: 1162)에서는 구 동사 구성에서 동사는 그 의미를 지키지만 '끈질기게 지속되는 행위'(*chatter away* '요란하게 지저귀다/울다/떠들다')라든가 '종료'(*drink up* '마셔버리다', *point out* '지목하다'), 심지어 '유지'(*hold out* '견디다') 등에서 보이는 "가족 닮음의 의미를 형성하는 것은 첨사"라는 점을 지목한다.

O'Dowd(1988)에서는 영어 전치사와 첨사에 대하여 다루면서 그녀가 구축한 현대 영어 구어 전산자료에서 *up, out, over, down, off, around*가 각 첨사의 의미 그대로 "상황 설정"의 의미가 아니라 특히 동작상적 의미를 특화하여 가진다는 점을 발견하였다. 이들은 명사구 보충어를 가지지 않거나 가질 필요가 없이 쓰였던 것이다(예컨대 *eat up* '먹어 버리다'). 이와 달리 *in, on, about, by, through*는 본디의 공간-지향 의미를 가진 전치사로 특화되었다. 이들은 대부분 명사 보충어와 연결하는 요소로 쓰였던 것이다. 예를 들자면, *up*과 *out*은 그 사용례의 98%가 상황을 설정해 주는 의미였던 데 반해서 *in*은 그 사용례의 81%가, 또한 *on*은 그 사용례의 83%가 공간-지향의 연결 의미였다(O'Dowd 1998: 32). O'Dowd가 주목한바, 문법성에서 확인되는 이와 같은 정도성에도 불구하고, 우리는 첨사가 동작상 의미를 표현하는 문법적 형성소이며, 좀 더 추상적인 동작상 의미를 환기하는 한정된 전치사 부류와 통합하여 본디부터 상대적으로 자유롭게 구적 표현을 형성하여 중세영어 시기까지 G1 우언구성으로 문법화하였다고 결론내리고자 한다.[14]

5.2.2 전치사 동사

구 동사와 달리, 전치사 동사를 형성하는 데 참여하는 전치사는 더 다양하다(예: *after, against, around, at, by, for, from, in, into, of, on, to, upon, with*).

---

14) O'Dowd(1998: 8장)에서도 인도유럽 제어에서 몇몇 증거를 들고, 문법화의 원리를 근거로 하여 우리와 유사한 결론을 내린바 있다.

또한 고유어 동사뿐 아니라 로망스어에서 차용한 동사와도 연어를 형성한다. 전치사 동사는 동사가 주체가 되어 같이 연어를 이루는 전치사를 선택하며, 이렇게 하여 하나의 의미, 통사 단위를 구성하는 것으로 보인다.[15] 전치사 동사를 구조적으로 분석하는 데는 2가지 방식이 가능한 것으로 자주 언급되어 왔다(예를 들면, Quirk et al. 1985: 1156을 참조).

첫 번째 방식(22ㄱ)은 전치사구를 동사로부터 분리되어 있는 별도 단위라는 사실에 중점을 두는 것인데, 그렇게 본다면, 이것은 "문법적인" 분석으로 이해될 수 있다. 두 번째 방식(22ㄴ)은 동사 + 전치사를 하나의 독립된 단위임에 중점을 두는 것인데, 이것은 전치사 동사(*look after* '돌보다')와 단일어(*tend* '보살피다') 간에 보이는 의미상의 유사성을 강조하기 때문에, "어휘적인" 분석으로 이해될 수 있다.

(22) ㄱ. She [looked] [after her son]
     ㄴ. She [looked after] [her son]

전치(前置)와 같은 특정 통사적 행위(*her son after whom she looked*)로 보면 동사와 전치사구 사이에 구 경계가 존재하고 있음을 가리키기 때문에, (22ㄱ)과 같은 구조 분석을 지지해 준다. 그러나 수동태와 같은 다른 통사적 행위(*her son was looked after*)로 보면 동사와 전치사가 명사구와 따로 인접성을 유지하기 때문에, (22ㄴ)과 같은 구조분석의 증거가 된다

---

15) Denison(1985b: 199)은 다음과 같이 관찰한 바 있다. "첨사의 통사론은 아주 이상하다. 즉, 첨사는 어휘 범주에 관한 한, 전치사에 속한다. 첨사는 관습적으로 나타나는 NP 앞의 위치에서 전치사와 분명한 변형관계를 보유하고 있으며, 현대영어에[=본서에서 오늘날의 영어에 해당]에서 그 첨사는 적어도 전치사에 전형적인 무강세 악센트를 보인다. 그 반면에, 첨사는 동사와 구성성분을 이루는 것으로 보이며, 외현적인 목적어 명사구를 갖지 않는다. 이러한 사실들은 부사에 더 특징적인 속성인 것이다. 전치사와 부사 간에 정도성이 존재한다면, 전치사가 개입한 수동태 구문의 첨사는 그 중간쯤 어딘가에 위치한다."

(Quirk et al. 1985: 1163-1166). Quirk et al.(1985: 1163)에서는 이 두 가지 분석 가운데 어느 쪽이 옳은지 결정하지 않았다. 그저, 어휘적 분석 방법이 문법적 분석 방식보다 "여러 가지 점에 있어서 더 적절한 대안"이 될 수 있음을 언급하였을 뿐이다. 또한, Biber, Johansson, Leech, Conrad, & Finegan(1999: 59)도 (22ㄴ)과 같은 괄호치기 방식을 지지하고 있다. 전치사 동사들은 단순 동사들과 동의어를 이루는 경우가 자주 있다는 의미적 이유가 그렇게 판단하는 주된 근거였다(예: *look like/resemble* '닮다', *deal with/handle* '다루다').

반면에, Huddleston & Pullum은 전치사가 동사와 구성성분을 이루는 (22ㄴ)과 같은 괄호치기에서 보이는 통사적 행위를 "지지하는" 아무런 근거가 없다고 지적하였다(2002: 277; 또한, Huddleston 1984: 200-206을 참조). 동시에 그들은 전치사 동사에 대하여 (22ㄱ)과 같은 분석을 하는 적절성에 대해서도 적극적으로 확신하지 못했다. 그 까닭은 *come across* '마주치다' 또는 *get* NP *through* '벗어나다'와 같은 전치사 동사에서 전치사는 "**화석화**"되었거나, 아니면 "**고정**"되어 버렸기 때문에 이와 같은 결합에 통상적으로 적용될 수 있는 통사적 절차의 적용을 그 전치사가 봉쇄하고 있기 때문이라는 것이다(2002: 277, 굵은 글꼴은 원문대로).

전치사 동사 구조가 밟아온 역사를 일별해 보는 것이 이와 같은 분석상의 문제를 해결하는 데 도움이 될 것 같다. Claridge(2000: 89)는 "전치사 동사들은 영어사의 역사적 단계의 무대에서 후기 고대영어/초기 중세영어 시기에 출현하였는데, 상당히 갑작스럽게 등장한 것으로 보인다."고 관찰하였다(전치사 동사들의 역사에 대해서는 Visser 1963-1973, I: 387-407을 더 참고하시오). 전치사 동사의 등장은 동사에 통합하는 접두사의 소실과 때를 같이 한다. 고대영어 시기 전반에 걸쳐서 동사에 통합하는 접두사는 약화되었고, 과도하게 확장하였으며, 정보 내용은 상실되어 있었다. 그리하여 접두사가 통합한 동사의 기능은 구 동사가 아니라 전치사 동사가 대신하게 된 것이다. 접두사가 통합한 동사는 이미 고대영어 시기에 상당한 정도로 익은말이 되어 있었을 가능성이 있다. 전치사 동사에는 매우 이른 시기에 은유적 의미가 출현하였다.

Denison(1985b: 191 이하)에서는 전치사 동사가 (22ㄱ)과 같은 구조에서 (22ㄴ)의 구조로 구조 재분석을 수행하였다고 주장한다. 이러한 재분석에 기여한 몇 가지 요인들 가운데는, 다양한 통사적 작용으로 인하여 빚어진 전치사 좌초 현상, 고대영어 접두사 체계의 쇠퇴, Denison (1985b)에 "어휘화"라는 명칭을 부여한 현상(*look up* '찾아가다'을 *watch up* '쳐다보다'으로 대치할 수 없는 것처럼, 동의적인 동사, 접사로 대치가 불가능한 현상), 대등접속 구조의 재분석(23ㄱ 참고), 주어-동사-목적어 어순의 고정화, (23ㄴ)에서처럼 처소 의미를 가지지 않는 *of*가 구성성분을 이룰 수도 있고 그러지 못할 수도 있는 종속절에 선행하는 것과 같은 연계 맥락 등이 포함된다. Denison(1985b)에서는 (23ㄴ)에 있는 첫 번째 *of*의 성격은 불확정적인 것이거나 정도성을 지닌 것이라고 주장한다. 즉, 여기서 *of*는 좌초된 첨사이거나, 보문절을 지배하는 전치사 모두가 될 수 있는 것이다.

(23) ㄱ. To lufe and lok on þe
'To love (you) and look on you'
"(그대를) 사랑하고 그대를 그윽이 바라보며.."
(1450년 이후, Rolle, *EDormio*(Cmb) 72.359 [Denison 1985b: 191])

ㄴ. ʒet is meast dred of hwen þe sweoke of helle eggeð
to a þing
yet is most dread of when the deceiver of hell eggs
to a thing

'Yet there is most tear of (it) when the deceiver of hell incites one to something'
"지옥의 사기꾼이 사람들에게 무엇을 획책할 적에, 그래도 많은 눈물이 흘렀도다."
(1230년 경, *Ancr.*[Corp.-C] 60a.19 [Denison 1985b: 200])

Claridge(2000: 89)에서 주목한 바와 같이, 이러한 통사적 작용들은 "모두가 동사와 전치사를 더욱 밀접하게, 그러면서도 빈번하게 서로 결합되는 비율이 더 높게 만드는 조건들이었다. 그리고 위에서 제시한 두 번째의 조건은 그 이전에 별개의 두 단어들을 하나의 동사 단위로 재분석하는 것을 선호하게 하였다." 지금까지 Denison(1985b)에서 제시한 요인들의 목록에, Claridge(2000: 90)는 두 가지 항목을 더 첨가하였다. 즉, 격어미의 탈락(그리고 이와 때를 같이 하여 전치사의 사용이 늘어남), 그리고 프랑스어와 라틴어, 혹은 고대 노르웨이어를 기반으로 이루어진 번역 차용. 그리하여 전치사 동사는 여러 가지 다양한 원인으로 인하여 동사에 통합하게 되는 접두사를 대치하는 역할을 하고, 구 동사는 고대 영어의 동사+첨사 구성을 지속시키고, 동작상의 의미를 갖게 되는 기능 분담이 이루어지게 된 것이다.

전치사 수동태는 전치사 동사들이 한 단위임을 나타내는 가장 강력한 지표로 빈번하게 간주된다.[16] 이러한 구성을 보여주는 가장 이른 시기의 예들은 대략 1400년 경으로 거슬러 올라간다(Denison 1985b).

---

16) 전치사 동사에서 형성되는 수동형은 어휘화를 수행한 전치사 동사에만 국한되지 않고, 또한, *sit on, sleep in, walk over*와 같은 자유 결합 동사에서도 출현할 수 있다(Huddleston & Pullum 2002: 276을 참조). Denison(1985b: 193-194)은 *every inch of the carpet was walked over*(Dickens)의 구문에서 추출된 *walk over*와 같은 예를 검증해 본 다음에, 이러한 전치사 동사가 임의로 만들어져서 특별히 그 자리에서만 사용되는 "임시 어휘화"로 고려될 수 있는 가능성을 제외시켰다. 그리고 그 대신에 전치사 동사의 수동형의 기능을 훨씬 더 폭넓게 해석하려고 하였다.

(24) children – unarrayde, unkepide, and noght **tente to** as þam aughte for to be
'children, undressed, neglected, and not tended to as they ought to be'
"헐벗고, 천대받고, 그리고 당연히 그래야 될 것인데도 보호받지 못한 어린애들,..."
(1440년 경, Rolle, *Prose Treatises* [EETS] IX, 28[Visser 1963–1973, III-2: 2123])

Visser(1963-1973, I: 402-403)는 이처럼 전치사가 문말 위치에 자리하게 된 것은 "오랜 전통에서 나온 용법"이었으며, 이러한 구성에서 위치가 벗어난 것(예: *whom I delite in* > *in whom I delite*)은 18세기에 개신적 문체론자들이 문말 위치에 있는 데 대하여 공격한 결과라고 믿는다. 전치사 동사들의 구조적 단위성의 기준으로 더 첨가될 수 있는 한 가지 항목은 전치사의 목적어인 명사구에 대하여 의문 대명사로 질문할 수 있는지(*She tended to her mother.* ***Who*** *did she tended to?* '그녀는 어머니를 모신다. 그녀는 누구를 모시는가?'), 아니면 전치사구에 대하여 의문 부사로 질문할 수 있는지(*She went to the store.* ***Where*** *did she go?* '그녀는 해안으로 갔다. 그녀는 어디로 갔는가?')와 관련되어 있다(Quirk et al. 1985: 1165를 참조).

동사＋전치사가 하나의 단위로 적용하게 하는 이와 같은 통사적 요인들에 덧붙여서, 전치사는 구 동사의 첨사와는 달리, 그 단위의 의미에 어떤 체계적인(또는 문법적) 방식으로 참여하지 못한다는 사실이 관찰될 수 있다. 그보다는, 만일 전치사들이 어떤 확인 가능한 의미를 갖고 있다면(일부는 그런 의미를 갖고 있지 않다. 예: *refer to* '가리키다', *accuse of* '고소하다'), 이들은 해당 전치사가 가진 어휘적 의미와 흔히 관련되어 있는 특이성을 띤 방식으로 동사＋전치사 구성의 의미에 어휘적으로 기여한다. 즉, *take*에 비해서 '닮다'를 뜻하는 *take after*가 그러하고, *stand*에 비해서 '후원하다'를 뜻하는 *stand by*가 그러하며, *come*에 비해서 '간섭하다'를 뜻하는 *come between*이 그러하고, *hold*에 비해서 '원망하다, 나쁘게 생각하다'는 뜻을 가지는 *hold against*가 그렇다.

전치사 동사들은 우리가 앞에서 설정한 어휘화의 척도로 보면 L1에 해당되는 어휘화를 이룬 단위들을 나타내고 있다고 결론지을 수 있다. 그러나 우리는 전치사 동사들이 이것들이 보이는 융합과 관용화의 정도차에 따라서 어휘화의 진척 정도에 정도성이 존재한다고 본다. 위에서 언급된 통사적 기준(즉, 전치사 수동형 형성, 의문사 의문문 형성)을 활용하여 Quirk 외(1895: 1166)에서는 자유 결합(*She left before noon* '그녀는 정오 전에 떠났다'), 준-전치사 동사(*She died of pneumonia* '그녀는 폐병으로 죽었다', *His job also comes into the picture* '그 남자의 직업도 밝혀진다'), 훨씬 더 완전한 전치사 동사(*The police have asked for details* '형사가 상세하게 말할 것을 계속 다그치고 있다', *The queen slept in this bed* '여왕이 이 침대에서 잤다', *White wine goes with poultry* '닭고기 요리에는 백포도주가 어울린다')로 구분할 수 있는 정도성이 존재하고 있다고 제시하였다.

Huddleston & Pullum(2002: 275-277)에서 이와는 다소 다른 정도성을 제시하였는데, *fly to*는 자유 결합인데, 전치사 전치는 가능하지만, 전치사 수동형은 불가능한 유형으로서, 전치사 동사들과는 다른 것이다. 또한, 전치사 동사 가운데는 전치사의 수동형과 문두 이동을 허용하는 *refer to*와 같은 "이동성이 명세화된" 전치사 동사들이 있다. 이들은 전치사의 수동형이 허용되나 문두 이동이 허용되지 않은 *come across*와 같은 "고정성이 명세화된" 전치사 동사들과 구분되는 것이다. Quirk 외(1895)와 Huddleston & Pullum(2002)에서 제시한 두 가지 유형의 정도성은 세부적인 면에서는 서로 차이가 있지만, 둘 다 어휘화가 강하게 이루어진 전치사 동사와 어화와의 정도가 떨어지는 전치사 동사 사이에 구분을 두어야 함을 보여준다.

5.2.3 "비분리성" 접두사

이 주제를 끝내기 전에, *outlook* '전망', *oncoming* '다가오는', 및 *overanxious* '지나치게 걱정하는' 등과 같이, 특히 근대영어의 명사 형태, 분사 형태, 그리고 형용사 형태에서 "비분리성" 접두사로 기능을 발휘하는 것처럼 보이는 일부 처소성 첨사를 우리는 주목하여야 된다(Marchand 1969 [1960]: 109를 참조). 그러나 Marchand는 이와 같은 동사 형태들을 합성 동사로 취급하려는 논지를 펴고 있다. Marchand(1969[1960]: 112)에 의하면, "두 구성성분이 모두 독립적인 형태소들이기 때문이다. 이와 같은 동사와 함께 쓰인 첨사들이 보여주는 의미는 독립적인 단어로 쓰일 때의 의미와는 다르기 때문에 접사에 더 가깝다는 사실을 나는 간과하지는 않으려 한다. 그렇지만 이들이 형태론적으로 의존적인 속성을 보이기 때문에, "준-접두사"와 같은 용어를 들여와야 할 것이다. 이와 같은 용어를 새로 들여오는 일을 피하기 위해서 나는 이 부류를 합성동사로 분류한다".

이와 같이 정리하고 나서, Marchand(1969[1960]: 96-100)는 고대영어와 중세영어에서 유래하는 몇몇 잔존형들, 예를 들면, *understand* '이해하다', *withstand* '견디다', 또는 *gainsay* '반박하다' 등을 제외하면, 근대영어에서 생산적으로 합성동사를 형성해 낼 수 있는 첨사들만을 다음과 같이 지적한다. *out*-(예: *outrank* '지위가 높다', *outstay* '보다 오래 머무르다', *outplay* '이기다'), *over*-(예: *overwhelm* '압도하다', *overstay* '기한 초과하다', *overrule* '파기하다, 무효로 하다'), 그리고 어느 정도 떨어지지만, *under*-(예: *undercut* '약화시키다', *undercharge* '적당한 가격 이하로 청구하다', *undervalue* '경시하다, 가치를 떨어뜨리다'). 그는 *up*-은 "의심스럽고, 현학적인 전접 첨사"로 생각하며(111쪽), *up*-과 연결된 대부분의 합성동사들(예: *update* '정보를 새로이 하다', *uproot* '뿌리가 뽑히다', *upend* '일으켜 세우다')은 라틴어에서 차용되었거나 최근의 유추적 형성으로 이루어진 것으로 간주한다(120-121쪽). 또한 *back*-(예: *backform* '역-형성하다', *backstab* '비열하게 행동하다', *backfire* '역효과 나다, 실패하다'), *down*-(*downgrade* '강등하다, 격하시키다', *download* '내려받다', *downsize* '소형화하다, 절감하다'), *off*-(*offset* '상쇄하다, 벌충하다', *offload* '짐을 부리다, 짐을 덜다')와 결합하여 쓰이는 합성동사들도 발견된다. 그러나 이러한 합성동사들은 품사 전환이나, 역형성으로 이루어진 것들이 많다.

처소성 첨사가 동사 성분들과 결합할 때, 그 처소성 첨사가 보유하는 의미는 이 형태가 부사로 홀로 쓰일 때의 의미로부터 예측해 낼 수 없다. 예: *over*-는 전형적으로 '과도하게'라는 의미를 갖고 있으며(Marchand 1969[1960]: 98-99를 참조), 17세기 이래로 *under*-는 단순히 '아래에'라는 의미보다는 '정해진 규정보다 낮은'이라는 의미를 나타내었다. *undercut* '효력/지위 등을 약화시키다', *undersign* '승인하다, 아래에 서명하다'(Nevalainen 1999: 420을 참조). 더욱이 이러한 첨사들은 동사의 어휘 의미에 구상적으로든 은유적으로든 의미를 더하지만, 문법적으로는 어떤 기여도 하지 않는다. 그러므로 우리는 이러한 형성이 어휘화 과정의 결과인 것으로 간주한다.[17]

---

17) 이와 같은 첨사들이 발휘하는 기능의 중요성은 네덜란드어(또한, 독일어, 피노-우그리아어 등등)에서 "분리성 복합 동사들"로부터 파생되어 나온 "비분리성 복합 동사들"과 대조를 통해 강조된다. 예: 현대 네덜란드어 *doorléven* '완벽하게 살아가다'. Blom & Booij(2003: 63)은 비분리성 접두사는 동작상의 기능을 갖고 있으며, 문법화의 사례임을 제시한다. 이와 대조적으로, 분리성 접두사는 관용적 의미를 보유하고 있는 "구성체 관용어(constructional idioms)"에 속한다고 주장한다. 이에 대해서는 *aanval* '공격하다', *bijval* '칭찬하다, 박수 갈채를 보내다', *genval* '실망하다'를 참조할 수 있는데, 이 형태들에는 모두 어근 *vallen* '떨어지다'이 포함되어 있다.

5.3 합성 술어

3.1에서 논의했던 것처럼 합성 술어에는 다음과 같은 것이 있다.

(25) give a response   답신을 주다
     make a promise   약속을 하다
     have a try   시도를 하다
     take a look   눈길을 주다
     do a study   공부를 하다

이들 합성 술어는 어휘화된 요소라고 보기도 하고, 또는 문법화가 이루어진 요소라고 보는 등 다양하게 해석해 왔다. 이들 구성이 어떻게 발달해 왔는가를 간략히 살펴봄으로써 이들의 신분을 이해하는 데 시사를 얻을 수 있을 것이다(상세한 논의와 자료는 Brinton & Akimoto 1999, Visser 1963-1973, I: 138-141을 보시오). 역사적으로 볼 때, 합성 술어는 영어의 어느 시기에서든 만들어져 활용할 수 있었다. 물론 합성 술어는 고대영어에서 현대영어보다 빈도도 낮고 관용화도 덜 되어 있었으며(즉, 의미적으로 더 투명하였으며), 단위화도 덜 되었을 뿐 아니라 덜 고정되어 있기는 하였다. 고대영어에서 빈도가 높았던 합성 술어의 대부분의 유형은 *don* '하다', *habban* '소유하다', *niman* '가지다take', *sellan* '주다', 그리고 나중에 *macian* '만들다'으로 형성된 합성 술어였다. 중세영어 초기에 이 가운데 *niman*은 *take*로, 또 *sellan*은 *give*로 바뀐다(이 두 동사는 모두 노르웨이어에서 차용되었다). 이들 동사는 Algeo(1995: 214-216)과 Huddleston & Pullum(2002: 290-296)에서 공히 현대 영어 합성 술어에서 가장 많이 쓰이는 것으로 파악한 동사들과 동일한 "경동사"들이다. 다시 말해서, 영어사 전체를 통해서 의미적으로 같은 (어휘들의-역자) 집합이 사용되

어 온 것이다. 중세영어 시대에는 프랑스어에서 온 차용어(예컨대 *bataille* '전투', *deliveracioun* '심사숙고', *force* '강제', *promyse* '약속', *querele* '입씨름')으로 인해 합성 술어의 목적어로 동사의 파생 명사들의 쓰임이 광범위하게 증가하였다. 특히나 중요한 사실은 바로 이 시기에 이루어진 관사 체계의 발달로 인해, 이 구성은 개별화되어 헤아릴 수 있는 상황과 관련되게 되어서 결국 *bathe* '씻(게 하)다'(맥락이 주어지지 않는 한, 특정화되지 않은 경우)와 *have a bath* '목욕을 준비하다'(특정화된 경우) 간에는 의미 차이가 나타나게 되었다. 합성 술어는 종결적(telic) 동작상과 관련을 맺게 되는데 이는 곧, 해당 상황이 *take a walk*와 *walk* 간의 대조에서 볼 수 있는 것과 같은 달성accomplishment이나 성취achievement로 관점화된 것이다 (Brinton 1996a를 보시오). 단일어 동사와 구로 된 동사류들 간에 이루어진 이와 같은 기능의 분담은 전기근대영어 기간 동안에 좀 더 두드러지게 되었다.18) 동작상의 기능은 *have*로 시작하는 합성 술어에서 특히 잘 감지된다. 즉, 본동사 *have*는 대개 정태적인 데 반해서 "경동사" *have*는 흔히 정태적이지 않다. 특히나 과정 동사에서 유래한 파생 명사라면 더욱 그렇다. 예: *have a dance*. *have* 합성 술어와 *give/take* 합성 술어 간에는, 그 밖의 다른 문법적 구분이 나타난다. *have* 합성 술어는 정태적 의미를 나타내고 *give/take* 합성 술어는 동태적 의미를 나타낸다(*have a cold/take cold* '감기에 걸려 있다/감기에 걸리다', *have a fancy for/take a fancy for* '좋아하고 있다/마음에 들다', *have a wish/make a wish* '소망을 가지고 있다/작정하다'에서 확인)(이에 대해서는 Huddleston & Pullum 2002: 295를 보시오).19) 근대영어 시

---

18) 그러나 Claridge(2000: 245-246)에서는 복합 술어에서 나타나는 종결적 의미가 1640년 ~ 1740년의 람페터 전산자료에서는 드물게 나타난다는 점을 확인하였다.
19) 방언적 변이로도 일부 차이가 설명될 수도 있다. 영국 영어 화자는 *have*를 선호하고 미국 영어 화자는 *take*를 선호한다(이에 대해서는 Algeo 1995: 215-216을 보시오).

기 동안에 이 합성 술어 구성은 동사에서 온 명사를 가지고 만들어진 구적 동사로까지 확장되었다. 예: *make a clean-up, have a warm-up.*

각각의 개별 합성 술어 구성을 하나의 단위라고 생각하게 된다면(예컨대 *lose sight of* = 'forget 잊다', *give an answer* = 'answer 대답하다'), 그리고 어휘화란 "어휘부에 채택"이라는 정의를 받아들인다면, 합성 술어가 발달하게 되는 현상은 어휘화의 사례처럼 보인다. 관용화와 융합을 어휘화의 기준이라고 생각하는 경우에도 동일한 결론에 도달하게 된다. 통사적으로는 일부 자율성이 존재하기는 하지만(예를 들면, 많은 합성 술어가 *an answer was given*에서처럼 수동으로 쓰일 수 있으며, *raise a serious objection to*에서처럼 형용사의 수식을 받을 수도 있다), 이 구성은 대개의 부분이 고정되어 있다. 실제로, 이런 접근법이 Nevalainen(1999)와 Traugott(1999)에서 취한 입장이다. 그렇지만 이런 입장은 어떤 합성 술어는 정말로 어휘화된 것이지만 다른 합성 술어는 그렇지 않다는, 합성 술어들 간의 중요한 차별성을 놓치고 있다.

*lose sight of*와 같은 합성 술어에서 동사 *lose*는 생산성이 없다. 즉, 이 동사 *lose*는 *lose* N *(of)* 유형의 다른 패턴을 형성하지 않는다. 시제나 태의 교체를 제외하면 이 형식은 고정되어 있다. 즉, *lose the sight of*라든지 *lose exceptional sight of*와 같은 표현은 현재 존재하지 않는다(Akimoto 1989: 355). 이런 합성 술어의 의미는 대개 관용화되어 있다. 그러므로 이런 유형에 속하는 합성 술어들은 "문법이라는 생산적 규칙에서 탈락된 것"(Anttila 1989[1972]: 151을 보시오)이다. 우리는 이러한 구 구성들을 L1의 사례로 볼 수 있다. 이들 L1의 사례들은 시간이 흐름에 따라 화석화는 더 진행되고 합성성은 더 떨어지게 된다. 그리고 이들 구 구성 안에 있는 명사구는 탈범주화되어서 많은 명사적 속성을 소실하게 된다. 어휘화된 합성 술어의 다른 사례에는 *curry faver with* '비위를 맞추

다', *raise an objection to* '반대 의사를 표명하다', *cast doubt on* '의문을 품다', *lay claim to* '문제를 제기하다', *pay attention to* '관심을 기울이다'가 있다(Huddleston & Pullum 2002: 289를 보시오).

그렇지만 *make, take, give, have, do*와 같은 "경"동사를 가진 합성 술어는 주로 중세영어 후기에 생겨난 다른 구성들에도 참여한다. 이들 다른 구성은 경동사가 다른 합성 술어를 형성하는 데 매우 생산적이라는 점에서 *lose sight of*와 같은 구성과는 차이가 있다(이러한 예는 Nunberg, Sag, & Wasow 1994: 532-534에서 인용한 *make*계, *take*계 합성 술어 목록을 보시오). 나아가 이때의 동사는 분명히 식별이 가능한 문법적 기능(즉, 동작상이나 동태적/정태적 기능)을 갖는다. 이런 유형의 합성 술어는 G1(구 구성)에 속한다고 생각할 수 있다. G1에 속하는 구 구성에서 명사구는 탈범주화되고 동사는 문법 기능을 갖게 되어서 아마도 어느 날엔가는 문법적인 (파생적) 접두사가 된 것으로 인식될 수도 있는 것이다. 즉, *bedevil* '몹시 괴롭히다'의 *be-*와 마찬가지로 될 수도 있는 것이다(이는 물론, 경동사를 가진 합성 술어들의 고빈도 출현이 전제되었을 때, 단어 형성에서 유형론적 추이와 관련될 것이다.) 아마도 이 구성은 영어의 형태 부류(이 경우에서는 동사와 명사) 간에 존재하는 차이를 희석시키게 하는 다른 변화들 가운데 하나인 듯하다. Bauer(1983: 226-227)의 추정에 의하면 이런 변화는 현대 영어에서 현재 진행중이라고 한다(2.13을 보시오). Bauer(1983: 227)가 "대명사와 같은 폐쇄 부류와, 필요에 따라 사용될 수 있는 어휘 항목으로 이루어진 단일한 개방 부류"를 예측한 것처럼, 우리는 경동사와 같은 폐쇄 부류와, 필요에 따라 사용될 수 있는 어휘 항목들을 예측한다.

어휘적 합성 술어와 문법적 합성 술어라는 두 유형의 합성 술어가 Himmelmann(2004)의 숙주 축소/확장과 관련하여 그의 기준에 부합한

다는 점에 주목할 필요가 있다. *lose sight of*에서 *lose*는 *sight of*에 고정되
게 된다고 말할 수 있으며, *sight of*는 *lose*에 고정되게 된다고 말할 수
있다. 유형 확장의 가능성이 감소하는 것이다(어휘화의 지표). 그렇지만
경동사의 경우에는 유형 확장의 가능성이 늘어나게 되며, 의미-화용론
역시 동작상적 의미를 포함하는 쪽으로 풍부하게 된다(문법화의 지표).

5.4 -*ly*가 통합된 부사

교차언어적 연구에서나 개별 언어 연구에서나, 부사는 그 정의가 무
엇인지, 또한 주요 부류, 부차 부류 가운데 그 신분이 무엇인지가 문제
시되어 왔다. -*ly*로 끝나는 부사는 파생을 겪었는지 굴절을 겪었는지,
개방 부류에 속하는지 폐쇄 부류에 속하는지에 관해서 서로 다른 다양
한 방식으로 이해되어 왔다. 부사에 대한 교차언어적 분석 결과를 몇
가지 검토한 뒤에 우리는 Nevalainen(1997)에서처럼 -*ly*는 문법화되어
가는 중이며 -*ly*가 통합된 개별 부사는 문법화되는 경향을 보인다는 결
론을 내리려 한다.

"부사"(단어 수준을 가리키는 표현)와 부사류(구 수준을 가리키는 표현)는
"규정하기 어려운 범주"에 속한다(van der Auwera 1998: 3). 형용사와 마
찬가지로 부사와 부사류 역시 수식언이지만, 부사는 수식하는 영역이
매우 폭넓다. 주로는 특히 동사(*She ran quickly* '그녀는 빠르게 달렸다')를 꾸
미지만, 형용사(*she is very intelligent* '그녀는 아주 똑똑하다'), 명사(*only Jim was
bored* '짐만 지루해했다'), 전치사(*exactly on target* '바로 그 목표로'), 부사
(*unnecessarily softly* '쓸데없이 부드럽게'), 문장(*obviously/logically/frankly you are right*
'확실히/논리적으로/솔직히 네가 맞아'), 담화(*so, in fact* '그래서, 사실')도 수식한

다. 교차언어적으로 이들 부사와 부사류들은 형용사보다 위치가 자유롭다(Bhat 2000: 60). 이들 부사와 부사류는 명사, 동사, 형용사보다 존재의 입지가 약하고, 대개는 파생을 통해 형성된다. 또한 Talmy(2000, I: 23)에서는 부사가 "모든 언어에서 본래적으로 부사 어근이라는 독자적인 개방 부류를 형성하기보다는, 명사라든지 동사, 형용사 들로부터 파생되는 것 같다"고 하고, 따라서 부사는 폐쇄 부류, 즉 부차적이며 문법적인 범주에 속한다고 결론지었다. 그렇지만 이는 사실을 단순화한 설명이다. 1.2.2에서 설명한 것처럼 Ramat & Ricca(1994, 1998)에서는 부사가 파생되는 경향이 있음을 인정하면서도, 파생 부사 *fortunately*처럼 상대적으로 개방 부류인 것에서부터 단일 형태소 부사 *now, just*처럼 상대적으로 폐쇄 부류인 것까지 편차가 있음을 강조하였다. Quirk 외(1985: 52, 7.4.6 이하)에서도 부사와 부사류들은 폭넓은 "유형의 범위"를 포괄하지만, *not*과 같은 예외를 빼면 대부분의 부사들은 개방 부류에 속하는 항목으로 볼 수 있다는 점을 강조한 바 있다(거기서 든 사례는 [태도]를 나타내는 *steadily* '꾸준히', [정도]를 나타내는 *completely* '철저히', *really* '아주'이다)(1985:67).

Ramat & Ricca(1994)에서는 부사의 범위는 단일한 연속체가 아니라, 공시적으로 매우 다양하게 분절된 방사상(放射狀)의 집합이라고 개념화한다. 부사는 다른 모든 주요 부류(명사, 동사, 형용사)와도 (흔히 파생을 통해서) 그 형식이 겹쳐질 뿐 아니라, 특히 전치사나 접속사와 같은 부차 부류들과도 형식이 겹쳐진다고 보는 것이다. Ramat & Ricca(1994: 292-293)에 따르면, 주로 부정(*not*), 시간(*now*), 초점(*even, just*)을 나타내는 부사인 원형적인 부사는, 형식상으로는 단일어이거나 불투명하다고 한다. 물론 그 상당수가 역사적으로 단일어화를 겪어 도출된 것이라 하더라도.[20] 영어와, 동사-목적어 어순을 가진 많은 유럽 언어에서 원형

부사는 "조동사의 범위", 즉 주어와 본동사 사이에서 나타나며, 그밖에도 많은 다른 위치에서 출현한다. 교차언어적으로 이들의 분포는 상대적으로 자유로우며(Ernst 2002: 357), 그 하위 집합은 형태론적으로 "가볍다", 즉 짧다(예: *not, hardly, just*)(171-175). 그렇다면 부사는 언어에 따라, 내용 의미를 가지며, 어휘적이고, 개방 부류의 성원으로서 유형론적으로 원형이 아닌 부사로부터, 문법적이며, 유형론적으로 원형적이고, 폐쇄 부류 부사에까지 다양하게 분포하게 된다. 또한 교차언어적으로는 원형적 부사는 형식(*not* < 고대영어 *nawiht* '아무 것' 참고)뿐 아니라 의미(초점사 *even* < 고대영어 *efene* '평평한' 참고)에서도 덜 원형적인 부사보다 더 많은 변화를 겪었다는 게 드러난다.

부사 형태소 *-ly*는 고대영어 형용사 어미 *-lic* '~의 꼴을 갖춘' + 부사 파생 *-e*에 그 기원을 두고 있다.[21] 즉 결국 합성어인 것이다. *-ly*가 흔히 태도 부사와 관련돼 있는 방식임에도 불구하고, 단계 구분이 가능한 척도에서 첫머리에 놓일 수 있는 *extremely*와 같은 "정도" 부사에서 확인될 수 있는 것처럼, 현대영어의 모든 부류에서 *-ly*를 가진 부사가 다음과 같이 다양하게 확인된다. *frankly, legally*와 같은 "문장" 부사, *recently*와 같은 "배경" 부사, *consequently*와 같은 "텍스트" 부사, 심지어 *exclusively*와 같은 "초점사" 등이 그것인데(Ramat & Ricca 1994: 307-308),

---

20) Ernst(2002)에 따르면 이들 가운데 부정 부사들만이 여러 언어에서 광범위하게 나타난다고 한다. Cinque(1999: 141)에서는 보편 문법의 기능 투사에서 "아마도 40 단계의" 매우 많은 위계가 상대적으로 경직된 순서로 정해져 있다고 하는데, 이들은 형태음운론적으로 때때로 실현되기도 하고 실현되지 않기도 한다. Cinque는 "부사"라는 용어를 단어 수준에서만 사용하지 않고 구 수준의 표현에도 사용하고 있다. 그럼에도 불구하고 많은 언어에서 부사라고 구분된 범주가 존재하지 않는 것이 폭넓은 현상이라는 점을 감안하면, 이런 가설은 상당한 의심의 여지가 있다.

21) Kastovsky(1992: 297)에서는 실제로 *-lic*을 가지지 않는 형용사에서 파생된 부사적 *-lice*의 사례가 몇몇 존재한다고 지적한바 있다. 예: *blind*(형용사), **blindlic* '눈 먼', *blindlice* '맹목적으로'(부사).

우리는 이점에 대해서는 다음에서 다시 주목하려 한다.

  -ly와 관련해서 이 책에 관련되는 가장 중요한 이론적인 문제는 다음의 것이다.

(1) -ly의 신분은 무엇인가? 파생 형태소인가, 굴절 형태소인가?
(2) 영파생 부사와는 어떤 관계인가(slowly와 slow 참고)?
(3) -ly를 가진 부사의 역사를 살펴봄으로써 이 범주가 점점 문법화되고 있다는 시사를 얻을 수 있는가?
(4) -ly를 가진 부사의 역사가 영어에서 범주 간의 차별성을 늘려가는 경향을 가리키는가?

  현대영어에서 -ly는 형용사를 태도 부사로 만드는 데 매우 생산적으로 쓰이고 있다.[22] 이런 사실에 따라 일부 연구자들은 -ly를 통한 부사 형성이 현재도 (주로) 굴절에 해당하고(예컨대 Marchand 1969[1960]: 158), 고대영어에서도 굴절이었다(Campbell 1959: 275)고, 주장하기에 이르렀다. 그렇지만 -ly 부사의 분포는 다소 제한적이다. 예를 들어 보충법적 부사를 이미 가졌거나 -ly로 끝나는 형용사에는 -ly 부사는 통상 나타나지 않는다(good-well, *goodly와, friendly, *friendlily). 또한 형용사 어기와 부사는 의미적으로 불안정한 의미 관계가 흔히 존재한다(예를 들자면, 절의 맨 앞에 출현하는 actually는 '실제 태도로'라는 뜻이 아니라 '실제로'라는 뜻을 나타낸다. frankly는 '솔직한 태도로'라는 뜻이 아니라 '솔직히 말해서'라는 뜻을 나타낸다.).

---

22) Baayen & Renouf(1996)에서는 부사적 -ly가 London Times와 Kobold/CELLED 언어 전산 자료에서 매우 생산적이라는 점을 보였다. 이는 Merriam-Webster의 제3판 신판 영어 국제 언어 사전(1981[1961])을 바탕으로 Cannon(1987)에서 -ly는 더 이상 생산적이지 않다고 했던 앞서의 연구와는 반대되는 주장이다. 태도 부사의 파생이 현재 생산적이라는 주장은, 유형 빈도 차원에서 신어의 생산성을 말하는 주장이다.

[Huddleston 1984: 332 참고]. 따라서 부사적 -*ly*는 파생 형태소로 흔히 분석되어 왔다(Jackendoff 2002: 155). 물론 때때로 양쪽에 걸치기도 한다. 이를 테면 Quirk 외(1985: 1556)에서 "거의 굴절적인 것이라고 볼 수 있다"고 하고, Baayen & Renouf(1996: 93)에서 형용사에서 만들어진 -*ly* 부사의 생산성은 "거의 '통사적'"이라고 한 것처럼 말이다. 그렇지만 Kastovsky(1992: 369)에서는 "부사의 형성은 단어 형성과 굴절 형태론의 경계선에 놓이는 사례"라고 말하고 고대영어 부사 형성 접미사들을 단어 형성의 양쪽 유형 모두로부터 따로 분리하여 다루었다.

Nevalainen(1997: 148-149)에서는 부사 형성의 -*ly*는 그 역사를 통틀어 파생 접사라는 점을 상세하게 논의하였다. 그 까닭은 위에서 제시된 것 말고도, 문법 범주를 바꾼다는 점, 파생으로 분석하여야 영어의 부사 형성에 주로 쓰이는 세 가지 유형, 즉 -*ly* 접미 파생, 영파생, 합성(-*wise*, -*ward(s)*, -*fashion*, -*style*)을 단일하게 설명할 수 있다는 점을 들었다(이에 대해서는 Nevalainen & Rissanen 2002: 379도 보시오). 최근까지의 역사를 통틀어 볼 때, 부사 형성의 -*ly*는 또한 다른 부사 파생 형태소와 경쟁 관계를 이루어 왔다. 처음 경쟁 관계에 있던 파생 형태소는 고대영어 -*e*였다. (이 형태소 역시 굴절과 파생 형태소 모두로 보아 왔다.) 중세영어 시기 말에 무강세 어말 -*e*가 소실됨에 따라 이전에는 -*e* 부사였던 것이 영파생으로 되었다. 영파생은 다시 근대영어 시기의 시작과 함께 퇴조하게 되는데, 이는 적어도 표준 영어에서 일어난 일로서(Nevalainen & Rissanen 2002), 현대영어에서는 거의 비생산적이게 되었다.

she smiles brightly '그녀가 밝게 미소 짓는다.'에 비해 *the sun shines bright* '햇빛이 밝다.'에서 보는 것처럼, 영 파생 형태는 더 구상적이라고들 흔히 말한다(Donner 1991). 그렇지만 실은 많은 영파생 형태(의 의

미)가 상당히 추상적이다. 여기에 특정될 만한 사례를 들자면 *just,*
pretty, right, very(< 중세프랑스어 *verrai* '참')와 같은 일군의 정도 부사를 들
수 있는데, 이 부사들은 초기 근대영어 시기에 특히 급속하게 발달한
것이다. 영파생 부사와 -*ly* 파생 부사가 모두 존재하는 경우에는 분포
에 의해서 구분될 수 있다. 영파생 부사는 형용사나 부사 핵어를 수식
하는 것을 선호하며, -*ly* 파생 부사는 동사나 첨사의 수식어로 주로 나
타난다(Mustanoja 1960: 319-320). Nevalainen(1997: 1267)에서 인용한 사례
는 다음과 같다.

(26) a. Moises and Aaron felden **lowe** to erthe, bifer al the
multitude of the sones of Israel
'모세와 아론(모세의 형)은 모든 이스라엘의 자손들이 모인
앞, 땅바닥 저 낮은 곳에 내팽개쳐졌다.'
(c. 1380 Wycliffe. *Old Testament,* Numbers 14.5 [HCET])
b. we **lowly** beseche þe kyng of kynges
'우리는 당신, 왕들의 왕께 겸손하게 애원합니다.'
(1418 *London Letters* 73 [HCET])

많은 경우에 형용사와 영파생 부사는 중세영어에서나 초기근대영어
에서 구분되지 않았었다. 중세영어에서는 특히 경계에 걸쳐 있는 사례,
또는 "의사-부사"가 매우 많았다(Peters 1994, Nevalainen 1997: 154, 168).
예를 들면 *liven chaste* '순결하게 살다', *bare hym so meke and softe* '은근하고
부드럽게 스스로를 지루하게 하다'. 이는 현대영어에서도 때로 그렇다. *They*
married young '그들은 젊어서 결혼했다.'(Quirk 외 1985: 737)과 같은 사례는
'그들이 결혼했을 때 그들은 젊었다.'도 뜻할 수 있고, '그들은 어린 나
이에/금방 결혼했다.'를 뜻할 수도 있다. 부사가 영파생으로 형성되는

일이 점차 사라지게 되면서 이 같은 중의성이 점차 줄어들게 되었다.

Nevalainen(1997: 182)에서 -ly를 여전히 파생 접사로 보고 있기는 하지만, 그녀는 이 접사의 발달을 문법화 사례로 보고, 나아가 현재는 파생과 굴절의 전이 지대에 있다고 본다(Nevalainen 2004: 25). 이는 -ly가 그 숙주가 되는 하위 부류와 관련해서 아주 폭넓게 일반화가 되어 green과 같은 상태 형용사와 함께 나타날 수 있게 되었기 때문(Nevalainen & Rissanen 2002에서 Killie 2000을 인용함)이며,23) 심지어 새로 나타나는 정도 부사에도 잘 통합하기 때문이다(예: highly, truly). -ly가 확장됨으로 인해 영어의 부사가 증가해 왔다. Ramat & Ricca(1994)는 그들이 탐구한 언어 자료에서 현대영어에서 -ly 접사가 통합된 방법 부사가 가장 높은 유형 빈도를 보일 뿐만 아니라, -ly 파생 초점사(이제는 불투명해진 only를 제외하고도) 가장 높은 개체 빈도를 보인다는 점을 지적하였다(318쪽). 달리 말하면 -ly는 원형적으로 투명한 형태론을 보여주지 않는 부사의 하위 유형들에서도 예측이 불가능한 중요한 요소이다(293쪽). 부사 범주의 확장에 기여해 온 다른 요인은 다의의 증가이다. 대부분의 영어 정도 부사는 문자 그대로의 기능을 좀 더 가지는 부사에서 파생된다. 예를 들어 국부적 차원을 나타낸다거나(highly), 양화 표현을 나타낸다거나(much), 질적 표현을 나타낸다거나(terribly), 강조하는(really, even) 것이 그것이다(Peters 1994).24) 질적 표현의 기원은 초기근대영어 기간 동안에 특

---

23) 그렇지만 Baayen & Renouf(1996)에서는 그들이 연구한 런던 Times 언어 자료에서 이런 형태의 부사를 발견하지 못하였다는 점도 주목해 두자. 정태적 색채 형용사에서 파생된 방법 부사는 문체적으로 상당히 제약돼 있는 것처럼 보인다.

24) Adamson(2000: 55)는 lovely little house '멋진 작은 집'의 lovely처럼 (그녀가 강화사라고 부른) 일부 정도 부사는 형용사의 정감적 용법에서 직접 파생되었으며, 기술적 형용사 > 정감적 형용사 > 강화사의 연속변이를 보여준다고 하였다. 정도 부사는 파생된 것이라는 관찰은 이 경우에도 역시 유지된다.

히 생산적이게 되었다. 양태(고대영어 *witodlice* '참으로'), 주어 이접(*cleverly*), 화행 이접(*frankly*), 평가(*luckily*) 형태를 포함하는 *-ly* 문장부사는 대부분 방법 부사에서 파생된 것이다. 이들 가운데 평가 부사 유형은 20세기에 가장 급속도로 증가하였다(Swan 1988). 정도 부사와 문장 부사는 이들의 훨씬 다용도라는 점에서 이들이 파생되어 나온 용례보다 의미적으로뿐 아니라 분포상으로도 더 문법적이다. "전체적으로 볼 때, 영어의 부사화에서 문법화가 증가되어 가는 긴 기간 동안의 통시적 경향이 드러난다"(Nevalainen 1997: 182). Swan(1997)은 Nevalainen & Rissanen (2002: 379)에서 인용한바, 만약 부사적 언어라는 것이 존재한다면 영어가 바로 그것이라고 할 만큼 이 같은 경향은 뚜렷한 것이다.

요약하자면, 부사 형성의 *-ly*는 그 역사를 통틀어 파생적인 존재였던 한편, 시간이 흐름에 따라서 이 형태는 점점 더 생산적이게 되고 규칙적이게 되어(특이성은 줄어들어) 왔으며, *-e* 접사나 영파생처럼 부사를 형성하는 다른 방편을 점차적으로 대체해 왔다. 이 형태는 굴절적 신분 (G3) 쪽으로 변해 가고 있는 것이다. 나아가 개방 부류인 방법 부사에서 *-ly* 파생을 겪은 각각의 개별 부사들은 점점 더 문법적인 기능(G2 신분)을 할당 받아가고 있는 중이다.

영 파생을 대신하여 부사 파생의 *-ly* 접미 파생이 확산되어 가는 것은 부사와 형용사의 구분을 점점 더 선명하게 하는 효과를 드러내 왔다. 형용사 형성의 *-ly*(*friendly* '다정한', *lonely* '외로운', *masterly* '훌륭한')가 부사 형성의 *-ly*와는 분포상으로도 다르고 훨씬 더 제약되어 있다는 사실로 인해 이와 같은 부사와 형용사 구분이 더 선명해지게 되었다. 신어 형성은 거의 전적으로 구상 명사에서 이루어진 파생에만 국한된다. (이와 달리 *-ly* 부사는 주로 형용사에서 파생된다.) Baayen & Renouf

(1996: 82)에서는 런던 *Times*를 통한 그들의 연구에서 -*ly*를 가진 단어 유형을 5,196개 찾아냈다. 이 가운데 1,362개는 유일 사례, 즉 단 한 번만 출현하는 사례였다. 이 1,362개 사례 가운데 자그마치 1,278개 사례가 부사(예: *breathcatchingly, onely*)였으며, 단 84개 사례만이 형용사(예: *lizardly* '놀라운')였다. Dalton-Puffer(1996: 175)에서 결론 지은 것처럼 "형용사 형성의 *LY*는 어휘적인 파생인 데 반해, 부사 형성의 *LY*는 준-통사적이다."

5.5 담화표지

구 담화표지들은 어느 정도의 융합(화석화와 일상화)을 보여주기 때문에, 이들은 지금까지 어휘화를 수행하여 왔다고 관찰되어 왔다(§3.1을 참조). 그러나 우리는 이러한 구 담화표지들은 문법화를 거쳐 온 것이라는 주장을 하려고 한다. 이와 같은 부류의 담화표지들 가운데에는 삽입구로 쓰인 "논평절", 즉 모문절(예: *I believe*)과 부사적 한정절(예: *as you know*)과 유사한 일정한 유형이 존재한다(Quirk 외 1985: 1112를 참조).[25] Quirk 외(1985: 1114-1115)는 이러한 논평절들이 기능적으로는 완충어로 사용되어서, 인접해 있는 절의 내용에 대한 화자 판단의 확실성(또는 양보)이나 화자의 감정적 태도를 표시하는 데 사용되거나, 청자의 주의를 요구하는 데 사용될 수 있다는 점을 관찰한 바 있다. 즉, 이들 논평절

---

25) 논평절 가운데 *to*-부정사절(예: *to be frank* '솔직히'), -*ing* 절(예: *speaking honestly* '솔직히 말해서'), 그리고 -*ed* 절(예: *stated simply* '간단히 말해서')의 세 가지 유형은 "스타일 부가어"로 사용되는데(Quirk 외 1985: 1117), 여기서 다루지 않으려고 한다. 또 하나, 네 번째 유형(명사적 관계절 부류와 같은 것인데, 예를 들면, *what annoys me* '나를 화나게 하는 건')도 희소한 용법이어서, 역시 우리의 논의에서 배제하려고 한다.

은 일반적으로 "담화표지"로 열려져 있는 기능들을 보유하고 있는 것이다. 또한, 구 담화표지들은 약간의 융합을 보이는 복합 부사류들도 포함된다. 예를 들면, *indeed* '정말로', *in fact* '사실', *instead of* '~대신에', *as far as/in so far as* '~하는 한에 있어서', *besides* '이 외에도', *after all* '결국' 및 *anyway* '어쨌든', 그리고 *thank you*와 *I'm sorry*와 같은 다양한 종류의 "틀에 박힌 대화 표현"(Aijimer 1996a) 등이 있다.

역사적으로 살펴보면 구 담화표지의 원천을 다수 규명해 낼 수 있다. 그것은 다음과 같이 분류된다. 주어＋동사(＋목적어)＋모문절(27ㄱ), 명령형＋주어(＋목적어)＋모문절(27ㄴ), 부사적 부가어/관계절(27ㄷ), 또는 부사적 전치사 구(전치사＋명사(＋전치사)), 그리고 복합명사(27ㄹ).

(27) ㄱ. 일인칭: *I say*(> *say*), *I mean, I think, I guess, I suppose, I reckon, I pray you*(> *pray*), *I pray thee*(> *prithee*), *I thank you*(> *thank you, thanks*), *I'm afraid, I'm sorry*, 등등. 또한 중세영어에서 비인칭 동사로 *me think/thinketh*(> *thinketh*(> *methinks/methinketh*)

　　이인칭: *you see, you know*(> *y'know*), *you realize*

　　삼인칭: *God forbid*, 중세영어 *God woot*(> *Goddot, Goddoth, Goddote*)

ㄴ. *look ye*(> *look'ee*, 또한, *lookahere*), *look to it*(*look to't, lookit*),
　　hark ye(> *hark'ee*), *mind you, mark you, say to me/us*(> *say*)

ㄷ. *if you please*(> *please*), *as it seems, as far as, in si far as*(*concerns/touches, regards*)

ㄹ. *indeed, in fact, instead, besides, after all*, 중세영어, *for the nones*, 고대영어 *on an(e)*(> 중세영어 *anon*), *anyway*.

일련의 연구에서 논의된 바와 같이,[26] 이러한 형태들은 문법화에만 특징적으로 일어나는 많은 변화들을 수행하여 왔다. Thompson & Mulac (1991: 323-325)는 모문절(*I think that* + S, *I guess that* + S)이 인식 양태 삽입구(*I think, I guess*)로 변화하는 현상은 Hopper(1991)에서 설정된 문법화의 제 원리를 순응하는 변화들을 포함하고 있다고 논증하였다(§1.4.1을 참고).[27]

*look ye/you (here)*를 예로 선택하여 살펴보면, 우리는 다음과 같은 사실을 알 수 있다. 즉, 이것은 Hopper(1991)에서 제시한 문법화의 원리인 분화, 의미의 지속성, 층위화를 보여줄 뿐만 아니라, 보문을 취하는 완전한 동사 구성에서부터 불변항 첨사 부류와 같은 형태로 탈범주화를 수행하였다(주요 (개방) 부류 > 부차 (폐쇄) 부류로 추이된 것이다). 동시에, 이 형태는 형태론적 유착과 음운론적 마멸(*look'ee, lookahere*)을 보여줄 뿐만 아니라, 원래 갖고 있었던 구상적인 지각 의미를 상실하였으며(탈의미화), 명제적 기능에서 화용적 기능으로 추이되었다. 즉, 이 형태는 화자의 태도가 보여주는 여러 특질들을 언어 기호화하였으며(주관화), 환기된 추론을 거쳐 관습화된 것이다(Brinton 2001을 참조).

(28ㄱ)의 예문에서 *lok*는 "경청/주의 하라" 하는 의미를 나타내는 명령형 모문절이고, 여기에 의존성 명사절이 연결되어 있다. 예문 (28ㄴ)에서는 *look you*는 통사적으로 삽입구이며, 탈의미화되어 있다(즉, 이것은 원래의 자구 그대로의 의미를 유지하고 있지 않다). 동시에 *look you*

---

26) 예를 들면, Traugott(1995b), Brinton(1996b, 2007), Palander-Collin(1999), Traugott & Dasher(2002)와, Jucker(1995)에 실린 여러 논문들을 참고. 또한, Moore(2006)는 중세영어에서 법률언어로 프랑스에서 차용된 담화표지 *videlicet*(즉, 바꿔 말하면)를 논의하였다. 그리고 역사화용론에 관한 참고문헌에 대해서는 Jucker(온라인)을 참조하시오.

27) 그러나 Brinton(1996b: 239-254)은 고대와 중세영어에서 확인한 증거로는 *as I think, since I guess*와 같은 절은 모문에서 종속절로 강등되었다고 보기보다는 부사절/관계절 구조에서 발달하였을 개연성이 있음을 보여준다고 주장한다.

는 청자에게 '조심하라'는 화용적 지시를 내리고 있다. (28ㄷ)에서 *look'ee*는 융합이 더욱 진척되며, 화자의 조급한 태도를 전달하고 있음을 보여준다.

(28) ㄱ. But **lok** thou dele nought withl
'but look you deal not   therewith'
'see to it that you do not deal with it'
당신이 그것을 취급하지 않도록 조심하시오.
(1386년 경, Gower, *Confessio Amantis* 1.1225[Brinton 2001: 182]).

ㄴ. **Look you**, she loved her kinsman Tybalt dearly,/ And so did I
조심하세요, 그녀는 자기 가문의 티발트를 극진하게 사랑합니다. 저도 그래요.
(1594-1596, Shakespeare, *Tomeo and Juliet* Ⅲ.iv.3-4 [Brinton 2001: 184]).

ㄷ. **Look'ee** Serjeant, no Coaxing, no Wheedling, d'ye see
여봐, 중사, 구슬려도, 속여서도 안 통해. 알겠어!
(1706년, Farquhar, *Recruiting Officer* i.i[OED] [Brinton 2001: 185]).

위에 등장하는 예들은 문장을 초월하여 담화 안으로 그 적용 범위가 뻗어나가기 때문에, 담화표지들은 적용 영역의 축소나, 또는 Lehmann (1995[1982]: 143)이 문법화의 제1 조건으로 규정한 "응축"(condensation)도 나타내지 않는다. 그러나 범위 축소라는 개념은 문법화 연구 일반에서 (Tabor & Traugott 1998), 또 특히 담화표지의 문법화에서(Traugott 1995b; Brinton 1966b: 274) 각별한 도전을 받아왔다. Lehmann이 설정한 통사적 가변성의 상실 또는 "고정화(fixation)"이라는 개념(1995[1982]: 158-160)도 또한 담화표지의 문법화에 비추어 보면 문제가 된다. 그 이유는 담화표지는 종종 자리 이동을 아주 쉽게 하기 때문이다(Traugott 1995b; Brinton 1996b).[28]

이와 같은 강력한 상관관계가 존재한다면, 그렇다면 왜 담화표지들의 발달이 문법화의 경우에 그러한 문제점들을 야기시키게 되었던 것일까? 거기에는 다음과 같은 두 가지의 이유가 있었기 때문인 것으로 보인다.

(1) I *think*나 *look'ee*와 같은 담화표지들은 고유한 문법 영역의 일부로 간주되는 범주에 배정시킬 수 없다. 즉, 이것들은 초문장의 위치를 전형적으로 차지하고 있다. 그리고 이 담화표지들은 비-진리 조건적 의미를 보유하고 있으며, 화용론적인 기능을 갖고 있다. 즉 이것들은 문법과는 별도로 간주된다.

(2) 또한, 담화표지들은 융합을 겪었으며, 의미적 탈동기화를 수행하였다.

담화표지가 갖고 있는 (1)의 속성에 주목하여 특히 스웨덴어를 연구하는 몇몇 학자들은 구 담화표지들은 문법화가 아니라, 화용화를 수행한다고 주장한다(예: Erman & Kotsinas 1993; Aijimer 1996b).[29] 그러나 시제,

---

28) Waltereit(2002)는 이탈리아어에서 이와 유사한 형태 *guarda*! 'look(조심해)!'에 대한 매우 상이한 접근 방법을 취하면서, 이 명령문이 담화표지로 재분석될 수 있다는 주장을 하였다. 그러나 그는 담화표지가 문장을 취급하는 문법 구조의 일부가 아닌 것으로 간주하기 때문에, 명령형에서 담화표지로의 변화는 문법화의 원리로 설명될 수 없다. 그러나 화자가 이 형태를 "다음 말할 차례 이전에 자신이 말의 흐름에 끼어들기"를 하기 위해서 "적절하지 못하게" 사용하는 자신을 옹호하는 맥락에서는 재분석이 일어난 것이다(989, 999, 1002-1003). Waltereit는 언어변화는 그 형태들이 갖고 있는 원래의 본질적인 의미와 아무 영향도 받지 않는 것이라고 주장한다. 그러면서도 그는 *guarda*의 담화 기능을 지각동사로서 갖고 있는 기원적 의미와 연관시키고 있다.

29) 또한, 화용화라는 술어는 스웨덴어에서 *bara/ba* '벌거벗은' > '그저, 단지', 영어에서 *mere* '순수한' > '단지, 전혀, ~에 불과한'(두 형태 모두 초점사에 해당한다)에서 화용 의미가 좀 더 일반화하는 현상을 설명해 줄 수 있을 것으로 보인다.

동작상, 그리고 서법과 같은 핵심이 되는 많은 문법적(기능적) 범주들은 비진리조건적 의미를 전달하고 있으며(과거시제가 쓰인 *What was your name?*이나, 진행형이 쓰인 *Are you wanting to go now?*와 같은 문장이 보여주는 화용적 의미를 생각해 보면 될 것이다.), 화제와 초점과 같은 담화 관련 범주들이 문법의 일부라는 사실이 계속 인정되고 있는 것이다.

담화표지들은 일차적으로 화용적 의미를 가지고 있으며, 문장 이상의 영역에 작용하지만, 의심할 나위 없이 "문법의 일부"이며, 문장 구조의 부분을 형성한다. 즉, 이것들은 문법과는 별개의 대상이 아니다 (Trugott & Dasher 2002: 158-159). 이러한 관점에 의하면, 구 담화표지들은 문법에 귀속되는 것이고, 그 문법 외부에 존재하는 것은 아니다. 이와 같은 항목들을 문법 항목으로 취급하는 것이 옳다는 것을 더 지원해 주는 사실은 문장부사류(예: frankly, honestly)나, 두 번째 위치에 출현하는 접어(예: 라틴어의 *que* '그리고', 그리스어의 *ge* '정말로', *te* '그리고, 또한'; 그리스어의 *nu(n)* '이제, 정말로'와 같은 접속사를 들 수 있고, 이런 설명은 Anderson 1993을 보시오)처럼 문법적이라고 보는 시각이 표준적인 유사 기능 항목들과 비교함으로써 가능하다.30)

담화표지들이 갖고 있는 위 (2)의 속성에 주목한 또 다른 몇몇 학자들은 구 담화표지들은 어휘화된 것이라고 제안하기도 했다(§3.1을 참조). 예를 들면, Wischer(2000: 363)는 *methinks*가 수행하여 온 발달은 어휘화의 자격을 부여할 수 있다고 주장하였다. 그 근거는 다음과 같다. 즉,

---

30) 프랑스어의 담화 첨사들과 맞장구를 치는 말(예: 캐나다 퀘벡에서 사용하는 프랑스어 *la*, 포르투갈어 *ne*)에 대한 공시적 연구에서 Vincent, Votre & Laforest(1993)는 "**후문법화**POSTGRAMMATICALIZATION"라는 용어를 사용한다. 이 용어가 갖고 있는 통시적 느낌에도 불구하고, 이 저자들은 역사적으로 앞선 단계의 훨씬 더 문법적인 단계는 설정하지 않은 것으로 보인다. 그것보다는 그 용어는 화용화와, "문법과는 별개의 항목들" 층위로의 이전을 의미하는 것처럼 보인다.

"역사적으로 한 때 생산적으로 형성되었던 비인칭 구성이 화석화, '관용화'되었으며, 탈동기화도 부분적으로 일어났으며(비인칭 구성이 비생산적인 것이 되었기 때문에), 따라서 이것은 하나의 기호, 판에 박은 상투적인 문구로 변화되었기 때문에, 어휘부에 하나의 전체 덩어리로 저장되어야 한다"는 논리이다.

그러나 우리가 §4.4에서 관찰한 바와 같이, 문법화와 어휘화는 융합과 의미적 탈동기화의 특성들을 강력한 상관관계로 서로 공유하고 있다. 더욱이 문법항목들은 어휘항목들에 못지 않게 한 언어에서 항목들의 "목록"의 일부를 구성하고 있다. 그보다 더욱 중요한 것은 (구) 담화표지들의 발달은 탈범주화의 특성을 갖고 있다는 사실이다. 탈범주화는 어휘화가 아니라, 문법화가 갖고 있는 한 가지 특성이다. 그리고 담화표지들은 일반적으로 어휘화를 거친 결과와는 달리, 주요 어휘범주(명사, 동사, 형용사)에 귀속되지 않는다. 이것들이 어떤 다른 범주와 분명한 닮은 점을 보인다면, 바로 부사 범주이다. 부사 범주에 속하는 많은 구성원들은 우리가 살펴본 바와 같이 문법화를 수행해 온 것으로 파악되지 않으면 안 된다. 근본적으로, 담화표지들은 문장과 담화 뭉치들에 매우 생산적으로 출현할 수 있는데, 이러한 사실은 궁극적으로 숙주 확장에 해당되는 것이다.

그러므로 우리는 담화표지들의 발달은 구를 형성하든, 구를 형성하지 않든 간에, 문법화의 과정을 거쳐 형성된 것으로 파악하는 것이 가장 합리적이라는 결론을 여기서 내린다.

제6장

결론과 연구 과제

6.0 도입

이 장에서는 이 책의 내용을 요약하고(§6.1), 이어서 어휘화와 문법화 연구 과정에서 일어났으며, 앞으로 계속적인 연구를 요하는 여러 과제들을 논의하려고 한다(§6.2). 이러한 연구 과제들은 아래와 같다.

(1) 어휘화와 문법화에서 일어나지 않거나, 일어날 가망이 없는 변화는 존재하는가?
(2) 어휘화와 문법화에서 한 범주에서 다른 범주로 옮겨 가는 데에는 어떤 제약이 있는가?
(3) 대규모로 일어나는 유형론의 추이는 어휘화와 문법화에 일어나는 변화에 어떻게 영향을 끼치는가?
(4) 어휘화 및 문법화와 담화 유형 간에는 어떠한 상관관계들이 있는가?
(5) 언어 접촉과 특정한 어휘화 및 문법화가 일어나는 방식 간에는 어떠한 상관관계들이 있는가?

6.1 요약

이 책에서 지금까지의 연구는 특히 통시적 문법화에 대한 오늘날 학자들의 연구 성과에 비추어 이루어진 통시적 어휘화 과정에 대한 검토였다. 오늘날의 통시적 문법화 연구에서 문법화의 예상되는 방향을 거슬러 향하는 여러 현상들을 "어휘화"나, "탈문법화"라는 표지를 붙이는 것이 공통적인 경향이었다. 그 초점은 약간 벗어났지만, 본 연구에서 형태론에서 이루어진 연구에서 취하는 관점으로 또한 어휘화가 검토되었다. 형태론의 분야에서 어휘화는 단어 형성론의 통상적인 과정들과 동등한 취급을 자주 받아왔다. 대부분의 보기들은 영어에서 가져왔다.

어휘화에 대한 현재의 연구 상황은 수많은 서로 상반되는 해석들로 대립되어 있는데, 주목의 대상이 되는 것들은 다음과 같다.

(1) 어휘 범주와 문법 범주는 불연속적인 범주로 간주되기도 하고, 연속적/단계적 범주로 간주되어 왔다.

(2) 어휘화는 한 편에서는 그 출발점으로부터 관찰되어 "통사 기원적"인 현상(즉, "문법의 생산적인 규칙들에서 이탈하여 나오는")으로, 다른 편에서는 어휘화의 종착점을 중심으로 "어휘로 종결되는"(즉, 어휘 목록으로 채택) 현상으로도 해석되었다.

(3) 어휘화는 다양하고, 때로는 서로 대립되는 현상들을 포함하고 있다. 이 가운데 어휘화를 구조의 합성성을 감소시키는 축약으로 보기도 하고, 자립성을 증가시키게 되는 분리의 과정으로 보기도 하였다.

(4) 어휘화는 다음의 다른 여러 가지의 현상들과 동등한 과정으로 취

급되어 왔다. 즉 어휘화는 화석화와 같은 형태상의 성격의 과정, 또는 관용화와 같은 의미적인 성격의 과정, 일상화와 같은 화용론적 성격의 과정, 제도화와 같은 사회언어학적 성격의 과정으로 취급되기도 하였다. 그 반면에, 어떤 때에는 어휘화는 또한 이러한 성격의 과정들과는 다른 별개의 것으로 간주되기도 하였다.

(5) 어휘화와 문법화는 정반대되는 과정으로 간주되기도 하였다. 이러한 견해에 따르면 어휘화는 탈-문법화와 동등하다. 이와 대조적으로, 어휘화와 문법화는 서로 상보적이거나(적어도 부분적으로), 아니면 서로 "직각"(orthogonal; 병행하고 있는 관계)[역자 주 ①]을 이룬다고도 간주되어 왔다(Lehmann 2002). 이러한 관점에서 어휘화는 탈문법화와는 구분되는 것이다.

이 책의 제1장에서는 어휘화와 문법화를 논의하기 위한 몇 가지 예비적 정보를 제시하였다. 우리는 문법과 언어변화에 대한 오늘날의 연구 방식에 대한 간략한 개요를 제시한 다음에, 어휘부에 대한 여러 관점들을 고찰하였다. 어휘 항목들의 본질에 많은 이론적 토론이 집중되었는데, 그 핵심은 어휘 항목을 분석되지 않는 전체적인 항목으로 볼 것인가, 아니면 구성성분들로 이루어진 합성된 것으로 볼 것인가에 있다. 어휘 범주와 문법 범주와의 구분과 이것들이 품사와 맺고 있는 관계에 대해서도 토론의 중심이 되었다. 특히 어휘 범주와 문법 범주 두 영역에는 여러 언어에 따라서 상당한 차이가 있으며, 그 경계를 어디에 설정할 것인가도 불분명하기 때문에, 어휘적인 것과 문법적인 것 사이에 명확한 이분법적 구분이 이루어질 수 있는 것인가 하는 토론이 집중되었다. 우리는 이러한 토론과 논의를 여기서 해결하려고 시도하지는 않았다. 우리는 어휘 범주와 문법 범주와의 사이에 걸쳐 있는 연속성 모형을 채택하고, 여기에 더 문법적이고 덜 문법적인, 더 생산적이고 덜 생산적인, 더 유형 출현 빈도가 높고, 그 출현 빈도가 더 낮은 정도로 분포되어 있는 단계적인 연속성이 있다고 파악하였다.

제1장의 후반부에서는 어휘화 개념을 간략하게 소개하였다. 먼저 공시적 과정으로서 어휘화(개념 구조를 언어 기호화로 형식화하는 것[즉, 말로 표현과 관련되어 있다.)를 취급한 다음에, 통시적 과정으로서 어휘화를 제시하였다. 통시적 과정으로서의 어휘화는 다음 장들에서 고찰의 핵심이 되었다. 이와 동일한 방식으로 문법화에 대한 공시적 및 통시적 관점들을 제공하였는데, 탈범주화, 점진성, 축약/융합, 유형론적 일반성, 은유화/환유화, 주관화, 의미 탈색, 출현 빈도 등을 포함하여 통시적 과정에서 필수적으로 인정되는 요소들을 중점적으로 취급하였다. 이와 같은 모든 요소들에 대하여 문법화와 어휘화에 대한 통합된 논의의 일부로서 제4장에서 다시 검토되었다.

제2장에서 어휘화에 대한 다양한 정의와 관점들을 탐색하였다. 여기서 가장 광의의 어휘화의 개념은 "어휘부로의 채용이 제도화된 것"으로 파악되었다. 우리는 단어형성론에서 취급하는 통상적인 여러 과정들을 조감해 보는 것으로 이 장을 시작하였다. 이러한 과정에는 합성법, 파생법, 품사 전환(특히, 품사에서 소-부류에서 대-부류로의 추이), 절단(clipping), 생략(ellipsis), 혼성(blending), 역-형성, 두자어(initialism), 두성어(acronym) 형성, 메타-언어를 사용한 인용, 신조어(coinage) 등이 포함된다. 이들 과정을 자주 어휘화로 해석되어 왔는데, 그것은 여기서 새로운 어휘소(새로운 표현을 갖고 있는)가 창조되기 때문이다. 단어 형성 과정들은 전형적인 공시적 현상으로 취급되어 왔으나, 그 결과가 어휘 목록(어휘부)의 첨가로 이루어지기 때문에, 통시적 차원을 보유하고 있는 것으로도 간주할 수 있다. 그 다음으로, 새로운 어휘소가 융합이나 분리

의 과정을 통해서 형성되는 어휘화의 훨씬 더 분명한 통시적 여러 측면을 설명하였다.

임시어(nonce) 형성이 전형적인 제도화를 거쳐 어떻게 신조어로 되었는가를 살펴 본 다음에(여기에서도 제도화가 어휘화와 일치하는가, 아니면 어휘화 이전에 일어났는가에 대해서 논란이 일부 제기되어 있다.), 우리는 어휘화라는 명칭이 붙여진 형태음소적 융합과 통합 과정들을 조감하여 보았다. 이러한 과정에는 '통합체(syntagm) > 어휘소'와, '복합어 > 단일 어휘소'(여기에는 합성어가 한 덩어리로 굳어짐, 어근에서 파생접사 형태의 형성, 형태 일부가 음운으로 전환[음운 창조, phonogenesis] 및 음운화)의 변화가 포함된다. 또한 어휘화에는 관용화와 의미론적 탈동기화와 같은 의미적 융합도 포함된다. '접어 >단어' 또는 '접사 > 단어'와 같은 분리의 과정도 새로운 어휘소의 출현으로 결과될 수 있기 때문에, 어휘화를 구성하고 있다고 취급되어 왔다. 그러나 이와 같은 변화들은 "탈-접어화"(접어의 신분이 끝나버리는)로 분류되어 왔기 때문에, 접어의 신분으로 옮겨가는 접어화와 대립되는 개념의 탈-문법화로 생각되어 왔다. 여기서 접어화는 문법화로 지금까지 간주되어 왔다.

제3장에서는 지금까지 여러 전공 논저에서 어휘화나 문법화 과정이라고 혼란스럽게 규정되어 온 보기들을 중심으로 검증해 보는 방향으로 나아갔다. 이러한 보기들 가운데에는 독립 단어에서 파생 접사로의 발달, 句 형식의 고정화(복합 전치사, 다-단어 동사, 합성 술어 및 담화표지) 등이 포함된다. 이러한 보기들을 상이하게 해석하게 된 배경에는 통합(coalescence)의 과정이 존재한다. 이러한 통합의 과정은 어휘화나 문법화에 다 같이 중심적 역할을 한다고 간주되어 온 것이다. 문법화 연구에서 융합과 통합은 훨씬 더 포괄적인 "단일방향성"의 원리에 포함시켜 왔다. 어휘화에서 단일방향성이 보유하고 있는 의미를 추적해 온 일부

학자들(Lehmann 2002; Himmelmann 2004)은 어휘화가 형태론적 견지에서 단일 방향적이라고 하더라도, 어떤 항목이 소유할 수 있는 連語 구성 영역의 가능성을 축소시키거나, 의미-화용론적 맥락을 축소시킬 수가 있다는 견해를 표시한다. 이들 학자는 이러한 영역의 축소는 문법화에서 발견되는 단일방향성의 특징이 아니라고 판단한다.

어휘화와 문법화가 공유하고 있는 것으로 보이는 단일 방향성의 또 다른 측면들은 적층화(layering)에 있다(Hopper 1991). 적층화는 문법화를 거치거나, 어휘화를 거친 새로운 형태들의 발달과 구형의 대치(일정한 기간 동안 경쟁 관계를 이루다가) 및 현존하고 있으나 사용 빈도가 희소했던 형태들의 부활을 가리키는 것이다.

이번에는 제3장에서 문법화와 어휘화의 관계에 대한 또 다른 관점을 검토하여 보았다. 즉 문법화와 어휘화는 서로 정반대되거나, 거울에 비취인 영상이라는 견해, 어휘화는 탈문법화이거나, 그것의 일부라는 견해가 그것이다. 문법화의 정확한 뒤바꿈(逆轉)은 가능한 일(즉, 어떤 특정한 형태가 문법화가 이루어지는 경로를 정확히 역으로 진행하여 가는)이 아니라는 것은 충분히 인지하고 있다. 그러나 "더 문법적 > 덜 문법적 > 어휘적"(이러한 경로는 어휘화라고 자주 이해된다.)으로의 변화는 "어휘적 > 덜 문법적 > 더 문법적"(이러한 경로는 문법화로 일반적으로 수용된다.)으로의 변화와 반대의 과정으로 해석되는 것이다. Ramat(1992; 2001)는 어휘화는 탈문법화(탈형태론화와 더불어)로 간주한다. 그러나 많은 학자들은 어휘화와 탈-문법화는 서로 분리시켜야 된다고 주장한다. 이러한 주장은 어휘화는 필수적으로 통합을 수반한다는 사실(그렇기 때문에, 어휘화의 반대는 통합을 풀어 구조를 부여하는 것이다[2002: 14]. 즉, 민간 어원에 해당한다.)을 출발점으로 하는 Lehmann(2002)의 경우에서나, 문법화의 반대 과정으로서 탈문법화는 필수적으로 점진적으로 일어난다는 전제가 출발점이 되는

Norde(2001; 2002)나 Haspelmath(2004)의 경우에서도(그 반면에, 이들 학자는 어휘화는 점진적으로 수행되지 않는다고 본다.) 제기되어 있다. 3장의 말미에서 파생법과 굴절법의 신분에 대한 검토에 간략하게 들어갔는데, 이 문제 역시 어휘화와 문법화의 관점에서 논란의 여지가 많다는 사실이 드러나게 된다.

제4장에서 우리는 "어휘부"(이것은 "어휘 목록"이라고 하면 더 잘 이해될 것이다.)는 동질적인 성원으로 구성된 것이 아니라, 생산성이 있거나 비생산적인 항목, 실질 내용 의미가 있거나, 그것이 없는 항목들을 포함한다는 관찰을 먼저 제시하면서 시작한다. 공시적으로 어휘 목록은 출현하는 유형 빈도가 '비생산적 → 어느 정도의 생산적 → 생산적'의 연속선의 모습을 갖추고 있다. 이와 같은 연속의 모습은 '어휘적 → 문법적'(개방∞폐쇄, 자유로움∞의무적, 실질 내용 의미가 있는∞기능적 의미)에 이르는 연속선과 상관관계를 맺고 있다. 문법성의 정도는 어느 정도 생산성이 있는 것에서부터 적극적인 생산성이 있는 것에 걸쳐 있으며, 구조적 융합의 정도(G1-G3)에 근거하고 있다. 어휘성의 정도는 어느 정도 생산성이 있는 것에서부터 전혀 생산성이 없는 것에까지 걸쳐 있으며, 구조 합성의 정도(L1-L3)에 근거한다. 어휘화나 문법화 둘 다는 통시적으로는 어휘 목록으로 항목들이 채택되는 과정과, 어휘 목록의 구조 내부에서 기능, 생산성, 융합, 통합, 합성적인 성격 및 실질 의미의 성격 등에 요소들에서 일어나는 변화들에 중점을 둔다. 변화는 언어 사용의 구체적인 맥락 가운데에서 일어나며, 제도화가 관여하게 된다.

우리는 어휘화를 아래와 같이 정의한다.

어휘화는 언어가 쓰이고 있는 일정한 맥락에서 화자가 어떤 새로운 통사적 구성이나 단어를 만들어 내는 변화이다. 이것은 그 전의 단어 형성 규칙이나 구성체의 구성성분들로부터 완전하게 이끌어 낼 수 없는 형태적 및 의미적 속성을 갖고 있는 새로운 실질 의미를 갖고 있는 형태이다. 시간이 경과하게 되면서, 새로운 통사적 구성이나 단어 형태는 계속해서 내적 구성성분에 상실이 일어나고, 그러면서 그 해당 항목들은 점점 더 어휘적인 항목으로 되어 간다.

어휘화의 입력은 어휘 목록에 저장되어 있는 어떤 것이나 다 해당되며, 그 출력은 복합성의 정도가 어떻든 새로운 실질 의미내용을 갖고 있는 어휘 형태이다. 어휘화는 형태의 축소와 의미의 복합성의 상실이 수반되는 점진적인 변화이다(관용화). 어휘화가 일단 형성된 다음에도 어휘 항목들은 계속해서 음운론적 및 구조적 변화를 수행하여 훨씬 더 "어휘적"인 속성을 얻게 될 수 있다. 전공 논저에서 인용된 많은 보기(품사 전환과 절단어가 여기에 포함)는 이와 같은 어휘화의 정의에 해당되지 않는 것들이다. 그 반면에, 일정한 통사적 구의 통합, 의미적 접사의 형성 및 형태의 일부가 음운으로 전환되는 예들은 우리가 설정한 정의에 들어온다.

이번에는 문법화는 아래와 같이 정의한다.

> 문법화는 화자가 일정한 맥락에서 어떤 통사적 구성체의 일부를 문법 기능을 부여하여 사용하게 되는 변화이다. 이렇게 해서 형성된 문법 항목은 시간이 경과됨에 따라서 더 많은 문법적 기능을 획득하게 되어 출현하는 숙주 부류를 확대하여 더 문법적인 형태가 될 수 있다.

어휘화나 문법화 모두는 의미의 탈동기화(의미의 복합성의 상실)와 통합(음운 분절체의 탈락)을 전형적으로 수반하는 점진적인 과정이라고 결론짓는다. 우리가 설정한 정의에 따르면, 어휘화는 의무적으로 융합(형태소 경계의 탈락)을 요구하지만, 문법화는 융합을 언제나 수반하는 것은 아니고 그 과정이 자주 일어날 뿐이다. 어휘화나 문법화 모두는 단일방향성의 특질을 갖는다. 그러나 문법화에서는 단일방향성의 원리가 어휘화의 경우보다 더 일관성 있게 적용된다(위의 설명을 참조). 우리는 은유는 문법화에서, 환유는 어휘화에서 일어난다는 견해를 거부하며(Moreno Cabrera 1998을 참조), 두 개의 과정에 은유와 환유가 둘 다 참여하는 잠재성을 갖고 있다고 주장한다. 그러나 단지 문법화에서만 탈범주화, 의미 탈색, 주관화, 출현 빈도와 생산성의 증가, 유형론적 일반성이 일어나는 반면에, 어휘화에서는 이러한 현상들은 나타나지 않는다.

그리하여 우리는 어휘화는 어떤 의미로도 문법화의 거울 영상이라고 해석하지 않는다. 또한, "탈어휘화"란 구조의 복합성이 증가하며, 통합이 해체되는 동시에 L3 > L2 > L1으로 이행하여 가는 과정으로 이해한다. 이와 같은 과정을 보여주는 예들은 Lehmann(2002)에서 제시된 민간 어원과 일정한 유형의 역-형성이 포함된다. 이번에는 "탈문법화"는 형태들의 자율성이 증가하며, 생산성이 감소되는 경우가 많아서 G3 > G2 > G1의 방향으로 옮겨가는 과정으로 파악한다. 이와 같은 과정의 보기로는 탈접어화 및 굴절에서 접어로 바뀌는 변화들이 해당된다 (Haspelmath 2004를 참조).

제5장에서는 어휘화와 문법화의 경계선에 있으며, 생산성을 어느 정도 보유하고 있는 구성체들이 보이는 예들 가운데 일부를 검토하여 문제성을 규명하고, 이러한 예들이 수행하여 온 역사적 발달 과정을 어휘화와 문법화의 정의에 비추어 차례로 분석하였다.

첫째, 심리동사들(예: *the disturbing news*[충격적인 소식])을 포함하고 있는 수많은 현재분사 형용사는 그 발달의 세밀한 과정은 아주 복잡하지만, 전적으로 예측할 수 없는 의미를 갖고 있으며 새로운 (L2) 단계에 있는 어휘화를 거친 형태들로 파악된다. 이러한 현재분사 형용사들은 현대

문법에서 제시하고 있는 것처럼, 굴절형 V-ing 형태(*The noise is disturbing us* [그 소리가 우리를 괴롭히고 있다]를 참조)로부터 품사 전환을 밟아서 형성된 것이 아니다. 이와 대조적으로, 현재분사 전치사들(예: *concerning the news* [소식에 관한])은 말하는 내용을 강조하는 절대어(absolutes)와 자유 부가어의 재분석을 거쳐 문법화가 수행된 것으로, (G2) 단계를 나타낸다. 현재분사 정도부사들(예: *piping hot* [몹시 뜨거운])도 이와 마찬가지로 문법화의 예이다. 이 과정에는 동사+*ing* 형태의 재분석이 이루어진 것이다.

둘째, 우리는 영어의 句 동사들(예: *think out* [숙고해서 해결하다])과 전치사 동사들(예: *think about* [-에 대해 생각하다])의 역사적 발달을 간략하게 대조하였다. 그리하여 句 동사들은 고대영어에서 '동사+부사적 첨사'의 결합이 발달해서 문법화를 거쳐 현대영어에서는 (G1)의 단계에 있는 것으로 보았다. 이 과정에서 현재의 해당 첨사는 근대영어의 동작상 체계에서 문법적 기능으로 사용되었다. 전치사 동사들의 분석이 문법화로 되었는가, 아니면 어휘화로 되었는가 하는 문제는 오늘날의 연구에서 논란의 대상이다. 그러나 역사적으로 전치사 동사들은 고대영어에서 접두사 동사들부터 발달해 온 것이며, 근대영어에서는 덜 어휘화된 단계에서 더 어휘화된 단계에까지 걸쳐 있음을 논증하였다.

셋째, 우리는 합성 술어들은 2가지 유형으로 분류된다고 간주하였다. 하나는 "경"동사 *have, do, make, take, give*+동사 파생명사의 유형(예: *take a bribe* [뇌물을 받다]), 다른 하나는 특정 동사+동사 파생명사(예: *raise an objection* [이의를 제기하다])의 유형. 전자의 유형은 생산적이며, 근대영어의 동작상 체계의 핵심을 이룬다. 따라서 이것은 문법화를 수행하였다(G1). 후자의 유형은 생산성이 떨어지고, 훨씬 더 고정되어 있으며 구조의 합성적인 성질이 약하다. 따라서 이것은 어휘화(L1)를 거친 구적 구성이라고 판단하였다.

넷째, 부사 범주가 개방 부류로도 폐쇄 부류로도 해석되어 온 사실을 주목하면서, 우리는 영어의 부사파생의 접사 -ly가 어휘적 신분을 갖고 있는가, 아니면 문법적 신분을 갖고 있는가를 판정해 보려고 하였다. 이 접사 -ly는 파생적 성격을 보존하고 있으나, 그 역사적 발달의 과정에서 생산성이 증가되었으며, 규칙적으로 전환되어서 문법화를 수행하였으며, 굴절어미로 옮겨가는 과정에 있다(G3).

끝으로, 우리는 *I think*(—인 것 같다), *mind you*(알았지, 잘 들어둬), *if you please*(좀), *after all*(어쨋든) 등과 같이 句 형식의 담화 표지를 살펴보았다. 이러한 형태들이 (부분적인) 융합과 의미적 탈동기화(제4장에서 논의한 바와 같이, 이러한 두 가지 속성들은 어휘화에서나 문법화에서 다 같이 출현한다.)를 보여주지만, 문법화로 간주하는 하는 것이 최선의 방법이다. 그 이유는 이 형태들이 역사적으로 발달하여 가는 가운데 문법화에 특징적인 많은 변화들을 수행하며(이 가운데 가장 중요한 것은 탈범주화이다.), 어휘적 단어 부류에 속한다기보다는 기능적 단어 부류에 속하기 때문이다. 여기에 덧붙여, 이 담화표지들은 화용화(pragmaticalization)로 취급하기보다는 문법화로 이해된다는 사실을 논증하였다. 많은 핵심 문법 범주들이 비-진리 조건적 의미를 전달하고 있다는 사실이 지금은 잘 인지되어 있다.

결론적으로, 제5장에서 추출해 낸 이러한 결과들은 도표 4.2에서 제시한 바와 같은 L1 > L3 및 G1 > G3의 연속체에 대한 기본적인 가정에 근거한다는 사실을 주목해 주기 바란다. 그러나 단위들이 변화의 과정에서 언제나 완전한 L3나 G3의 신분에까지 이르는 것은 아니다. 또한 단위들은 어휘화나 문법화 과정을 각각 L1이나 G1의 단계에서 반드시 시작해야 될 필연성은 없다. 어휘화나 문법화는 L2나 G2의 단계에서 출발할 수도 있는 것이다.

6.2 앞으로의 연구 과제

우리는 지금까지 앞 장들에서 검토된 논제들로부터 야기되는 몇 가지 문제점 중심의 연구 과제들을 여기서 개략적으로 정리하려고 한다. 문법화와 그리고 무엇보다도 특히 어휘화에 대한 여러 연구의 대상이 되는 언어들의 기본 자료가 지금보다 훨씬 더 광범위하게 확대되어야 한다는 것은 매우 분명한 사실이다. 그렇게 된다면, 문법화와 어휘화가 맺고 있는 상이점과 유사점들에 대한 제4장에서 제시된 주장들이 더 많은 언어 자료에 의해서 검증될 수 있으며, 언어변화의 유형들에 대한 지식이 정밀화될 수 있을 것이다. 중국어(예: Sun 1996)나 일본어(예: *Japanese and Korean Linguistics* 총서에 개재되어 있는 여러 논문을 참조)와 같이 오랜 역사적 기록물들을 보유하고 있는 언어에서 문법화에 대한 본격적인 연구가 이루어져 왔다. 또한, 한국어와 같이 문헌 기록의 역사가 얕거나(Rhee 1996; *Japanese and Korean Linguistics* 총서의 논문들 참조), 아프리카 언어(Heine & Reh 1984; Heine, Güldemann, Kilian-Katz, Lessau, Roberg, Schladt, and Stolz 1933), 오스트레일리아 원주민 제 언어(예를 들면, Evans 1995 참조), 북미 토착 언어(예를 들면, Campbell & Mithun 1979; Mithun 1999; 전반적으로 문법을 재구하는 문제점들에 대해서는 Gilda 1999를 참조) 등을 포함해서 문헌 자료가 전혀, 또는 별로 존재하지 않는 언어들을 대상으로 문법화에 대한 연구도 진행되어 왔다.

그러나 이러한 언어와 어족들을 대상으로 이루어진 어휘화 연구는 우리가 알고 있는 한, 별로 없다(그러나 Mithun 2001을 참조). 모든 역사적 연구에서와 마찬가지로, 어휘화와 문법화의 연구에서 야기되는 의문점들도 본서의 §1.1.2에서 인용된 바 있는 Weinreich, Labov & Herzog (1968)에서 제기된 역사 언어학의 제 문제에 준해서 파악되어져야 할 것이다. 이러한 것들은 언어변화의 "제약"(constraints), "전이"(transition), "촉발"(actuation), 그리고 "실현"(actualization)의 문제에 해당된다. 이러한 문제점들은 문법화 연구를 수행하는데 체계적인 방식으로 연구의 지침이 많이 되어 왔다. 그러나 어휘화 연구에 있어서는 이러한 문제점들에 대한 관심이 별로 집중되지 못했던 것이다.

우리는 어휘화와 문법화의 연구에 놓여있는 이와 같은 불균형을 해소시킬 수 있을 것이라는 믿음을 가지고 다음에 몇 가지 문제점들을 제시하려고 한다.

6.2.1 가능한 변화와 불가능한 변화

문법화 연구 논저들은 여러 언어에서 일어날 수 있는 가능한 변화들에 대한 제약을 규명해 내려는 오랜 연구의 역사를 보여준다. "자립" 형태, 또는 개방 부류 항목에서부터 G1 > G2 > G3로 향하는 단일방향성 변화에 대한 다양한 가설, 그리고 이러한 가설을 반증하려는 여러 노력 등은 바로 이 제약의 문제에 대한 해결을 추구하기 위한 것이었으며, 또한 우리 인지의 기반에 대한 통찰력을 찾기 위한 시도였던 것이다. 대부분의 연구는 근원과 "목표"라는 의미론에 근거하여 이루어졌다. 예를 들면, "공간 > 시간표지 > 양보 표지"의 방향으로 변화하지만 그 역 방향으로의 변화는 일어나지 않는다. "공간 > 격 표지"로 변화하지만 그 역 방향은 일어나지 않는다. 또한, 특정한 문법 표지를 발생시키는 특정한 어휘 유형에 대한 판단도 그러하였다. 예를 들면, "수여(give) > 수혜자격, 또는 여격"으로 발달하지만, 도구격이나 대격으로 발달하지 않는다.

Heine & Kuteva(2002)는 가능한 변화들, 그리고 여기서 추론에 의해서 나온 불가능한 변화들에 대해서 상세한 요약을 제시하고 있다. 이 책에서 논의된 언어 자료를 이용하여 또 다른 가설들이 특정 언어의 하위 범주들의 구조적 근원에 가해지는 제약들에 대해서 설정된 바 있다. 예를 들면, "연속동사 > (격과 관련된) 핵심 전치사", "현재분사 형용사 > 의사소통, 텍스트 중심의, 담화 구성 전치사/접속사"의 방향으로 변화는 가능하지만, "연속동사 > 담화 구성 전치사/접속사"의 방향은 불가능하다(Kortmann & König 1992: 688-693).

통시적 어휘화에 해당되는 영역에서도 문법화의 영역에서와 비교될 수 있는 연구가 요구된다. 우리는 "자립 형태 > L1 > L2 > L3"과 같은 방향의 변화를 가정한 바 있다. 문법화에서의 단일방향성 가설과 마찬가지로, 우리가 설정한 이러한 어휘화의 발달 방향의 가설은 강력한 것이며, 실증적으로 검증할 수 있는 가설이다. 따라서 이것은 반증 또는 검토의 대상이어야 한다. 본서의 §4.1 그림에 반영된 사건진행의 흐름도(flowchart)와 §4.2에서의 어휘화와 문법화의 상관관계를 나타내는 도식(schema)도 역시 다시 검토되어져야 한다. 이와 같은 반증과 도전은 문법화에서 지금까지 수행되어 온 바와 같이, 특정한 사례들과, 말이 사용되는 맥락 가운데 변화를 진행시키는 어휘화 부류들을 관찰함으로써만 이루어질 수 있다. 그러나 여기서 수차례 지적한 바와 같이, 어휘화는 문법화의 경우보다 훨씬 더 이질적으로 작용하고 있다. 그렇기 때문에 어휘화를 실증적으로 검토하는 것은 훨씬 더 어려운 작업으로 보인다. 여기서 제기될 수 있는 가능한 의문은 반-어휘화라는 사례에 제시된 민간 어원과 역-형성 이외에 또 다른 변화가 있는가 하는 것이다.

우리가 여러 번 취급한 바 있는 가능한 변화에 대한 제약과 관련된 일련의 의문점들은 접사에 일어난 어떤 특정한 변화에 집중되어 있다. 즉, 파생에서 굴절로의 방향인가, 아니면 그 반대의 방향에서 발달했는가를 판정하는 데 있어서 어느 방향이 역사적으로 더 타당한가에 관한 것이다. Kurylowiez(1975[1965])는 "덜 문법적에서 더 문법적"으로 향하는 사례로 파생 > 굴절의 방향을 제시한 바 있으나, 또한 그 반대 방향의 예에 해당되는 사례도 제시하였다. §3.4에서 논의한 바와 같이, Bybee(1985)와 Bybee, Perkins, and Pagliuca(1994: 40)는 "파생의 연속적 발달"(derivation cline)을 주로 공시적 및 유형적 현상으로 간주한다. 그러나 파생과 굴절 간의 구분이 "문법화"의 연속적 발달에는 명시되지 않았다. Bybee, Perkins, and Pagliuca(1994)는 문법화 연속적 발달을 "句 또는 단어－비의존 문법소－굴절(의존 문법소)"와 같이 규정하였다.

앞서 우리가 언급한 바와 같이, 다른 학자들은 문법화의 역사적 변화 도식에서 파생접사와 굴절접사 간의 구분을 거부하거나 회피하여 왔다. 예를 들면, Haspelmath(2004: 32)는 반-문법화와, 문법화에서의 단일방향성에 대한 추정된 예외를 논의하면서, 파생과 굴절의 둘 사이에 일어난 변화는 "형태론 내부"의 문제인 것으로 취급하였다. 그의 견해에 따르면, "굴절 방식은 파생 방식보다 더 강력한 내적 의존성을 보여주지 않기" 때문이라는 것이다(§3.4를 참조). 그리고 Himmelmann(2004)은 파생은 어휘화와 문법화 둘 다와는 별개의 과정으로 보았다(§2.1.2를 참조). 이러한 사실에도 불구하고, Nevalainen(2004)은 Bybee(1985: 12)에서 인용한 공시적 파생의 연속적 발달에 관한 설명 방식(어휘적－파생적－굴절적－자립 문법적－통사적)[1]을 통시적 변화를 설명하는 데에도 이용할 수 있다고 제안하였다. 그러나 굴절은 통시적으로 "자립 문법소"로 발달되지 않는 것이 정상이기 때문에(§3.3.1을 참조), 이러한 지적은 논점을 해결하기보다는 더 지속적인 문제점들을 야기하게 된다. 따라서

---

1) §3.4에서 인용한 Bybee, Perkins, and Pagliuca(1994)의 해석과 대조하여 보시오. 그 책에서는 발달의 방향이 역순으로 나타나 있다.

Bybee(1985)와, Bybee, Perkins, and Pagliuca(1994)가 제시한 문법화 연속적 발달의 틀을 그대로 유지하는 것이 최선으로 보인다. 그러나 모든 의존 문법소들이 굴절 형태는 아니기 때문에, 아래와 같이 다시 작성하기로 한다.

(1) 句 또는 단어 > 비-의존 문법소 > 의존 문법소

특정한 역사적 자료에 나타난 파생과 굴절을 식별하는 방법에 대해서 의견의 일치가 별로 이루어지지 않았기 때문에 문제는 일부 아직 남아 있다. -ness와 같은 범주전환 파생 표지 및 문법적인 형태라고 파악되어 온 부사 형성의 -ly와, 그리고 실질 의미를 갖고 있으며 어휘적 신분이라고 간주되며 범주 변화를 수반하지 않는 표지인 -un에 대해서 지금까지의 전통적인 구분이 아무래도 분명하지 않다는 데에 이러한 문제가 부분적으로 나온다는 사실이 분명하다(§2.2.2를 참조). 최근에 이와 같은 부류의 표지들을 식별하는 데에 유형 빈도의 기준이 훨씬 더 효과적으로 시용되었다. 예를 들면, 부사형성 -ly의 경우에 Nevalainen (1997, 2004)은 이 형태가 매우 생산적으로 사용되고 있기 때문에 거의 굴절에 가까운 반면에, 비교적 비생산적으로 쓰이는 형용사형성의 -ly는 파생으로 간주하였다(§5.4를 참조). Dalton-Puffer(1996: 175)는 일찍이 중세영어 시기에서부터 형용사형성의 -ly는 생산성이 제한되어 있었기 때문에 그 신분이 "파생－어휘적"이지만, 부사형성의 -ly는 같은 시기에 매우 일반화되었으며 동시에 높은 생산성을 갖고 있었으므로 "파생－문법적"인 신분이라고 제시하였다. 이와 같은 유형 빈도 기준에 따르면, 부사형성의 -ly는 Nevalainen이 주장한 것과 같이 오늘날 여전히 파생의 신분이며, 그리하여 이 형태는 어휘적이며, 동시에 이질적인 특

질을 부각시키고 있다.

그러나 Booij(2002)가 제안한 또 다른 판별 기준에 의하면, 부사형성의 -ly는 이것이 갖고 있는 문법적인 속성들이 강조되어 굴절 범주로 분류된다. Booij(2002)는 어휘적인 신분인 "파생"과, 품사범주 구성원들을 변화시킬 수 있으나 근본적으로는 의무적인 성격이 아닌 "본질적인 굴절"(예를 들면, 분사형과 부정 접사), 그리고 하나의 기본 범주인 "맥락 상황적 굴절"(예를 들면, 호응)과를 세 가지로 구분한다. 그러나 어떻게 구분하든가 간에, 이와 같은 구분은 절대적인 것이 아니고, 연속선 상에 위치하는 것이다.

Dalton-Puffer(1996)와 Booij(2002)가 각각 제시한 범주 구분을 이용하여, 역사적으로 발달해 온 순서를 아래 (2)와 같이 나타낼 수 있다

> (2) ㄱ. 어휘 > 파생-어휘 > 파생-문법소 > 굴절
>   ㄴ. 어휘 > 파생 > 본질적인 굴절 > 맥락 상황적 굴절

이와 같은 두 가지의 구분 방식 (2)ㄱ과 (2)ㄴ을 이용하여 우리는 부사형성 -ly(< 고대영어 *lice*)와 형용사 형성 -ly(< 고대영어 *lic*)의 차이를 아래의 (3)에서와 같이 나타낼 수 있다.

> (3) ㄱ. 어휘   > 파생-어휘 > 파생-문법소 > 굴절
>   ㄴ. 어휘   >   파생   > 본질적인 굴절 > 맥락 상황적 굴절
>   고대영어 lice > 중세영어 -ly > 오늘날의 영어 -ly
>   고대영어 lic > 중세영어 -ly

그렇다면, 파생과 굴절 형태론 사이에 놓여있는 연속선 위의 어느 지점을 역사적 관점에서 만족스럽게 확립할 수 있는가, 또한, 어느 특

정한 사례에서 (2)ㄱ와 (2)ㄴ의 기준 가운데 어느 것이 더 나은 기술이고, 그 근거는 무엇인가 등이 여기서 일어나는 분명한 문제로 대두된다. 그리고 그 다음 단계는 파생-문법적/본질적 굴절에서 굴절로 향하는 역사적 전이의 통로가 점진성을 바탕으로 하여 예측될 수 있는가, 또한, 파생-어휘적/파생에서 굴절로 직접 발달하는 사례는 한 번도 없는가 하는 의문이 나온다. 더욱이 역사적인 기본(default) 전이 과정이 단일방향성 가설이 예시하는 것처럼 언제나 (2)에서와 같이 왼쪽에서 오른쪽으로 일어나는가, 아니면 굴절에서 파생으로 일반화할 수 있는 변화들이 일어날 것인가 하는 문제들이 남아 있다.

6.2.2 한 범주에서 다른 범주로의 전이

언어변화에 대한 제약 문제는 A>B 유형이라는 훨씬 큰 그림의 변화에 초점을 맞추고 있으며, 각각 A와 B는 개별적인 별개 범주로 가정해 왔다. 그 반면에, 언어변화에 대한 전이 문제는 부호 ">"가 포괄하고 있는 A에서 B로 옮겨가는 미세한 단계로 파악된다. §§1.2.3과 1.2.4 그리고 §4.1에서 논의한 바와 같이, 우리는 연속성과 점진성을 주목하는 문법 모형을 설정하고 있다. 바꿔 말하면 우리는 "어떤 분명한 지점에서 급격한 변화가 일어나는 것이 아니라, 수많은 감지하기 어려운 변이 현상들"(Haspelmath 2004: 28)을 문법에서 주목하는 것이다. 그리하여 사실 우리는 어휘화와 문법화 두 개의 과정은 점진적으로 일어나는 변화로 규정한 바 있다(§4.2.1). 연속성은 주로 공시적 현상이고, 점진성은 주로 통시적 현상에 해당된다. 그리고 공시적 연속성은 변화가 일어나게 되는 원인인 동시에, 또한 변화의 결과라는 가정을 우리는 설정한다. 그리하여, 변화의 점진성을 비교적 안정을 유지하고 있는 연속성에 어떻게 투영하는가 하는 문제들이 필연적으로 일어나게 된다.

Denison(2001)은 연속성을 두 가지 종류로 구분하고, 영어사에서 1800년도에서부터 현대에 이르기까지의 시간대 동안에 일어난 변화들을 검토하였다. 그는 점진적으로 일어나는 몇 가지 변화와, 그렇지 않은 변화들을 구분하여 놓았다. 이러한 그의 논문은 연구의 방식에 따라서 어휘화와 문법화에서 한 범주에서 다른 범주로의 전이에 가해지는 여러 제약이 어떠한 모습으로 출현하게 될 것인가를 잘 보여주고 있다. Denison(2001)이 설정한 두 가지 유형의 연속성은 "범주 내부(subsective)의" 연속성과 "범주와 범주 사이의(intersective)" 연속성이다(이 술어는 Denison이 Bas Aarts[2004]에서 빌려 온 것이다. 자세한 내용은 Aarts[2004]를 참조하시오.).

(a) **범주 내적 연속성**: 이것은 동일한 범주 내부에서 일어나는 연속성 관계에 있는 X와 Y 사이에서 발견된다. 동일한 범주에 속하는 원형 구성원 대 주변 구성원 간의 문제에 해당된다(예를 들면, *house*라는 낱말은 그 쓰이는 한정사와 수량사의 용법에서 *home* 보다 더 원형적인 명사이다. 또한, *house*는 관용 표현에 동원되는 비율이 낮다).

(b) **범주와 범주 사이의 연속성**: 이것은 X와 Y가 서로 다른 범주와 범주 사이에서 연속성 관계를 유지하고 있을 때 발견된다. Ross (1972)와, 그의 이후의 논문에서 사용되는 "범주 교차"(category squish) 개념을 참조하시오.

탈-범주화와 문법화에 관한 연구에서 범주 내적 연속성(이 술어로 사용하지는 않았으나)은 매우 중요한 개념으로 사용되어 왔다. 초기 문법화의 상태를 구조적으로 검증해 보려면, 비교적 원형적 항목이나 구성체가 비-원형적 용법으로 발달해 가는가를 살펴보는 것이다. 예를 들면, 어떤 동사가 원형적 형태론과 그 분포를 더 이상 보이지 않을 때, 구조적으로 조동사의 신분으로 발달되고 있음을 알린다.2) 영어의 핵심 양태 조동사들이 부정사형, 목적어로 쓰이는 보어 등을 더 이상 대동하지 않고 출현하기 시작하였을 경우가 그러한 사례에 해당된다. 바꿔 말하면, 양태 조동사로 전환하게 되는 구조적 변화의 점진성이 근원 동사의 범주 내적 연속성으로 실현되기 시작한 것이다. 범주 내적 연속성은 어휘화를 해결하는 문제에 적절하게 원용시킬 수 있다. 즉, 어휘화 과정에서 근원 항목(들)이 핵심 신분인가, 아니면 주변 신분인가와, 융합, 통합에 영향을 받았을 가능성 사이에 어떤 상관관계가 있는가 하는 문제를 검토하는 것이다.

또한 범주와 범주 사이에 개재된 연속성의 개념(역시 여기서도 이 술어를 사용했던 것은 아니지만)은 재분석과 문법화 및 혼성어의 발달을 취급하는 역사 통사론 분야에서 중요한 역할을 담당하였다(Harris & Campbell 1995를 참조). *sort of* 및 동사狀 형용사(gerundive)의 사례가 그러한 경우에 해당된다.^{역자 주 ②} 범주와 범주 사이의 연속성의 개념은 어느 범주에 속하는 일정한 구성원이 다른 범주의 구성원으로 재해석될 수 있는 여러 방식에 대한 제약을 설명해 줄 수 있기 때문이다. 어휘화에 혼성어에 대한 문제가 관련될 수 있기 때문에(예: *infomercial*),^{역자 주 ③} 혼성어들이 어느 정도까지 유사하거나, 상이한가와 같은 문제들이 제기된다. 예를 들면, 혼성어들이 어휘화에서 *sort/kind/type of* 부류들에서와 같이 어휘 항목 부류로 일반화되어질 수 있는가(어휘화는 동사狀 형용사들[gerundive]이 예증하는 것과 같은 형태─통사적 혼성어들을 수반하지 않는다. 혼성어들은 바로 형태-통사적 형태이기 때문이다)?

---

2) 구조적으로 조동사의 신분을 가리키는 형태·통사적 변화는 조동사 신분의 시작과 동일시해서는 안 된다. 의미─화용론적 변화가 형태·통사적 변화들보다 반드시 먼저 선행하기 때문이다.

기술을 엄밀한 공시적 관점에 둔 Aarts(2004)는 범주와 범주 사이의 연속성 관계에서 범주들은 연속적인 발달 과정에 있지 않다고 주장하였다. 그보다는 범주 간 연속성이 가정되어 있는 많은 사례에서 해당 범주들은 너무나 정밀하게 분류되어 있다고 그는 지적하였다(예를 들면, 전치사, 부사 및 접속사 간의 구분과, 형용사와 부사 간의 구분도 문제가 된다는 것이다[2004: 30]). 그의 견해에 의하면, 범주 부류 간에 어느 정도의 일치가 존재하지만(동명사에서와 같이, 명사와 동사 분포 상의 속성들을 공유하고 있거나 하여), 언제나 분명한 경계선이 이상적으로 설정되어 있다고 한다 (2004: 36). *I dislike Brown's painting his daughter*(나는 브라운이 자기 딸을 그리는 것을 좋아하지 않는다./나는 브라운이 그린 자기 딸의 그림을 좋아하지 않는다.)에서와 같이 구문들 간의 구조적 중첩 또는 "혼성적 성격"이 인정되어야 한다는 것이다. Aarts(2004)는 이 문장에서 동명사어미 *-ing*이 부착되어 있으며, 명사구 보문을 취하는 *painting*은 형용사 *deft*에 의해서가 아니라 부사 *deftly*에 의한 수식을 잠재적으로 받을 수 있기에 이것은 *painting*을 동사로 범주화시키는 쪽으로 "균형이 기운다"고 지적하였다(2004: 34). 역사 언어학자가 이러한 설명에 대하여 갖고 있는 문제점 하나는 그와 같은 잠재성이 역사적 자료에서(§1.4.2에서 *be going to*에 관한 논의를 참조)와 현대영어의 문법에서나, 오늘날의 다른 어떤 언어에서도 확실하게 반영되어 있지 않다는 사실이다. 따라서 이러한 잠재성이 보인다고 해서 변화가 일어났다고 할 수 없다. Aarts(2004)가 제시한 모형에서 수행되는 구조적 수렴에 대한 단선적인 연속체를 설정했다는 사실이 또 다른 문제를 제기한다(Aarts 2004: 38는 "모든 통사적 속성들은 동일하다는 기본 전제를 채택하였다.). 그러나 역사적 자료를 검토해 보면, 이와 다른 상황을 가리키고 있다. 이러한 사실을 지시하는 가장 적합한 표현은 "여러 현상들이 서로 무리를 이루어 한 지점으로 집중되는 초점을 갖고 있는 연속 발달체"와 같은 은유로 나타낼 수 있다(Hopper & Traugott 1993: 7).

탈범주화를 거친 항목들이 기존의 다른 범주로 재범주화되는 지점을 규명하는데 바로 "어느 한 특정 지점으로 수렴되는 과정들"을 주목하는 연구 방식이 문법화 연구 논저에서 사용되어 왔다. 예를 들면, *concerning*의 용법이 기존의 전치사 범주로, 영어의 통사적 조동사 인구어에서 보문자구(Kiparsky 1995) 및 라틴어에서 한정사구(Vincent 1996)의 발달은 해당 언어의 새로운 범주로 집중적으로 출현하였다.3) 문법화를 수행하는 항목들은 이들의 근원에서 분열되어 나와서(이것은 Hopper [1991]가 "분화" divergence라고 지칭했던 용어이다.), 적어도 일정한 기간 동안 원래의 형태와 공존하고 있는 것이 원칙이다. 문법화 연구는 소수의 구성원을 갖고 있는 비교적 폐쇄적인 범주로의 발달과, 이러한 범주로 채택되는 과정을 주로 취급하기 때문에, 적어도 기능주의에 입각한 연구자들은 어느 정도의 이질적인 행위들을 종종 예측하여 왔다. 그러나 예를 들면, 준-양태동사들이 그러는 것처럼, 변화하고 있는 항목들은 새로운 범주인 Y의 특징들을 점진적으로 더 뚜렷하게 취하는 경향을 보이는 것 같다. Krug(2000: 215-217)는 그가 "새로 출현하고 있는 양태동사"(emerging modals)라는 술어로 바꿔 부르는 준-양태동사들이 현저한 음운론적 축약(*wanna, gotta, hafta, be gonna*. 그러나 본동사에서는 이와 같은 유형의 축약이 일어나지 않는다. 따라서 *attempt to>attemma*와 같은 축약은 불가능하다.)을 허용하여 하나의 새로운 초점 지역을 구축하고 있으며, 다른 준-양태동사들(예: *ought to, dare to, need to*)이 통사적으로, 그리고 부분적으로는 음운론적으로 그 초점 지역으로 이끌려 가고 있는 사실을 제시하였

---

3) 후자에 속하는 변화 유형은 새로운 범주가 생겨나는 변화로서 비교적 드문 변화 유형이다.

다. 이러한 변화는 *be-ing*의 사례에서와 같이 수세기에 걸쳐 일어날 수도 있다. 여기서 *be-ing*은 수동태 구조 *be-en*의 형식과 서로 연결되어 쓰여서, 조동사의 사용 방식으로 결국 옮겨오게 된 것이다(§§5.1과 아래의 6.2.4를 참조). 변화는 반드시 일어나야 하는 것이 아니기 때문에, 개개의 변화들은 도중에 중지되고, "완료되지 않기"도 한다. 중세영어의 *ginnen* '시작하다'가 그러한 예이다(현재 사용하지 않게 된 이러한 예와 다른 몇 가지 동작상 동사들을 취급한 Brinton 1988을 참조). 그러나 도중에 변화가 중지되지 않은 형태들은, 연구자가 그 충분한 시간대를 확보하여 관찰할 수만 있다면, 지속적인 불확정성이 끝까지 계속될 것이라는 예측은 허용되지 않는다.

개방 부류들의 본질에 대하여 의문점을 제시하면서, Denison은 여러 변화가 단순히 어떤 일정한 군집점 또는 중력점으로 수렴되지 않고, 주요 개방 부류 범주들을 실제로 "분명하게 드러내기"(sharpening)하는 방식으로 나아가는 다른 가능한 방식을 집중적으로 검토하였다(2001: 132). 제5장에서 언급된 예들은 현재분사형을 포함하여 타동사적 형용사가 자동사적인 형용사의 신분으로 쓰이게 되었는데, 이러한 과정은 적어도 부분적으로 전치사 범주로부터 형용사 범주를 분명하게 분별하게 하는 방식을 보여준다(5: 1). 또한, *-ly*가 두드러진 부사 형성 파생형태소로 발달하게 되는데, 이러한 용법도 부사 범주로부터 형용사 범주를 확실하게 변별시키는 방법인 것이다. 실제로, Aarts(2004: 35)는 "언어들은 완전한 혼성 구조를 인내하지 못한다."라는 사설에 의구심을 갖고 있다고 말한다. 이러한 그의 제안을 우리의 연구를 위한 질문으로 수정하면 다음과 같다. "화자들은 진정한 의미의 혼합 구조를 참을 수 없으며, 이러한 혼합 구조를 시간의 흐름에 따라 제거하는가?" 이러한 질문에 대한 답은 부정적인 것이 될 것 같다. 그리고 이것은 다의어들에서 "유해한 중의성" 또는 "동음어 공포증"이 용인될 수 있는가에 대한 질문에 대한 응답과 다소 유사하다(*santion* '형벌/찬성'의 예를 논의한 Traugott & Dasher 2002: 53을 참조). 그러나 이러한 문제들은 문법 범주들을 구분하기 위해서 시간의 흐름을 통하여 언어의 어떠한 어휘적 및 문법적인 근원적 요소들이 사용되는가에 대한 중요한 연구 과제를 제기하게 된다.

6.2.3 유형 변화

어휘화와 문법화 모두에 포함되는 많은 변화를 온전히 이해하려면, 개별 언어에서 진행되고 있는 유형 변화라는 좀 더 큰 틀 안에서 이것들을 이해할 필요가 있다.

영어의 *sit/set*, *drink/drench*, *lie/lay*와 같은 단어의 짝으로 이르는 발달을 보기로 우리가 인용한 바 있다. 이러한 보기들을 Bybee(1985)는 어휘화의 사례로, Anderson(1992)은 형태화(morphologization)로, 그리고 Hopper(1994)는 문법화의 최종의 단계("음운화")로 해석하였다(이 책의 §2.3.3을 참조). 그 용어가 무엇이든지 간에, 이 예들이 갖고 있던 기원적인 형태와 기원적인 변이음은 음운론적 변화에 의해서 상실되었으며, 그 짝을 이루는 형태들은 분화되었다. 여기에 개입된 변화들을 특정한 변화의 종류로 예로 들거나, 이러한 변화를 무엇이라고 부를 것인가 하는 토론의 주제가 된다면, 이것들은 이질적이고 특이한 것으로 보일 것이다. 그러나 초기 게르만어의 단어 형성 유형론의 관점에서 보면, 위의 예들은 생산적인 주요 단어 형성 전략을 대변하는 것으로 간주될 수 있다. 이러한 단어 형성 전략은 고대영어 시기 말엽에 사용하지 않게 되었던 것이다.

매우 간략하게 언급하자면, 초기 게르만어에서 단어 형성은 "어간 중심"으로 이루어졌다. 즉, 대-범주에 속한 형태들은 모두 굴절어미를 갖고 있었다. 명사와 형용사들은 數, 格, 및 性에 따라서 굴절하였으며, 동사들은 시제, 동작상 및 서법(mood)에 따라서 굴절을 보여주었다 (Wurzel 1984; Kastovsky 1992).4) 예를 들면, 고대영어에서 *i*-움라우트에서 기원된 모음교체는 *full* '가득한' ∽ *fyllan* '채우다', *dom* '판단, 판결' ∽ *deman* '판단하다'와 같은 단어 짝에서 使動을 나타낼 수가 있었다 (Kastovsky 1994: 151). 그 반면에 모음전환(ablaut)5)에서 기원된 모음교체는 *brecan* '깨뜨리다' ∽ *brœc* '깨뜨리기' ∽ *gebrecness* '위반' ∽ *brecþa* '깨진 상태' ∽ *broc* '조각' ∽ *(ge)bryce* '위반, 깨뜨리기'에서처럼 동사파생 명사를 훨씬 더 자유롭게 형성할 수 있었다(Kastovsky 1994: 147-148). 이와 같이 다른 기원에서 파생된 관계는 원래 투명했으나, 시간이 경과함에 따라서 여러 가지 원인으로 그 관계가 점점 불투명하게 되었다. 이른 시기에 일어났던 이러한 다양한 유형의 모음교체들이 특히 움라우트나 모음전환(ablaut)을 조건 짓는 요인들이 탈락됨으로써 중세영어의 초기에는 그 생산성이 제거되어 버린 사실이 특히 중요하다(Kastovsky 1992, 1994). 또한, 게르만어에서 모음교체를 보이지 않는 "약변화" 명사와 동사들은 모음교체를 보이는 "강변화" 명사와 동사들과 서로 경쟁하기 시작했으며, 결국에는 모음교체를 보이는 "강변화" 유형들보다 더 높은 생산성을 보유하게 되었다(참조, 고대영어의 약변화 명사 *guma* 'man' - *guman* 'man+복수'를 강변화 명사인 *fot* 'foot' - *fet* 'foot+복수'와 비교하여 보시오. 또한 약변화

---

4) 여기서 사용된 "어간"의 개념은 앞서 사용하였던 것보다 더 좁은 뜻으로 사용되었다는 점을 유의하시오.

5) "모음전환"(ablaut)은 주로 인구어에서 기원된 동사들에 나타나는 모음교체 현상(오늘날 영어의 *sing-sang-sung*을 참조)이며, 매우 이른 시기에서부터 변이형의 기능을 갖고 있었다.

동사 *ic lufie* 'I love+현재' - *ic lufode* 'I love+과거'를 강변화 동사인 *ic ride* 'I ride+현재'와 *ic rad* 'I ride+과거'와 비교하여 보시오). 더욱이 해당 단어의 구성성분에서 온전히 분석되지 않는 의미들도 제도화되었다(위에서, '위반, 깨뜨리기'의 뜻으로 제시한 다양한 형태를 참고하시오.). 이러한 변화들과 더불어 무강세 모음의 탈락을 포함한 다른 변화가 적용된 결과, 대부분의 명사와 동사는 "단어 중심", 즉 굴절을 보이지 않는 형태로 바뀌게 되었다 (명사의 경우에는 주어에, 동사의 경우에는 동사의 원형(부정사)에 굴절이 전형적으로 실현되지 않았다.). 중세영어에서부터 새로 만들어지는 토착 단어들은 모음교체에 참여하지 않고, 語基에 첨가되는 파생 형태론의 방식으로 만들어졌다.

그러나 영어에 차용이 광범위하게 이루어지면서, 모음교체가 실현된 새로운 어휘 항목들이 들어오게 되었다. 특히 라틴어에 기원을 둔 *science* ∽ *sceintific* 등과 같은 대부분의 차용어들이 여기에 속한다. 이와는 대조적으로, 무강세 모음을 음성변화에 의하여 탈락시키지 않는 독일어 화자들은 고대영어에 전형적 방식이었던 어간 중심의 단어 형성을 유지하였다. 그러한 예를 들면 다음과 같다. *rot* '붉은' ∽ *röten* '붉히다', *Bach* '개천' ∽*Bächlein* '실개천', *werfen* '던지다' ∽ *Wurf* '투척' ∽ *Würfel* '주사위, 주사위 도박' ∽ *Zerwürfnis* '다툼' ∽ *Werfer* '투척하는 사람'(Kastovsky 1994: 143). 영어에서와 마찬가지로 독일어에서도 문예부흥 시기에 차용이 광범위하게 이루어지면서 어간 중심의 단어 형성을 거친 차용어들이 첨가되었고, 기존의 단어 형성 방식과 어울리게 되었다. 예를 들면, 움라우트를 수용한 *nervös* '예민한' 형에서 명사 *Nervosität* '신경과민'이 형성된 것을 참조하시오(Kastovsky 1994: 143). *full* ∽ *fill*과 같은 모음교체를 반영하는 어간 중심의 단어 형성이 비생산적으로 되어 단어 중심의 단어 형성으로 대치되었을 때, *science* ∽ *scientific*과 같은 새롭게 차용된 어간 중심의 차용어들이 그 당시 새로운 단어 중심의 형성을 기준으로 왜 조정되지 않았을까 하는 질문이 대두된다(Kastovsky 1994: 155). 여기서 떠오르는 또 다른 질문은 어휘화가 어간 중심의 단어 형성 방식에 단어 중심의 단어 형성보다 더 잘 일어날까, 아니면 보다 잘 일어나지 않을까이다(어간 중심의 단어 형성에서 음운론적 및 형태론적 변화로 인하여 통합이 더 쉽게 일어나서, 이러한 과정에서 어휘화가 더 잘 일어날 것으로 보인다.).

이와 같은 단어 형성의 변화가 중세영어의 시기에 새로운 어휘들의 갑작스러운 증가에 대단한 영향을 끼친 것이 분명하다. 여기에 특히 스칸디나비아 반도의 언어와 프랑스어의 영향도 첨가된다(아래의 §6.2.5를 보시오). 또한 중세영어 단계에 즈음하여 발생하였던 형태 통사론의 유형에 일어난 추이가 가장 특징적인 요인이었다. 고대영어 단계를 통하여 격과 함께 전치사의 용법, 동사 다음에 오는 시제 표시 굴절의 첨가와 더불어 동사의 앞에 위치하는 통사적 구성(우언적)의 동작상, 양태, 서법 표시가 증가하였다. 또한, 이 시기에 어순은 '목적어+동사 > 동사+목적어'로, '부사+동사'에서 '동사+부사'로 옮겨 가게 되었다. 그리고 '동사+목적어'와 "우분지"(right-branching) 어순으로 옮겨가는 유형의 추이와 맞물려 나타나는 다른 요인들도 출현하게 되었다(여러 언어에서 '목적어+동사'의 어순과 '동사+목적어'의 어순에서 파생되는 부가적 속성들에 대하여는 Dryer 1992와, 거기에 실린 참고 논저들을 참조하시오). 이와 같은 '동사+목적어' 어순과 통사적 구성(우언적)의 표현으로의 유형론적 변화는 句 형성의 동사가 문법화를 수행하게 되는 환경이 만들어진다(§5.2.1). 그 반면에, 전치사 동사와 '비분리' 접두사는 어휘화를 수행하였다(각각 §§5.2.2와 5.2.3을 참조). 우리가 논의한 바와 같이, *look after*와 같은 전치사 동사는 매우 관용적인 것으로, *utweopant*(out-throw) > *weorpan ut*(throw out)과 같이 고대영어의 접두사 동사를 대치한 것이다. *look after*와 같은 구성은 국부적으로 우분지 구조를 갖고 있으나 영어에서 생산적으로 출현하지 않는다. 그러한 원인의 일부는 *look after*의 구조가 완벽한 우분지 특성을 갖고 있지 않기 때문으로 보인다. 이러한 현상은 동사와 첨사 사이에 목적어의 등장을 허용하는 *eat up*과 같은 동작상 구성과 대조를 이룬다. 이와 같은 구성들은 매우 생산적으로 사용되며(*I googled your husband up* '난 이미 네 남편을 인터넷에서 다 검색해 봤어.'를 참고), '동사＋목적어＋부사'의 구성(*She planted the rose carefully/in a green pot* '그녀는 장미를 아주 조심스럽게 심었다/녹색 화분에 심었다.')과 동일한 방식을 이룬다 통사적 구성으로 나타내는 우언적 표현으로의 변화는 *ought to, need to, dare to*와 같은 "더 새로운" 조동사가 발달하는 환경을 만들어 준다. 즉 이러한 조동사들은 "핵심" 양태 조동사의 특성들을 갖고 있을 수가 없다. 그 이유는 근자에 발달한 조동사 *ought to, need to, dare to*들은 어순 변화가 일어난 이후에 통사적으로 조동사의 특성들을 개발시킨 반면에, "핵심" 양태 조동사들은 훨씬 이른 시기에 양태적 특성들을 발전시켰기 때문이다(Bybee & Dahl 1986: 60).[6]

이 책에서 우리는 형태－의미의 짝들이 갖고 있는 의미와 기능의 발달에 초점을 두어 왔으며, 형태에 개입된 음운론적 변화를 고려하지 않음으로써 그 형태를 고정된 대상으로 간주하였다.[7]역자 주 ④ 그러나 §1.3.1에서 언급된 바와 같이, 공시적 어휘화는 어떤 의미 성분들이 단일 형태소나 단어로 합쳐지는가 하는 문제를 취급한다고 자주 파악되

---

6) 고대영어에서 모두 출현하는 *be, have, need, ought*는 *to* 부정사의 구조와 양태적 의미를 가졌다는 점을 주목해야 된다. 그렇지만 이들 동사는 후기 중세영어나 전기 근대영어 시기까지는 양태의 구조적 속성은 거의 보이지 않았으며, 사용 빈도도 매우 희소하였다. Visser(1963-1973: 1434)에 의하면, *dare to*는 17세기 초까지만 해도 등장하지 않았다고 한다.

7) 이러한 연구 방법을 "의미 변화론"(semasiological)이라고 보통 부른다.

어 왔다. 이와 같은 연구 방식에서 형태가 주목의 대상이 된다. 음운변화에서 야기되는 융합(예: *set*<*sit*+과거+사동)은 역사언어학 논저에서 많이 논의되어 왔다(§2.3.3에서 "음운화"를 참조). 그러나 Talmy(2000)가 "위성어 중심"(satellite-framing)과 "동사 중심"(verb-framing)이라고 명명했던 각각의 특질들과 관련하여 어떻게, 그리고 왜 어휘적인 유형론의 변화가 일어나는가 하는 문제에 대해서는 역사적 연구가 거의 이루어지지 않은 것으로 보인다. 여기서 말하는 "위성어 중심"의 표현은 동작의 방식이 동작이 일어나는 사건과 단일 어휘소로 합쳐져 있으며, 동작이 수행하는 경로는 동사에 첨가된 첨사나 부사와 같은 위성어로 나타낸다. 그 반면에, "동사 중심"의 표현은 동작의 사건은 경로와 단일 어휘소로 합쳐지고, 동작의 방식은 동사에 위성어로 첨가되어 나타낸다. 한 언어 유형에서 다른 언어 유형으로 이루어지는 차용은 여기서 중요한 요인이 된다. 이 책의 §1.3.1에서 영어는 위성어 중심의 언어적 성격이 강함에도(참조: *creep*, *swim*), 동사 중심으로 형성된 단어들(참조: *enter*, *exit*)을 많이 차용해 왔다고 언급한 바 있다. 그리고 라틴어는 위성어 중심의 경향을 갖고 있는 반면에, 로망스 제어들은 동사 중심의 언어들이 되었다고 아울러 지적하였다. 그러나 최근에 이탈리아어는 훨씬 더 위성어 중심의 언어로 전환되어 갔다.

　그러나 복합된 개념을 어떻게 표출하는가 하는 방식은 동사에만 한정되지 않는다. Blank(2003)는, Koch(1999)를 인용하면서, 인지와 문화적으로 가장 두드러진 개념들이 단일 명사로 표현되는 몇 가지 경향들을 논의하였다. 예를 들면, Blank(2003: 56)는 이렇게 지적한다. "PEAR TREE(배나무)의 관념은 PEAR(배)를 기본으로 하여 말로 표현된다……그리고 BEECHNUT(너도밤나무 열매)는 BEECH(너도밤나무)를 기본으로 하여 말로 표현된다." 이와 같은 경향이 출현하게 되는 이유는 배나무의 현저한 가치는 과일 열매에 있는 데 반해서, 너도밤나무의 두드러진 가치는 나무 자체에 있기 때문이라는 가설로서 설명이 된다(2003: 56). 여기에 어떤 변화가 일어난다면, 그것은 경험적으로 가장 두드러진 특질을 갖고 있는 방향으로 향하여 간다는 예측을 할 수 있다. 이 가정이 안고 있는 문제는 왜 선행 단계의 형태들이 나중 단계의 형태들보다 경험적 현저성이 떨어져 있는가 하는 것이다. Blank는 개념화에 때때로 커다란 변화들이 개입될 수가 있다고 지적한다. 그러나 우리는 현재의 외적 요인들을 과거로 무분별하게 투영하는 것은 가능하지 않다는 사실을 다시 한번 유념하고자 한다. 개념의 단순 대 복합적 표현과 관련하여 어떻게, 그리고 왜 변화가 일어나는가 하는 문제는 언어학, 인지 심리학 및 문화 연구가 교차하는 분야에서 큰 관심의 대상이 된다. 유형론적 관점에서 제시하는 기본 연구 과제는 (ㄱ) 어휘화와 문법화의 개별 사례들이 진행 중인 대규모의 변화와 어느 정도 조화를 이루고 있는지, 그리하여 진행 중인 그 커다란 변화의 방향으로 접근할 것인지, 또한, (ㄴ) 어휘화와 문법화의 변화들이 진행 중인 큰 변화를 어느 정도 촉발시키는 것인지 하는 문제이다.

6.2.4 담화 유형

언어학에서 가장 해결하기 어려운 문제 가운데 하나는 변화는 어떻게 시작되며, 이러한 변화는 왜 다른 언어에서 그리고 다른 시기에 출현하지 않고, 어느 일정한 언어에서 특정한 시기에서만 출현하는가이다. Weinreich, Labov, & Herzog(1968: 102)는 이와 같은 문제를 "촉발"(actuation)의 문제라고 명명한 바 있다. 우리는 여기서 논의된 일반적인 변화와, 동시에 특정한 변화들은 화자와 청자 간의 상호작용에서 기원되며, 변화를 일으키는 주된 요인은 어린이에게만 오로지 한정되지 않고, 모든 연령대에 속하는 화자들이 말의 새로운 용법을 습득함으로써 이루어진다는 사실을 강조하였다. 언어변화에서 어린이 또는 어른 화자들이 어떠한 역할을 담당하는가에 대한 지금까지 제기된 여러 주장들은 몇 세대의 화자들에 걸치는 장기간의 연구에서 결국 검증되어야 한다. 그러나 오늘날 읽고 쓰는 문식성 인구의 분포라든가(컴퓨터 이용자들에게 요구되는 시각적 운용 방식들을 포함해서), 어린이가 맡고 있는 역할과 관련된 현대사회의 속성과 활동이 그 이전 시대와는 근본적으로 상이해졌다. 그렇기 때문에, 오늘날과 미래의 세대에서 추출된 여러 증거들을 과거의 시기로 소급하여 그대로 일반화시키기에 쉽지 않을 것이다.

더욱이 언어변화를 고찰하기 위해서 우리가 보유하고 있는 20세기 이전에 작성된 자료들은 언제나 문자언어로 쓰여 있으며, 더욱이 대부분 "표준어"를 반영하고 있다. 따라서 문헌 자료의 기록에 출현하는 변화가 일상생활의 구어에서 일어나고 있는 변화를 어느 정도로 반영하고 있는가를 측정하는 문제가 대두된다. 이러한 문제를 측정하는 최선의 방법 가운데 하나는 현재와 과거의 문자 기록물들을 비교하는 것이다. 그렇다고 하더라도, 새로운 텍스트 형식과 표출 양식의 출현으로 인하여 정확한 비교를 어쩔 수 없이 어렵게 한다.8)

구어를 비교적 잘 대변한다고 하는 다양한 담화 유형들 즉, 희곡, 서신, 재판 기록물, 소설작품에 등장하는 등장인물 간의 대화 등을 포괄하는 전산자료 뭉치들은 대부분 문학작품에서 추출된 훨씬 더 격식적인 언어 표현을 담고 있는 언어역사 사전들(OED, Dictionnaire Robert, 및

---

8) Lindquist & Mair(2004)에 실려 있는 논문들을 참조. 특히, 언어 전산자료 뭉치를 이용하는 여러 가지의 이점과, 여기서 파생되는 몇 가지 문제점에 대한 논의는 Nevalainen (2004)을 참조하시오.

Wartburg 1966)을 보충해 주는 귀중한 자원이다. 이러한 전산자료 뭉치들은 예를 들면 *Helsinki Corpus of English Texts, Diachronic Part and Corpus of Early English Correspondence*(ICAME 1999; Rissanen, Kytö & Palander-Collin 1993을 참조) 등이 있다.

역사적 전산자료 뭉치에 나타나는 상이한 유형들의 담화를 취급하기 위해서 수많은 학술 용어들이 개발되어 나왔다(지난 20년 동안에 걸쳐 일어난 용어상의 변화와 그 변화의 이유에 대한 설명을 포함한 유용한 조감에 대해서는 Moessner 2001을 참조; 또한 Saukkonen 2003도 아울러 참조하시오.). 현재는 다음과 같은 구분이 폭넓게 사용되고 있다. 즉, "텍스트 유형", "텍스트 스타일", "樣式/언어사용역"(genre/register), 그리고 "텍스트 전통" (Raumolin-Brunberg, Navala, Nurmi & Rissanen 2002에 실려 있는 논문들을 참조). "텍스트 유형"(text type)은 음성축약(예: 'll)에서부터 대명사, 종속절, 명사화, 완곡어, 담화첨사 등의 구사에 걸쳐 있는 상당히 정밀한 언어 사용상의 상관관계를 규명할 수 있는 문헌 자료들을 지칭한다. 여기에 적절한 언어특질의 기준들은 현대영어의 공시적 텍스트 유형에서 출현하고 있는 방식에 바탕을 둔 Biber(1988)에서 처음으로 개발되어 나왔다. 이렇게 선정된 언어특질 출현상의 기준은 Biber & Finegan(1992)이 역사적 텍스트에 적용하였으며,9) 더 많은 텍스트 유형들이 개발되어 나옴에 따라서 그 이후 수정을 거치게 되었다(예: 중세영어 의료 처방전에 대해서는 Taavitsainen 2001을 참조).

Biber & Finegan(1992)은 수필, 소설 및 개인의 사적인 편지 등과 같은 상이한 텍스트 유형들을 특징짓는 언어 특성들을 3개의 차원에 걸쳐 있는 多因性(multifactorial) 분석을 이용하여 역사적으로 연구하였다.

---

9) Biber & Finegan(1992)는 논문에서 "양식"(genre)과 "언어사용역"(register)라는 술어를 사용하였다.

여기서 그들이 설정한 3개의 차원은 (ㄱ) 글말－입말, (ㄴ) 일방적 정보 전달에 쓰이는 말－상호 의사전달에 사용된 말, (ㄷ) 계획적으로 작성 된 말－상황에서 일어나는 말을 가리킨다. 그러한 연구 결과, 17세기부 터 지속적으로 훨씬 더 "구어적인" 특징들이 출현하게 되었으며, 18세 기에는 더 격식적인 말의 스타일로 약간 회귀하는 경향이 있었다는 사 실이 추출되었다(1992: 695).

"텍스트 유형"이 어느 일정한 텍스트가 갖고 있는 내적 언어특질들 에 초점이 맞추어져 있는 반면에, "樣式"(언어사용역 register이라고도 하는) 은 텍스트의 주제나 그 작성 목적 등과 같은 언어 외적 기준에 중점을 둔 광범위한 범주를 나타내는 술어이다. 樣式은 시간의 흐름에 따라서 상당한 변화를 거쳐 왔다. 예를 들면, 중세영어에서 대부분의 레시피 (recipe)는 요리에 관한 것이라기보다는 약품 조제에 관한 처방전을 가리 키는 데 사용되었다. "텍스트 전통"이라는 세 번째 술어는 새로운 텍스 트가 그 이전 텍스트를 바탕으로 형성되는 방식과, 그 전승 과정에 관 한 것이다. 끝으로, "텍스트 유형 스타일"과 "양식 유형 스타일"은 어 느 특정한 텍스트 유형이나 텍스트 양식의 특징을 이루고 있는 언어 특질들의 묶음을 지칭하는 술어이다(Moessner 2001: 135). 접속어 또는 담 화-구조 기능을 표시하는 항목들에서 일어나는 문법화는 화자와 청자 간의 상호 의사전달이 별로 일어나지 않는 말의 스타일에서 출현한다 는 사실이 오래전에 제시되었다(Givón 1979을 참조). 우리는 이 책의 §5.5 에서 현재분사 형용사를 갖고 있는 절대구성과 자유 부가어가 격식체 말의 스타일에서 많이 출현하였다는 사실을 언급한 바 있다(Aertsen 1992를 참조). 또한, Olofsson(1990: 28)은 현재분사 전치사 *following*은 "정 보 전달의 자료"와 비소설 자료에 압도적으로 출현하는 것이 보편적인 현상이라고 지적하였다.

지금까지 많은 관심을 받았던 텍스트 유형과 상호 관련되어 있는 외적 특질들 가운데에는 젠더(gender)와 지역사회가 있다. Wright(1994)는 18세기에 걸쳐 여성들이 작성한 친밀한 사적인 편지글에 나타나 있는 경험적 양태 진행형(experiential modal progressive)의 발달을 논의하였다. Wright(1994: 471)에서 제시된 예 한 가지는 다음과 같다. Daughter, daughter, don't call names. You are always abusing my pleasures (딸, 딸 그렇게 이름을 부르지 말아다오. 그 이름만 들어도 너는 벌써 나의 즐거움을 망쳐 버리고 있다.1757, Lady Mary Wortley Montague). Wright(1995)는 Aphra Behn의 소설에서 어떻게 이와 같은 구문이 문학적 스타일의 일부로서 해석되게 이르렀는가를 제시하고 있다.

일정한 종류의 텍스트 전통에 부여된 가치에 비추어 지역사회를 규정하면서, Cuenca는 영어와 스페인어로 작성된 학술 문장에서 보이고 있는 상이한 가치가 풀이말 표지(reformulation markers)들의 문법화와 매우 유의미적으로 상호 연관되어 있음을 제시한다. 여기서 풀이말 표지는 다음에 오는 구문이 "원래의 표현을 다시 한번 강조하거나, 청자의 이해를 쉽게 하기 위해서 앞선 개념을 다시 풀어서 설명하는 표지"를 말한다(2003: 1071, 이것은 Blackemore 1993: 107을 인용한 것이다). 풀이말은 'that is to say'(즉, 다시 말하자면)로 도입되는 풀어 말하기 또는 우언적 표현으로 파악된다. 영어를 구사하는 학문 저술가들은 간명하고 직선적인 수사 스타일을 중요시한다고 Cuenca(2003)는 주장한다(이러한 스타일의 발달에 대해서는 Thomas & Turner 1994를 참조; 학술 언어에서 이것과 같은 맥락의 "선명성에 대한 추구"에 대해서는 Adamson 1999를 참조하시오.). 이와 대조적으로, 스페인어 학술 작성자들은 "내용과 다양성"(varatio)에 가치를 부여한다(Cuenca 2003: 1089).[10]

Cuenca가 연구한 이러한 풀이말 표지들은 스페인어 텍스트보다 영어 텍스트에 아주 적게 사용되었다. 카탈루냐 어로 작성된 텍스트에서 재작성 표지는 영어와 스페인어 텍스트에 출현하는 빈도에 중간을 차지하였다. 더욱이 풀이말 표지를 접속어로 사용하는 경우에, 영어 텍스트는 비교적 단순하고, 고정된 단일어로 나타난 접속어들을 선호하는 경향을 보였다. 그 반면에 스페인어 텍스트에서 접속어들은 복합어로 구성된 접속사, 특히 출현 위치가 자유로운 句의 형식을 더 선호하였다. 영어 텍스트에서 단순 접속사로 *or, namly*, 및 *i.e.*(라틴어 *id est* '즉'에서 온 차용어로서, 여기서 사용된 頭字語는 문법화된 것이다.) 등이, 스페인어의 경우에는 o(또는)가 사용된다. 더 복잡한 복합 접속어들은 고정된 형태로 영어에서는 *that is (to say)*(말하자면), *in other words*(달리 말하면), 그리고 스페인어에서 *es decir* '말하자면'이 쓰이고 있다. 그러나 스페인어를 구사하는 작가들은 가변성이 있으며, 출현 위치가 비교적 자유로운 표현들을 즐겨 사용한다. 예를 들면, *en/con otras palabras* '다른 말로는', *dicho con otras palabras* '다른 말로 말하자면', *formulado en otros terminos* '다른 술어로 작성하자면' 등이다(Cuenca 2003: 1081). 특히 *that is*라는 표현들은 매우 흥미로운 형태이다. 이것들은 보문자 *that*의 경우와 마찬가지로 앞서 나온 선행 발화상의 정보를 가리키는 전방조응 지시어(anaphoric deictic)에서 기원된 것이기 때문이다. 그런데 이러한 형태가 접속어로 전환되었을 때는 뒤에서 나올 발화상의 앞으로 전개될 내용을 가리키는 접속어로 전환된다(후방 조응어, cataphoric).

지역 공동체는 사회집단(구성원, 신분, 그 속에서 교육 받을 수 있는 여러 기

---

10) Cuenca(2003: 1085)는 이와 같은 차이를 Kaplan(1966)과 Clyne(1994)에서 이루어진 두 가지의 대조와 연관시켰다. 즉, 글을 쓰는 사람이 담화의 전개에 책임을 지는 스타일을 선호하는 "형식 중심의 문화"와, 독자들이 담화의 흐름에 책임을 지는 "내용 중심의 문화"가 그것이다.

회 등, Nevalainen, Raumoelin & Brunberg 2003; Bergs 2005를 참조)과, 그 집단들이 맺고 있는 상호작용으로 이루어지는 사회 조직망의 관점에서도 규정될 수 있다. 여기서 집단 간 형성되는 상호작용은 친목 단체 또는 변호인과 의뢰인과 관계 등에서 공손성에 대한 규범, 영향력이 미치는 통로와 자아 정체성의 형성이 언어 선택과 상호 연관되어 있을 가능성이 높다(예를 들면, Milroy 1987[1980]; Fitzmaurice 2000을 참조). Pratt & Denison(2000)은 Southey-Coleridge 문학 단체에 속한 구성원들이 1790년대에 서로 교환하였던 편지 묶음에 나타난 언어를 연구하였다. 이 연구에서 Pratt & Denison은 여기에 속한 작가들의 광범위한 문필 활동이 새로 전개해 나가는 수동문 구성의 확산에 기여하였을 것이라고 주장하였다. 예를 들면, 1772년에 작성된 [Harris, Sr., Lett. Ist Earl Malmesbury I.430]의 편지에 수동문 *the speech...was being debated*와 같은 표현이 등장하였는데, 이것은 *the speech was debating* 능동문을 대치한 것이다. 이와 같은 새로 전파되어 가는 수동문 구성이 영국 남서부의 지역적 특징이었을 가능성도 있으나, Pratt & Denison(2000)은 Southey-Coleridge 문학 단체의 작가들은 이러한 언어적 특질을 자신들의 정체성을 나타내기 위한 "일종의 혁신적 실험"의 대상으로 삼았다는 주장을 하였다. 이러한 현상은 그 문학 활동가들이 자신의 집단 정체성을 확립하기 위해서 구사한 무의식적인 언어 상징적 행위였을 가능성이 높다는 것이다(2000: 417).[역자 주 ⑤]

지금까지 이용할 수 있는 전산 언어자료가 영어와 다른 여타의 언어들에서 상당히 풍부하게 그 양이 축적되고 있다. 그렇기 때문에, 이제 우리가 취급하는 다양한 텍스트 유형 맥락에서 문법화뿐만 아니라, 어휘화에 대한 여러 양상들, 그리고 시간의 흐름을 통한 일정한 변화들의 출현과 그 전파를 관찰하는 기회가 급격하게 확대되고 있다. 예를 들면, 우리는 텍스트 유형과 텍스트 형식 전반에서 句 동사와 전치사 동사 확대 과정을 비교할 수 있게 된 것이다. 더 나아가서, 특정한 텍스트 유형과 텍스트 양식과 결부되어 있는 언어적 상관관계도 부가적으로 규명해 낼 수 있는 기회를 갖게 될 것이다.

6.2.5 언어 접촉

언어 접촉의 정도와 그 유형은 지역사회와 그곳에서 형성된 텍스트 유형들과 밀접하게 연관되어 있다. 격식체의 구사와 일정한 텍스트 유형들은 언어 접촉과 직접적으로 결부되어 있다. 예를 들면, 중세영어의 "기사 무용담"(romance)은 프랑스에서 기원된 것이다. 중세영어 시기에 많은 법률문서들은 라틴어와 프랑스어로 작성된 것이었다(특히 700년에서부터 1700년에 이르는 영어 방언, 라틴어 그리고 표준영어와 같은 언어 유형들과 텍스트 형식 유형들과의 관계는 Görlach 1999를 참조.). 적어도 르네상스에 이르기 전까지 유럽에서 만들어진 많은 텍스트는 라틴어, 때로는 프랑스어 원전의 직역 또는 의역이었다. 중세영어와 근대영어의 초기 전반을 통해서 라틴어와 프랑스어가 산문의 전형으로서 통용되었다. 이러한 현상이 일정한 형태와 형태 부류들의 관용화와 생산성에 확실하게 영향을 끼치게 되었다.

근대영어 초기 단계의 사례에서와 같이, 많은 단어와 句가 차용되어 왔을 때(이에 대해서는 Nevalainen 1999를 참조)나, 아니면 영어에서 대부분의 심리동사가 그러했던 것처럼 어느 특정한 형태 부류가 차용되어 왔을 경우에 다음과 같은 문제가 자연스럽게 일어나게 된다. 즉, 근원 언어가 갖고 있었던 형태 통사론과 의미 화용론이 어느 정도나 차용되는 언어로 넘어오게 되며, 그 이후 토착 언어의 발달에 영향을 끼치게 되는가? 특히, 프랑스어에서 심리동사의 전치사적 용법은 영어에서 분사 형용사와 전치사와의 역할 분담으로 이르는 데 기여하였는가? 이와 같은 의문점 및 어떤 특정 구조와 연관되어 있는 다른 의문점들을 해결하기 위해서는 해당되는 통사 구성, 그리고 어느 특정한 문법 부류 전체를 나타내는 자료들을 검토하는 작업이 중요하다. Mosse(1938)의 연구 이래로 많은 연구자들이 혹시 켈트어가 영어의 *be going to*의 발달에 영향을 끼쳤는가에 대한 질문을 제기해 왔으나, 다양한 해당 구문들 간의 체계적인 비교가 이루어진 적은 별로 없었다. 영어에서 그러한 구문에 동명사, 동사狀 형용사(gerundives), 분사형용사들이 포함되어 있으며, 켈트어에는 이와 유사하거나, 상이한 문법 형태들이 관여하였을 수가 있다. 따라서 이와 같은 체계적인 비교 연구가 없이는 위에서 제기된 질문에 아무런 답을 찾을 수 없다.

담화표지들은 다른 언어로 쉽게 차용이 이루어진다. 다른 언어에서 차용되어 온 담화표지들은 특정한 담화 기능에 쓰이게 되는 경우도 있다. 그 예로, Solomon(1995: 287)은 유카탄 반도에서 사용되는 마야어의 담화에서 *ka*(그리고)라는 토착어 접속어와, 스페인어에서 차용된 접속어 *entonses*(그래서, 그리하여)가 서로 다른 담화 기능을 갖고 있음을 제시하였다. 토착어 *ka*는 담화가 이야기 내부에서 일어나는 연속을 표시하는데 사용되는 반면에, 스페인어 접속어 *entonses*는 담화 이야기 사이의 연속과, 실제 말에서 가리키는 행위와는 분리되어 있는 화자의 심리적 상태에 대한 관점을 나타내는 데 사용되고 있다고 한다.

어휘 차용과 단어형성론의 발달 원리에 대한 연구에서 피진어와 크레올어도 매우 흥미 있는 대상으로 빈번하게 인용되어 왔다(예를 들면, Mühlhäuser 1979, 1997을 참조). 그러나 이 책에서 규정된 어휘화와 관련하여서는 피진어와 크레올어에서 지금까지 많은 연구가 이루어지지 않았다. 피진어의 특징으로 다양한 句가 고착되고, (실제로 일어날 뿐만 아니라, 화자가 잠재적으로 지각하게 되는) 융합이 일어나는 증거 자료가 자주 제시되었다. 영어를 모태로 하는 피진어 일종으로, 파푸아뉴기니어에서 사용되고 있는 턱-피진어([tək pizin]=talk pidgin)에서 *atink* '아마도' < *I think, baimbai* '나중에' < *by and by* 등과 같은 예를 들 수 있다.^{역자 주 ⑥} 뉴기니 주변의 여러 섬에서 쓰는 혼합 영어(Beach-la-mer)에서 *hariap* '서둘러라' < *hurry up, tasol* '그러나' < *that's all*과 같은 범주의 변화, 턱-피진어에서 *bagarap* '지치다, 망하다' < *buggered up*(기진맥진하다)에 일어난 의미변화와 같은 예들은 특히 주목할 만한 것이다(Mühlhäuser 1997: 154-155).

피진어가 정착이 이루어지면, 여기서 합성어들이 만들어져 나오기도 한다. 즉, 턱-피진어와 사모아 섬의 고무재배 지역에서 사용되는 피진 영어에서 *nuboi*(새로 고용계약을 작성한 노동자 < *new boy*); *olboi*(3년 계약의 노동을 끝낸 노동자 < *old boy*); *waitman*(유럽 백인, < *white man*) 등이 그것이다(Mühlhäuser 1997: 178). 이러한 합성어들이 보여주는 특정한 의미는 영어의 구에서 나온 합성어 의미를 어느 정도 자의적으로 재분석한 것이 아니라, 해당 언어 내적인 관용화, 즉 어휘화를 통해서 나오는 것이다(Hancock 1980). 크레올어 연구에서 지금까지 최근 관심의 대상은 어휘부가 아니라, 문법화에 집중되어 있었다(턱-피진어에 초점을 맞춘 초기의 고찰은 *baimbai* > *bai*(미래)이었다[Sankoff & Laberge 1980[1976]]). 그리고 이러한 문법화가 언어 접촉 이전에 일어났는가, 아니면 크레올어로 진전되어 가는 과정에서 출발하였는가, 즉 내적 원인인가, 아니면 외적 원인인가 등이 논의되어 왔다(Baker & Syea 1996; DeGraff 1999를 참조). 어휘화와 관련된 예들은 프랑스어를 모체로 한 아이티 크레올어(Haitian Creole)의 예들(*lank* '닻' < 프랑스어 *l'ankcre, dlo* '물' < 프랑스어 *de l'eau* '의 속격')에서와 같이, 프랑스어 기반 크레올어에서 정관사와 부분 속격 한정사(partitive genitive determiner)가 명사 어간(어휘를 제공하는 언어인 프랑스어의 관점에서 보면 음운 발생의 한 가지 유형이 된다)으로 통합되는 현상도 어휘화의 사례로 포함된다. 이러한 분야에서나, 또 다른 분야에서도 어휘화에 관한 연구 영역은 앞으로의 탐구를 위해서 활짝 열려 있다.

참고문헌

Aarts, Bas. 2004. Modelling linguistic gradience. *Studies in Language* 28:1 ‑ 49.

Adamson, Sylvia. 1999. Literary language. In Lass, ed., 539 ‑ 653.

Adamson, Sylvia. 2000. A lovely little example: Word order options and category shift in the premodifying string. In Fischer, Rosenbach, and Stein, eds., 39 ‑ 66.

Aertsen, Henk. 1992. Chaucer's *Boece*: A syntactic and lexical analysis. In Rissanen, Ihalainen, Nevalainen, and Taavitsainen, eds., 671 ‑ 687.

Aijmer, Karin. 1996a. Conversational Routines in English: Convention and Creativity. (Studies in Language and Linguistics.) London and New York: Longman.

Aijmer, Karin. 1996b. *I think* ‑ an English modal particle. In Toril Swan and Olaf Jansen Westvik, eds., *Modality in Germanic Languages: Historical and Comparative Perspectives*, 1 ‑ 47. (Trends in Linguistics, Studies and Monographs, 99.) Berlin: Mouton de Gruyter.

Aijmer, Karin. 2004. The semantic path from modality to aspect: *Be able to* in a cross-linguistic perspective. In Lindquist and Mair, eds., 57 ‑ 78.

Akimoto, Minoji. 1989. *A Study of Verb-Nominal Structures in English*. Tokyo: Shinozaki Shorin.

Algeo, John. 1995. Having a look at the expanded predicate. In Bas Aarts and Charles F. Meyer, eds., *The Verb in Contemporary English: Theory and Description*, 203 ‑ 217. Cambridge, UK: Cambridge University Press.

Allen, Andrew S. 1995. Regrammaticalization and degrammaticalization of the inchoative suffix. In Andersen, ed., 1 ‑ 8.

Allen, Cynthia L. 1995. On doing as you please. In Andreas H. Jucker, ed., *Historical Pragmatics: Pragmatic Developments in the History of English*, 275 ‑ 308. (Pragmatics & Beyond, New Series, 35.) Amsterdam and Philadelphia: John Benjamins.

Allen, Cynthia L. 1997. The origins of the "group genitive" in English. *Transactions of the Philological Society* 95:111‑131.

Allen, Cynthia L. 2003. Deflexion and the development of the genitive in English. *English Language and Linguistics* 7:1‑28.

The American Heritage Dictionary of the English Language. 2000. Boston and New York: Houghton Mifflin, 4th edn.

Andersen, Henning. 1987. From auxiliary to desinence. In Martin Harris and Paolo Ramat, eds., *Historical Development of Auxiliaries*, 21‑51. (Trends in Linguistics; Studies and Monographs, 35.) Berlin, New York, and Amsterdam: Mouton de Gruyter.

Andersen, Henning, ed. 1995. *Historical Linguistics 1993: Selected Papers from the 11th International Conference on Historical Linguistics, Los Angeles, 16‑20 August 1993*, 33‑47. (Current Issues in Linguistic Theory, 124.) Amsterdam and Philadelphia: John Benjamins.

Andersen, Henning. 2001. Actualization and the (uni)directionality of change. In Henning Andersen, ed., *Actualization: Linguistic Change in Progress*, 225‑248. (Current Issues in Linguistic Theory, 219.) Amsterdam and Philadelphia: John Benjamins.

Anderson, Stephen R. 1985a. Typological distinctions in word formation. In Shopen, ed., Vol. III, 3‑56.

Anderson, Stephen R. 1985b. Inflectional morphology. In Shopen, ed., Vol. III, 150‑201.

Anderson, Stephen R. 1992. *A-Morphous Morphology.* (Cambridge Studies in Linguistics, 62.) Cambridge, UK: Cambridge University Press.

Anderson, Stephen R. 1993. Wackernagel's revenge: Clitics, morphology, and the syntax of second position. *Language* 69:68‑98.

Anttila, Raimo. 1989 [1972]. *Historical and Comparative Linguistics.* (Current Issues in Linguistic Theory, 6.) Amsterdam and Philadelphia: John Benjamins, 2nd edn.

Arnovick, Leslie K. 1999. *Diachronic Pragmatics: Seven Case Studies in English Illocutionary Development.* (Pragmatics & Beyond, New Series, 68.) Amsterdam and Philadelphia: John Benjamins.

Aronoff, Mark. 1976. *Word Formation in Generative Grammar.* (Linguistic Inquiry

Monograph, 1.) Cambridge, MA: MIT Press.

Aronoff, Mark. 1980. Contextuals. *Language* 56:744‑758.

Asher, R. E. and J. M. Y. Simpson, eds. 1994. *The Encyclopedia of Language and Linguistics*. Oxford: Pergamon Press, 4 vols.

Aston, Guy and Lou Burnard. 1998. *The BNC Handbook Exploring the British National Corpus with SARA*. (Edinburgh Textbooks in Empirical Linguistics.). Edinburgh: Edinburgh University Press.

Axmaker, Shelly, Annie Jaisser, and Helen Singmaster, eds. 1988. *Proceedings of the Fourteenth Annual Meeting of the Berkeley Linguistics Society. General Session and Parasession on Grammaticalization*. Berkeley, CA: Berkeley Linguistics Society.

Baayen, R. Harald. 2003. Probabalistic approaches to morphology. In Rens Bod, Jennifer Hay, and Stefanie Jannedy, eds., *Probabilistic Linguistics*, 229‑287. Cambridge, MA: MIT Press, A Bradford Book.

Baayen, R. Harald and Antoinette Renouf. 1996. Chronicling the Times: Productive lexical innovations in an English newspaper. *Language* 72:69‑96.

Baker, Philip and Anand Syea, eds. 1996. *Changing Meanings, Changing Functions: Papers Relating to Grammaticalization in Contact Languages*. (Westminster Creolistics Series, 2.) London: University of Westminster Press.

Barcelona, Antonio, ed. 2000. *Metaphor and Metonymy at the Crossroads: A Cognitive Perspective*. (Topics in English Linguistics, 30.) Berlin and New York: Mouton de Gruyter.

Bauer, Laurie. 1978. On lexicalization (neither a lexicalist nor a transformationalist be). *Archivum Linguisticum* 9:3‑14.

Bauer, Laurie. 1983. *English Word Formation*. (Cambridge Textbooks in Linguistics.) Cambridge, UK: Cambridge University Press.

Bauer, Laurie. 1988. *Introducing Linguistic Morphology*. Edinburgh: Edinburgh University Press.

Bauer, Laurie. 1992. Lexicalization and level ordering. *Linguistics* 30:561‑568.

Bauer, Laurie. 1994. Productivity. In Asher and Simpson, eds., Vol. VI, 3354‑3357.

Benveniste, Emile. 1971a [1958]. Delocutive verbs. In Benveniste 1971c, 239‑246. (Orig. publ. in A. G. Hatcher and K. L. Selig, eds., *Studia Philologica et Litteraria in Honorem L. Spitzer*, 57‑63, Bern, 1958.)

Benveniste, Émile. 1971b [1958]. Subjectivity in language. In Benveniste 1971c [1966], 223 – 230. (Originally publ. in *Journal de psychologie* 55: 267ff., 1958.)

Benveniste, Emile. 1971c [1966]. *Problems in General Linguistics*, trans. Mary Elizabeth Meek. (Miami Linguistics Series, 8.) Coral Gables, FL: University of Miami Press. (Orig. publ. as Problèmes de linguistique générale. Paris: Editions Gallimard, 1966.)

Bergs, Alexander. 2005. *Social Networks and Historical Sociolinguistics: Studies in Morphosyntactic Variation in the Paston Letters* (1421 – 1503). (Topics in English Linguistics, 51.) Berlin and New York: Mouton de Gruyter.

Berman, Ruth A. and Dan I. Slobin. 1994. *Relating Events in Narrative: A Crosslinguistic Developmental Study*. Hillsdale, NJ: Lawrence Erlbaum.

Beths, Frank. 1999. The history of dare and the status of unidirectionality. *Linguistics* 37:1069 – 1110.

Bhat, D. N. S. 2000. Word classes and sentential functions. In Vogel and Comrie, eds., 47 – 63.

Biber, Douglas. 1988. *Variation Across Speech and Writing*. Cambridge, UK: Cambridge University Press.

Biber, Douglas and Edward Finegan. 1992. The linguistic evolution of five written and speech-based English genres from the 17th to the 20th centuries. In Rissanen et al., eds., 688 – 704.

Biber, Douglas, Stig Johansson, Geoffrey Leech, Susan Conrad, and Edward Finegan. 1999. *Longman Grammar of Spoken and Written English*. Harlow: Longman.

Bierwisch, Manfred. 1970. On classifying semantic features. In Manfred Bierwisch and Karl Erich Heidolph, eds., *Progress in Linguistics: A Collection of Papers*, 27 – 50. (Janua Linguarum, Series Maior, 43.) The Hague: Mouton.

Blakemore, Diane. 1987. *Semantic Constraints on Relevance*. Oxford: Blackwell.

Blakemore, Diane. 1993. The relevance of reformulations. *Language and Literature* 2:101 – 120.

Blank, Andreas. 2001. Pathways of lexicalization. In Martin Haspelmath, Ekkehard König, Wulf Oesterreicher, and Wolfgang Raible, eds., *Language Typology and Language Universals*, Vol. II, 1596 – 1608. (Handbücher zur Sprach- und Kommunikationswissenschaft, 20.2.) Berlin and New York: Walter de Gruyter.

Blank, Andreas. 2003. Words and concepts in time: Towards diachronic cognitive onomasiology. In Regine Eckardt, Klaus von Heusinger, and Christoph Schwarze, eds., *Words in Time: Diachronic Semantics from Different Points of View*, 38‒65. (Trends in Linguistics. Studies and Monographs, 143.). Berlin and New York: Mouton de Gruyter.

Blank, Andreas and Peter Koch, eds. 1999. *Historical Semantics and Cognition*. (Cognitive Linguistics Research, 13.) Berlin and New York: Mouton de Gruyter.

Blom, Corrien and Geert Booij. 2003. The diachrony of complex predicates in Dutch: A case study in grammaticalization. *Acta Linguistica Hungarica* 50:61‒91.

Bloomfield, Leonard. 1933. *Language*. New York: Holt, Rinehart and Winston.

Boersma, Paul and Bruce Hayes. 2001. Empirical tests of the Gradual Learning Algorithm. *Linguistic Inquiry* 32:45‒86.

Bolinger, Dwight. 1976. Meaning and memory. *Forum Linguisticum* 1:1‒14.

Booij, Gert. 2002. *The Morphology of Dutch*. Oxford and New York: Oxford University Press.

Bresnan, Joan. 2001. *Lexical-Functional Syntax*. (Blackwell Textbooks in Linguistics, 16.) Oxford: Blackwell.

Bresnan, Joan, Shipra Dingare, and Christopher D. Manning. 2002. Soft constraints mirror hard constraints: Voice and person in English and Lummi. In *Proceedings of the LFG01 Conference, Hong Kong*, 13‒82. Stanford: CSLI Publications and Chicago: University of Chicago Press.

Brinton, Laurel J. 1988. *The Development of English Aspectual Systems: Aspectualizers and Post-verbal Particles*. (Cambridge Studies in Linguistics, 49.) Cambridge, UK: Cambridge University Press.

Brinton, Laurel J. 1996a. Attitudes toward increasing segmentalization: Complex and phrasal verbs in English. *Journal of English Linguistics* 24:186‒205.

Brinton, Laurel J. 1996b. *Pragmatic Markers in English: Grammaticalization and Discourse Functions*. (Topics in English Linguistics, 19.) Berlin and New York: Mouton de Gruyter.

Brinton, Laurel J. 2001. From matrix clause to pragmatic marker: The history of look-forms. *Journal of Historical Pragmatics* 2:177‒199.

Brinton, Laurel J., ed. 2001. *Historical Linguistics 1999. Selected Papers from the 14th*

International Conference on Historical Linguistics, Vancouver, 9‑13 August 1999. (Current Issues in Linguistic Theory, 215.) Amsterdam and Philadelphia: John Benjamins.

Brinton, Laurel J. 2002. Grammaticalization versus lexicalization reconsidered: On the "late" use of temporal adverbs. In Teresa Fanago, María José López-Couso, and Javier Pérez-Guerra, eds., *English Historical Syntax and Morphology: Selected Papers from 11 ICEHL, Santiago de Compostela, 7‑11 September 2000*, 67‑97. (Current Issues in Linguistic Theory, 223.) Amsterdam and Philadelphia: John Benjamins.

Brinton, Laurel J. 2004. Subject clitics in English: A case of degrammaticalization? In Lindquist and Mair, eds., 227‑256.

Brinton, Laurel J. 2007. The development of *I mean*: Implications for the study of historical pragmatics. In Susan Fitzmaurice and Irma Taavitsainen, eds., *Methods of Historical Pragmatics: Recovering Speaker Meaning and Reader Inference*. Berlin and New York: Mouton de Gruyter.

Brinton, Laurel J. and Minoji Akimoto, eds. 1999. *Collocational and Idiomatic Aspects of Composite Predicates in the History of English.* (Studies in Language Companion Series, 47.) Amsterdam and Philadelphia: John Benjamins.

Brinton, Laurel J. and Dieter Stein. 1995. Functional renewal. In Andersen, ed., 33‑47.

Bruyn, Adrienne. 1996. On identifying instances of grammaticalization in Creole languages. In Baker and Syea, eds., 29‑46.

Burridge, Kate. 1998. From modal auxiliary to lexical verb: The curious case of Pennsylvania German *wotte*. In Richard M. Hogg and Linda van Bergen, eds., *Historical Linguistics 1995, Selected Papers from the 12th International Conference on Historical Linguistics*, Vol. II. Germanic Linguistics, 19‑31. (Current Issues in Linguistic Theory, 162.) Amsterdam and Philadelphia: John Benjamins.

Burridge, Kate. 2002. Changes within Pennsylvania German grammar as enactments of Anabaptist world view. In N. J. Enfield, ed., *Ethnosyntax: Explorations in Grammar and Culture*, 207‑230. Oxford: Oxford University Press.

Bussmann, Hadumod. 1996. *Routledge Dictionary of Language and Linguistics*, trans. and eds. Gregory Trauth and Kerstin Kazzazi. London and New York: Routledge. .

Bybee, Joan L. 1985. Morphology: *A Study of the Relation between Meaning and Form*. (Typological Studies in Language, 9.) Amsterdam and Philadelphia: John Benjamins.

Bybee, Joan L. 1988. Morphology as lexical organization. In Hammond and Noonan, eds., 119‑141.

Bybee, Joan L. 1994. The grammaticization of zero: Asymmetries in tense and aspect systems. In Pagliuca, ed., 235‑252.

Bybee, Joan L. 2003. Mechanisms of change in grammaticization: The role of frequency. In Joseph and Janda, eds., 602‑623.

Bybee, Joan L. and Östen Dahl. 1989. The creation of tense and aspect systems in the languages of the world. *Studies in Language* 13:51‑103.

Bybee, Joan L. and Paul Hopper, eds. 2001. *Frequency and the Emergence of Linguistic Structure*. (Typological Studies in Language, 45.) Amsterdam and Philadelphia: John Benjamins.

Bybee, Joan L. and William Pagliuca. 1987. The evolution of future meaning. In Anna Giacalone Ramat, Onofrio Carruba, and Giuliano Bernini, eds., *Papers from the 7th International Conference on Historical Linguistics*, 109‑122. (Current Issues in Linguistic Theory, 48.) Amsterdam and Philadelphia: John Benjamins.

Bybee, Joan L., Revere Perkins, and William Pagliuca. 1994. *The Evolution of Grammar: Tense, Aspect, and Modality in the Languages of the World*. Chicago: University of Chicago Press.

Campbell, Alistair. 1959. *Old English Grammar*. Oxford: Clarendon Press.

Campbell, Lyle. 1991. Some grammaticalization changes in Estonian and their implications. In Traugott and Heine, eds., Vol. I, 285‑299.

Campbell, Lyle. 2001a. What's wrong with grammaticalization? In Campbell, ed., 113‑161.

Campbell, Lyle, ed. 2001b. Grammaticalization: A critical assessment. *Language Sciences* 23, Numbers 2‑3.

Campbell, Lyle and Marianne Mithun, eds. 1979. *The Languages of Native America: Historical and Comparative Assessment*. Austin and London: University of Texas Press.

Cannon, Garland. 1987. *Historical Change and English Word-Formation*. New York:

Peter Lang.

Childs, G. Tucker. 1994. African ideophones. In Leanne Hinton, Johanna Nichols, and John J. Ohala, eds., *Sound Symbolism*, 178‑204. Cambridge, UK: Cambridge University Press.

Chomsky, Noam. 1965. *Aspects of the Theory of Syntax*. Cambridge, MA: MIT Press.

Chomsky, Noam. 1988. *Language and Problems of Knowledge: The Managua Lectures*. Cambridge, MA and London: MIT Press.

Chomsky, Noam. 1995. *The Minimalist Program*. Cambridge, MA: MIT Press.

Cinque, Guglielmo. 1999. *Adverbs and Functional Heads: A Cross-Linguistic Perspective*. (Oxford Studies in Comparative Syntax.) New York and Oxford: Oxford University Press.

Claridge, Claudia. 2000. *Multi-Word Verbs in Early Modern English: A Corpus-Based Approach*(Language and Computers: Studies in Practical Linguistics, 32.) Amsterdam and Atlanta, GA: Rodopi.

Clark, Brady Z. 2004. Early English clause structure change and stochastic optimality theory setting. In Anne Curzan and Kimberley Emmons, eds., *Studies in the History of the English Language II: Unfolding Conversations*, 343‑369. (Topics in English Linguistics, 45.) Berlin and New York: Mouton de Gruyter.

Clark, Eve V. and Herbert H. Clark. 1979. When nouns surface as verbs. *Language* 55:767‑811.

Claudi, Ulrike. 1994. Word order change as category change: The Mande case. In Pagliuca, ed., 191‑231.

Claudi, Ulrike and Bernd Heine. 1986. On the metaphorical basis of grammar. *Studies in Language* 10:297‑335.

Clyne, Michael G. 1994. *Inter-Cultural Communication at Work: Cultural Values in Discourse*. Cambridge, UK: Cambridge University Press.

Comrie, Bernard. 1976. *Aspect: An Introduction to the Study of Verbal Aspect and Related Problems*. (Cambridge Textbooks in Linguistics, 2.) Cambridge, UK: Cambridge University Press.

Corbett, Greville D. 1987. The morphology/syntax interface. *Language* 63:299‑345.

Corpus of Early English Correspondence. 1998. Compiled by Terttu Nevalainen, Helena Raumolin-Brunberg, et al. University of Helsinki. Available in International

Computer Archives of Modern English.

Cowie, Anthony Paul and Ronald Mackin. 1993 [1975]. *Oxford Dictionary of Phrasal Verbs*. London: Oxford University Press. (Previously publ. as *Oxford Dictionary of Current Idiomatic English. Vol. I: Verbs with Prepositions & Particles*.)

Cowie, Claire. 1995. Grammaticalization and the snowball effect. *Language and Communication* 15:181‒193.

Croft, William. 1991. *Syntactic Categories and Grammatical Relations: The Cognitive Organization of Information*. Chicago: University of Chicago Press.

Croft, William. 1995. Autonomy and functionalist linguistics. *Language* 71:490‒532.

Croft, William. 2000. *Explaining Language Change: An Evolutionary Approach*. Harlow, Essex: Pearson Education.

Croft, William. 2001. *Radical Construction Grammar: Syntactic Theory in Typological Perspective*. New York: Oxford University Press.

Croft, William, Keith Denning, and Suzanne Kemmer, eds. 1990. *Studies in Typology and Diachrony: Papers Presented to Joseph H. Greenberg on his 75th Birthday*. (Typological Studies in Language, 20.) Amsterdam and Philadelphia: John Benjamins.

Cuenca, Maria-Josep. 2003. Two ways to reformulate: A contrastive analysis of reformulation markers. *Journal of Pragmatics* 35:1069‒1093.

Culicover, Peter W. and Andrzej Nowak. 2003. *Dynamical Grammar: Minimalism, Acquisition, and Change*. (Foundations of Syntax, 2.) New York: Oxford University Press.

Dalton-Puffer, Christiane. 1996. *The French Influence on Middle English Morphology: A Corpus-Based Study of Derivation*. (Topics in English Linguistics, 20.) Berlin and New York: Mouton de Gruyter.

Darnell, Michael, Edith Moravcsik, Frederick Newmeyer, Michael Noonan, and Kathleen Wheatley, eds. 1999. *Functionalism and Formalism in Linguistics*. (Studies in Language, Companion Series, 42.) Amsterdam and Philadelphia: John Benjamins, 2 vols.

DeGraff, Michel, ed. 1999. *Language Creation and Language Change: Creolization, Diachrony, and Development*. Cambridge, MA: MIT Press.

de Groodt, Sarah. 2003. Unidirectionality in grammaticalization: The development of concessive subordinating conjunctions with ob- in German. *Folia Linguistica Historica* XXIV:193 – 204.

Denison, David. 1985a. The origins of completive *up* in English. *Neuphilologische Mitteilungen* 86:37 – 61.

Denison, David. 1985b. Why Old English had no prepositional passive. *English Studies* 66:189 – 204.

Denison, David. 1993. *English Historical Syntax: Verbal Constructions.* (Longman Linguistics Library.) London and New York: Longman.

Denison, David. 2001. Gradience and linguistic change. In Brinton, ed., 119 – 144.

Detges, Ulrich and Richard Waltereit. 2002. Reanalysis vs. grammaticalization: A semantic-pragmatic account of functional change in grammar. *Zeitschrift für Sprachwissenschaft* 21:151 – 195.

Dictionary of Old English Corpus. 2000. Antonette di Paolo, ed. Toronto: Centre for Medieval Studies, University of Toronto. (http://ets.umdl. umich.edu/o/oec/.)

Dictionnaire Robert. 1992. *Dictionnaire historique de la langue Française.* Alain Rey, ed. Paris: Dictionnaires le Robert.

Dixon, Robert M. 1982. *Where have all the Adjectives Gone? And other Essays in Semantics and Syntax.* (Janua Linguarum, Series Maior, 107.) Berlin: Mouton.

Donner, Morton. 1991. Adverb form in Middle English. *English Studies* 72:1 – 11.

Dowty, David R. 1991. Thematic proto-roles and argument selection. *Language* 67:547 – 619.

Doyle, Aidan. 2002. Yesterday's affixes as today's clitics: A case study in grammaticalization. In Wischer and Diewald, eds., 67 – 81.

Dressler, Wolfgang U. 1989. Prototypical differences between inflection and derivation. *Zeitschrift für Phonetik, Sprachwissenschaft und Kommunikationsforschung* 42:3 – 10.

Dryer, Matthew. 1992. The Greenbergian word order correlations. *Language* 68:81 – 138.

Eckert, Penelope. 2000. *Linguistic Variation as Social Practice: The Linguistic Construction of Identity in Belten High.* (Language in Society, 27.) Malden, MA: Blackwell.

Enfield, N. J. 2003. *Linguistic Epidemiology: Semantics and Grammar of Language*

Contact in Mainland Southeast Asia. (RoutledgeCurzon Asian Linguistics Series.) London and New York: Routledge.

Enger, Hans-Olaf. 2002. The story of Scandinavian -*s(t)* retold: Grammaticalising a clitic to a derivational affix. *Folia Linguistica Historica* XXIII:79 - 105.

Erman, Britt and Ulla-Britt Kotsinas. 1993. Pragmaticalization: The case of *ba'* and *you know*. *Studier i Modernspråkvetenskap*, 76 - 93. (Acta Universitatis Stockholmiensis. Stockholm Studies in Modern Philology. New Series, 10.) Stockholm: Almqvist and Wiksell.

Ernst, Thomas. 2002. *The Syntax of Adjuncts*. (Cambridge Studies in Linguistics, 96.) Cambridge, UK: Cambridge University Press.

Evans, Nicholas D. 1995. *A Grammar of Kayardild; with Historical-Comparative Notes on Tangkic*. (Mouton Grammar Library, 15.) Berlin and New York: Mouton de Gruyter.

Evans, Nicholas D. and David Wilkins. 2000. In the mind's ear: The semantic extensions of perception. *Language* 76:546 - 592.

Fillmore, Charles J. 1970. Types of lexical information. In F. Kiefer, ed., *Studies in Syntax and Semantics*, 109 - 137. (Foundations of Language, Supplementary Series, 10.) Dordrecht, Holland: D. Reidel.

Fillmore, Charles J., Paul Kay., Laura A. Michaelis, and Ivan A. Sag. 2003. *Construction Grammar*. Stanford: CSLI Publications and Chicago: University of Chicago Press.

Fillmore, Charles J., Paul Kay, and Mary Catherine O'Connor. 1988. Regularity and idiomaticity in grammatical constructions: The case of *let alone*. *Language* 64:501 - 538.

Fischer, Olga, Anette Rosenbach, and Dieter Stein, eds. 2000. *Pathways of Change: Grammaticalization in English*. (Studies in Language, Companion Series, 53.) Amsterdam and Philadelphia: John Benjamins.

Fitzmaurice, Susan. 2000. Coalitions and the investigation of social influence in linguistic history. *European Journal of English Studies* 4:265 - 276.

Fleischman, Suzanne. 1976. *Cultural and Linguistics Factors in Word Formation: An Integrated Approach to the Development of the Suffix* -age. (University of California Publications in Linguistics, 86.) Berkeley and Los Angeles: University of California Press.

Fleischman, Suzanne. 1982. *The Future in Thought and Language.* (Cambridge Studies in Linguistics, 36.) Cambridge, UK: Cambridge University Press.

Fraser, Bruce. 1996. Pragmatic markers. *Pragmatics: Quarterly Publication of the International Pragmatics Association* 6:167‑190.

Gabelentz, Georg von der. 1901 [1891]. *Die Sprachwissenschaft, ihre Aufgaben, Methoden und bisherige Ergebnisse.* Leipzig: Weigel.

Gelderen, Elly van. 1996. The reanalysis of grammatical prepositions in Middle English. *Studia Linguistica* 50:106‑124.

Gelderen, Elly van. 1997. *Verbal Agreement and the Grammar behind its "Breakdown": Minimalist Feature Checking.* (Linguistische Arbeiten, 364.) Tübingen: Niemeyer.

Giacalone Ramat, Anna. 1998. Testing the boundaries of grammaticalization. In Giacalone Ramat and Hopper, eds., 107‑127.

Giacalone Ramat, Anna and Paul J. Hopper, eds. 1998. *The Limits of Grammaticalization.* (Typological Studies in Language, 37.) Amsterdam and Philadelphia: John Benjamins.

Gildea, Spike, ed. 1999. *Reconstructing Grammar: Comparative Linguistics and Grammaticalization.* (Typological Studies in English, 43.) Amsterdam and Philadelphia: John Benjamins.

Givón, Talmy. 1971. Historical syntax and synchronic morphology: An archaeologist's fieldtrip. In *Papers from the Seventh Regional Meeting, Chicago Linguistic Society,* 394‑415. Chicago: Chicago Linguistic Society.

Givón, Talmy. 1975. Serial verbs and syntactic change: Niger-Congo. In Charles N. Li, ed., *Word Order and Word Order Change,* 47‑112. New York: Academic Press.

Givón, Talmy. 1979. *On Understanding Grammar.* New York: Academic Press.

Givón, T. 1982. Tense-aspect-modality: The creole prototype and beyond. In Paul J. Hopper, ed., *Tense-Aspect: Between Semantics & Pragmatics,* 115‑162. (Typological Studies in Language, 1.) Amsterdam and Philadelphia: John Benjamins.

Givón, T. 1991. The evolution of dependent clause morpho-syntax in Biblical Hebrew. In Traugott and Heine, eds., Vol. II, 257‑310.

Goldberg, Adele. 1995. *Constructions: A Construction Grammar Approach to Argument*

Structure. Chicago: University of Chicago Press.

Görlach, Manfred. 1991. *Introduction to Early Modern English*. Cambridge: UK: Cambridge University Press.

Görlach, Manfred. 1999. Regional and social variation. In Lass, ed., 459‒538.

Greenberg, Joseph H. 1991. The last stages of grammatical elements: Contractive and expansive desemanticization. In Traugott and Heine, eds., Vol. I, 301‒314.

Greenberg, Joseph H., Charles A. Ferguson, and Edith Moravcsik, eds. 1978. *Universals of Human Language*. Stanford: Stanford University Press, 4 vols.

Gruber, Jeffrey S. 1976. *Lexical Structures in Syntax and Semantics*. Amsterdam: North-Holland.

Guilbert, Louis. 1975. *La créativité lexicale*. Paris: Larousse.

Hagège, Claude. 1993. *The Language Builder: An Essay on the Human Signature in Linguistic Morphogenesis*. (Current Issues in Linguistic Theory, 94.) Amsterdam and Philadelphia: John Benjamins.

Haiman, John. 1980. The iconicity of grammar. *Language* 56:515‒540.

Haiman, John. 1983. Iconic and economic motivation. *Language* 59:781‒819.

Haiman, John. 1994. Ritualization and the development of language. In Pagliuca, ed., 3‒28.

Hale, Mark. 1998. Diachronic syntax. *Syntax* 1:1‒18.

Hammond, Michael and Michael Noonan, eds. 1988. *Theoretical Morphology: Approaches in Modern Linguistics*. San Diego: Academic Press.

Hancock, Ian F. 1980. Lexical expansion in Creole languages. In Arnold Highfield and Albert Valdman, eds., *Historicity and Variation in Creole Studies*, 63‒88. Ann Arbor: Karoma.

Harris, Alice C. and Lyle Campbell. 1995. *Historical Syntax in Cross-Linguistic Perspective*. (Cambridge Studies in Linguistics, 74.) Cambridge, UK: Cambridge University Press.

Haspelmath, Martin. 1992. Grammaticalization theory and heads in morphology. In Mark Aronoff, ed., *Morphology Now*, 69‒82. Albany: State University of New York Press.

Haspelmath, Martin. 1998. Does grammaticalization need reanalysis? *Studies in Language* 22:315‒351.

Haspelmath, Martin. 1999a. Are there principles of grammatical change? *Journal of Linguistics* 35:579 ‑ 595. (Review of Lightfoot 1999.)

Haspelmath, Martin. 1999b. Why is grammaticalization irreversible? *Linguistics* 37:1043 ‑ 1068.

Haspelmath, Martin. 2000a. Why can't we talk to each other? *Lingua* 110:235 ‑ 255.

Haspelmath, Martin. 2000b. The relevance of extravagance: A reply to Bart Geurts. *Linguistics* 38:789 ‑ 798.

Haspelmath, Martin. 2002. *Understanding Morphology*. (Understanding Language Series.) London: Arnold and New York: Oxford University Press.

Haspelmath, Martin. 2004. On directionality in language change with particular reference to grammaticalization. In Olga Fischer, Muriel Norde, and Harry Perridon, eds., *Up and Down the Cline ‑ The Nature of Grammaticalization*, 17 ‑ 44. (Typological Studies in Language, 59.) Amsterdam and Philadelphia: John Benjamins.

HCET. Helsinki Corpus of English Texts. Diachronic Part. 1993. Compiled by Matti Rissanen, Merja Kytö, Minna Palander-Collin, et al. Available in International Computer Archives of Modern English.

Heine, Bernd. 2002. On the role of context in grammaticalization. In Wischer and Diewald, eds., 83 ‑ 101.

Heine, Bernd. 2003a. Grammaticalization. In Joseph and Janda, eds., 575 ‑ 601.

Heine, Bernd. 2003b. On degrammaticalization. In Barry J. Blake and Kate Burridge, eds., *Historical Linguistics 2001. Selected Papers from the 15th International Conference on Historical Linguistics, Melbourne, 13 ‑ 17 August 2001*, 165 ‑ 179. (Current Issues in Linguistic Theory, 237.) Amsterdam and Philadelphia: John Benjamins.

Heine, Bernd, Ulrike Claudi, and Friederike Hünnemeyer. 1991. *Grammaticali- zation: A Conceptual Framework*. Chicago: University of Chicago Press.

Heine, Bernd, Tom Güldemann, Christa Kilian-Katz, Donald A. Lessau, Heinz Roberg, Mathias Schladt, and Thomas Stolz. 1993. *Conceptual Shift: A Lexicon of Grammaticalization Processes in African Languages*. (Afrikanistische Arbeitspapiere, 34/35.) University of Cologne.

Heine, Bernd and Tania Kuteva. 2002. *World Lexicon of Grammaticalization*.

Cambridge, UK: Cambridge University Press.

Heine, Bernd and Mechthild Reh. 1984. *Grammaticalization and Reanalysis in African Languages*. Hamburg: Helmut Buske.

Helftoft, Lars. 1996. Paradigmatic structure, word order and grammaticalization. In Elisabeth Engberg-Pedersen, Michael Fortescue, Peter Harder, Lars Helftoft, and Lisbeth Falster Jakobsen, eds., *Content, Expression and Structure: Studies in Danish Functional Grammar*, 469‑494. (Studies in Language Companion Series, 29.) Amsterdam and Philadelphia: John Benjamins.

Hiltunen, Risto. 1983. *The Decline of the Prefixes and the Beginnings of the English Phrasal Verb: The Evidence from some Old and Early Middle English Texts*. (Annales Universitatis Turkensis, Ser. B., 160.) Turku: Turun Yliopisto.

Hiltunen, Risto. 1994. On phrasal verbs in Early Modern English. In Kastovsky, ed., 129‑140.

Himmelmann, Nikolaus P. 2004. Lexicalization and grammaticalization: Opposite or orthogonal? In Walter Bisang, Nikolaus P. Himmelmann, and Björn Wiemer, eds., *What Makes Grammaticalization? A Look from its Fringes and its Components*, 21‑42. (Trends in Linguistics, Studies and Monographs, 158.) Berlin and New York: Mouton de Gruyter.

Hock, Hans Henrich and Brian D. Joseph. 1996. *Language History, Language Change, and Language Relationship: An Introduction to Historical and Comparative Linguistics*. (Trends in Linguistics, Studies and Monographs, 93.) Berlin and New York: Mouton de Gruyter.

Hopper, Paul J. 1988. Emergent grammar. In Michael Tomasello, ed., *The New Psychology of Language: Cognitive and Functional Approaches to Language Structure*, 155‑173. Mahwah, NJ: Lawrence Erlbaum.

Hopper, Paul J. 1990. Where do words come from? In Croft, Denning, and Kemmer, eds., 151‑160.

Hopper, Paul J. 1991. On some principles of grammaticization. In Traugott and Heine, eds., Vol. I, 17‑35.

Hopper, Paul J. 1994. Phonogenesis. In Pagliuca, ed., 29‑45.

Hopper, Paul J. and Sandra A. Thompson. 1985. The iconicity of "noun" and "verb". In John Haiman, ed., *Iconicity in Syntax*, 151‑183. (Typological Studies in Language, 6.) Amsterdam and Philadelphia: John Benjamins.

Hopper, Paul J. and Elizabeth Closs Traugott. 1993. *Grammaticalization*. (Cambridge Textbooks in Linguistics.) Cambridge, UK: Cambridge University Press.

Hopper, Paul J. and Elizabeth Closs Traugott. 2003. *Grammaticalization*. (Cambridge Textbooks in Linguistics.) Cambridge, UK: Cambridge University Press, 2nd revised edn.

Horn, Laurence R. 2001 [1989]. *A Natural History of Negation*. (The David Hunter Series.) Stanford, CA: CSLI Publications, 2nd edn.

Huddleston, Rodney. 1984. *Introduction to the Grammar of English*. (Cambridge Textbooks in Linguistics.) Cambridge, UK: Cambridge University Press.

Huddleston, Rodney and Geoffrey K. Pullum. 2002. *The Cambridge Grammar of the English Language*. Cambridge, UK: Cambridge University Press.

ICAME. International Computer Archives of Modern English. 1999. Compiled by Knut Holland, Anne Lindebjerg, and Jorn Thunestvedt. Bergen: Norwegian Computing Center for the Humanities, CD-ROM, 2nd edn.

Jackendoff, Ray. 1983. *Semantics and Cognition*. (Current Studies in Linguistics, 8.) Cambridge, MA: MIT Press.

Jackendoff, Ray. 1990. *Semantic Structures*. (Current Studies in Linguistics, 18.) Cambridge, MA: MIT Press.

Jackendoff, Ray. 1997. *The Architecture of the Language Faculty*. (Linguistic Inquiry Monograph, 28.) Cambridge, MA: MIT Press.

Jackendoff, Ray. 2002. *Foundations of Language: Brain, Meaning, Grammar, Evolution*. Oxford: Oxford University Press.

Jakobson, Roman. 1971 [1959]. Boas' view of grammatical meaning. *Selected Writings*, Vol. II, Word and Language, 489 - 496. The Hague: Mouton.

Janda, Richard D. 1980. On the decline of declensional systems: The overall loss of Old English nominal case inflections and the Middle English reanalysis of *-es* as *his*. In Traugott, Labrum, and Shepherd, eds., 243 - 252.

Janda, Richard D. 1981. A case of liberation from morphology into syntax: The fate of the English genitive-marked - (e)s. In Brenda B. Johns and David R. Strong, eds., *Syntactic Change*, 59 - 114. (Natural Language Studies.) Ann Arbor: Department of Linguistics, University of Michigan.

Janda, Richard D. 1995. From agreement affix to subject "clitic" - and bound root: *-mos* > *-nos* vs. (-)*nos*(-) and *nos-otros* in New Mexican and other regional Spanish dialects. In Audra Dainora, Rachel Hemphill, Barbara Luka, Barbara Need, and Sheri Pargman, eds., *CLS Parasession on Clitics: Papers from the Thirty-First Regional Meeting, Chicago Linguistic Society*, 118‑139. Chicago: Chicago Linguistic Society.

Janda, Richard D. 2001. Beyond "pathways" and "unidirectionality": On the discontinuity of transmission and the counterability of grammaticalization. In Campbell, ed., 265‑340.

Janda, Richard D. and Brian D. Joseph. 2003. On language, change, and language change ‑ Or, of history, linguistics, and historical linguistics. In Joseph and Janda, eds., 3‑180.

Japanese and Korean Linguistics. Stanford University: Center for the Study of Language and Information.

Jeffers, Robert J. and Arnold M. Zwicky. 1980. The evolution of clitics. In Traugott, Labrum, and Shepherd, eds., 221‑231.

Jespersen, Otto. 1917. *Negation in English and Other Languages*. Copenhagen: A. F. Høst.

Jespersen, Otto. 1961 [1909‑1941]. *A Modern English Grammar on Historical Principles*. London: George Allen and Unwin, and Copenhagen: Ejnar Munksgaard, 7 vols.

Jones, Michael. 1993. *Sardinian Syntax*. London: Routledge.

Joseph, Brian D., ed. 1986. *Studies in Language Change*. (Working Papers in Linguistics, 34.) Columbus: Department of Linguistics, Ohio State University.

Joseph, Brian D. 2003. Morphologization from syntax. In Joseph and Janda, eds., 472‑492.

Joseph, Brian D. and Richard D. Janda. 1988. The how and why of diachronic morphologization and demorphologization. In Hammond and Noonan, eds., 193‑210.

Joseph, Brian D. and Richard D. Janda, eds. 2003. *The Handbook of Historical Linguistics*. (Blackwell Handbooks in Linguistics.) Malden, MA: Blackwell.

Jucker, Andreas H., ed. 1995. *Historical Pragmatics: Pragmatic Developments in the History of English*. (Pragmatics & Beyond, New Series, 35.) Amsterdam and Philadelphia: John Benjamins.

Jucker, Andreas H. Online. Bibliography of Historical Pragmatics. http://www.

Kaplan, Robert B. 1966. Cultural thought patterns in intercultural education. *Language Learning* 16:1‐60.

Kastovsky, Dieter. 1982. *Wortbildung und Semantik.* (Studienreihe Englisch, 14.) Düsseldorf: Pädagogischer Verlag Schwann-Bagel GmbH.

Kastovsky, Dieter. 1986. The problem of productivity in word formation. *Linguistics* 24:585‐600.

Kastovsky, Dieter. 1992. Semantics and vocabulary. In Richard M. Hogg, ed., *The Cambridge History of the English Language*, Vol. I, *The Beginnings to 1066*, 290‐408. Cambridge, UK: Cambridge University Press.

Kastovsky, Dieter, ed. 1994. *Studies in Early Modern English.* (Topics in English Linguistics, 13.) Berlin and New York: Mouton de Gruyter.

Kastovsky, Dieter. 1994. Typological differences between English and German morphology and their causes. In Toril Swan, Endre Mørck, and Olaf Jansen Westvik, eds., *Language Change and Language Structures: Older Germanic Languages in a Comparative Perspective*, 135‐157. (Trends in Linguistics, Studies and Monographs, 75.) Berlin and New York: Mouton de Gruyter.

Katz, Jerrold J. and Jerry A. Fodor. 1963. The structure of a semantic theory. *Language* 39:170‐210.

Kawabata, Tomohiro. 2003. On the development of *considering*: The prepositional, conjunctive and adverbial usages. In Studies in Modern English (*The Twentieth Anniversary Publication of the Modern English Association*), 139‐152. Tokyo: Eichosha.

Keller, Rudi. 1994. *On Language Change: The Invisible Hand of Language,* trans. Brigitte Nerlich. London and New York: Routledge.

Kemenade, Ans van. 1999. Functional categories, morphosyntactic change, grammaticalization. *Linguistics* 37: 997‐1010.

Killie, Kristin. 2000. Stative adverbs in English: A study of adverbial productivity and orientation. Unpublished Ph.D. dissertation, University of Tromsø.

Kiparsky, Paul. 1968. Linguistic universals and linguistic change. In Emmon Bach and Robert Harms, eds., *Universals in Linguistic Theory*, 171‐202. New York: Holt, Rinehart and Winston.

Kiparsky, Paul. 1992. Analogy. In William Bright, ed., *International Encyclopedia of*

340   어휘화와 언어 변화

Linguistics. Vol. I, 56‑61. New York: Oxford University Press.

Kiparsky, Paul. 1995. Indo-European origins of Germanic syntax. In Adrian Battye and Ian Roberts, eds., *Clause Structure and Language Change*, 140‑169. Oxford: Oxford University Press.

Klausenburger, Jurgen. 2002. Grammaticalization within a theory of morphocentricity. In Wischer and Diewald, eds., 31-43.

Koch, Harold. 1996. Reconstruction in morphology. In Mark Durie and Malcolm Ross, eds., *The Comparative Method Reviewed: Regularity and Irregularity in Language Change*, 218‑263. New York, Oxford: Oxford University Press.

Koch, Peter. 1999. TREE and FRUIT. A cognitive-onomasiological approach. *Studi di Linguistica Italiana Teorica ed Applicata* 28:331-347.

Kortmann, Bernd. 1991. *Free Adjuncts and Absolutes in English: Problems of Control and Interpretation*. London and New York: Routledge.

Kortmann, Bernd and Ekkehard König. 1992. Categorial reanalysis: The case of deverbal prepositions. *Linguistics* 30:671‑697.

Kövekses, Zoltán and Günter Radden. 1998. Metonymy: Developing a cognitive linguistic view. *Cognitive Linguistics* 9:37‑77.

Kroch, Anthony. 2001. Syntactic change. In Mark Baltin and Chris Collins, eds., *The Handbook of Contemporary Syntactic Theory*, 699‑729. (Blackwell Handbooks in Linguistics.) Malden, MA: Blackwell.

Kroch, Anthony, John Myhill, and Susan Pintzuk. 1982. Understanding do. In K. Tuite, Robinson Schneider, and Robert Chametzky, eds., *Papers from the Eighteenth Regional Meeting, Chicago Linguistic Society*, 282‑294. Chicago: Chicago Linguistic Society.

Krug, Manfred 1998. British English is developing a new discourse marker, *innit?* A study in lexicalisation based on social, regional and stylistic variation. *Arbeiten aus Anglistik und Amerikanistik* 23:145‑197.

Krug, Manfred G. 2000. *Emerging English Modals: A Corpus-based Study of Grammaticalization*. (Topics in English Linguistics, 32.) Berlin and New York: Mouton de Gruyter.

Kuryłowicz, Jerzy. 1975 [1965]. The evolution of grammatical categories. *Esquisses linguistiques* 2:38‑54. (Originally publ. in Diogenes 1965:55‑71.)

Kytö, Merja. 1996. *Manual to the Diachronic Part of the Helsinki Corpus of English*

Texts: Coding Conventions and Lists of Source Texts. Helsinki: Department of English, University of Helsinki, 3rd edn.

Labov, William. 1972. Negative attraction and negative concord. Chapter IV, *Language in the Inner City: Studies in Black English Vernacular.* Philadelphia: University of Pennsylvania Press.

Lampeter Corpus of Early Modern English Tracts (1640 – 1740). 1999. Available in International Computer Archives of Modern English.

Langacker, Ronald W. 1977. Syntactic reanalysis. In Li, ed., 57 – 139.

Langacker, Ronald W. 1987. *Foundations of Cognitive Grammar,* Vol. I, *Theoretical Perspectives.* Stanford: Stanford University Press.

Langacker, Ronald W. 1990. Subjectification. *Cognitive Linguistics* 1:5 – 38.

Langacker, Ronald W. 1991. *Foundations of Cognitive Grammar,* Vol. II, *Descriptive Application.* Stanford: Stanford University Press.

Langacker, Ronald W. 1999. Losing control: Grammaticalization, subjectification, and transparency. In Blank and Koch, eds., 147 – 175.

Lass, Roger. 1990. How to do things with junk: Exaptation in language evolution. *Journal of Linguistics* 26:79 – 102.

Lass, Roger, ed. 1999. *The Cambridge History of the English Language: Vol. III 1476 – 1776.* Cambridge, UK: Cambridge University Press.

Lazzeroni, Romano. 1998. Divagazioni sulla degrammaticalizzazione. In Giuliano Bernini, Pierluigi Cuzzolini, and Piera Molinelli, eds., *Ars Linguistica, Studi Offerti a Paolo Ramat,* 275 – 283. Rome: Bulzoni.

Lee, Hanjung. 2001. Optimization in argument expression and interpretation: A unified approach. Unpublished Ph.D. dissertation, Stanford University.

Leech, Geoffrey. 1981 [1974]. *Semantics.* Harmondsworth: Penguin, 2nd edn.

Lehmann, Christian. 1985. Grammaticalization: Synchronic variation and diachronic change. *Lingua e stile* 20:303 – 318.

Lehmann, Christian. 1989. Grammatikalisierung und Lexikalisierung. *Zeitschrift für Phonetik, Sprachwissenschaft und Kommunikationsforschung* 42:11 – 19.

Lehmann, Christian. 1990. Towards lexical typology. In Croft, Denning, and Kemmer, eds., 161 – 185.

Lehmann, Christian. 1992. Word order change by grammaticalization. In Marinel Gerritsen and Dieter Stein, eds., *Internal and External Factors in Syntactic*

Change, 395 - 416. (Trends in Linguistics, Studies and Monographs, 61.) Berlin and New York: Mouton de Gruyter.

Lehmann, Christian. 1993. Theoretical implications of grammaticalization phenomena. In William A. Foley, ed., *The Role of Theory in Language Description*, 315 - 340. (Trends in Linguistics, Studies and Monographs, 69.) Berlin: Mouton de Gruyter.

Lehmann, Christian. 1995 [1982]. *Thoughts on Grammaticalization*. (LINCOM Studies in Theoretical Linguistics, 1.) München and Newcastle: LINCOM EUROPA.

Lehmann, Christian. 1995. Synsemantika. In Joachim Jacobs, Arnim von Stechow, Wolfgang Sternefeld, and Theo Vennemann, eds., *Syntax: Ein internationales Handbuch zeitgenössischer Forschung*, 1251 - 1266. (Handbücher der Sprach- und Kommunikationswissenschaft, 9/2.) Berlin: Walter de Gruyter.

Lehmann, Christian. 2002. New reflections on grammaticalization and lexicalization. In Wischer and Diewald, eds., 1 - 18.

Lessau, Donald A. 1994. *A Dictionary of Grammaticalization* (Bochum-Essener Beiträge zur Sprachwandelforschung, 21.) Bochum: Universitätsverlag Dr. N. Brockmeyer, 3 vols.

Levin, Beth. 1993. *English Verb Classes and Alternations: A Preliminary Investigation*. Chicago: University of Chicago Press.

Levin, Beth and Malka Rappaport Hovav. 1995. *Unaccusativity: At the Syntax-Lexical Semantics Interface*. Cambridge, MA: MIT Press.

Levinson, Stephen. 2000. *Presumptive Meaning: The Theory of Generalized Conversational Implicature*. Cambridge, MA: MIT Press.

Li, Charles N., ed. 1977. *Mechanisms of Syntactic Change*. Austin: University of Texas Press.

Lichtenberk, Frantisek. 1991. On the gradualness of grammaticalization. In Traugott and Heine, eds., Vol. I, 37 - 80.

Lightfoot, David W. 1979. *Principles of Diachronic Syntax*. (Cambridge Studies in Linguistics, 23.) Cambridge, UK: Cambridge University Press.

Lightfoot, David W. 1999. *The Development of Language: Acquisition, Change, and Evolution*. (Maryland Lectures in Language and Cognition, 1.) Malden, MA and Oxford: Blackwell.

Lindquist, Hans and Christian Mair, eds. 2004. *Corpus Approaches to Grammaticalization in English*. (Studies in Corpus Linguistics, 13.) Amsterdam and Philadelphia: John Benjamins.

Lindström, Therese Å. M. 2004. The history of the concept of grammaticalisation. Unpublished Ph.D. dissertation, University of Sheffield.

Lipka, Leonhard. 1992. Lexicalization and institutionalization in English and German or: *Piefke, Wendehals, smog, perestroika, AIDS, etc. Zeitschrift für Anglistik und Amerikanistik* 40:101‑111.

Lipka, Leonhard. 1994. Lexicalization and institutionalization. In Asher and Simpson, eds., Vol. IV, 2164‑2167.

Lipka, Leonhard. 2002 [1990]. *English Lexicology: Lexical Structure, Word Semantics & Word-Formation*. (Narr Studienbücher.) Tübingen: Max Niemeyer Verlag, 3rd revised edn. of An Outline of English Lexicology.

Luraghi, Silvia. 1998. On the directionality of grammaticalization. *Sprachtypo-logische Universal-Forschungen* (STUF) 51:355‑365.

Lyons, John. 1977. *Semantics*. Cambridge, UK: Cambridge University Press, 2 vols.

McArthur, Tom. 1992. *The Oxford Companion to the English Language*. Oxford and New York: Oxford University Press.

McCawley, James D. 1968. Lexical insertion in a transformational grammar without deep structure. In Bill J. Darden, Charles-James N. Bailey, and Alice Davison, eds., *Papers from the Fourth Regional Meeting, Chicago Linguistic Society,* 71‑80. Chicago: Chicago Linguistic Society.

McElhinney, Bonnie. 1992. The interaction of phonology, syntax, and semantics in language change: The history of modal contraction in English. In Costas P. Canakis, Grace P. Chan, and Jeannette Marshall Denton, eds., *Papers from the Twenty-Eighth Regional Meeting, Chicago Linguistic Society*, Vol. I:367‑381. Chicago: Chicago Linguistic Society.

McKercher, David. 2001. Children's acquisition of the meaning of with: A case study of polysemy in child language development. Unpublished Ph.D. dissertation, Stanford University.

Mair, Christian. 1994. Is see becoming a conjunction? The study of grammaticalisation as a meeting ground for corpus linguistics and grammatical theory. In Udo Fries, Gunnel Tottie, and Peter Schneider, eds., *Creating and*

Using English Language Corpora: Papers from the Fourteenth International Conference on English Language Research on Computerized Corpora, Zurich 1993, 127‒137. Amsterdam: Rodopi.

Mair, Christian. 2004. Corpus linguistics and grammaticalisation theory: Statistics, frequencies, and beyond. In Lindquist and Mair, eds., 121‒150.

Marchand, Hans. 1969 [1960]. *The Categories and Types of Present-Day English Word-Formation: A Synchronic-Diachronic Approach.* (Handbücher für das Studium der Anglistik.) Munich: Beck'sche Verlags Buchhandlung, 2nd edn.

Matsumoto, Yo. 1988. From bound grammatical markers to free discourse markers: History of some Japanese connectives. In Axmaker, Jaisser, and Singmaster, eds., 340‒351.

Matthews, P. H. 1974. *Morphology: An Introduction to the Theory of Word-Structure.* (Cambridge Textbooks in Linguistics.) Cambridge, UK: Cambridge University Press.

Matthews, P. H. 1997. *The Concise Oxford Dictionary of Linguistics.* Oxford and New York: Oxford University Press.

MED. The Middle English Dictionary. 1956‒2001. Ann Arbor: University of Michigan Press. (See also http://www.hti.umich.edu/dict/med/.)

Meillet, Antoine. 1958 [1912]. L'évolution des formes grammaticales. In Meillet 1958, 130‒148. (Originally publ. in *Scientia {Rivista di Scienza}* 12, No. 26, 6, 1912.)

Meillet, Antoine. 1958 [1915‒16]. Le renouvellement des conjonctions. In Meillet 1958, 159‒174. (Originally publ. in *Annuaire de l'École Pratique des Hautes Études.*)

Meillet, Antoine. 1958. *Linguistique historique et linguistique générale.* (Collection linguistique publiée par la Société de Linguistique de Paris, 8.) Paris: Champion.

Miller, D. Gary. 2002. *Nonfinite Structures in Theory and Change.* Oxford and New York: Oxford University Press.

Milroy, James. 1992. *Linguistic Variation and Change: On the Historical Sociolinguistics of English.* Oxford: Blackwell.

Milroy, James. 2003. On the role of the speaker in language change. In Raymond Hickey, ed., *Motives for Language Change*, 143‒157. Cambridge, UK: Cambridge

University Press.

Milroy, Lesley. 1987 [1980]. *Language and Social Networks*. Oxford: Blackwell.

Mitchell, Bruce. 1985. *Old English Syntax*. Oxford: Clarendon Press, 2 vols.

Mithun, Marianne. 1999. The reordering of morphemes. In Gildea, ed., 231 - 255.

Mithun, Marianne. 2000. Noun and verb in Iroquoian languages: Multicategorisation from multiple criteria. In Vogel and Comrie, eds., 397 - 420.

Mithun, Marianne. 2001. Lexical forces shaping the evolution of grammar. In Brinton, ed., 241 - 252.

Moessner, Lilo. 2001. Genre, text type, style, register: A terminological maze. *European Journal of English Studies* 5:131 - 138.

Moreno Cabrera, Juan C. 1998. On the relationship between grammaticalization and lexicalization. In Giacalone Ramat and Hopper, eds., 209 - 227.

Moore, Colette. 2006. The use of videlicet in Early Modern slander depositions: A case of genre-specific grammaticalization. *Journal of Historical Pragmatics* 7.2: 245 - 263.

Morita, Junya. 1995. Lexicalization by way of context-dependent nonce-word formation. *English Studies* 76:468 - 473.

Mossé, Ferdinand. 1938. *Histoire de la forme périphrastique être + participe présent en germanique*. (Collection Linguistique, Société de linguistique de Paris, 42 - 43.) Paris: C. Klincksieck, 2 vols.

Motsch, Wolfgang. 2003. Derivational morphology. In William J. Frawley, ed., *International Encyclopedia of Linguistics*, Vol. I, 427 - 429. New York: Oxford University Press, 2nd edn.

Mühlhäusler, Peter. 1979. *Growth and Structure of the Lexicon of New Guinea Pidgin*. (Pacific Linguistics: Series C, 52.) Canberra: Australian National University.

Mühlhäusler, Peter. 1997. *Pidgin and Creole Linguistics*. (Westminster Creolistics Series, 3.) London: University of Westminster Press.

Mustanoja, Tauno F. 1960. *A Middle English Syntax*. (Mémoires de la Société Néophilologique, 23.) Helsinki: Société Néophilologique.

Napoli, Donna Jo. 1993. *Syntax: Theory and Problems*. New York and Oxford: Oxford University Press.

Nedjalkov, Igor' V. 1998. Converbs in the languages of Europe. In van der Auwera, with Ó Baoill, eds., 421 ‑ 455.

Nevalainen, Terttu. 1997. The processes of adverb derivation in Late Middle and Early Modern English. In Matti Rissanen, Merja Kytö, and Kirsi Heikkonen, eds., *Grammaticalization at Work: Studies of Long-Term Developments in English*, 145 ‑ 189. (Topics in English Linguistics, 24.) Berlin and New York: Mouton de Gruyter.

Nevalainen, Terttu. 1999. Early Modern English lexis and semantics. In Lass, ed., 332 ‑ 458.

Nevalainen, Terttu. 2004. Three perspectives on grammaticalization: Lexico-grammar, corpora and historical linguistics. In Lindquist and Mair, eds., 1 ‑ 31.

Nevalainen, Terttu and Helena Raumolin-Brunberg. 2003. *Historical Sociolinguistics: Language Change in Tudor and Stuart England*. (Longman Linguistic Library.) Harlow and London: Pearson Education.

Nevalainen, Terttu and Matti Rissanen. 2002. Fairly pretty or pretty fair? On the development and grammaticalization of English downtoners. *Language Sciences* 24:359 ‑ 380.

Nevis, Joel A. 1986a. Decliticization and deaffixation in Saame: Abessive taga. In Joseph, ed., 1 ‑ 9.

Nevis, Joel A. 1986b. Decliticization in Old Estonian. In Joseph, ed., 10 ‑ 27.

Newmeyer, Frederick J. 1998. *Language Form and Language Function*. (Language, Speech, and Communication.) Cambridge, MA and London: MIT Press.

Nickel, Gerhard. 1966. *Die expanded Form im Altenglischen. Vorkommen, Funktion und Herkunft der Umschreibung beon/wesan + Partizip Präsens*. Neumünster: Karl Wachholtz.

Norde, Muriel. 2001. Deflexion as a counterdirectional factor in grammatical change. In Campbell, ed., 231 ‑ 264.

Norde, Muriel. 2002. The final stages of grammaticalization: Affixhood and beyond. In Wischer and Diewald, eds., 45 ‑ 65.

Norrick, Neal R. 1979. The lexicalization of pragmatic functions. *Linguistics* 17:671 ‑ 685.

Nunberg, Geoffrey, Ivan A. Sag, and Thomas Wasow. 1994. Idioms. *Language* 70:491 ‑ 538.

O'Dowd, Elizabeth M. 1998. Prepositions and Particles in English: *A Discourse-*

Functional Account. Oxford and New York: Oxford University Press.

OED. *Oxford English Dictionary*. 3rd edn. (Online http://dictionary.oed.com/.)

Olofsson, Arne. 1990. A participle caught in the act. On the prepositional use of *following*. Studia Neophilologica 62:23‐35.

Páez Urdaneta, Iraset. 1982. Conversational *"pues"* in Spanish: A process of degrammaticalization? In Anders Ahlqvist, ed., *Papers from the Fifth International Conference on Historical Linguistics*, 332‐340. (Current Issues in Linguistic Theory, 21.) Amsterdam and Philadelphia: John Benjamins.

Pagliuca, William, ed. 1994. *Perspectives on Grammaticalization*. (Current Issues in Linguistic Theory, 109.) Amsterdam and Philadelphia: John Benjamins.

Palander-Collin, Minna. 1999. *Grammaticalization and Social Embedding: I THINK and METHINKS in Middle and Early Modern English*. (Mémoires de la Société Néophilologique de Helsinki, 55.) Helsinki: Société Néophilologique.

Palmer, F. R. 1988. *The English Verb*. (Longman Linguistics Library.) London and New York: Longman, 2nd edn.

Paradis, Carita. 1997. Degree Modifiers of Adjectives in Spoken British English. (Lund Studies in English, 92.) Lund: Lund University Press.

Pawley, Andrew. 1986. Lexicalization. In Deborah Tannen and James E. Alatis, eds., *Languages and Linguistics: The Interdependence of Theory, Data, and Application*, 98‐120. (GURT 1985.) Washington, DC: Georgetown University Press.

Pawley, Andrew and Frances Hodgetts Syder. 1983. Two puzzles for linguistic theory: Nativelike selection and nativelike fluency. In Jack C. Richards and Richard W. Schmidt, eds., *Language and Communication*, 191‐226. London and New York: Longman.

Pérez, Aveline. 1990. Time in motion: Grammaticalisation of the be going to construction in English. *La Trobe University Working Papers in Linguistics* 3:49‐64.

Peters, Hans. 1994. Degree adverbs in Early Modern English. In Kastovsky, ed., 269‐288.

Pinker, Steven. 1999. *Words and Rules: The Ingredients of Language*. New York: Basic Books.

Plag, Ingo. 1999. *Morphological Productivity: Structural Constraints in English Derivation*. (Topics in English Linguistics, 28.) Berlin and New York: Mouton de Gruyter.

Plank, Frans. 1989. From cases to adpositions. In Nicola Pantaleo, ed., *Aspects of English Diachronic Linguistics; Papers Read at the Second National Conference of History of English, Naples, 28 -29 April 1989*, 19 - 61. (Biblioteca della Ricerca. Cultura Straniera, 48.) Fasano: Schena Editore.

Plank, Frans. 1994. Inflection and derivation. In Asher and Simpson, eds., Vol. III, 1671 - 1677.

Pollard, Carl and Ivan A. Sag. 1994. *Head-Driven Phrase Structure Grammar*. (Studies in Contemporary Linguistics.) Stanford: CSLI Publications and Chicago: University of Chicago Press.

Pratt, Lynda and David Denison. 2000. The language of the Southey-Coleridge circle. *Language Sciences* 22:401 - 422.

Pustejovsky, James. 1995. *The Generative Lexicon*. Cambridge, MA: MIT Press.

Pustet, Regina. 2003. *Copulas: Universals in the Categorization of the Lexicon*. (Oxford Studies in Typology and Linguistic Theory.) Oxford and New York: Oxford University Press.

Quirk, Randolph, Sidney Greenbaum, Geoffrey Leech, and Jan Svartvik. 1985. *A Comprehensive Grammar of the English Language*. London and New York: Longman.

Ramat, Paolo. 1992. Thoughts on degrammaticalization. *Linguistics* 30:549 - 560.

Ramat, Paolo. 2001. Degrammaticalization or transcategorization? In Chris Schaner-Wolles, John Rennison, and Friedrich Neubarth, eds., *Naturally! Linguistic Studies in Honour of Wolfgang Ulrich Dressler Presented on the Occasion of his 60th Birthday*, 393 - 401. Torino: Rosenbach and Sellier.

Ramat, Paolo and Davide Ricca. 1994. Prototypical adverbs: On the scalarity/radiality of the notion of ADVERB. *Rivista di Linguistica* 6:289 - 326.

Ramat, Paolo and Davide Ricca. 1998. Sentence adverbs in the languages of Europe. In van der Auwera, with Ó Baoill, eds., 187 - 275.

Rappaport Hovav, Malka and Beth Levin. 1998a. Morphology and lexical semantics. In Andrew Spencer and Arnold Zwicky, eds., *Handbook of Morphology*, 248 - 271. (Blackwell Handbooks in Linguistics.) Oxford: Blackwell.

Rappaport Hovav, Malka and Beth Levin. 1998b. Building verb meanings. In Miriam Butt and Wilhelm Geuder, eds., *The Projection of Arguments: Lexical and Compositional Factors,* 97‒134. (CSLI Lecture Notes, 83.) Stanford: Center for the Study of Language and Information Publications.

Raumolin-Brunberg, Helena, Minna Navala, Arja Nurmi, and Matti Rissanen, eds. 2002. *Variation Past and Present: VARIENG Studies on English for Terttu Nevalainen.* (Mémoires de la Société Néophilologique de Helsinki, 61.) Helsinki: Société Néophilologique.

Rhee, Seongha. 1996. *Semantics of Verbs and Grammaticalization: The Development in Korean from a Cross-Linguistic Perspective.* (Hankuk Dissertation Series.) Seoul: Hankuk Publisher.

Rickford, John R. 1999. *African American Vernacular English: Features, Evolution, Educational Implications.* (Language in Society, 26.) Oxford and Maldon, MA: Blackwell.

Rissanen, Matti. 1999. Syntax. In Lass, ed., 187‒331.

Rissanen, Matti. 2004. Grammaticalisation from side to side: On the development of beside(s). In Lindquist and Mair, eds., 151‒170.

Rissanen, Matti, Ossi Ihalainen, Terttu Nevalainen, and Irma Taavitsainen, eds. 1992. *History of Englishes: New Methods and Interpretations in Historical Linguistics.* (Topics in English Linguistics, 10.) Berlin and New York: Mouton de Gruyter.

Rissanen, Matti, Merja Kytö, and Minna Palander-Collin, eds. 1993. *Early English in the Computer Age: Explorations through the Helsinki Corpus.* (Topics in English Linguistics, 11.) Berlin and New York: Mouton de Gruyter.

Roberts, Ian G. 1993a. A formal account of grammaticalisation in the history of Romance futures. *Folia Linguistica Historica* XIII:219‒258.

Roberts, Ian. 1993b. *Verbs and Diachronic Syntax: A Comparative History of English and French.* (Studies in Natural Language and Linguistic Theory, 28.) Dordrecht: Kluwer.

Roberts, Ian G. and Anna Roussou. 2003. *Syntactic Change: A Minimalist Approach to Grammaticalization.* (Cambridge Studies in Linguistics, 100.) Cambridge, UK: Cambridge University Press.

Romaine, Suzanne and Deborah Lange. 1991. The use of *like* as a marker of reported speech and thought: A case of grammaticalization in progress. *American Speech* 66:227‒279.

Rosch, Eleanor. 1978. Principles of categorization. In Eleanor Rosch and Barbara B. Lloyd, eds., *Cognition and Categorization*, 27‒48. Hillsdale, NJ: Lawrence Erlbaum.

Rosenbach, Anette. 2002. *Genitive Variation in English: Conceptual Factors in Synchronic and Diachronic Studies*. (Topics in English Linguistics, 42.) Berlin and New York: Mouton de Gruyter.

Ross, John Robert. 1972. The category squish: Endstation Hauptwort. In Paul Peranteau, Judith N. Levi, and Gloria C. Phares, eds., *Papers from the Eighth Regional Meeting, Chicago Linguistic Society*, 316‒328. Chicago: Chicago Linguistic Society.

Rubino, Carl. 1994. Against the notion of unidirectionality in lexeme genesis. *Linguistica Atlantica* 16:135‒147.

Ryder, Mary Ellen. 1999. Complex -*er* nominals: Where grammaticalization and lexicalization meet? In Ellen Contini-Morava and Yishai Tobin, eds., *Between Grammar and Lexicon*, 291‒332. (Current Issues in Linguistic Theory, 183.) Amsterdam and Philadelphia: John Benjamins.

Sag, Ivan and Carl Pollard. 1991. An integrated theory of complement control. *Language* 67:63‒113.

Sankoff, Gillian and Suzanne Laberge. 1980 [1976]. On the acquisition of native speakers by a language. In Gillian Sankoff, ed., *The Social Life of Language*, 195‒209. Philadelphia: University of Pennsylvania Press. (Originally publ. in Kivung 6:32‒47.)

Sapir, Edward. 1920. *Language: An Introduction to the Study of Speech*. New York: Harcourt Brace Jovanovich.

Sasse, Hans-Jürgen. 1988. Der irokesische Sprachtyp. *Zeitschrift für Sprachwissenschaft* 7:173‒213.

Saukkonen, Pauli. 2003. How to define and describe genres and styles. *Folia Linguistica Historica* XXXVII:399‒414.

Saussure, Ferdinand de. 1986 [1916]. *Course in General Linguistics*, trans. Roy Harris. Chicago: Open Court.

Schiffrin, Deborah. 1987. *Discourse Markers*. (Studies in Interactional Sociolinguistics, 5.) Cambridge, UK: Cambridge University Press.

Shopen, Timothy, ed. 1985. *Language Typology and Syntactic Description*, Vol. III,

Grammatical Categories and the Lexicon. Cambridge, UK: Cambridge University Press.

Skeat, Walter W. 1887. Obscure compounds. *Principles of English Etymology. First Series*, Vol. I, *The Native Element*. Oxford: Clarendon Press.

Slobin, Dan I. 2004. The many ways to search for a frog: Linguistic typology and the expression of motion events. In Sven Strömqvist and Ludo Verhoeven, eds., *Relating Events in Narrative: Typological and Contextual Perspectives*, Vol. II, 219‑257. Mahwah, NJ: Lawrence Erlbaum.

Solomon, Julie. 1995. Local and global functions of a borrowed/native pair of discourse markers in a Yucatec Maya narrative. In Jocelyn Ahlers, Leela Bilmes, Joshua S. Guenter, Barbara A. Kaiser, and Ju Namkung, eds., *Proceedings of the 21st Annual Meeting of the Berkeley Linguistics Society, February 17‑20, 1995*, 287‑298. Berkeley, CA: Berkeley Linguistics Society.

Stein, Dieter and Susan Wright, eds. 1995. *Subjectivity and Subjectivisation: Linguistic Perspectives*, 151‑172. Cambridge, UK: Cambridge University Press.

Sun, Chaofen. 1996. *Word Order Changes and Grammaticalization in the History of Chinese*. Stanford: Stanford University Press.

Swan, Toril. 1988. *Sentence Adverbials in English: A Synchronic and Diachronic Investigation*. (Tromsø-studier i Sprakvitenskap, 10.) Oslo: Novus Verlag.

Swan, Toril. 1997. From manner to subject modification: Adverbialization in English. *Nordic Journal of Linguistics* 20:179‑195.

Sweetser, Eve E. 1988. Grammaticalization and semantic bleaching. In Axmaker, Jaisser, and Singmaster, eds., 389‑405.

Sweetser, Eve E. 1990. *From Etymology to Pragmatics: Metaphorical and Cultural Aspects of Semantic Structure*. (Cambridge Studies in Linguistics, 54.) Cambridge, UK: Cambridge University Press.

Taavitsainen, Irma. 2001. Middle English recipes: Genre characteristics, text type features, and underlying traditions of writing. *Journal of Historical Pragmatics* 2:85‑113.

Tabor, Whitney. 1994. Syntactic innovation: A connectionist model. Unpublished Ph.D. dissertation, Stanford University.

Tabor, Whitney and Elizabeth Closs Traugott. 1998. Structural scope expansion and grammaticalization. In Giacalone Ramat and Hopper, eds., 229‑272.

Talmy, Leonard. 1985. Lexicalization patterns: Semantic structure in lexical forms. In Shopen, ed., Vol. III, 57 - 149.

Talmy, Leonard. 2000. *Toward a Cognitive Semantics*. Cambridge, MA: MIT Press, 2 vols.

Taylor, John R. 1997 [1989]. *Linguistic Categorization: Prototypes in Linguistic Theory*. Oxford: Clarendon, 2nd edn.

Thomas, Francis-Noél and Mark Turner. 1994. *Clear and Simple as the Truth: Writing Classic Prose*. Princeton: Princeton University Press.

Thompson, Sandra A. and Anthony Mulac. 1991. A quantitative perspective on the grammaticization of epistemic parentheticals in English. In Traugott and Heine, eds., Vol. II, 313 - 329.

Timberlake, Alan. 1977. Reanalysis and actualization in syntactic change. In Li, ed., 141 - 177.

Traugott, Elizabeth Closs. 1980. Meaning change in the development of grammatical markers. *Language Sciences* 2:44 - 61.

Traugott, Elizabeth Closs. 1982. From propositional to textual and expressive meanings: Some semantic-pragmatic aspects of grammaticalization. In Winfred P. Lehmann and Yakov Malkiel, eds., *Perspectives on Historical Linguistics*, 245 - 271. (Current Issues in Linguistic Theory, 24.) Amsterdam and Philadelphia: John Benjamins.

Traugott, Elizabeth Closs. 1986. "Conventional" and "dead" metaphors revisited. In Wolfgang Paprotté and René Dirven, eds., *The Ubiquity of Metaphor: Metaphor in Language and Thought*, 17 - 56. (Current Issues in Linguistic Theory, 29.) Amsterdam and Philadelphia: John Benjamins.

Traugott, Elizabeth Closs. 1994. Grammaticalization and lexicalization. In Asher and Simpson, eds., Vol. III, 1481 - 1486.

Traugott, Elizabeth Closs. 1995a. Subjectification in grammaticalization. In Stein and Wright, eds., 31 - 54.

Traugott, Elizabeth Closs. 1995b. The role of discourse markers in a theory of grammaticalization. Paper presented at the 12th International Conference on Historical Linguistics, Manchester, August 1995. www.stanford.edu/~traugott/ect-papersonline.html

Traugott, Elizabeth Closs. 1999. A historical overview of complex predicate types. In

Brinton and Akimoto, eds., 239 - 260.

Traugott, Elizabeth Closs. 2002. From etymology to historical pragmatics. In Donka Minkova and Robert Stockwell, eds., *Studies in the History of the English Language: A Millennial Perspective*, 19 - 49. (Topics in English Linguistics, 39.) Berlin and New York: Mouton de Gruyter.

Traugott, Elizabeth Closs. 2003. Constructions in grammaticalization. In Joseph and Janda, eds., 624 - 647.

Traugott, Elizabeth Closs. 2005. Lexicalization and grammaticalization. In Alan Cruse, Franz Hundsnurscher, Michael Job, and Peter Rolf Lutzeier, eds., *Lexikologie/ Lexicology*, Vol. II, 1702 - 1712. Berlin and New York: Mouton de Gruyter.

Traugott, Elizabeth Closs and Richard B. Dasher. 2002. *Regularity in Semantic Change*. (Cambridge Studies in Linguistics, 97.) Cambridge, UK: Cambridge University Press.

Traugott, Elizabeth Closs and Bernd Heine, eds. 1991. *Approaches to Grammaticalization*. (Typological Studies in Language, 19.) Amsterdam and Philadelphia: John Benjamins, 2 vols.

Traugott, Elizabeth and Ekkehard König. 1991. The semantics-pragmatics of grammaticalization revisited. In Traugott and Heine, eds., Vol. I, 189 - 218.

Traugott, Elizabeth Closs, Rebecca Labrum, and Susan Shepherd, eds. 1980. *Papers from the Fourth International Conference on Historical Linguistics*. (Current Issues in Linguistic Theory, 14.) Amsterdam and Philadelphia: John Benjamins.

Ullmann, Stephen. 1962. *Semantics: An Introduction to the Science of Meaning*. New York: Barnes and Noble.

van der Auwera, Johan. 1999. Dutch verbal prefixes: Meaning and form, grammaticalization and lexicalization. In Lunella Mereu, ed., *Boundaries of Morphology and Syntax*, 121 - 136. (Current Issues in Linguistic Theory, 180.) Amsterdam and Philadelphia: John Benjamins.

van der Auwera, Johan. 2001. On the typology of negative modals. In Jack Hoeksema, Hotze Rullmann, Victor Sánchez-Valencia, and Ton van der Wouden, eds., *Perspectives on Negation and Polarity Items*, 23 - 48. (Linguistik Aktuell, 40.) Amsterdam and Philadelphia: John Benjamins.

van der Auwera, Johan. 2002. More thoughts on degrammaticalization. In Wischer

어휘화와 언어 변화

and Diewald, eds., 19 - 29.

van der Auwera, Johan ed., in collaboration with Dónall P. Ó Baoill. 1998. *Adverbial Constructions in the Languages of Europe.* (Empirical Approaches to Language Typology; EUROTYP 20 - 3.) Berlin and New York: Mouton de Gruyter.

van der Wurff, Wim. 2002. The word *withal*: Some remarks on its historical development. In Jacek Fisiak, ed., *Studies in English Historical Linguistics and Philology: A Festschrift for Akio Oizumi*, 469 - 487. Bern: Peter Lang.

Viberg, Åke. 1983. The verbs of perception: A typological study. *Linguistics* 21:123 - 162.

Vincent, Diane, Sebastião Votre, and Marty LaForest. 1993. Grammaticalisation et post-grammaticalisation. *Langues et linguistique* 19:71 - 103.

Vincent, Nigel. 1996. The emergence of the D-system in Romance. In Ans van Kemenade and Nigel Vincent, eds., *Parameters of Morphosyntactic Change*, 149 - 169. Cambridge, UK: Cambridge University Press.

Visser, F. Th. 1963 - 1973. *An Historical Syntax of the English Language.* Leiden: E. J. Brill, 3 vols.

Vogel, Petra M. and Bernard Comrie, eds. 2000. *Approaches to the Typology of Word Classes* (Empirical Approaches to Language Typology, 23.) Berlin and New York: Mouton de Gruyter.

Voyles, Joseph B. 1973. Accounting for semantic change. *Lingua* 31:95 - 124.

Waltereit, Richard. 2002. Imperatives, interruption in conversation, and the rise of discourse markers: A study of Italian *guarda*. *Linguistics* 40:987 - 1010.

Warner, Anthony R. 1993. *English Auxiliaries: Structure and History.* (Cambridge Studies in Linguistics, 66.) Cambridge, UK: Cambridge University Press.

Warner, Anthony R. 1995. Predicting the progressive passive: Parametric change within a lexicalist framework. *Language* 71:533 - 557.

Wartburg, Walter von. 1996. *Französisches etymologisches Wörterbuch.* Basel: Zbinden.

Webster's Third New International Dictionary of the English Language. 1981 [1961]. Springfield, MA: Merriam-Webster.

Weinreich, Uriel, William Labov, and Marvin I. Herzog. 1968. Empirical foundations for a theory of language change. In W. P. Lehmann and Yakov Malkiel, eds., *Directions for Historical Linguistics*, 97 - 195. Austin and London:

University of Texas Press.

Wierzbicka, Anna. 1985. *Lexicography and Conceptual Analysis*. Ann Arbor: Karoma.

Williams, Edwin. 1981. On the notions "lexically related" and "head of a word." *Linguistic Inquiry* 12:245‑274.

Wischer, Ilse. 2000. Grammaticalization versus lexicalization ‑ "methinks" there is some confusion. In Fischer, Rosenbach, and Stein, eds., 355‑370.

Wischer, Ilse and Gabriele Diewald, eds. 2002. *New Reflections on Grammaticalization ‑ Proceedings from the International Symposium on Grammaticalization, 17‑19 June 1999, Potsdam, Germany*. (Typological Studies in Language, 49.) Amsterdam and Philadelphia: John Benjamins.

Wright, Susan [Fitzmaurice]. 1994. The mystery of the modal progressive. In Kastovsky, ed., 467‑485.

Wright, Susan [Fitzmaurice]. 1995. Subjectivity and experiential syntax. In Stein and Wright, eds., 115‑172.

Wurzel, Wolfgang U. 1984. *Flexionsmorphologie und Natürlichkeit. Ein Beitrag zur morphologischen Theoriebildung*. (Studia Grammatica, 21.) Berlin: Akademie Verlag.

Ziegeler, Debra. 1996. A synchronic perspective on the grammaticalisation of will in hypothetical predicates. *Studies in Language* 20:411‑442.

Ziegeler, Debra. 2003. Redefining unidirectionality: Insights from demodalisation. *Folia Linguistica Historica* XXIV:225‑266.

Žirmunskij, V. M. 1966. The word and its boundaries. *Linguistics* 27:65‑91. (Originally publ. in Russian in 1961.)

역자 주

❏ 제1장

① Lass(1997)에서는 언어 변화에 따라 기호의 체계나 개별 기호가 체계적 일관성 (integraty)을 갖지 않게 되는 현상에 대하여 설명하였다. 고대 인도－유럽어에서는 8가지 격이 있었는데, 이들이 네 가지 형태적 격 범주로 변화하였다. 그 과정에서 주격, 속격, 목적격을 제외한 나머지 격 형태가 네 번째 격으로 '혼합'되었다. 이 때의 선택 과정은 대략적으로 옳은 형태, 혹은 납득할 만한 의미를 가진 형태를 선정하는 것으로서, 특정한 체계를 전제하는 것이 아니었다. 이를 Lass(1997 : 309-316)에서는 브리콜라주로 기술하였다.

② 문법화에 대한 최근 연구에서 그 과정이 출발로부터 진행되어 가는 시간적 점진 성이 대두되게 되었다. 이에 대한 상대적인 반작용으로 공시적 문법 형성과 구조 의 층위를 절대적인 경계선으로가 아니라, 새로 만들어지는 진행의 관점(emergent grammar)으로 보게 됨에 따라 대-범주에서 소-범주에 속하는 단위들은 공시적으로 도 변화되어 가는 역동적인 연속선 위에 있다고 관찰하게 되었다. 그리하여 "점진 성"이라는 용어는 통시적 현상에, 그리고 범주와 범주 사이의 연속선을 뜻하는 단 계적 개념은 "gradience"라는 용어 사용으로 구분하려고 한다. 여기서 "gradience"라 는 용어는 기계 공학이나 기상학에서 쓰는 개념이다. 대략 "경사도", "변화도"(증 감율)로 번역된다. 문법화를 취급하는 다른 전공 서적에서 "변화율" 또는 "단계 성"이라고 번역을 하여 쓰고 있으나, 여기서는 맥락에 따라서 "공시적 연속체, 연 속선"(continuum)으로 번역해 사용한다.

공시적 연속선과 문법화의 통시적 점진성의 상호 관계에 대한 논의는 Gradience, *Gradualness and Grammaticalization*(2010, edited by Traugott & Trousdale, John Benjamins Publishing Company) 참조.

③ "어휘부 규칙"(lexical rule)은 어휘 음운론(Lexical Phonology)에서 고안된 어휘부 내부 에서 적용되는 규칙인데, 이 규칙은 어휘부 외적 규칙과 대립을 이룬다. 어휘부

규칙은 본질적으로 순환성을 보유하고 있는 반면에, 모든 어휘부 규칙이 적용된 이후에 들어오는 어휘부 외적 규칙(post lexical rule)은 비순환적 속성을 갖고 있다고 한다. 이와 같이, 어휘 음운론은 규칙 형태의 이분법, 즉 순환적인 어휘부 규칙과 비순환적인 어휘부 외적 규칙을 설정하고 있다. 어휘부 규칙의 특성은 다음과 같이 요약된다.

1. 단어 내부에서만 적용된다. 2. 모든 어휘부 외적 규칙에 선행한다. 3. 순환적이다. 4. 다른 어휘부 규칙들과 이접적 순서를 갖는다. 5. 파생된 환경에만 적용된다. 5. 구조 보전적이다. 6. 어휘 범주에만 적용된다. 7. 예외가 존재할 수 있다(참조: 안상철, "어휘 음운론 서설". 1988: 1-24, 『언어학 연구』, 제3집).

④ 북미의 모호크 족(Mohawk), 오네이다 족(Oneida), 오논다가 족(Onondaga), 카유가 족(Cayuga), 세네카 족(Seneca) 5 부족이 사용하는 언어로, 오늘날 미국 뉴욕, 온타리오, 캐나다의 퀘벡 주에 분포되어 있다. 이들 부족은 이러코이 연맹을 결성하였는데, 이후 투스카로라 족도 이러코이 연맹에 참여하였다. 따라서 이러코이 제어에는 이들 여섯 부족이 사용하는 여섯 개의 언어가 포함된다.

⑤ 1960년대에 미국의 구조주의 언어학자이면서, 인류-언어학자인 Charles Hockett (1916-2000)는 인간 언어의 고유한 특질을 다른 동물들의 의사소통 방식과 구분하기 위해서(나중에는 보편소를 추구하기 위해서) 13개 항목으로 설정한 다음, 이러한 인간 언어의 특질을 인간만이 보유할 수 있는 "설계 특질"이라고 명명하였다. 그 설계 특질들은 다음과 같다.

(1) 언어의 의사소통은 발성기관으로 산출하고, 귀로 청취하는 장치를 이용한다(Vocal-Auditory Channel), (2) 모든 언어 기호는 직접 수용할 수도 있고, 전달될 수도 있다(Broadcast Transmission and Directional Reception), (3) 모든 언어 기호는 영속성이 없다(Rapid Fading), (4) 언어 사용자는 말하고, 다른 사람의 말을 들을 수 있다(Interchangeability), (5) 자신이 말한 언어 기호를 자신이 또한 청취할 수 있으며 말하면서 교정할 수도 있다(Complete Feedback), (6) 발성기관은 원래 말하는 장치가 아니었고, 먹고 호흡하는 기관이었으나, 나중에 언어 표현 수단으로 특수화되었다(Specialization), (7) 특정한 언어음은 일정한 의미 전달과 연관되어 있다(Semanticity), (8) 언어 기호는 소리와 의미 간의 관계가 임의적이다(Arbitrainess), (9) 언어는 구성하고 있는 불연속적인 작은 단위로 분석된다(불연속성), (10) 인간의 언어는 눈앞에 있는 구상적인 대상만 아니라, 추상적인 개념도 나타낼 수 있다

(Displacement), (11) 언어 사용자는 창조적으로 언어를 구사할 수 있다(Productivity), (12) 역사 문화적으로 전승된다(Traditional Transmission), (13) 구조의 이중성(Duality of Patterning). 그리고 나중에 3개의 항목이 더 보충되었다(14. 속이거나 거짓말로 사용할 수 있다. 15. 언어에 대해서 이야기할 수 있다. 16. 다른 언어를 학습해서 습득할 수 있다.).

⑥ 그리스어에 중간태가 능동, 수동태와 변별되어 사용된다고 하는데, 이것은 행위의 주체와 객체를 구분하기 어려운 동사, 또는 수동의 통사 구문이지만 능동의 의미로, 그 반대로 능동문이지만 수동의 의미로 해석되는 일련의 부류를 말한다. 영어에서 이러한 유형의 동사가 일부 쓰이고 있다. bake, build, catch, clean, compare, cook, cut, eat, feel, keep, lock, print, read, rent, reprint, sell, tear, wash, wear.

즉, 'The door opened well'의 능동문 예문에서 "이 문은 잘 열린다"와 같은 수동문의 의미로 해석되는 사례이다.

⑦ 사르디니아(Sardinia)는 이탈리아 반도 서쪽에 있는 섬이다. 위쪽에는 프랑스령 코르시카 섬이 있고, 아래쪽으로는 이탈리아의 시칠리아 섬이 있다. '사르데냐'로도 알려져 있다. 사르디니아 어는 이탈리아어 방언이 아니고, 카탈루냐 어와 스페인어에 영향을 받은 로망스어의 별도 분파이다. 사르디니아 어는 사르디아아 섬의 남반부에서 주로 사용되며, 공식 정서법이 정해져 있지 않아 몇 가지 시안이 시행되고 있다.

⑧ 요루바어는 서아프리카에서 사용되는 니제르-콩고 어족에 속하는 언어이다. 나이지리아, 베닌, 토고 등지에서 주로 사용되는 토착 언어인데, 대략 2,000만 명의 화자가 사용한다. 4개의 비모음을 포함하여 11 단모음 체계를 가지고 있고, SVO 어순을 갖는 고립어이다.

❏ 제2장

① Bussmann(1996: 943)에서는 G. Frege의 의미 원리, 또는 프레게 원리라고 하는 문장 의미의 합성성에 대하여 설명하고 있다. 즉 문장을 이루는 적형의 요소들이 지닌 의미가 기능적으로 상호의존성에 따라서 전체 문장의 의미가 기술될 수 있다는 것이 그 원리이다. 프레게의 의미 원리, 즉 프레게 원리는 문장을 이루는 개개 요소들의 의미와 이 요소들 간의 통사적 관계에 따라 재구되는 것으로써, 합성성의

원리는 통사적 분석을 전제하므로, 문장을 대상으로 논의컨대 문장의미는 도출해 내지만 발화의미는 그러지 않음을 분명히 하고 있다. 이 원리를 바탕으로 하여 범주 문법과 몬테규 문법이 전개되어 나왔음을 부기하고 있다.

② Monreno Cabrera(1998)에는 어휘화가 통사론 기원적이며 어휘부 종착적이라는 점 외에도, 환유적 구체화 과정을 지킨다는 점, 어휘부에는 급여하고 통사부에는 출혈한다는 점이 더 제시되어 있다.

③ van der Auwera(2002)에서는 어휘화를 '단일한 어휘 항목이 아닌 것에서 단일한 어휘 항목이 만들어지는 것'으로 정의하였다. *songwriter*를 이루는 *song*과 *writer* 각각은 단일한 어휘 항목이지만 이들이 함께 나타난 표현, 그리고 어휘화가 되기 전에는 이들은 모두 단일한 어휘 항목이 아닌 것이다. 또한 *songwriter*는 문법적 형성소(grammatical formative)에서 만들어진 것도 아니기 때문에 탈문법화에도 해당하지 않는다는 점을 분명히 하고 있다. 그러나 van der Auwera(2002)에서는 *song*과 *writer*가 함께(together) *songwriter*라는 어휘 항목을 만든다고 했을 뿐, 이 과정이 '합성 · 파생'과 같은 '단어 형성' 과정이라고 지목하지는 않았다.

④ Quirk 외(1985)에서 제시하는 단어 형성의 네 유형은 '접두 파생, 접미 파생, 품사 전환, 합성'이다.

⑤ Blank(2001: 1602)에서는 *forecastle*의 발음으로 [fəʊksl]을 제시하였다.

⑥ 이 부분의 논점은, 어떤 어기에 굴절이 이루어지는 경우, 문법적인 성격이 동일하다면 단 하나만의 굴절 형태만이 폐쇄적으로 존재하는 데 반해서, 파생은 문법적 성격이 동일하더라도 다양한 파생 접사 통합이 이루어질 수 있다는 점을 대비한 것이다. 요컨대, 굴절은 단 하나의 폐쇄적 굴절이 존재하는 데 반해서, 파생은 여러 파생이 개방적으로 존재한다는 점을 말한 것인데, '동작 명사', '동작주 명사', '형용사', '동사' 등이 변항이 될 것이다. 영어에 흔적으로 남아 있는 명사의 격 굴절을 예로 들자면, 고대 영어 시기, 중세 영어 시기를 거치면서 명사의 격 굴절이 소멸하게 되는데, 격 굴절이 있기 전이나 소멸된 후에 또다른 격 어미가 통합하는 일은 일어나지 않는다는 점에서, 파생의 여러 변항들과는 차이가 있다는 것이다.

⑦ 2.1.8의 역주에서 보일 '라틴어→영어→독일어'의 번역 차용이 사실이라면, *forget-me-not*을 순수한 의미의 품사 전환 사례로 보는 것은 재고의 여지가 있다. 영어 *forget-me-not*은 고대 프랑스어 *ne-m'oubliez mye*를 16세기 이전에 번역 차용한 것으로 알려져 있기 때문이다.

⑧ Lehmann(2002)에서 어휘화는 복합 구성이 분석 가능하고 투명하며 합성적인 데서 출발하는 것을 전제하기 때문에, 형식적으로 단일한 단위인 단어의 품사 전환은 어휘화에 포함시켜 다룰 수 없게 된다. Lehmann(2002: 13)에서도 단일 형태소로 된 단위는 정의상, 이미 어휘부에 있으므로 어휘화가 이루어질 수 없다는 점을 분명히 하고 있다.

⑨ Anttila(1989[1972]: 151)에서 통사적으로 더 깊은 심층에서 이루어진 재해석(deeper syntactic reinterpretation)으로 든 사례는 별개의 두 문장이었던 *I think that; You come tomorrow.*가 하나의 복합문 *I think that you come tomorrow*로 변화한 사례와, 독일어 *Ich vermute das; Du kommst*가 Ich vermute, dass du kommst로 변화한 사례, 그리고 핀란드어 *Minä luulen että. Sinä tulet* 'I think thus. You come'이 *Minä luulen, että sinä tulet* 'I think that you come'로 변화한 사례를 들었다.

⑩ Fengshui(風水)는 편안함, 안락함, 건강 등에 적합하게 대상을 조정하거나 꾸미는 행위에 사용된다. '풍수지리'에서 사용되는 '풍수'이다. 따라서 원문의 Fenshui는 Feung shui를 잘못 표기한 것으로서 "당시의 출퇴근을 거강하고 안락하게!" 정도의 뜻을 나타낸다. 자세한 정보를 제공하여 주시 진영호(전북대 중문과) 선생님께 감사드린다.

⑪ abbreviate는 특정할 수 있는 언어적 질료가 사라지거나, 휘발, 삭제되는 현상을 가리키는 맥락에 사용되는 것으로 이해되고, reduct(ion)는 관심의 대상이 되는 전체 언어 단위의 양을 측정하였을 때 그 양이 줄어드는 결과를 나타낸 표현으로 이해된다. 이에 대한 번역어가 모두 '縮約'으로만 사용되는 것이 서로 다른 용어가 사용된 데 대한 번역의 입장에서 곤란함이 야기되며, 해소 방안이 필요하다고 생각된다.

⑫ 'serge'는 '서지'라는 외래어로 도입되어 있는 직물의 이름이고, 'de'는 뒤에 나오는 명사가 출처, 유래, 소속 등을 나타내는 형태소이다. 'Nîmes'는 프랑스의 도시 이름이므로 'serge de Nîmes'를 직역하면 '님에서 만든 서지천', 또는 '님産 서지천'쯤 된다. 이 가운데 'serge'를 뺀 'de Nîmes'만을 표음한 것이 '데님'이므로 '데님'은 '님에서 만든', '님産'쯤 되는 표현이다. 'serge de Nîmes'이라는 표현과 관련하여서는 두 가지 외래어, '사지'와 '데님'이 도입되어 있는 것이다. '서지'는 천의 종류를 나타내는 외래어가 차용된 것이라고 할 수 있는 데 반해, '데님'은 'serge de Nîmes'에서 'serge' 생략을 거쳐서 만들어진 표현이라는 차이가 있다. '데님', 즉

'서지'는 날실과 씨실에 두 올을 꼬아 빗질한 실을 넣음으로써 겉면과 안쪽 면이 같은 효과를 갖게 빽빽하게 짠 천으로, 무늬가 씨실에 대하여 45도로 된 모직물이다. 바탕이 올차면서도 부드럽고 내구성이 있어서 학생복 등에 사용된다.

⑬ 국어에서 신체 특징으로 사람을 가리키는 표현으로 접사가 개입된 유형이 쉽게 확인된다. '배불뚝이', '절름발이', '안경잡이' 등이 그 대표적인 사례라고 할 것인데, 접사 '-이' 앞에 어근이 온 유형(배-불뚝), 명사가 온 유형(절름-발), 어간이 온 유형(안경-잡) 등이 확인된다. 이들은 접사가 어느 단계에서 통합하였는지에 따라 견해차가 있어 왔던 단어들이다. 이들 가운데 명사가 분리되는 데 의미 부담이 비교적 적어 보이는 사례들은 명사만으로 된 표현이 성립하는 경우도 있는 듯하다. '절름발', '안경' 등.

한편, 이와 다른 유형의 신체 특징을 나타내는 명사들이 그 특징을 가진 사람을 가리키는 경우도 확인된다. '대머리', '짝귀', '매부리코' 등이 그것인데, 이들이 모두 모음을 말음으로 가진다는 공통점이 확인된다. 이들 유형이 생략을 거쳐 만들어진 것인지, 의미 변화만을 겪은 것인지는 확인하기 쉽지 않다.

한자어에서는 이와 같은 현상이 개입되지 않는 것으로 보인다('소경', '거구' 등).

⑭ 이 절에서 initialism은 '두자어(頭字語)', acronym은 '두성어(頭聲語)'로 번역한다. 그러나 '두성어'는 잘 쓰지 않는 용어이기도 하고, initialism과도 그 구분이 용이하지 않다는 점에서, 이 절을 제외한 곳에서 둘의 구분이 특별히 유의미하지 않는 장면에서는 '두자어'로 번역하기로 한다. 이 책(原著)의 일본어역에서는 '어두법(語頭法)'이라는 용어를 번역어로 썼다.

⑮ 1987년 유럽연합이 수립한 '유럽 연합 학생 교환 프로그램(계획)'. 이 계획은 '유럽 연합 평생 교육 계획(2007~2013)'의 일환으로 이루어진 것으로서 1994년부터 수행되어 온 소크라테스 프로그램에 통합되었다. '유럽 의회(European Commission)'의 고등 교육 이니셔티브에서 수행하고 있다.

⑯ 후천성 면역 결핍증을 뜻하는 AIDS는 acquired immune defeciency syndrom을 축약한 것으로 알려져 있다.

⑰ Ælfric는 955년경부터 1010년경까지 살았던 앵글로 색슨계 산문 작가이다. 수사들을 가르치거나 10세기에 수도원에서 부흥한 학문을 전파할 목적으로 글을 썼다. <가톨릭 강론집 Catholic Homiles>, <성인들의 생애 Lives of the Saints>와 같은 저작이 알려져 있다. 라틴어 문법책을 펴내 Grammaticus라는 별명으로 불리기도 하

였다. Ælfric의 문법서 *Grammar*는 995년에 쓰인 것으로 추정되는데, 라틴어가 아닌 필자의 모어로 쓴 최초의 라틴어 문법서로 알려져 있다.

⑱ 여기서 '동기화'는 형식과 의미 간에 자의적이지 않은 상관관계를 갖게 되는 단어 형성의 과정을 가리킨다.

⑲ McArthur(1992: 876-877)에서는 어근 창조를, 동기화가 되는 어근 창조(*motivated root-creation*)와 연원 없는 어근 창조(ex-nihilo root-creation)로 나누어 설명하고 있다.

⑳ McArthur(1992: 876)에서는 *splash*라는 단어에서 자음은 유지하는 채로 모음을 다양하게 함으로써 *splish, splosh, sploosh, splush*가 만들어진다고 설명하고 있다. 연원 없는 어근 창조에 대하여 '어휘론적 설명'을 운위하는 것은 이와 같은 자음-모음의 변동을 상정함으로써 기존의 단어와 연계하여 설명하는 방안을 염두에 두는 것이 아닌가 생각된다.

㉑ <호빗>은 영국의 작가이자 옥스퍼드 대학 교수였던 로날드 톨킨Ronald R. Tolkien이 1937년에 펴낸 소설이다. McArthur(1992: 877)에서는 *hobbit*이 '시골 특유의 소박한'의 뜻을 갖는 *hob*과 '토끼'를 뜻하는 *rabbit*이 혼성된 단어라고 설명하였다.

㉒ McArthur(1992)에서 '한계'를 설정하기 어렵다고 한 것은 어근 창조가 여타 단어 형성과 구분되지 않을 수 있다는 점을 들어서 설명하고 있다. 그 사례로 세 가지를 들고 있다.

① 이름을 단어로 만드는 경우: *Hoover*라는 고유명을 동사로 품사 전환한 *to hoover a rug* '후버 진공청소기로 카페트를 청소하다'

② 혼성의 경우: '연기'를 뜻하는 *smoke*와 '안개'를 뜻하는 fog를 혼성하여 '도시의 뿌연 매연층'을 뜻하는 *smog*를 형성하는 경우

③ 축약abbreviation의 경우: '이동하는 군중'을 뜻하는 *mobile vulgus*를 축약하여 만든 '특정한 목적에 호응하여 모인 군중, 또는 그들의 행위'를 뜻하는 *mob*을 형성하는 경우

아울러 어근 창조를 통해 만들어진 단위가 '어근'이라는 점도 복합어 형성과 관련하여 논하고 있다. '싸구려 티가 나는 야함'을 뜻하는 *tawdriness*에서 확인되는 신어 *tawdry*는 본디 잉글랜드 동부 일리 Ely 지역의 성 오드리 패션 *St Audrey's Fair*에서 판매되던 세인트 오드리 레이스*Seynt Audries lace*에서 만들어진 표현 *tawdrie* *lace*에서 절단을 거쳐 만들어진 표현이다. 이렇게 만들어진 *tawdry*는 다른 복합어 *tawdriness*의 토대가 된다는 점에서 '어근'으로 확인된다고 본 것이다. '*hobbit*'도 '*hobbitomane*'에서, '*Hoover*'도 '*Hoovermatic*', '*Kodak*'도 '*Kodachrome*'에서, '*mob*'도 '*mobster*'에서 '*smog*'도 '*smog-bound*'에서 각기 확인되는 것으로 제시하였다.

㉓ '요통', '두통'이라는 국어 단어는 매우 일상적이므로 재론의 여지가 없다. 그러나 '족통'은 일상적이지는 않지만 국어사전에 등재되어 있다. '허벅지 통증'을 뜻하는 단어로 '*허벅지통'이나 '*고통(股痛)'은 국어사전에 올라 있지 않다. 영어에서 '*backache, headache*'가 그 개념, 단어가 관습화되어 있어 그에 상응하는 관습적인 단어가 있지만, '*footache, thighache*'라는 개념과 단어가 관습화되어 있지 않다는 본문 논지와 국어의 상황이 일치하지는 않지만, 대략 흡사한 경향을 띠고 있다는 점에 주목할 수 있을 것이다.

㉔ Lyons(1977)의 번역서인 강범모(2013)에서는 '*petrification*'에 대하여 '석화(石化)'라는 용어를 사용하였다. 이는 일본어역인 日野資成(2009)에서도 마찬가지이다.

㉕ 본 번역의 과정에서 최전승 교수는 *eat*과 *right*가 앵글로 색슨계 고유어인 반면, *edible*과 *rectitude*는 라틴어 > 프랑스어의 과정을 거친 외래어라는 점을 지적하였다. 이런 사실에 입각하여 보면 외래어에 대하여 '비생산적 접사의 통합'을 운위하는 것은 주의하여 볼 필요가 있다.

㉖ '음운 창조'로 번역한 Phonogenesis는 Hopper(1994) 등에서 사용된 용어로서, 단어, 혹은 형태에 형태소 부착(accretion)을 통해서 통합관계에 의한 음운론적 대상이 부가되는 과정을 지시한다. 초기 고대 아일랜드 동사에 접두사적 분사가 부가되는 사례가 대표적이다. *to-thēg* 'to-go' (현대 아일랜드어의 *tag-* 'come'), *imb-thēg* 'about-go' (*imigh* 'go, leave'), *frith-to-thēg* 'against-to-go' (*friotaigh* 'resist'), *fo-ad-gab* 'under-toward-take' (*fág-* 'leave') 등. 이와 같은 음운 부가는 단어가 음운론적 감소를 거쳐 결국 영으로 되는 경향에 반대 사례가 된다. reinforcement 참고.

㉗ *elder*는 형용사 *old*의 비교급으로도 쓰이지만 '손위 사람'을 뜻하는 명사의 용법을 새로 갖게 되었다.

㉘ *mayor*는 라틴어에서 'great'의 뜻을 가진 *magnus*의 비교급 *maior, major*에서 온 것이지만, '시장'이란 명사의 용법을 가지게 되었다.

㉙ *shorn*은 '깎다, 자르다'란 뜻을 가진 *shear*의 과거 분사형으로도 쓰이지만, '짧게 깎

인, 빼앗긴, 상실한'의 뜻을 가진 별도의 형용사 용법을 가지게 되었다.

㉚ *cloven*은 '쪼개다'란 뜻을 가진 *cleave*의 과거분사로도 쓰이지만, '세로로 갈라진'이 란 별도의 형용사 용법을 가지게 되었다.

㉛ Lahu Language. 라후족이 사용하는 언어로 티벳-버마 어족의 롤로 버마어계에 속 한다. 중국 운남성, 미얀마, 태국, 라오스 등지에서 사용되는데, 운남성에서는 국 제 통용어lingua franca로 쓰인다. 한자로는 '拉祜'로 쓴다. 라후족은 대략 70여 만 명이 중국 운남성, 미얀마, 태국, 라오스, 베트남 등지에 산다.

㉜ 이탈리아어 *bocca*는 '입[口]'을 뜻하고 *leone*는 '사자'를 뜻한다. *di*는 속격 전치사이 다. *bocca di leone*는 직역하면 '사자의 입'쯤 되는 이름이다. 이 식물은 두 개의 '입 술'이 있는 꽃을 피우는데, '사자의 입'이라는 이름은 꽃잎의 모양이 '입술' 모양 인 데서 붙은 이름으로 보인다. 여기서 '환유'와 '은유'를 말하는 것은 이와 같은 명명 방식을 감안한 것이다.

㉝ *'ll, 'ld* 등이 주어 대명사 *she, I* 등에 딸려서 접어처럼 나타나게 된 것을 말하는 것 으로 이해된다.

㉞ 라플란드어는 Lapp(Lappish, Lappic)으로 불렸는데, 비하의 뜻이 있다 하여 사미어 (Sami languages)라고 한다. 핀란드, 노르웨이, 스웨덴 등지의 북쪽, 러시아의 북서 쪽 끝자락에 사는 사미인들이 사용하는 우랄어를 가리킨다.

㉟ 결격 접사abessive affix는 굴절어와 첨가어에 사용되는 문법형태소인데, 예를 들면 핀란드어에서 동반 또는 참여가 제거된 문법적 관계를 나타내는 격조사의 일종이 다. cf. Asher(1994: 5087),

㊱ 핀란드 북서쪽 지방인 에논테키의 지역에서 쓰는 북사미어의 방언.

㊲ 접어화(cliticization) → 독립적인 단어가 접어로 축소됨. 결과된 접어가 어떤 형식의 앞에 첨가되었을 경우에 전접 접어화(proclicization), 그 보기는 프랑스어에서 인칭 대명사가 동사 앞부분으로 축소되어 연결되는 전접 접어. 만일 접어가 어떤 형식 의 뒷부분에 연결되면 후접 접어화(enclicization). 예로, 영어에서 *will*이 *John'll do it* 에서와 같이 주어 다음에 연접된다.

㊳ Doyle(2002)는 17세기 초기 현대 아일랜드어에서 20세기 현대 아일랜드어로의 발 달 과정에서 용언 굴절어미의 변화를 다루었다. 여기서 그가 대상으로 삼은 자료 는 문법화에서 주장하는 단일 방향성과는 대조적으로, 굴절접사가 용언어간으로

부터 이탈하여 신분을 바꾸는 발달 과정이었다.

❑ 3장

① 영어의 *today*나 *tomorrow*는 모두 기원적으로 고대영어 단계에서 *to*와 융합된 형태이다. 그러나 *today*에서는 *day*가 여전히 쓰이고 있기 때문에 *to*가 아직은 형태론적 신분을 유지하고 있는 것으로 보인다. 그 반면에, *tomorrow*에서 *morrow*(=following day) 형태는 고형 또는 오늘날 폐용되어 버렸기 때문에, 여기서 *to*의 형태론적 신분은 불투명하게 되어 약화되어 한 형태소를 구성하는 음운 단위로 발전하게 되었다. 이러한 예와 설명은 Hopper(1994)가 어떤 형태가 나중에 다른 형태소의 일부로 융합되어 "음운발생"(phonogenesis)으로 이어지는 단계를 설명하면서 제시한 것이다.

② Hopper & Traugot(1993: 7)가 문법성의 연속적 발달만 아니라, 어휘성에도 그러한 과정이 있음을 제시하면서 열거한 예는 형태 *full*이 '(ㄱ) *a basket full (of eggs)* > (ㄴ) *cupful* > (ㄷ) *hopeful*'의 보기는 (ㄱ)에서와 같은 통사 구조에서 (ㄴ) 합성어를 거쳐, (ㄷ) 파생접사에 이르는 단계로 변화하는 연속적인 발달 단계를 과정을 보인다.

③ 조작주(operator)는 인칭에 따라서 변화하는 동사구의 제1 조동사를 말한다. 따라서 동작주 동사는 기본 조동사(*be, have, do*), 준-조동사(*be going to, be able to, have to...*), 양태 조동사(*shall, will, ought, must, should*, etc.)로 구성되어 있다.

④ Bybee & Pagliucia(1987)는 범언어적으로 미래시제 표지의 기원적인 근원은 주로 '욕망'과 '이동'을 뜻하는 동사였으며, 기타 근원 동사로는 '소유', '존재' 및 '의무'를 뜻하는 형태로 소급 될 수 있다고 가정한다. 그리하여 영어의 *will*은 기원적으로 '소망/욕망'을 나타냈던 동사로부터 예측의 방향으로 이동해 갔으며, 그 반면에 *shall*은 원래 '의무'와 '화자의 의도'를 뜻하였던 동사로 소급된다고 하였다. 그리고 근자에 형성된 미래 표지 *be going to*는 "문장의 주어가 어느 목적을 향하여 이동해 가는 길 위에 있음"을 기원적으로 갖고 있다고 한다. 따라서 오늘날의 영어에서 미래시제 표지의 사용은 아직도 기원적 의미의 틀 안에서 선택된다고 이 학자들은 주장한다.

⑤ '도상성'(iconicity)은 언어 기호의 '자의성'에 반대되는 개념이다. 따라서 언어 기호는 언어 사용자의 인식 세계와 형태 간의 동기화와 밀접한 연관을 맺고 있다고

한다. 즉 언어 형태의 구성과 화자의 개념 구조는 어느 정도 대응을 보인다는 것이다.

예를 들면, 두 개의 통사적 단위들의 배열 순서는 언어 사용자의 인식 세계 속에서 그 두 단위들이 차례로 나타내는 상황의 순서에 의해서 결정되는 '시간적 순서의 원칙'에 따르는 현상도 언어의 도상성의 일면을 보여 준다(이성하,『문법화의 이해』 2000: 119-120). 한국어의 상대경어법 형태의 진화 과정에서 어말어미 형태의 생략이나 축소의 정도에 따라 화자의 대우 등급이 높임에서 낮춤의 단계로 차례로 떨어지는 동기도 도상성의 원리와 관련되어 있다.

또한, 출현 빈도가 높을수록 형태가 짧아지는 언어 형태들도 역시 도상성의 원리를 반영한다고 본다.

⑥ periphrase(우언법)은 혹은 완곡 어법이라고도 하며, 문법적 관계를 동사의 어미변화 등을 통해서가 아니라, 별개의 단어들을 써서 표현하는 장치를 말한다.

⑦ 독일어에서 접속사 *ob-wohl*(--에도 불구하고, 비록 --이기는 하지만) 같은 부류는 원래 *ob....wohl*과 같은 구조에서 발달한 것이다. 이와 비슷한 의미는 갖고 있는 *ob-zwar*도 역시 마찬가지이다.

⑧ 펜실베이니아 독일어는 캐나다 온타리오 Mennonite 지역에서 재세례교파(Anabaptists) 교인들이 주로 사용하는 독일어의 한 변종에 속한다. 이 화자 집단은 원래 미국의 펜실베이니아 주에 거주하고 있었는데, 미국의 독립전쟁이 끝난 후에 캐나다 워터루 자치주로 이주해 와서 지금까지 거주하고 있다. 주민의 대부분은 재세례교파에 속한다. 그러나 1870년대부터 이 집단은 끊임없는 파벌 싸움에 시달리고 있으며, 여러 하위 당파 집단으로 분열되어 있다. 펜실베이니아 독일어를 고수하고 있는 하위 집단 화자들은 가장 보수적인 구성원들이며, 수 세기 동안 변화하지 않은 전통과 풍습 그리고 근본주의적인 종교 신앙을 고수하고 있다. 따라서 이들은 순전히 종교적인 이유에서이지만, 고유한 전통, 믿음의 체계, 가치관 등을 갖고 있는데, 그들의 독특한 언어도 여기에 포함될 것으로 보인다(Kate Burridge(1995): Evidence of Grammaticalization in Pennsylvania German, p.59-60을 참조했음).

⑨ Lass(1990, "How to do things with junk: Exaptation in Language evolution", *Journal of Linguistics* 26, pp.79-102)에 의하면, 원래 기능의 새로운 전용이란 술어는 화석과 생물의 생리, 발생, 진화 등을 취급하는 진화 생물학의 영역에서 Stephen Jay Gould와 Elisabeth Vrba 두 학자의 1982년 논문에서 제안되었다고 한다. 그 용어의 개념

은 조직체의 진화 과정에서 원래 발달되어 온 기관이 나중에 다른 목적을 갖고 있는 새로운 기능으로 재사용되는 것을 말한다. 이러한 고전적인 예는 새의 깃털과, 척추동물들의 발성기관에서 확인할 수 있는 기능의 전용 현상이다. 즉, 새의 깃털은 원래 높은 위도에 사는 파충류들에서 체온을 조절하기 위해서 진화된 것이었는데, 나중에 날기 위한 기능으로 전용되었다. 그리고 척추동물들의 발성기관은 기원적으로 호흡과 소화기관에서 출발하였으나, 나중에 의사소통을 위한 장치로 전용되었다는 것이다. 다시 말하자면, 기능의 전용(exaptation)은 기원적으로 의도했던 행위가 아니라, 우발적으로 출현한 것이다. 즉, 진화 과정에서 다른 목적으로 사용해 오거나, 또는 기능이 예전에 없어져 버렸으나 이미 존재해 있는 형태를 새로운 기능으로 쇄신시키는 행위이다.

Lass(1990)는 이러한 개념을 도입하여 일정한 형태론적 변화 유형을 새롭게 인식하려고 한다. 그에 의하면(1990: 81-2), 어떤 형태론적 단위가 한때 생산적이었던 일정한 문법적 기능과 식별 방식을 갖고 있다고 하자. 그 다음, 발달의 어느 단계에서 그 형태는 그대로 유지되어 있는 반면에, 문법적 기능이 상실되어 버렸다고 하자. 이제 이 형태는 해당 언어에서 기능적으로 말하자면 폐품(junk)인 것이다. 이러한 경우에 그 언어적 폐품이 탈락되거나, 화석형(비기능적 잔여형)으로 뒷전으로 밀려나기 전에, 전혀 다른 새로운 기능을 담당시켜 재사용될 수도 있다는 것이다. 이러한 방식이 언어변화의 유형에 적용된 기능의 "재생"이다. 이와 같이 폐품 또는 비생산적인 형태론에 새로운 기능을 담당시켜 화자들이 사용하는 것은 순수하게 언어 내적 또는 구조적인 경우도 있으나, 화용론적 그리고 사회언어학적 차원을 소유하게 될 수도 있다고 한다.

❑ 4장

① 이곳의 '문법적 파생 형태grammatical derivational form'에 대하여 국어 문법에서는 '통사적 파생 접사'라는 이름을 써 왔다.

② 이들 요소는 준생산적인 속성과 생산적인 속성의 사이에 늘어서게 됨을 나타낸다. 즉, 오른쪽과 중앙부의 사이에 이들이 놓이게 됨을 말하는 것이다.

③ 여기서의 '문법성'은 'grammaticality'를 번역한 용어로서, '어휘적인 속성'에 대비하여 '문법적인 속성'을 가리키는 용어로 사용되었다. 본디 '문법성'은 국어 문법에

서 '문법적으로 적형인지'를 가리키는 용어로 쓰였다. 이는 영어 용어도 역시 마찬가지이다. 혼란의 여지가 없지 않지만, 원문의 용어법 등에 기대어 '문법성'으로 번역하였다. 이 책에서 '문법성grammaticality'은 대개 '어휘적인 속성'에 대비되는 용어로 사용된다. 'grammaticality'에 대비되는 'lexicality'는 '어휘성'으로 번역하여 제시하기로 한다.

④ 언어 변화의 미결정성은 표면형의 해석이 불확정성을 가지고, 따라서 중의적 해석이 이루어질 가능성이 있는 속성을 말한다. 이와 같은 미결정성에 따라서 언어 사용자(화자)는 이들에 적용된 규칙을 추론하게 되고, 이러한 추론이 결국 변화로 전개될 수도 있게 된다. 예컨대, '추워~추어', '춥고~축고'라고 말하는 것을 듣고 '주어', '죽고'라는 표현도 유사한 변동을 보일 것으로 추정하게 되는 현상이 이에 해당한다. 이와 같은 변화는 특히 '가추법(假推法, 가설적 추론법, abduction)', 또는 '외전법(外轉法)'이 개입하는 변화, 즉 'abductive change'에서 주로 그 원인으로 지목되었던 것이다. 이에 대해서는 Andersen(1973), Antilla(1972/1989: 196~203), Trask (2000: 1, 161)을 참고할 수 있다.

⑤ 국어 문법에서 접사가 통합하는 대상의 품사를 바꾸어 주는 파생법을 통사적 파생법이라 하고, 품사를 바꾸지 않는 파생법을 어휘적 파생법이라 한다. 통사적 파생법에 참여하는 접사를 지배적 접사라고 하고 혹은 통사적 접사라고 하기도 한다. 어휘적 파생법에 참여하는 접사는 어휘적 접사, 가의적 접사라고 한다. 이 책에서는 category-changing affix와 semantic affix라는 용어를 썼다. 본 번역에서는 이들에 대해 각기 '지배적 접사'와 '가의적 접사'라는 용어를 가려쓰기로 하였다. 본서에서 '어휘적'이란 술어는 전체적으로 변화와 관련한 용법으로 쓰이는 경우가 많고 원문에서 'semantic'을 썼으므로 '어휘적 접사' 대신 '가의적 접사'를 선택하였다. '지배적 접사'는 '통사적 접사'로도 쓸 수 있지만, '통사적 접사'라는 용어가 접사가 통합하는 대상이 구 단위 이상인 경우에 그 접사를 가리키기도 하므로 혼동의 여지가 있을 수 있어, category-changing affix는 '지배적 접사'라는 용어를 쓰기로 하였다.

❑ 5장

① 여기에 제시된 예문에서는 *sitting*의 전기중세영어 형태인 *sittynge*의 *-ynge*(> *-ing*)를 가

리키는 것으로서, *sittynge*는 *sittynge hire aboute*라는 자유 부가절을 이끄는 동사의 굴절형(활용형)으로서 앞서 나온 *thilke fooles*와 동격 표현으로 사용된 것으로 보인다.

② 여기서 말하는 세 가지 구문이란, 동사 뒤에서 서술 표현으로, 명사 앞에서 속성 표현으로, 초서Chaucer의 예문에서 보이는 동격 표현으로 사용되는 경우를 말하는 것으로 보인다.

③ 종속절 등의 일정 성분이 문장의 다른 부분으로 접속을 비롯한 다른 어떤 특정한 방식으로도 연결이 되지 않는 구성을 말한다. (11ㄱ)만 해도 *Inflating*은 *Mary*와 직접적 관계를 갖지만, (11ㄴ)의 *The coach being crowded*는 *Fred had to stand*와 연결되지 않고 독립적으로 존재한다(Matthews 1997/2007: 2 참고).

❏ 6장

① 영어의 'orthogonal'이란 단어는 기하학, 대수학, 통계 등의 분야에서 쓰는 전문 용어이다. 이 용어는 어휘화와 문법화를 대조하면서 Lehmann(2002: 1)이 아래와 같이 사용하였다.

"문법화와 어휘화는 거울 영상이 아니라, 서로 直交的(orthogonal)이다. 둘 다 감축의 과정이지만, 다른 의미의 감축에 해당된다. 문법화는 단위의 자율성의 감축이며, 더 낮은 더 엄격히 규제된 문법 층위로의 변화이다. 어휘화는 단위의 내부 구조에 일어나는 감축이며, 그 단위를 어휘 목록으로 전환시킨다…"

따라서 그가 구사한 '直交的'(orthogonal)이란 말의 의미는 전문적인 것이 아니라, 인터넷의 Wiktionary(A Wiki based open content Dictionary)에서 예시된 5 번째 의미가 여기에 해당된다. 즉,

"5. two or more problems or subjects, independent of or irrelevant to each other". (서로 해당 사항이 없는, 서로 무관한).

② "Gerundive"라는 술어는 원래 라틴어 문법에서 통용되는 것이지만, 영어문법 기술에서도 사용된다. 그리하여 영어문법에서 이 용어는 형용사나 부사적으로 쓰이는 현재분사(-ing로 끝나는 동사 형태로 진행형을 만들거나, *runnung water*에서와 같이 형용사로 쓰임)의 용법을 나타낸다.

③ 영어의 *infomercial*이란 단어는 *information*+*commercial*이 혼합된 형태로, 해설식 광고

를 말한다. 이러한 광고는 본래의 광고처럼 보이지 않도록 어떤 주제에 대해 길게 정보를 제공하는 방식의 텔레비전 광고에서 흔히 사용된다고 한다.

④ 역사 화용론은 동일 언어가 밟아가는 상이한 역사적 단계에서 일정한 언어 항목들과 그 언어 항목들이 의사소통 과정에서 용법이 어떻게 변화했는가를 연구한다. 따라서 연구 방법으로 형태(담화표지 등)를 기준으로 변화하는 기능을 추적해가는 유형과, 일정한 언어 기능(높임법이나, 공손법 등의 범주에 속하는)을 출발점으로 하여 이러한 기능이 시간의 흐름에 따라서 어떻게 형태상으로 변화를 거쳐 실현되는가를 살피는 유형으로 분류될 수 있다. 전자의 연구 방식을 "형태에서 기능으로"(form to function), 후자의 고찰 방식을 "기능에서 형태로"(function to form)라고 나눈다(Jacobs & Jucker 1995). 전자는 언어변화에 대한 화용론적 설명을 추구하는데, 때때로 이러한 방법론을 "semasiological"이라고 명명한다. 즉, "semasiological"이라는 용어는 기본적으로 통시적 개념의 의미론의 용어에 해당되기 때문에, 이 책에서 "의미변화론"이라는 번역 용어를 쓰기로 한다. 그 반면에, 후자의 "형태에서 기능"으로 향하는 연구 방식은 "onomasiological"이라고 구분한다.

⑤ 18세기 후기에서부터 19세기 초반에 영국에서 왕성한 문예 활동을 보인 이 문학 단체는 그 주동 인물인 Samuel Taylor Coleridge와 Robert Southey의 이름을 따서 Southey-Coleridge 문학 단체라 일컫지만, 일반적으로 영문학계에서는 낭만파 시인 William Wordsworth까지 여기에 포함시켜 "호반시인 학파"(Lake Poets)이라 알려져 있다. 이들은 주로 영국 북부 Lake District에서 거주하며 회원들 간 상호 긴밀한 조직망을 형성하고 있었기 때문에 그런 명칭이 당대의 문학 비평가들로부터 부여되었다고 한다. 또한 이 단체는 영국의 18세기 계몽주의와 고전주의에 뿌리를 두고 있는 중앙문단이나 사회정치 체제에 강하게 반발하면서, 새로운 낭만주의 운동을 주창하였다. 그리하여 호반 학파는 영국의 젊은 낭만주의 시인들, Byron, Shelly, Keats에게 크게 영향을 주었다.

이 책에서 인용된 Pratt & Denison(2000)에서는 주로 이 문학 단체에서 발전시킨 언어 개신에 속하는 수동 진행형의 용법이 단체 구성원들이 속한 긴밀한 조직망에서 그들의 정체성을 드러내는 표지로 이용되어 외부로 전파되었을 가능성이 논의되었다.

⑥ '턱-피진어'는 파푸아뉴기니 전역에서 사용되고 있는 공식 언어이다. 원래 이 언어는 상업상의 피진어로 출발하였으나, 지금은 독자적인 언어로 발달하였다. 그리

하여 초기에는 원래 서로 다른 토착어들을 사용하였던 부모를 둔 자식들은 이제 턱-피진어를 모국어로 습득하고 있는데, 그 사용 인구는 백만에 해당된다고 한다. 영어를 기반으로 하는 음운론과 문법 및 단어 형성론을 보유하고 있다.

예를 들면, 명사를 수식하는 수식언은 영어의 *fellow*에서 나온 *-pela*를 접사로 이용한다. 그리하여,

    턱-피진어: *wanpela*--영어: *one*,

    턱-피진어: *tupela*---영어: *two*,

    턱-피진어: *dispela boi*---영어: *this bloke*. (Wikpedia 참조).

찾아보기

ㄱ

저자 소개

Laurel J. Brinton은 브리티시 콜롬비아 대학교의 영어학부 교수이다. 저서로는 The Structure of Modern English: A Linguistic Introduction(2000)과 Pragmatic Markers in English: Grammaticalization and Discourse Functions(1996)이 있다.

Elizabeth Closs Traugott는 스탠포드 대학교의 영어 및 언어학 명예교수이다. 최근의 저서로는 Grammaticalization(Paul Hopper와 공저, 2003)과 Regularity in Semantic Change(Richard Dasher와 공저, 2002)가 있다.

역자 소개

최전승은 전북대학교 사범대학 국어과 명예교수이다. 최근 간행한 책으로『한국어 방언사 탐색』(2014, 역락)이 있다.

서형국은 전북대학교 사범대학 국어과 부교수이다. 최근의 논문으로「한자 어근 '순(純)'의 단어화와 화용화」(2012, 한국어학 55)가 있다.

전북대학교 교과교육연구총서 ❾

어휘화와 언어 변화

초판1쇄 인쇄 2015년 4월 20일 | 초판1쇄 발행 2015년 4월 30일

저자 Laurel J. Brinton · Elizabeth Closs Traugott

역자 최전승 · 서형국

발행인 이대현 | **편집** 이소희 | **디자인** 이홍주

발행처 도서출판 역락 | **등록** 제303-2002-000014호(등록일 1999년 4월 19일)

주소 서울시 서초구 동광로 46길 6-6 문창빌딩 2층

전화 02-3409-2058(영업부), 2060(편집부) | **팩시밀리** 02-3409-2059

전자우편 youkrack@hanmail.net | **블로그** http://blog.naver.com/youkrack3888

ISBN 979-11-5686-188-1 94700
      979-11-5686-187-4 (세트)

정가 27,000원

■ 파본은 구입처에서 교환해 드립니다.

■ 이 저서는 2012년도 전북대학교 저술장려 연구비 지원에 의하여 연구되었음.